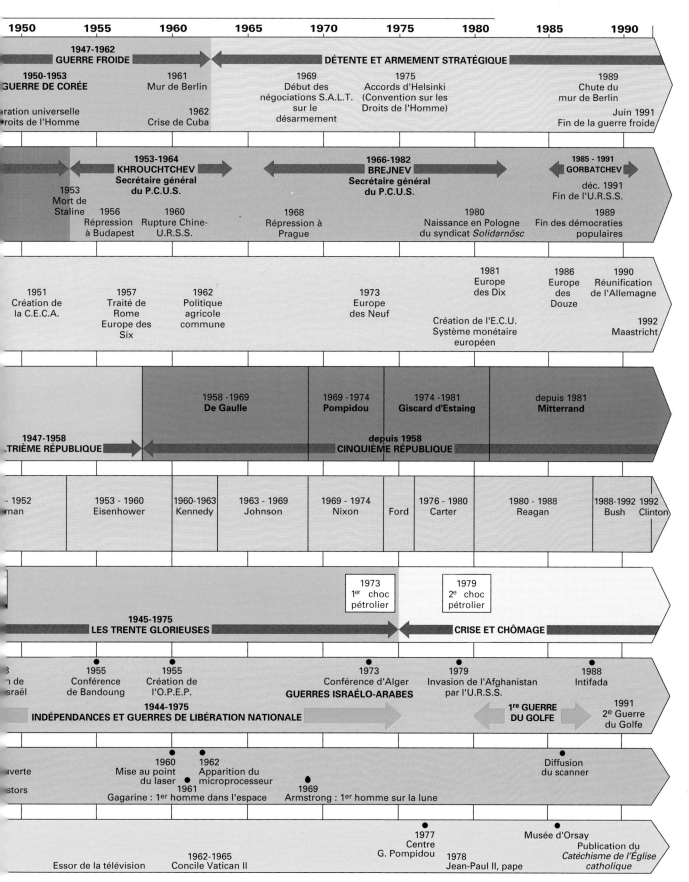

| 1950 | 1955 | 1960 | 1965 | 1970 | 1975 | 1980 | 1985 | 1990 |

1947-1962
GUERRE FROIDE

DÉTENTE ET ARMEMENT STRATÉGIQUE

1950-1953
GUERRE DE CORÉE

1961
Mur de Berlin

1969
Début des
négociations S.A.L.T.
sur le
désarmement

1975
Accords d'Helsinki
(Convention sur les
Droits de l'Homme)

1989
Chute du
mur de Berlin

...ration universelle
...roits de l'Homme

1962
Crise de Cuba

Juin 1991
Fin de la guerre froide

1953-1964
KHROUCHTCHEV
Secrétaire général
du P.C.U.S.

1966-1982
BREJNEV
Secrétaire général
du P.C.U.S.

1985 - 1991
GORBATCHEV

1953
Mort de
Staline

déc. 1991
Fin de l'U.R.S.S.

1956
Répression
à Budapest

1960
Rupture Chine-
U.R.S.S.

1968
Répression à
Prague

1980
Naissance en Pologne
du syndicat *Solidarnösc*

1989
Fin des démocraties
populaires

1951
Création de
la C.E.C.A.

1957
Traité de
Rome
Europe des
Six

1962
Politique
agricole
commune

1973
Europe
des Neuf

1981
Europe
des Dix

Création de l'E.C.U.
Système monétaire
européen

1986
Europe
des
Douze

1990
Réunification
de l'Allemagne

1992
Maastricht

1958 -1969
De Gaulle

1969 -1974
Pompidou

1974 -1981
Giscard d'Estaing

depuis 1981
Mitterrand

1947-1958
...TRIÈME RÉPUBLIQUE

depuis 1958
CINQUIÈME RÉPUBLIQUE

- 1952
...man

1953 - 1960
Eisenhower

1960-1963
Kennedy

1963 - 1969
Johnson

1969 - 1974
Nixon

Ford

1976 - 1980
Carter

1980 - 1988
Reagan

1988-1992
Bush

1992
Clinton

1973
1er choc
pétrolier

1979
2e choc
pétrolier

1945-1975
LES TRENTE GLORIEUSES

CRISE ET CHÔMAGE

1955
Conférence
de Bandoung

1955
Création de
l'O.P.E.P.

1973
Conférence d'Alger
GUERRES ISRAÉLO-ARABES

1979
Invasion de l'Afghanistan
par l'U.R.S.S.

1988
Intifada

...n de
...raël

1944-1975
INDÉPENDANCES ET GUERRES DE LIBÉRATION NATIONALE

1re GUERRE
DU GOLFE

1991
2e Guerre
du Golfe

1960
Mise au point
du laser

1962
Apparition du
microprocesseur

Diffusion
du scanner

...uverte
...stors

1961
Gagarine : 1er homme dans l'espace

1969
Armstrong : 1er homme sur la lune

1977
Centre
G. Pompidou

Musée d'Orsay

Publication du
Catéchisme de l'Église
catholique

Essor de la télévision

1962-1965
Concile Vatican II

1978
Jean-Paul II, pape

Collection KNAFOU - ZANGHELLINI

initiation économique HISTOIRE GEOGRAPHIE 3ᵉ

sous la direction de

Rémy Knafou
Professeur de Géographie à l'Université de Paris 7

et de

Valéry Zanghellini
Agrégé d'Histoire

par

Maïté Frank
Professeur agrégé d'Histoire au Collège Jean Rostand,
Boulogne-Billancourt

Jean-Christophe Gay
Professeur agrégé de Géographie au Collège André Maurois, Menton

Jean-Paul Grasset
Professeur agrégé d'Histoire et de Géographie au Collège Cassignol,
Bordeaux.

Rémy Knafou
Professeur de Géographie à l'Université de Paris 7

Bernard Lachaise
Maître de conférences en Histoire contemporaine à l'Université
Michel de Montaigne, Bordeaux III

Serge Pouzol
Professeur agrégé de Géographie au Lycée Marie Curie, Strasbourg

Marcel Spisser
Agrégé d'Histoire

Cartographie de **Françoise Pierron-Boisard**

BELIN 8, rue Férou, 75006 Paris

TABLE DES

HISTOIRE

© Éditions Belin, 1993   ISBN 2-7011-**1540**-X

MATIÈRES

GÉOGRAPHIE

INITIATION ÉCONOMIQUE

LES CLÉS

Le manuel comporte 29 chapitres :

■ **Histoire :** 13 chapitres　　■ **Géographie :** 15 chapitres　　■ **Initiation économique :** 1 chapitre

*Chaque partie s'ouvre
par une double page
d'introduction
qui présente les grandes
problématiques
de la partie.*

Un ensemble documentaire
pour sensibiliser
aux aspects essentiels
de la partie.

1RE PARTIE
HISTOIRE

GUERRES ET　CRISES DE 1914 A 1945

◄ A Nuremberg
(Allemagne), en 1933.

► Rescapés du camp de
Buchenwald, en 1945. ▼

■ Peloton montant à l'assaut sous les gaz, Otto Dix
(eau-forte, 1924).

■ Gardes Rouges armés
dans les rues de Moscou en 1917. ►

■ En Californie, au début des années 30.　　■ Lors des grèves de 1936, en France.　　■ Hiroshima (Japon), après le 6 août 1945.

Chaque chapitre se distribue selon trois types de doubles pages :

■ Les «leçons»
exposé des connaissances essentielles et documents

Un cours simple, structuré en paragraphes numérotés, avec
renvoi aux documents numérotés de la double page.
Les mots suivis d'un astérisque sont définis
dans le lexique en fin de manuel.

Une boîte vocabulaire où sont données
les définitions des mots qui aident
à la lecture du texte.

CHAPITRE **3**　　LES ÉTATS-UNIS :　DE LA PROSPÉRITÉ A LA CRISE

Des documents
nombreux et variés
(textes, images,
cartes, schémas,
tableaux statistiques,
chronologies).

Des questions qui aident à analyser et à comprendre les documents.

■ Les «dossiers»
travail autonome et approfondissement de certains thèmes

Un texte de présentation.

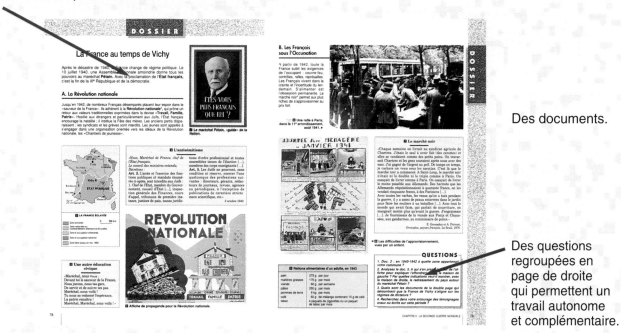

Des documents.

Des questions regroupées en page de droite qui permettent un travail autonome et complémentaire.

■ Les «Évaluations – Point Brevet»
récapitulation et évaluation

Les mots et notions clés recensés dans le référentiel, page 351.

Un résumé du chapitre.

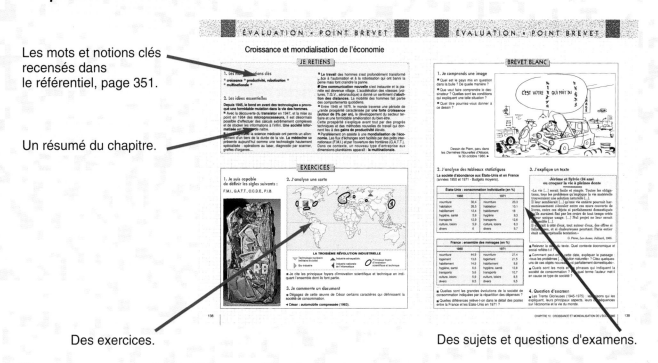

Des exercices.

Des sujets et questions d'examens.

PROGRAMME DE LA CLASSE DE TROISIÈME
Arrêté du 14 novembre 1985

Histoire

Les élèves étudient le monde au XXe siècle.

■ Guerres et crises de 1914 à 1945 :
La Première Guerre mondiale et ses conséquences.
Le déclin de l'Europe.
La Révolution russe et la naissance de l'Union des républiques socialistes soviétiques.
Les États-Unis, de la prospérité à la crise. La crise économique mondiale.
L'Italie fasciste ; l'Allemagne nationale-socialiste.
La France entre les deux Guerres mondiales.
La Seconde Guerre mondiale.

■ Le monde de 1945 aux années 60 :
Les nouveaux rapports internationaux ; la formation des Blocs.
La France de la IVe République ; le relèvement de l'économie.
Émergence du Tiers Monde et décolonisation.

■ Le temps présent, des années 60 à nos jours :
L'accélération des progrès scientifiques et techniques. L'évolution culturelle.
Croissance et mondialisation de l'économie.
La Ve République.
Les crises des années 70 et le monde d'aujourd'hui : la montée de puissances nouvelles (Japon, Chine, pays arabes…).
Les nouveaux espaces stratégiques : l'exemple du Pacifique.
Accélération et dimension mondiale de l'Histoire.

Géographie

■ **La France**

L'espace et les hommes :
L'originalité de l'espace français.
La population de la France.
Structures économiques et secteurs d'activité.
Diversité régionale et aménagement du territoire :
Axes de communication ; la modernisation des réseaux.
Paris et sa zone d'influence directe.
Les régions anciennement industrialisées : Nord et Nord-Est.
De nouveaux pôles : Lyon et le Sud-Est.
Des régions rurales en voie de transformation : l'Ouest et le Sud-Ouest.
La mise en valeur des régions de montagnes.
Départements et territoires d'outre-mer.
Place et influence de la France dans la Communauté économique européenne et dans le monde.

■ **Les États-Unis d'Amérique ; l'Union soviétique :**
Cadre spatial et grands contrastes régionaux.
Population et occupation du territoire.
Structures de l'économie et mise en valeur des ressources.
Puissance et rôle mondial.
La notion de puissance. L'interdépendance des États.

Initiation économique

Les élèves étudient les aspects et les problèmes de l'économie de la région où est situé l'établissement.

PRÉPARER

Pendant l'année

Apprendre en Histoire et Géographie, ce n'est pas gonfler exagérément sa mémoire en désordre, mais effectuer **un travail intelligent et régulier** tout au long de l'année. Ce travail comporte plusieurs aspects.

■ La participation au cours

Il faut suivre l'explication du professeur :

• en répondant de manière réfléchie aux questions qu'il pose ;

• en accomplissant sans perte de temps les exercices qu'il donne ;

• en fixant dans sa mémoire les 3 ou 4 notions repères qu'il organise dans la «trace écrite».

■ L'étude de la leçon

Chez vous, il faut réviser, c'est-à-dire revenir sur les points principaux du cours :

• en retrouvant **les définitions et les mots et notions clés** qui permettent de développer une idée (utiliser un répertoire) ;

• en accrochant chaque idée importante au souvenir d'une image, d'un graphique, d'un texte... destinés à faciliter sa **mise en mémoire.** On retiendra ainsi le titre des documents expliqués ou travaillés : ils pourront être restitués le jour de l'examen ; ils serviront à justifier une idée ;

• en complétant ce travail :
– par la lecture de la leçon exposée dans le manuel ;
– par les exercices et recherches complémentaires donnés par le professeur.

■ Le travail autonome

Cela consiste, dans la mesure du temps disponible, à :

• **enrichir ses connaissances** de base sur chaque question ;

• **améliorer sa méthode de travail :**
– lire et comprendre dans un temps limité ;
– situer dans l'espace (cartographie) et repérer dans le temps (chronologie) ;
– décrire un événement ou une situation donnée ;
– sélectionner des informations données par une image, un graphique, une carte, un texte ;
– restituer des connaissances oralement ou par écrit ;
– mobiliser ses connaissances sur un sujet donné ;
– réaliser un schéma et établir des relations.

• Les questions qui accompagnent les documents du manuel, ainsi que les pages «Dossier» et les pages «Évaluation – Point Brevet», proposent de nombreux **exercices** qui permettent un travail autonome.

• Les C.D.I. (Centres de Documentation des Collèges) sont des lieux de travail autonome, seul ou en groupe. Le travail autonome est nécessaire. Il est l'élargissement des notions essentielles qui ont été présentées dans le cours.

LE BREVET DES COLLÈGES

Le jour de l'examen

CONSEILS PRÉALABLES

• Déjà, lors des épreuves des «Brevets blancs», **organiser son temps de façon équilibrée en 4 moments :**

1. Lecture générale de toutes les questions		5 minutes
2. Étude de documents (commencer par l'étude documentaire) – Relecture		45 minutes 10 minutes
3. Questions de cours – Relecture		45 minutes 10 minutes
4. Exercice de repérage		5 minutes
Total		**2 heures**

• Le jour de l'examen, n'apporter que le matériel nécessaire pour écrire et dessiner : les copies d'examen et les feuilles de brouillon sont fournies sur place.

• Arriver reposé et calme. Quelques morceaux de sucre permettent d'éviter les passages à vide.

• Ne pas céder à la panique. Rien d'extraordinaire n'est demandé. Si votre travail a été régulier et méthodique, vous réussirez.

• Commencez par remplir l'en-tête de la copie (nom, prénom...).

LES ÉPREUVES

D'une manière générale, lire attentivement les questions posées. **Il s'agit de bien comprendre ce qui est demandé** dans les différents exercices.

◼ L'étude de documents

• Répondre par des phrases simples et construites. Ne pas commencer directement par «Parce que».

• Identifier la nature du document. Les documents qu'on vous propose sont de même nature que ceux qui ont été étudiés en cours d'année. Ils appartiennent à trois groupes :

– les images ;

– les textes ;

– les représentations graphiques, cartographiques et les tableaux.

• En dégager le thème ou les idées principales, en extraire une ou plusieurs informations, les classer. Il s'agit d'observer, de lire, de décrire, de trouver certaines particularités, d'expliquer. La plupart des réponses sont contenues dans les documents.

• Définir quelques notions ou expressions du document et tirer quelques conclusions plus générales en effectuant des rapprochements logiques avec d'autres documents. Éventuellement construire un schéma.

• En Histoire, on insistera éventuellement sur l'auteur du texte, on précisera le contexte historique. S'il y a lieu, on mettra en lumière les limites dans lesquelles il faut considérer le document.

◼ La question de cours

• **Être attentif à l'intitulé complet de la question :** il ne correspond peut-être pas exactement à un chapitre tel que vous l'avez étudié. Souvent le sujet précise les différentes parties que l'on attend de vous.

• **Une fois votre choix arrêté, n'y revenez plus :** vous n'auriez plus le temps.

• Le libellé comprend plusieurs **mots clés.** Soulignez-les. Enrichissez-les en vous remémorant les documents que vous avez étudiés. Ce sont ces mots clés et ces documents qui vont guider votre développement.

• Au brouillon, inscrivez rapidement sous chaque idée les mots qui correspondent à votre développement.

• Numérotez-les dans l'ordre dans lequel vous voulez les présenter.

• Préparer une **introduction** qui montre que vous saisissez bien les différents aspects de la question.

• Organisez vos connaissances selon un **plan** clair et apparent : vous devez diviser votre devoir en **quelques grandes parties.** Entre chaque partie, sautez une ligne.

• Rédigez une **conclusion** qui dégage l'intérêt du sujet posé.

◼ L'exercice de repérage

• **Repérage dans l'espace :**

– compléter une carte ou sa légende ;

– localiser des données géographiques, démographiques, économiques sur un fond de carte muet.

• **Repérage chronologique :**

– sur un axe chronologique, placer des dates d'événements majeurs ou représenter des périodes importantes ;

– par rapport à un événement, situer des causes et des conséquences.

GUERRES ET

1 *Peloton montant à l'assaut sous les gaz,* Otto Dix (eau-forte, 1924).

2 Gardes Rouges armés dans les rues de Moscou en 1917. ▶

3 En Californie, au début des années 30.

4 Lors des grèves de 1936, en France.

CRISES DE 1914 A 1945

◄ **5** A Nuremberg (Allemagne), en 1933.

6 Rescapés du camp de Buchenwald, en 1945. ▼

7 Hiroshima (Japon), après le 6 août 1945.

1 L'Europe en 1914

Au 19e siècle, la Révolution industrielle transforme l'Europe et lui donne les moyens de dominer le monde. Mais les rivalités entre les États provoquent de **graves tensions** qui vont conduire à la guerre.

A. L'Europe désunie

1. Au début du 20e siècle, l'Allemagne apparaît à bien des égards comme la Nation la plus puissante d'Europe. Elle a comblé son retard industriel sur l'Angleterre et la France. Intellectuels et militaires allemands répandent l'idée d'une grande Allemagne dominant l'Europe centrale et maîtresse d'un empire colonial et maritime (pangermanisme). Les Allemands font peser de lourdes menaces sur les intérêts français et anglais dans le monde, et plus spécialement en Afrique et au Moyen-Orient.

2. Cette volonté agressive de conquête des marchés est aggravée par de vieilles rancunes politiques. La France rêve d'une revanche sur l'Empire allemand, qui l'a humiliée en 1871 ; elle entretient **le souvenir de l'Alsace-Lorraine perdue.**
Dans les Balkans, la situation est explosive. Les Autrichiens s'inquiètent de l'agitation des **nationalistes*** serbes qui sont soutenus par la **Russie, défenseur des Slaves.**

B. La course aux armements

1. Pour la défense de leurs intérêts, **les puissances se regroupent en alliances*** (doc. 3).
– D'un côté, une **Triple Alliance** unit les puissances centrales de l'Europe, Allemagne, Autriche-Hongrie et Italie ; mais cette dernière n'est pas un partenaire sûr.
– En face, se constitue progressivement la **Triple Entente** qui rapproche, autour de la France, le Royaume-Uni et la Russie.

2. Chaque camp, sans vraiment la souhaiter, se prépare à la guerre (doc. 2), en prolongeant le service militaire, en développant un esprit patriotique (doc. 4 et 6). Face au danger de guerre, un courant pacifiste se manifeste autour de socialistes, comme le Français Jean Jaurès (doc. 6) ou le Russe Vladimir Oulianov Lénine.

C. L'étincelle et l'engrenage

1. Le 28 juin 1914, à Sarajevo en Bosnie, l'héritier de l'empereur d'Autriche-Hongrie, **l'archiduc François-Ferdinand est assassiné par un étudiant** (doc. 5). L'enquête révèle que la Serbie a laissé préparer l'attentat. Soutenue par l'Allemagne, l'Autriche-Hongrie voit l'occasion de régler ses comptes avec la Serbie. Elle lui adresse un **ultimatum,** que la Serbie refuse, et lui déclare la guerre le 28 juillet.

2. Alors, la Russie mobilise. C'est l'engrenage des alliances. En quelques jours, **on passe d'un conflit local à un embrasement de l'Europe** (doc. 7).

1 1914 : du conflit local à la guerre européenne

23 juillet : l'Autriche lance un ultimatum à la Serbie.
25 juillet : la Russie apporte son soutien à la Serbie.
28 juillet : l'Autriche attaque la Serbie.
30 juillet : la Russie mobilise.
31 juillet : l'Allemagne lance un ultimatum à la Russie. A Paris, Jean Jaurès est assassiné.
1er août : l'Allemagne déclare la guerre à la Russie.
2 août : la France mobilise.
3 août : l'Allemagne envahit la Belgique «neutre» et déclare la guerre à la France.
4 août : l'Angleterre intervient aux côtés de la France et de la Russie.

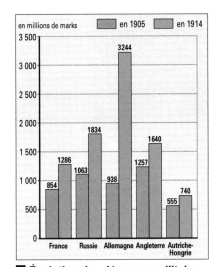

2 Évolution des dépenses militaires.
■ *Calculez le pourcentage d'accroissement des dépenses militaires pour chacun des États.*
■ *Quel pays a le plus développé sa puissance militaire entre 1905 et 1914 ?*

GUERRE MONDIALE

3 TRIPLE ENTENTE ET TRIPLE ALLIANCE
A LA VEILLE DE LA GUERRE 　　　　0　　　500 km

■ *Quels sont les États qui appartiennent à la Triple Alliance ? à la Triple Entente ?*

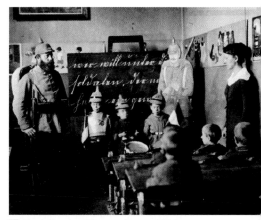

4 Une classe allemande en 1914.

5 L'attentat de Sarajevo, le 28 juin
1914.

◄ ■ *Doc. 6 : que veut dire l'auteur du
premier texte dans les phrases en ita-
liques (de «C'est le soldat» à «Paris») ?*

6 Guerre ou paix ?

«C'est tout le temps le soldat français (et son ennemi cet autre soldat),
qui fait qu'on parle ou qu'on ne parle
pas français ici ou là. C'est le soldat
qui fait qu'on parle français de Dakar
à Bizerte et de Brest à Longwy. *C'est
le soldat qui fait qu'on parle français
à Maubeuge et à Liège et, en somme,
à Mulhouse et à Colmar. Et c'est le
soldat français qui fait qu'on parle
français à Paris.*»

Ernest Psichari, *L'appel aux armes*, 1913.

«Citoyens, je dis ces choses avec une
sorte de désespoir, il n'y a plus, au
moment où nous sommes menacés
de sauvagerie, qu'une chance pour le
maintien de la paix, c'est que les
prolétaires, Français, Anglais, Allemands, Italiens, Russes et nous,
demandions à ces milliers d'hommes
de s'unir pour que le battement una-
nime de leurs cœurs écarte l'horrible
cauchemar.»

Jean Jaurès,
Discours à Lyon, le 23 juillet 1914.

7 Le tocsin de la moisson

«Août 1914 : c'était la pleine moisson.
Quand on a entendu les cloches
sonner, on s'est demandé pourquoi
[...]. C'est le garde-champêtre qui nous
a annoncé la nouvelle [...] : "C'est la
guerre" [...] Mais avec qui ? [...] "Ben
avec les Allemands !" Quand les
ordres de mobilisation et les feuilles
de route sont arrivés dans les familles,

les gens ont commencé à se rendre
compte que la guerre était bien réelle.
Tous les hommes valides recevaient
leur feuille, la guerre c'était d'abord
ça : la séparation. Le village était complètement bouleversé. Il y en avait qui
prenaient ça à la rigolade, ça va nous
faire des vacances en plein été, nous
qui n'en avons jamais eues, il faut en

profiter. Mais il y avait les autres, les
inquiets qui voyaient tout en noir.
Pour ceux-là, la guerre c'était la fin de
tout et ils n'en voulaient pas. Il y a eu
des cas de bonshommes qui sont allés
se cacher dans la forêt. Finalement ils
sont tous partis.»

Émilie Carles, *Une soupe
aux herbes sauvages*, J.-C. Simoens, 1977.

■ *Quelle est la réaction des villageois à l'annonce faite par le garde-champêtre ? Comment l'expliquer ? Quelle a été la conséquence de la mobilisation générale pour ce village des Hautes-Alpes, en cet été 1914 ?*

La Grande Guerre

L'annonce de la guerre fait l'effet d'un coup de tonnerre. Mais dans chaque pays, le réflexe patriotique joue : les pacifistes sont peu entendus, c'est **l'Union sacrée.** De part et d'autre, on imagine une guerre courte.

A. 1914 : l'échec de la guerre-éclair

1. Les combat les plus violents s'engagent sur le front Ouest. Le plan allemand – **plan Schlieffen** – prévoit l'invasion de la Belgique, puis, après débordement et enveloppement, la capitulation de la France en six semaines.
La manœuvre réussit dans un premier temps : en quelques jours, l'armée française est contrainte de se replier sur la **Marne.** Mais le général **Joffre,** qui a compris l'ennemi, déclenche, le 6 septembre 1914, une offensive générale qui refoule l'ennemi sur l'Aisne (doc. 1).
2. Sur le front Est, les chefs russes ne s'entendent pas. Les généraux allemands **Hindenbourg** et **Ludendorff** stoppent, à Tannenberg, la poussée des Russes (août 1914).
A la fin de 1914, les fronts se stabilisent. Aucun camp n'a gagné (doc. 6).

B. 1915-1917 : l'enlisement

1. Des problèmes nouveaux se posent. Il faut des effectifs nombreux pour tenir et percer les fronts. On recourt à de **nouvelles armes :** casques, gaz asphyxiants, tanks, canons lourds ; on fait appel à l'aviation. La guerre devient une **guerre de matériel** (voir p. 14).
Peu à peu, les états-majors s'installent dans une **guerre de position*** et une **stratégie* d'usure :** il s'agit moins d'avancer (doc. 4 et 7), que d'affaiblir par de lourdes pertes l'ennemi terré dans ses **tranchées** (doc. 5 et 8).
2. En 1915, les Alliés échouent dans leur tentative de percée en Artois ; **en 1916, la bataille de Verdun,** déclenchée par les Allemands, leur coûte aussi cher qu'aux Français (doc. 2).
3. De nouveaux pays entrent en guerre, apportant ainsi de nouveaux renforts : l'Empire ottoman rejoint les Empires centraux, mais l'Italie passe du côté des Alliés.

C. 1917 : les ruptures d'équilibre

1. Au terme de trois années de guerre, c'est l'impasse. Dans les deux camps, la lassitude gagne. Le sentiment des sacrifices inutiles se traduit par des désertions et même des **mutineries** (doc. 3).
Le blocus* économique des Empires centraux fait sentir ses effets. Si l'Autriche-Hongrie fait des offres secrètes de paix, l'état-major allemand déclenche la guerre sous-marine à outrance, qui provoque **l'entrée en guerre des États-Unis** aux côtés des Alliés (2 avril 1917).
2. Cependant, sur les autres fronts, on assiste à **deux effondrements militaires** en faveur des Empires centraux :
– **au Sud, les lignes italiennes** sont enfoncées après le désastre de Caporetto ;
– **sur le front russe,** une révolution oblige le Tsar à abdiquer (voir p. 22).
Lénine s'empare du pouvoir en octobre 1917 ; il s'empresse de signer un armistice* en décembre 1917, puis la **paix de Brest-Litovsk** en mars 1918, qui laisse aux Allemands les mains libres à l'Est.
A la fin de 1917, l'issue du conflit est toujours incertaine.

---

1 L'ordre du jour du général Joffre pour la bataille de la Marne

«Au moment où s'engage une bataille dont dépend le salut du pays, il importe de rappeler à tous que le moment n'est plus de regarder en arrière. Tous les efforts doivent être employés à attaquer et refouler l'ennemi.
Une troupe qui ne peut plus avancer devra coûte que coûte garder le terrain conquis et se faire tuer sur place plutôt que reculer. Dans les circonstances actuelles aucune défaillance ne peut être tolérée.»

Le général commandant en chef, 6 septembre 1914.

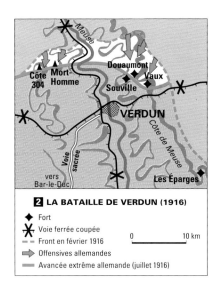

2 LA BATAILLE DE VERDUN (1916)
◆ Fort
✗ Voie ferrée coupée
– – Front en février 1916
⟹ Offensives allemandes
— Avancée extrême allemande (juillet 1916)
0   10 km

---

3 La démobilisation

«Camarades, souvenez-vous de Craonne, Verdun, Somme, où nos frères sont restés. Au nom de tous les camarades qui ont déjà signé pour obtenir la cessation des hostilités à la fin de juillet, nous venons vous prier de vous joindre à nous pour obtenir ce résultat et pour arrêter ce carnage, cette guerre qui a pour but premier d'enrichir le capitaliste et de détruire la classe ouvrière.
Nous tiendrons les tranchées jusqu'à cette époque. Passé cette date, nous déposerons les armes.»

Tract signé par des soldats appartenant à dix régiments d'infanterie, 1917.

■ *Retrouvez dans le paragraphe C les mots qui traduisent les comportements de ces soldats.*

4 La guerre de mouvement : un assaut allemand en 1914.

5 La guerre de position : une tranchée en première ligne.

6 LES THÉÂTRES DE LA GRANDE GUERRE

- Offensives allemandes (1914)
- Offensives russes (1914)
- Avancées extrêmes en 1914 :
  - Empires centraux
  - Russes
- - - - Situation des fronts en 1917
- ✳ Les grandes batailles

0   1 000 km

■ *Énumérez les quatre fronts indiqués sur la carte.*

■ *Doc. 8 : précisez le moment de la guerre auquel se rapporte le document. A qui s'en prend l'auteur ? Que signifie la phrase : «La boue recouvre les galons» ?* ▶

---

7 L'assaut

«Sourd, muet, saoul de poudre et de bruit, je marche automatiquement [...]. Je vois des hommes s'écrouler à ma gauche [...]. Nul ne fait attention à son voisin quel qu'il soit [...]. Les balles arrivent par rafales, très bas, fouettant la terre à quelques pas de nous. "Ils nous fauchent avec des mitrailleuses" dit mon voisin qui, l'instant d'après, ne se relève pas. Encore un bond ! Nous sommes à 40 mètres de la crête et l'ennemi est toujours invisible. Nous n'avons pas encore tiré un coup de fusil [...]. Nous ne sommes plus qu'une dizaine.»

J. Galtier-Boissière, *La fleur au fusil*, 1914.

■ *Quelle idée de la guerre l'auteur veut-il donner ?*

---

8 L'enfer, c'est la boue !

«On meurt de la boue comme des balles, et plus horriblement. Mais où sont-ils tous ces "chieurs" d'articles héroïques quand il y a de la boue haut comme ça ! La boue recouvre les galons. Il n'y a plus que de pauvres êtres qui souffrent. Tiens, regarde, il y a des veines rouges sur cette flaque de boue. C'est le sang d'un blessé. L'enfer n'est pas du feu. Ce ne serait pas le comble de la souffrance. L'enfer, c'est la boue !»

"Le bochofage", 26 mars 1917, *in* S.Audouin-Rouzeau, *Les combattants des tranchées*, A. Colin, 1986.

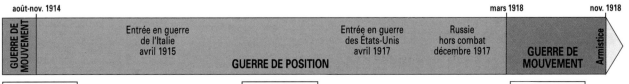

août-nov. 1914   mars 1918   nov. 1918

GUERRE DE MOUVEMENT | Entrée en guerre de l'Italie avril 1915 — GUERRE DE POSITION — Entrée en guerre des États-Unis avril 1917 | Russie hors combat décembre 1917 | GUERRE DE MOUVEMENT | Armistice

1re bataille de la Marne   Verdun fév. 1916 - juil. 1916   2e bataille de la Marne

Une guerre totale

La Grande Guerre présente des caractères nouveaux. **La guerre fut mondiale ;** elle fut aussi **totale*,** pratiquant la mobilisation entière de l'économie et des esprits.

Pour répondre en priorité aux énormes besoins en armes et munitions (260 000 obus par jour), les pays en guerre ont été obligés de réorganiser leur économie.

Pour vaincre coûte que coûte, ils n'ont pas hésité à mobiliser la science et la technique et à utiliser la propagande.

Les dépenses croissantes posent le problème du financement. Ainsi, partout le recours à l'emprunt est massif.

A. Armes nouvelles

1 Dans les airs, sur terre et sur mer.

2 Les gaz

«La mort nous a enveloppés, elle a imprégné nos vêtements et nos couvertures, elle a tué, autour de nous, tout ce qui respirait. Les petits oiseaux sont tombés dans les boyaux, les chats et les chiens, nos compagnons d'infortune, se sont étendus à nos pieds et ne se sont plus réveillés. Nous avions tout vu : les mines, les obus, les lacrymogènes, le bouleversement des bois, les noirs déchirements des mines tombant par quatre, les blessures les plus affreuses et les avalanches de fer les plus meurtrières, mais tout cela n'est pas comparable à ce brouillard qui, pendant des heures longues comme des siècles, a voilé à nos yeux l'éclat du soleil, la lumière du jour, la blanche pureté de la neige.»

«Le Filon», 20 mars 1917.

3 Renault et la guerre

«Vers le 8 ou 9 août 1914, Renault a été appelé chez le ministre de la Guerre qu'il a trouvé dans une agitation très grande, serrant sa tête entre ses mains et disant : "Il nous faut des obus, il nous faut des obus". Il envoya Renault chez le Colonel R... qui lui dit : "Des obus, ah ! c'est maintenant qu'on s'aperçoit qu'il faut des obus ? Mais cela ne me regarde pas" et le renvoie chez le général Mangin. Le général Mangin demande : "Vous pouvez faire des obus ?" Renault déclare qu'il ne sait pas ; qu'il n'en a pas vu. Le général en prend un sur sa cheminée, lui montre : "En voilà un : est-ce de l'embouti ? – Mais parbleu, vous voyez bien que c'est de l'embouti".
Quelque temps après, Renault est appelé à Bordeaux (ordre au soldat Renault) et on l'envoie à Bourges pour étudier la fabrication.»

P. Fridenson, *Histoire des usines Renault,*
1. Naissance de la grande entreprise,
Le Seuil, 1972.

Production par an	1913	1918
Voitures	1 484	553
Camions	174	1 793
Chars d'assaut	0	750
Moteurs d'avion	0	5 000
Obus (75 et 155)	0	2 millions
Surface des usines	11,5 ha	34 ha
Effectifs	6 300	22 500

B. Mobilisation générale

5 Le rationnement

«A partir du 1er mars, nous aurons la carte de pain, 300 g par jour et 500 à la campagne : les denrées deviennent rares ; il n'y a en ce moment ni pétrole, ni essence, ni aucunes pâtes ; le chocolat ne se rencontre qu'en petites quantités ; le lait se paye 0,60 F le litre ; le beurre 4 F la livre et les œufs 5 F la douzaine. Les gens de la campagne s'en tireront toujours, mais à la ville, c'est autre chose.»

Lettre de Mirecourt, Vosges, 14 janvier 1918, Contrôle postal Épinal.

POUR LA FRANCE
VERSEZ VOTRE OR

L'Or Combat Pour La Victoire

4 **En 1915, l'emprunt national.** Affiche.

6 **Femmes tournant des obus.** ▶

LES ACTEURS DE L'HISTOIRE

CLEMENCEAU 1841-1929

Georges Clemenceau naît en 1841 à Mouilleron-en-Pareds, en Vendée. Docteur en médecine, militant républicain, il est maire de Montmartre lors de l'insurrection de la Commune : il ne peut éviter la répression tragique contre les Communards et démissionne.

LE RÉPUBLICAIN

Président du Conseil municipal de Paris en 1875, député radical de la Seine, il combat violemment la politique coloniale de Jules Ferry. En 1898, il collabore au journal *L'Aurore* qui, avec Zola, défend le capitaine Dreyfus injustement accusé de trahison.
Président du Conseil[1] de 1906 à 1909, Clemenceau crée le ministère du Travail et fait reconnaître la loi instituant le repos hebdomadaire obligatoire. Mais il n'hésite pas à réprimer durement les manifestations ouvrières et paysannes.

«LA GUERRE RIEN QUE LA GUERRE», 20 novembre 1917

Au début de la guerre, il critique vivement la manière dont on conduit les opérations, ainsi que la censure* qu'on a instituée. En novembre 1917, le président de la République, Raymond Poincaré, l'appelle à une seconde présidence du Conseil. Conservant pour lui le ministère de la Guerre, Clemenceau appuie énergiquement les plans offensifs de l'état-major, refusant toute idée de négociation. Clemenceau contribue ainsi à la victoire. Le 11 novembre 1918, la Nation rend hommage à sa ténacité. Mais après avoir participé aux négociations pour la paix qui se tiennent à Paris à partir de janvier 1919, celui qu'on surnomme le *Tigre* à cause de sa combativité, est battu aux élections présidentielles de 1920.

Clemenceau se retire alors de la vie politique et meurt en 1929.

1. Équivalent de Premier ministre.

7 **Clemenceau visitant les tranchées.**

QUESTIONS

1. Décrivez et expliquez le doc. 4. Que symbolise le coq ?

2. Rédigez un texte court qui explique le titre donné à cette double page.

3 La fin de la guerre

A partir de l'été 1918, la victoire se dessine en faveur des Alliés. Après la guerre, il faut gagner la paix.

A. A l'Est et à l'Ouest, du nouveau

L'année 1918 débute avec deux déclarations à grand retentissement.

1. Au soir de la révolution (voir p. 24), le 26 octobre 1917, **Lénine** invite tous les peuples en guerre et leurs gouvernements à engager des pourparlers de paix. Sur le front de l'Est, des mouvements de fraternisation gagnent les armées ; la Russie renonce au combat.

2. Le 8 janvier 1918, le président américain **Wilson,** dans un message de **quatorze points,** exprime le désir de l'Amérique de bâtir la paix sur le principe du droit des peuples à disposer d'eux-mêmes (doc. 4).

3. Mais, dans chaque camp, la volonté de vaincre demeure intacte. Les Allemands tirent avantage de l'effondrement du front russe : le **traité de Brest-Litovsk** (3 mars 1918), qui impose de dures conditions à la Russie, permet aux Allemands de transférer le gros de leurs troupes à l'Ouest.
Les Alliés misent sur l'arrivée des Américains qui se mobilisent (doc. 1).

B. La victoire des Alliés

1. L'Allemagne doit engager une course contre le temps. De mars à juillet 1918, elle lance successivement **quatre offensives de la dernière chance.** Les Allemands percent le front en Picardie et en Champagne, menaçant Amiens et Reims. Mais ils épuisent leurs réserves.

2. A partir de juillet, **Foch,** promu commandant en chef des troupes alliées, lance une grande contre-offensive soutenue par les chars et l'aviation (doc. 2 et 3). Cette **«deuxième bataille de la Marne»,** avec le renfort des troupes américaines, oblige les Allemands à un repli général. Sur les autres fronts, Turcs et Austro-Hongrois déposent les armes les premiers. En Allemagne, des mutineries et des émeutes entraînent, le 9 novembre, l'abdication de l'empereur Guillaume II et la proclamation de la république. Devant la menace révolutionnaire, le nouveau régime accepte, le 11 novembre 1918, à **Rethondes** près de Compiègne, les conditions de **l'armistice*** (doc. 5).

C. Le retour à la paix

1. En l'espace d'une année, quatre empires se sont tour à tour effondrés : Russie, Turquie, Autriche, Allemagne. La victoire des Alliés apparaît comme le triomphe des démocraties sur les régimes autoritaires. **Une conférence se réunit à Paris,** à partir de janvier 1919, pour préparer les traités de paix. Elle exclut les gouvernements des pays vaincus.

2. Des discussions très vives opposent les «trois grands» : Wilson, qui veut reconstruire l'Europe et le monde sur la base de l'**autodétermination* des peuples, Clemenceau** qui veut garantir la sécurité à la France et l'Anglais **Lloyd George,** plus modéré à l'égard de l'Allemagne.

3. Après la création de la **Société des Nations (S.D.N.*),** des traités de paix règlent le sort de chacun des États vaincus. **Le traité de Versailles** (doc. 6), imposé à l'Allemagne le 28 juin 1919, la déclare responsable du conflit et la condamne à de lourdes réparations*. L'Alsace et la Lorraine font retour à la France (doc. 7).

1 **«Sale affaire».** Dessin de Guy Arnoux, 1917.

2 **Le maréchal Foch (1851-1929).** Il se distingua à la Marne et dans les Flandres (1914), dirigea la bataille de la Somme (1916), puis commanda en chef les troupes alliées (1918) qu'il conduisit à la victoire.

3 **Ordre du jour de Foch, le 12 novembre 1918**

«Officiers, sous-officiers, soldats des armées alliées,
après avoir résolument arrêté l'ennemi, vous l'avez pendant des mois, avec une foi et une énergie inlassables, attaqué sans répit.
Vous avez gagné la plus grande bataille de l'Histoire et sauvé la cause la plus sacrée : la liberté du monde. Soyez fiers !
D'une gloire immortelle vous avez paré vos drapeaux.
La postérité vous garde sa reconnaissance.»

Signé : Le maréchal de France, commandant en chef les armées alliées : F. Foch.

4 Le message du président Wilson

«Le programme de la paix du monde, le seul possible pour nous, est le suivant :

2. Liberté absolue de la navigation sur mer.

3. Suppression, autant qu'il sera possible, de toutes les barrières économiques.

4. Les armements de chaque pays seront réduits au minimum.

8. Le territoire français tout entier devra être libéré.

9. Une rectification des frontières italiennes devra être opérée.

10. Aux peuples d'Autriche-Hongrie dont nous désirons voir sauvegarder et assurer la place parmi les Nations, devra être accordée au plus tôt la possibilité d'un développement autonome.

13. Un État polonais indépendant devra être créé.

14. Il faut qu'une association générale des Nations soit constituée...»

Extraits, 8 janvier 1918.

5 Signature de l'armistice à Rethondes, le 11 novembre 1918.

■ *Doc. 4 : relevez la date du texte. Sur quels principes se fonde le message du Président américain ?*

6 Le traité de Versailles

«Art. 43. – Sont interdits à l'Allemagne l'entretien ou le rassemblement de forces armées.

Art. 51. – Les territoires cédés à l'Allemagne le 26 février 1871 sont réintégrés dans la souveraineté française à dater de l'armistice du 11 novembre 1918.

Art. 80. – L'Allemagne reconnaît et respectera strictement l'indépendance de l'Autriche.

Art. 81. – L'Allemagne reconnaît la complète indépendance de l'État tchécoslovaque.

Art. 87. – L'Allemagne reconnaît la complète indépendance de la Pologne.

Art. 119. – L'Allemagne renonce, en faveur des principales puissances alliées et associées, à tous ses droits et titres sur ses possessions d'outre-mer.

Art. 231. – L'Allemagne et ses alliés sont responsables, pour les avoir causés, de toutes les pertes et de tous les dommages subis.

Art. 232. – Les gouvernements alliés exigent [...] et l'Allemagne en prend l'engagement, que soient réparés tous les dommages causés à la population civile des alliés et à ses biens.»

Extraits, 28 juin 1919.

■ *Quels sont les articles du texte dont on peut faire la lecture sur la carte ci-contre ?*

7 L'EUROPE EN 1920

— Frontières en 1920   ■ États vainqueurs   ☐ Nouveaux États   ⫽ Gains territoriaux

0   500 km   ■ États vaincus   ☐ Autres États   ★ Points chauds

■ *Quelles sont les modifications territoriales en Europe centrale (cf. carte p. 11) ?*

4 Le déclin de l'Europe

De cette longue lutte fratricide, les Européens sortent ruinés. Leur domination sur le monde est remise en question.

A. Une catastrophe sans précédent

La Grande Guerre a accumulé les ruines et saigné les populations.

1. Le bilan des destructions est impressionnant (doc. 2 et 6). En France, les combats ont touché les régions les plus industrielles et les plus peuplées. Pour financer la guerre, les États ont puisé dans leur réserve d'or ; ils ont rapatrié leurs capitaux placés à l'étranger, souscrit des emprunts et émis une grande quantité de billets. Les monnaies européennes se sont dépréciées, ce qui entraîne une forte **inflation***. Les classes moyennes (rentiers, épargnants) en font les frais.

2. Dans les populations, les marques tragiques de la «**grande tuerie**» sont visibles : près de dix millions de tués (doc. 1 et 7), des millions de «**gueules cassées**» (doc. 8), de veuves et d'orphelins. Le nombre de naissances a considérablement baissé. Avec leurs jeunes générations, les pays européens ont perdu le gros de leurs forces vives (voir p. 62).

B. Une étoile pâlissante

L'Europe n'est plus le cœur économique du monde (doc. 4). La guerre a bloqué les échanges sur le vieux continent.

1. Deux nouveaux États ont accru leur puissance :
– le **Japon** qui fait main basse sur les marchés de l'Asie ;
– les **États-Unis** surtout. Désormais créanciers de l'Europe (doc. 9), ils détiennent la moitié du stock d'or mondial. Wall Street supplante la Bourse de Londres et le dollar, la livre sterling.

2. La domination coloniale de l'Europe commence à être contestée. Dans certaines parties des empires, des voix s'élèvent pour réclamer l'indépendance ; elles invoquent la part prise par les colonies à la défense de la métropole (doc. 3), ainsi que le **droit des peuples à l'autodétermination***.

C. La crise des valeurs

La guerre a porté un coup très dur aux fondements de la société occidentale.

1. Les hommes qui rentrent du front emportent le souvenir très fort des épreuves endurées. Ils se regroupent en associations d'**anciens combattants.** Pour beaucoup, la guerre fut l'occasion d'échanger des idées. Ils sont moins portés à respecter les usages et les traditions (doc. 5). Ils ont par-dessus tout un formidable désir de vivre : cinémas, boîtes de nuit et dancings regorgent de fréquentation. Ce sont les **années folles ;** on oublie les cauchemars au rythme de musiques et de danses venues d'ailleurs : le jazz, le charleston, le tango.

2. Les femmes s'émancipent. La guerre les a obligées à travailler et à prendre des responsabilités. Elles adoptent un mode de vie plus libre à l'égard des convenances : cheveux à la garçonne, jupe découvrant les mollets… Elles revendiquent le droit de vote.

> **V O C A B U L A I R E**
>
> **Créancier :** personne ou pays à qui il est dû de l'argent.

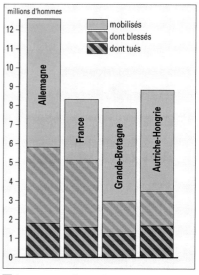

1 Les pertes humaines.
■ *Quel est le pays qui a mobilisé le plus d'hommes ? Celui qui a eu le plus fort pourcentage de victimes ?*

2 La France dévastée	
Édifices détruits	230 000
Usines dévastées	10 000
Puits de mine inutilisables	200
Ouvrages d'art détruits	6 000
Voies ferrées à reconstruire	5 500
Routes endommagées	62 000 km
Voies navigables endommagées	1 100 km
Terres cultivables ravagées	3 000 000 ha
Têtes de bétail massacrées	10 000 000

■ *Nommez deux départements français parmi ceux qui ont le plus souffert des destructions.*

3 Perte des troupes coloniales (données approximatives)		
	Morts et disparus	% par rapport aux mobilisés
Algériens	26 000	15,1
«Sénégalais»	30 000	22,4
Malgaches et Indochinois	5 500	11,2

◢ Le recul de l'Europe

«En décimant ses multitudes d'hommes, vastes réserves de la vie où puisait le monde entier ; en gaspillant ses richesses matérielles ; en détournant pendant plusieurs années les esprits et les bras du labeur productif vers la destruction barbare ; en éveillant par cet abandon les initiatives de ses rivaux, la guerre n'aura-t-elle pas porté un coup fatal à l'hégémonie de l'Europe sur le monde ?»

A. Demangeon, *Le déclin de l'Europe*, Payot, 1920.

◢ Une société déstabilisée

«Pendant cette guerre qui, pour la première fois, les avait fait sortir de leur petit univers, les jeunes n'avaient pas seulement appris à tuer ; ils avaient également découvert qu'au-delà des limites de leur commune ou de leur canton, il y avait un monde. [...] La fréquentation et la fraternité qui les avaient liés pendant des années, leur avaient aussi enseigné qu'il était possible de gagner son pain autrement qu'en labourant car, outre le pinard et le tabac, ils avaient échangé des idées, comparé leurs modes d'existence, leurs travaux, leurs salaires. Ils durent se faire à l'idée que les femmes étaient capables de les remplacer en tout et de gérer la ferme aussi bien qu'eux.»

C. Michelet, *Des grives aux loups*, Robert Laffont, 1979.

■ *Relevez trois phrases du texte montrant que la guerre fut, pour les Français, une grande rupture.*

◢ La cathédrale de Reims (Marne) à la fin de la guerre.

◢ L'ossuaire de Douaumont, près de Verdun (Meuse).

◢ **Fête de la victoire, le 14 juillet 1919 : le défilé des mutilés.** Tableau de Galtier-Boissière.

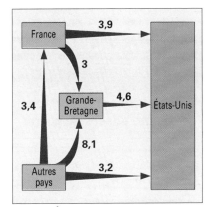

◢ **Les États-Unis, créanciers du monde :** les dettes entre les Alliés en 1919 (en milliards de dollars).

La Première Guerre mondiale

1. Les mots et notions-clés

● **impérialisme, nationalisme** ●
● **système d'alliance, stratégie, tactique** ●
● **guerre de mouvement, guerre de position** ● **armistice** ●

2. Les idées essentielles

A. Les causes de la Grande Guerre

■ **Les rivalités entre États européens :**
– la concurrence commerciale et navale entre le Royaume-Uni et l'Allemagne ;
– l'hostilité de la France à l'Allemagne (Alsace-Lorraine), de l'Autriche-Hongrie à la Russie (Balkans) ;
– le heurt des impérialismes dans les colonies (Maroc).

■ **La constitution de deux systèmes d'alliances :**
Triple Alliance (ou Triplice) et Triple Entente.

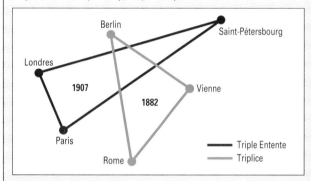

- Berlin
- Saint-Pétersbourg
- Londres
- **1907**
- Vienne
- **1882**
- Paris
- Rome
- ━━ Triple Entente
- ━━ Triplice

■ Le patriotisme exacerbé.
■ La course aux armements.
■ **Une étincelle :** l'attentat de Sarajevo.
■ **Le feu aux poudres :** l'engrenage des alliances.

B. Les trois phases du conflit

■ **1914 : la guerre de mouvement :**
– à l'Ouest, l'arrêt des Allemands à la bataille de la Marne ;
– à l'Est, l'arrêt des Russes à la bataille de Tannenberg.

■ **1915-1917 : la guerre de tranchées :**
les nouvelles armes, la mondialisation de la guerre avec l'entrée des États-Unis dans le conflit, l'effondrement du front de l'Est (voir chap. 2).

■ **1918 : la reprise de la guerre de mouvement :**
– les offensives allemandes ;
– l'engagement des Américains et la contre-offensive générale de Foch ;
– l'armistice du 11 novembre 1918 avec l'Allemagne.

C. Les conséquences de la Première Guerre mondiale

■ **Le règlement du conflit :**
– la disparition de quatre Empires ;
– une série de traités, dont le traité de Versailles ;
– une carte de l'Europe centrale profondément modifiée ;
– la création de la Société des Nations.

■ **Un bilan catastrophique pour l'Europe :**
– la domination des Européens remise en cause ;
– les États-Unis grands bénéficiaires du conflit ;
– une nouvelle mentalité.

1. Je distingue une cause et une conséquence

■ Par rapport à l'événement Ⓔ, je place correctement les mots «cause» et «conséquence» :

```
——————————— Ⓔ ———————————
           Attentat
         de Sarajevo
```

■ je cite les conséquences immédiates de cet événement ;
■ j'indique trois documents du chapitre qui montrent les causes de la Grande Guerre.

2. Je construis la frise chronologique des quatre années de guerre : 1914-1918

Je suis capable :

■ d'y représenter en deux couleurs les trois phases de la guerre ;

■ d'y situer par une étoile bleue l'entrée en guerre des États-Unis, par une étoile rouge la capitulation de la Russie. Je peux nommer cet événement.
■ Je sais placer avec deux points noirs la première bataille de la Marne et la bataille de Verdun.

3. Je suis capable

■ de situer sur une carte de l'Europe Sarajevo, Verdun, Rethondes ;
■ d'indiquer les trois grands théâtres d'opérations de la Grande Guerre ;
■ de nommer trois nouveaux États créés après la guerre ;
■ de retrouver dans le manuel et de citer les clauses du traité de Versailles ;
■ de nommer les quatre empires disparus.

4. Je donne la définition des mots suivants :

armistice et paix, cause et clause, stratégie et tactique.
Pour chacun de ces termes, je suis capable de retrouver un événement et un document du chapitre.

BREVET BLANC

1. Je commente des documents

Questions texte 1 :

▪ **1.** Comment nomme-t-on le plan des Allemands ? Sur quelle stratégie repose-t-il ?
Pourquoi parle-t-on des Belges et des Britanniques ?
Que veut dire l'auteur dans l'expression «un Sedan renouvelé» ?

▪ **2.** L'auteur participe-t-il directement aux opérations ?
Nommez et datez l'événement qu'il considère comme une victoire.
Expliquez à quelle situation militaire il correspond.
Quels sont les éléments du texte qui permettent de le situer avec précision dans le déroulement de la Grande Guerre ?

▪ **3.** Pourquoi l'ennemi est-il pressé ? Montrez que cette victoire change le cours de la guerre.

▪ **4.** Donnez un titre au texte.

> ### Texte **1**
>
> «Le mois d'août avait donné aux Allemands la première manche de la partie : les Belges rejetés sur Anvers, les Franco-Britanniques vers la Seine, notre aile gauche menacée d'être encerclée et Paris d'être enlevé ; sans doute à ce moment les Allemands entrevirent-ils un Sedan renouvelé. Le plan de nos adversaires reposait sur une victoire rapide dans l'Ouest. A défaut d'une défaite totale infligée aux Allemands, l'occasion patiemment attendue venait de nous permettre de les refouler sur toute la ligne et notre victoire les contraignait à s'enterrer dans les tranchées ! Quelle déception pour des gens pressés !»
>
> Maréchal Joffre (1852-1931), *Mémoires*, Plon.

> ### Texte **2**
>
> «Lorsque nous fûmes réunis, Ludendorff vint au milieu de nous, le visage ravagé par la plus profonde douleur, pâle mais la tête haute. [...] Il nous dit qu'il était tenu de nous faire savoir que notre situation militaire était devenue terriblement sérieuse. A tout instant notre front Ouest pouvait être rompu. Au cours des dernières journées, il avait fait savoir à Sa Majesté que le Haut Commandement et l'armée allemande étaient à bout, que la guerre ne pouvait plus être gagnée et que c'est plutôt l'effondrement final qui pouvait survenir à tout moment. C'est pourquoi le Haut Commandement a demandé à sa Majesté de solliciter un armistice auprès du président Wilson en vue d'un retour à la paix sur la base des Quatorze points.»
>
> Colonel von Thaer, *Journal*, 1er octobre 1918.

Questions texte 2 :

▪ **1.** Qui est Ludendorff ? Qui est «Sa Majesté» ? Qui est le président Wilson ? Pour quelles raisons ce dernier intervient-il dans la guerre ?

▪ **2.** Pourquoi à cette date la situation militaire est-elle «terriblement sérieuse» pour les Allemands ? Pour quelles raisons Ludendorff pense-t-il que «la guerre ne peut plus être gagnée» ?

▪ **3.** Donnez une définition du mot «armistice» en vous rapportant à l'étymologie. Pourquoi les Allemands s'adressent-ils à Wilson ? Expliquez l'expression «sur la base des Quatorze points».

▪ **4.** Où est signé l'armistice ? Datez l'événement. Qui reçoit la demande allemande ? Pourquoi Wilson n'est-il pas présent ?

▪ **5.** Par quel traité est conclue la paix avec l'Allemagne ? Montrez que le traité s'efforce de respecter la «base des Quatorze points».

2. Questions d'examen

▪ **Le règlement de la Première Guerre mondiale (1919-1923).**

▪ **Les conséquences de la Première Guerre mondiale :**
– vous montrerez comment les traités de paix ont modifié la carte de l'Europe ;
– vous indiquerez les conséquences démographiques, économiques et sociales de ce conflit.

▪ **L'Europe au lendemain de la Première Guerre mondiale :**
– dressez le bilan des pertes matérielles et humaines ;
– montrez les changements politiques et les modifications territoriales les plus importantes ;
– indiquez pourquoi on peut parler d'un déclin de l'Europe.

1917, la Russie en révolution

La Révolution d'octobre apparaît comme un des événements les plus importants de notre siècle : pour la première fois dans l'Histoire, un parti qui se dit marxiste s'empare du pouvoir.

A. La Russie, un colosse aux pieds d'argile

1. Au début du 20ᵉ siècle, la Russie est entrée dans la phase du **décollage industriel.** Couvrant un espace immense, forte d'une population de plus de 170 millions d'habitants, elle exporte des denrées agricoles et des produits miniers (pétrole, fer). Les capitaux étrangers s'investissent massivement dans le pays. La croissance est la plus élevée d'Europe.

2. En 1905, le tsar Nicolas II (doc. 1) a dû, à contrecœur, accepter la création d'une assemblée élue (Douma). Mais il conserve un **pouvoir autocratique*.** Il se heurte à l'opposition croissante des bourgeois libéraux, partisans d'un régime parlementaire, et des socialistes qui rêvent de changer la société. Ces derniers sont pourchassés par la police. En 1914, Lénine, le chef des socialistes **bolcheviks*,** vit en exil en Suisse.

B. Février 1917, la révolution des Soviets

1. Au début de 1917, la situation de la Russie se dégrade brusquement par suite de la guerre, des pénuries alimentaires et de l'inflation (doc. 2). Quand les autorités établissent à Petrograd des cartes de rationnement, des grèves massives et des manifestations spontanées se multiplient (doc. 3 et 4). Le 27 février est un jour décisif : les troupes qui ont reçu l'ordre d'intervenir contre les manifestants se mutinent ; un groupe d'ouvriers constitue un comité populaire, ou **soviet*,** qui oblige le tsar à abdiquer.

2. Un gouvernement provisoire, composé de libéraux et de socialistes modérés, se forme. Il reconnaît à tous les libertés, mais il décide de poursuivre la guerre et repousse à plus tard les réformes sociales. Cette politique déçoit les masses populaires. Dans tout le pays, se constituent des **soviets locaux,** qui partagent les grands domaines et disputent aux patrons le contrôle des entreprises.

C. Octobre 1917, le passage au socialisme

1. Pour Lénine, rentré d'exil en avril 1917, les bolcheviks doivent préparer une **seconde révolution** (doc. 5) : en soutenant les revendications des soviets **(la paix, le pain, la terre);** ils préparent le socialisme. Au cours de l'été 1917, les bolcheviks obtiennent petit à petit la majorité au soviet de Petrograd.

2. Le 23 octobre, Lénine fait adopter par le Comité central de son parti la décision de renverser le gouvernement provisoire. **L'insurrection est fixée au 25 octobre,** jour prévu pour le Congrès des soviets de toute la Russie. Dès la soirée du 24, les gardes rouges s'emparent sans grande résistance des points stratégiques de la capitale. Le 26 octobre, Lénine fait approuver **deux décrets** par les délégués des soviets : le premier propose à tous les peuples une «paix juste et démocratique» ; le second abolit la grande propriété (doc. 6). Aussitôt après, une majorité des délégués des soviets élit un nouveau gouvernement, entièrement bolchevik, qui prend le nom de **Conseil des Commissaires du peuple.**

1 **Le tsar Nicolas II** (1868-1918). Il est exécuté le 30 juillet 1918, avec toute sa famille.

2 La hausse des prix (r = rouble ; k = kopeck)		
	Avant la guerre	**Avril 1917**
Farine de seigle (le sac)	6,50 r	40 r
Farine de blé (le poud, env. 16 kg)	2,50 r	16 r
Pommes de terre (le sac)	1 r	7 r
Viande (la livre)	10-12 k	60-70 k
Matières grasses	12-15 k	90 k
Pétrole	4-5 k	11-12 k
Chaussures	5-8 r	40 r
Bois (2 m³)	6 r	40 r

■ *Ces produits sont-ils nécessaires ? Pourquoi ?*

■ *Calculez la hausse du coût de certains d'entre eux. Comment appelle-t-on ce phénomène ?*

A L'U.R.S.S.

3 Appel du Soviet de Petrograd

«L'ancien régime a conduit le pays à la ruine et la population à la famine. Les habitants de Petrograd sont sortis dans les rues pour dire leur mécontentement. [...] Au lieu de pain, les ministres du tsar leur ont donné du plomb. Mais les soldats n'ont pas voulu agir contre le peuple et ils se sont tournés contre le gouvernement. Ensemble ils ont saisi les arsenaux, les fusils et d'importants organes du pouvoir. [...] Le soviet a nommé des commissaires pour établir l'autorité populaire dans les quartiers de la capitale. Nous invitons la population tout entière à se rallier immédiatement au soviet, à organiser des comités locaux dans les quartiers.»

Le soviet des députés ouvriers, 27 février 1917.

■ *Reconstituez en schéma la logique des révolutionnaires de Petrograd.*

4 Petrograd, mars 1917 : manifestation de femmes pour l'augmentation des rations alimentaires et le droit de vote.

5 Tout le pouvoir aux Soviets

«Aucun soutien au gouvernement provisoire [...].
Expliquer aux masses que les soviets de députés ouvriers sont la seule forme possible d'un gouvernement révolutionnaire [...].
Non pas République parlementaire [...], mais République des soviets de députés ouvriers, salariés agricoles et paysans, dans le pays entier, de bas en haut.
Confiscation des domaines des propriétaires fonciers.

Nationalisation de toutes les terres dans le pays. Création dans tout grand domaine [...] d'exploitations modèles, placées sous le contrôle du soviet de députés agricoles et travaillant pour le compte de la communauté. Fusion immédiate de toutes les banques du pays en une seule banque nationale, placée sous le contrôle du soviet de députés ouvriers.»

Lénine, *Thèses d'avril*, avril 1917.

■ *Pourquoi Lénine n'apporte-t-il pas son soutien au gouvernement provisoire ? Quelle est sa ligne d'action ?*

6 Les grands décrets

La paix : «Le gouvernement ouvrier et paysan issu de la révolution du 24-25 octobre et s'appuyant sur les soviets des députés ouvriers, soldats et paysans, invite tous les peuples belligérants et leur gouvernement à entamer immédiatement des pourparlers en vue d'une paix démocratique équitable.»
La terre : «La grande propriété foncière est abolie immédiatement sans aucune indemnité. Les domaines des propriétaires fonciers passent à la disposition des comités agraires de canton et des soviets des députés paysans de district. Les terres des simples paysans ne sont pas confisquées.»

26 octobre/8 novembre 1917.

■ *Relevez la phrase de ce texte qui correspond aux Thèses d'avril (doc. 5).*

7 Lénine en octobre 1917. ▶

fév.-mars 1917		octobre 1917	
Révolution de Février *	Retour de Lénine • 3 avr.	Révolution d'Octobre *	
TSARISME	GOUVERNEMENTS PROVISOIRES		RUSSIE BOLCHEVIQUE

La défense de la Révolution : 1918-1921

Au lendemain de la Révolution, il s'agit pour Lénine et ses compagnons de faire marcher une Russie nouvelle. Dès le mois de décembre 1917, ils signent avec les Allemands l'armistice, puis, en mars 1918, la **paix de Brest-Litovsk**. Mais à l'intérieur ils n'ont pas avec eux la majorité du pays.

A. La Russie déchirée

1. Le gouvernement révolutionnaire interdit la presse et les partis bourgeois et s'efforce d'imposer son autorité aux nombreux soviets locaux. Il réforme le calendrier et institue une police politique, la **Tchéka,** chargée de traquer les opposants. Pour mieux contrôler le pays, le gouvernement quitte Petrograd et s'installe dans les murs du Kremlin à **Moscou.** En juillet 1918, il promulgue une **Constitution*** qui reconnaît le suffrage universel, tout en excluant du droit de vote les exploiteurs du peuple (doc. 5).

2. Ces mesures suscitent une **opposition violente.** Des régions entières (Ukraine, Caucase, Sibérie) se soulèvent. Des officiers du tsar, soutenus par les propriétaires menacés d'expropriation, aidés par des corps expéditionnaires étrangers, s'organisent pour renverser le pouvoir bolchevik. Des gouvernements contre-révolutionnaires se constituent. Une **guerre civile** effroyable et impitoyable s'abat sur la Russie. L'été 1918, les bolcheviks ne contrôlent plus qu'un territoire restreint (doc. 3).

B. Le communisme de guerre

1. Face à ces périls, le Conseil des Commissaires du peuple, sous l'impulsion de Lénine, instaure une véritable dictature, appelée plus tard **communisme de guerre*.** Il décrète la fin des élections aux Soviets et la fin des partis. **Le parti bolchevik,** appelé désormais Parti communiste, a seul la mission de défendre la Révolution.

Trotski met sur pied l'**Armée rouge** qu'il place sous le contrôle de commissaires politiques, représentant le gouvernement bolchevik (doc. 2 et 4).

L'économie du pays est placée sous le contrôle de l'État : les entreprises industrielles sont nationalisées et on lance l'idée de grandes fermes collectives. Les récoltes des paysans sont réquisitionnées par des commandos d'ouvriers. L'armée obtient la meilleure part du ravitaillement ; la ration d'un bourgeois est plus faible que celle d'un prolétaire.

2. La guerre civile dure jusqu'en 1920 : les «Blancs» sont trop divisés pour l'emporter et l'horreur de leurs représailles les rend impopulaires (doc. 1). L'Armée rouge est victorieuse des armées blanches et étrangères.

C. La 3e Internationale

1. Pour Lénine, la Révolution russe est le prélude d'une révolution mondiale. Les faits semblent lui donner raison : des grèves et des mouvements révolutionnaires éclatent partout, dans une Europe épuisée par la guerre. Pour soutenir les combats du prolétariat, il fonde en 1919 la 3e **Internationale*** ou **Komintern** qui, depuis Moscou, lance un appel aux travailleurs de tous les pays (doc. 6 et 7).

2. Dans chaque pays, d'âpres discussions divisent les socialistes : d'un côté, il y a ceux qui dénoncent la dictature des bolcheviks et gardent l'étiquette du parti socialiste ; à l'opposé, ceux pour qui la Russie est le modèle à suivre fondent les **partis communistes.**

① La terreur blanche

«On entourait un morceau de chair humaine ensanglantée qui gisait à terre. Le malheureux respirait à peine. [...]

Cet homme martyrisé, qui perdait tout son sang et s'évanouissait à chaque instant, raconta, d'une voix hachée, faible et pâteuse, les tortures infligées par les brigades de répression et les tribunaux militaires de l'armée blanche. On l'avait condamné à la pendaison, puis on avait commué la peine, décidé de lui couper un bras et une jambe et de l'envoyer, ainsi mutilé, dans le camp des partisans pour les épouvanter.»

B. Pasternak, *Docteur Jivago,* Gallimard, 1958.

② La terreur rouge

«Afin de protéger la République soviétique contre ses ennemis de classe, nous devons isoler ceux-ci dans des camps de concentration. Toutes les personnes impliquées dans des organisations de gardes blancs, dans des complots ou des rébellions doivent être fusillées.»

Décret du Conseil des Commissaires du peuple, 5 septembre 1918.

■ *Que faut-il entendre par «ennemis de classe» ?*
■ *A qui est confiée la tâche d'éliminer ces «ennemis » ?*

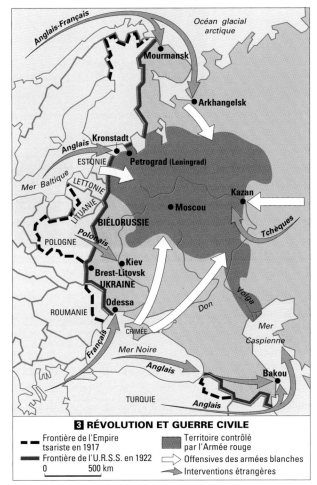

3 RÉVOLUTION ET GUERRE CIVILE

- - - Frontière de l'Empire tsariste en 1917
—— Frontière de l'U.R.S.S. en 1922
0   500 km

Territoire contrôlé par l'Armée rouge
⇨ Offensives des armées blanches
⇨ Interventions étrangères

■ *A quelle partie de l'Empire des tsars correspond le territoire contrôlé par l'Armée rouge ?*

5 La dictature du prolétariat

«La République russe est une société socialiste libre. Tout le pouvoir appartient au peuple travailleur de Russie, réuni en soviets urbains et ruraux. La République considère le travail comme le devoir de tout citoyen ; sa devise est : celui qui ne travaille pas ne mangera pas. Ne jouissent ni du droit de vote ni du droit d'être élues, les personnes qui ont des revenus sans travailler, tels que les intérêts du capital, les revenus des propriétés, etc., les négociants privés, les courtiers ; les moines et les membres du clergé quels qu'ils soient ; les employés et les agents de la police et du gouvernement précédent.»

Constitution de la R.S.F.S.R., juillet 1918.

■ *Qui sont les exclus de la société socialiste ? Sur quel principe est fondé ce type de société ?*

6 L'Internationale communiste

«Dans presque tous les pays de l'Europe et de l'Amérique, la lutte des classes entre dans la période de la guerre civile. Les communistes ne peuvent se fier à la légalité bourgeoise. Il est de leur devoir de créer partout, parallèlement à l'organisation légale, un organisme clandestin.»

Extraits des 21 conditions d'admission au Komintern, juillet 1920.

4 Affiche de 1919 : «Avec le coin rouge, enfonce les Blancs», El Lissitzky (1891-1941).

■ *D'après le jeu des couleurs et des formes, expliquez le sens de cette affiche politique.*

7 «**Vive la 3ᵉ Internationale,** Bienvenue camarades !» Affiche de Dimitri Moor, 1921.

■ *En quelles langues est adressé ce message ? Pourquoi l'image évoque-t-elle le Kremlin ? Pourquoi l'auteur a-t-il choisi de représenter un forgeron ?*

◄ ■ *Doc. 6 : expliquez : «légalité bourgeoise», «organisme clandestin».*

Les bolcheviks

En 1917, les bolcheviks ne constituent qu'un groupe révolutionnaire très minoritaire. Ils sont quelques milliers dispersés en Russie. Cependant, Lénine est convaincu du rôle important que peut jouer un petit groupe déterminé et fermement organisé.

1 Lénine en 1920.

LES ACTEURS DE L'HISTOIRE

LÉNINE 1870-1924

Vladimir[1] Ilitch Oulianov, devenu célèbre sous le nom de Lénine, est né en 1870 à Simbirsk, sur la Volga. Il est le fils d'un professeur de mathématiques devenu inspecteur des écoles primaires.

LE RÉVOLTÉ

Il a 17 ans quand son frère aîné Alexandre est exécuté pour complot contre le tsar Alexandre III. Suspect, il est exclu de l'Université de Kazan et achève ses études de droit à l'Université de Saint-Pétersbourg, ville qui prendra son nom de 1924 à 1991. Il entre en contact avec des groupes marxistes et fait de la propagande. En 1897, il est arrêté par la police et condamné à un séjour forcé de trois ans en Sibérie où il épouse Nadia Kroupskaïa, comme lui militante marxiste.

LE RÉVOLUTIONNAIRE BOLCHEVIK

Relâché en 1900, Lénine choisit d'être un révolutionnaire professionnel. Il gagne Genève ; on le voit à Francfort, Londres, Bruxelles, Paris, menant la vie difficile d'un exilé. Il est absent de Russie lors des événements révolutionnaires de 1905 auxquels Trotski prend une part active.

C'est un homme de petite taille, trapu, devenu chauve très jeune, les yeux bridés et portant une barbiche roussâtre. Très simple, il n'éprouve aucun besoin personnel. Son personnage est à la fois calme, autoritaire, volontiers caustique ; dans la discussion, il dégage une impression de force et de volonté inflexible.

Dans une série de publications, Lénine s'attache à développer les idées de Marx : le capitalisme est insatiable ; il oppose les peuples entre eux et conduit inévitablement à la guerre. Pour le combattre, il faut organiser un parti d'avant-garde qui réveillera la conscience des masses laborieuses et établira, après la victoire, la dictature du prolétariat*. Lénine s'impose comme le chef des bolcheviks. En 1912, il fonde le journal *Pravda* (vérité). Pour Lénine, le devoir du prolétariat n'est pas de défendre une soi-disant patrie, mais de hâter la fin du capitalisme.

LE BÂTISSEUR DE L'ÉTAT SOVIÉTIQUE

En 1917, Lénine a 47 ans et le parti bolchevik n'est, aux yeux de la plupart, qu'un groupuscule extrémiste. Avec la complicité des Allemands, Lénine rejoint Saint-Pétersbourg, devenu Petrograd, où il prend catégoriquement position contre le gouvernement provisoire. En octobre, il lance le mot d'ordre «maintenant ou jamais», qui décide de l'insurrection (cf. p. 22).

Élu président du Conseil des Commissaires du peuple, Lénine organise le passage de la Russie au socialisme. En août 1918, il est grièvement blessé dans un attentat, mais sa santé de fer lui permet de supporter ses blessures. Cependant, à la fin de 1922, il tombe gravement malade. Il entrevoit les difficultés de sa succession. C'est alors que, paralysé, il dicte un certain nombre de notes, qu'on appellera son *Testament*. Il meurt le 21 janvier 1924. Son corps embaumé est exposé dans une châsse de cristal, exposée dans un mausolée dressé sur la Place Rouge à Moscou.

1. Ce prénom signifie en russe «qui domine le monde».

2 Vladimir et le commissaire

«Le 4 décembre 1887, au cours d'un meeting de protestation, Vladimir Oulianov est arrêté avec une quarantaine de camarades. Pendant qu'on le menait au poste, le commissaire de police l'avait paternellement adjuré :
– Pourquoi vous révoltez-vous, jeune homme ? Ne voyez-vous pas que vous vous heurtez à un mur ?
– Un mur, oui, répondit Vladimir, mais branlant. Il suffit de taper dedans pour qu'il s'écroule.»

Nina Gourfinkel, *Lénine,* Le Seuil, 1976.

3 Naissance du Parti bolchevik

«Les différents groupes seront organisés comme des filiales commerciales du comité central, au service de l'ensemble du mouvement : groupes de jeunesse, fonctionnaires, sympathisants, chacun spécialisé dans sa branche : transports, imprimerie, faux papiers, rencontres clandestines, filature des espions, fournitures d'armes, etc. Tout l'art d'une organisation clandestine consiste dans l'utilisation convenable de tout et de tous, chacun étant chargé de la tâche qui lui convient le mieux. Le centre conserve la direction de l'ensemble, non par la force mais par l'ascendant de son autorité, la multiplicité de ses connaissances et de ses talents.»

Lénine, *Que faire ?,* 1902.

4 Le Bolchevik guide le peuple vers les «lendemains qui chantent». (Koustodiev, 1920, Galerie Trétiakov, Moscou.)

5 Staline (1879-1953).

6 Trotski (1879-1940).

7 Faire la révolution

«Pour opérer le soulèvement à la marxiste [...] nous devons mobiliser les ouvriers armés, leur lancer l'appel à une lutte finale désespérée, occuper immédiatement les centraux télégraphique et téléphonique, installer auprès d'elles notre état-major, établir la liaison téléphonique avec toutes les usines, tous les régiments, tous les points de lutte, etc. Le seul moyen de demeurer fidèle au marxisme, à la révolution, est de considérer le soulèvement comme un art.»

Lénine, *Lettre au Comité central*, septembre 1917.

8 Le testament de Lénine

«Le camarade Trotski est peut-être l'homme le plus capable de l'actuel Comité central, mais il pèche par excès d'assurance et par un engouement exagéré pour le côté purement administratif des choses [...]. Staline est trop brutal et ce défaut parfaitement tolérable dans notre milieu et dans les relations entre nous, communistes, ne l'est plus dans les fonctions de Secrétaire général. Je propose donc aux camarades [...] de nommer à sa place une autre personne.»

Notes dictées le 24 décembre 1922 et le 4 janvier 1923.

QUESTIONS

1. Doc. 2 et 3 : que nous apprennent ces textes sur la personnalité de Lénine ? De quel modèle Lénine s'inspire-t-il pour organiser le Parti bolchevique ?

2. Doc. 6 : à l'aide d'un dictionnaire ou d'une encyclopédie, faites une recherche sur la vie de Trotski.

Vous distinguerez, à la manière de la biographie de Lénine, les grandes phases de son existence jusqu'à sa mort.

3. Doc. 7 : pourquoi Lénine n'imagine-t-il pas de faire dresser des barricades ? Montrez en quoi sa stratégie est nouvelle.

3 De Lénine à Staline : 1921-1928

V O C A B U L A I R E

Antiparti : celui qui, à l'intérieur d'un parti, s'oppose à la ligne générale.

Koulak : paysan riche.

Nepmen : petits patrons de l'industrie et du commerce, à l'époque de la N.E.P.

Au sortir de sept années de guerre étrangère et de guerre civile, la Russie est dans une situation tragique. Aux millions de morts de ces guerres s'ajoutent les 12 ou 13 millions de victimes de la famine et des épidémies (doc. 3). Le pays, sans monnaie, vit sur le système du troc.

En mars 1921, **les marins de Cronstadt,** héros de la Révolution de Petrograd, se soulèvent au cri de : «Vivent les soviets sans les communistes». Impitoyablement, l'Armée rouge écrase la rébellion.

A. Une nouvelle politique économique

1. Lénine tire la leçon de l'événement : il fait approuver une nouvelle politique économique (la **N.E.P.*),** qui met fin au communisme de guerre (doc. 5).

– Il s'agit d'abord de **se réconcilier le monde des paysans :** l'État conserve la propriété des terres, mais renonce aux réquisitions forcées. Les paysans retrouvent le droit de vendre au marché libre une partie de leurs récoltes. Le pouvoir leur reconnaît le droit de louer des terres, d'employer des salariés, d'hériter.

– **L'État garde en mains les secteurs clés de la banque et de l'industrie,** mais les usines de moins de dix ouvriers sont rendues à leur propriétaire. On supprime le travail obligatoire et on réintroduit les primes de rendement. On fait appel aux capitaux et aux techniciens étrangers. Une nouvelle monnaie est mise en circulation.

2. Ces assouplissements permettent au pays de reprendre souffle et de retrouver son niveau d'avant-guerre (doc. 6 et 7). On voit réapparaître de nouveaux riches : **koulaks** et **nepmen** (doc. 4). En même temps, l'unité du Parti est encore renforcée ; **il est interdit de constituer des tendances.** Le pouvoir encourage une vive campagne antireligieuse.

B. Naissance de l'Union soviétique

Le gouvernement bolchevik s'est efforcé de rassembler autour de la République russe (R.S.F.S.R., cf. p. 25) les minorités de l'ancien empire des tsars.

En décembre 1922, les républiques soviétiques de Biélorussie, Ukraine et Transcaucasie, bientôt rejointes par les républiques d'Asie centrale, décident de former avec la République russe **un seul État de type fédéral*** (doc. 1) : les citoyens y seront indistinctement considérés comme «soviétiques». Dans cette Union des Républiques Socialistes Soviétiques **(U.R.S.S.),** chaque État conserve son propre gouvernement mais, au sommet, le pouvoir appartient au Congrès des soviets de l'Union. En fait, il appartient aux dirigeants du Parti communiste (doc. 2).

C. L'ascension de Staline

La mort de Lénine, le 21 janvier 1924, ouvre une période de luttes qui opposent Trotski et Staline et qui divisent le Parti. Faut-il poursuivre la Révolution mondiale, comme le souhaite Trotski, ou «édifier le socialisme dans un seul pays», comme le défend prudemment Staline, Secrétaire général et maître du Parti ? Doit-on mettre un terme à la N.E.P. et collectiviser, comme le prétend le premier, ou poursuivre dans la voie définie par Lénine ? Mis en minorité, dénoncé comme ennemi du Parti **(antiparti), Trotski** en est finalement exclu en 1927 et exilé à vie en 1929.

1 La création de l'U.R.S.S.

«L'Union est bien une association libre de peuples égaux en droits ; à chaque République est garanti le droit de sortir librement de l'Union ; l'accès à l'Union est ouvert à toutes les Républiques soviétiques existantes ou pouvant se former à l'avenir. Ce nouvel État fédéré sera un rempart solide contre le capitalisme mondial et il marquera un nouveau pas décisif dans la voie de l'union des travailleurs de tous les pays en une République soviétique socialiste mondiale.

Le pavillon de l'Union est une bande de tissu en étoffe rouge ou vermeille, portant dans l'angle supérieur, près de la hampe, une faucille et un marteau en or surmontés d'une étoile rouge à cinq branches, entourée d'une bordure d'or.»

Loi fondamentale de l'U.R.S.S., 31 janvier 1924.

■ *Expliquez «État fédéré», «République soviétique socialiste mondiale».*

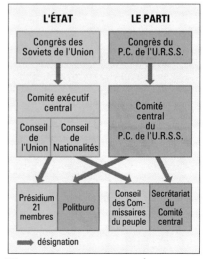

2 L'U.R.S.S. : le Parti et l'État.

3 Misère et dénuement pendant la guerre civile.

4 Moscou pendant la N.E.P.

«On n'avait pas commencé encore à rédiger les lois réglementant la nouvelle politique économique que pullulaient les mercantis, les trafiquants de devises, les spéculateurs, les intermédiaires louches, les margoulins [...].

A l'emplacement de l'hôtel Moskva, une double haie de boutiques et de maisonnettes – charcuteries, boucheries, fromageries, laiteries, primeurs – a poussé en pleine terre, au bord des trottoirs, face et dos à la rue. Et quel assortiment de bonnes choses ! D'où cela peut-il bien sortir dans ce pays saigné à blanc, affamé, épuisé de misère ?...»

E. Drakhina, *Solstice d'hiver, le dernier combat de Lénine,* Paris, É.F.R., 1970.

■ *Quelle crainte exprime l'auteur à l'annonce de la N.E.P. ?*

5 Le programme de la N.E.P.

«La ruine extrême aggravée par la mauvaise récolte de 1920 a rendu nécessaire d'améliorer avant tout la situation des paysans. Le moyen : l'impôt en nature, le développement des échanges entre l'agriculture et l'industrie, le développement de la petite industrie. L'échange, c'est la liberté du commerce, c'est le capitalisme.

Il n'y a là rien de dangereux pour le pouvoir prolétarien tant que le prolétariat détient fermement le pouvoir, tant qu'il tient solidement en mains les transports et la grande industrie.»

Lénine, *Sur l'impôt en nature,* mai 1921.

■ *Pourquoi est-il question d'impôt en nature ? Quelles sont les phrases qui indiquent que Lénine a fait marche arrière ?*
■ *Quels sont les secteurs où la N.E.P. peut s'exercer ? Comment l'État garde-t-il le contrôle de l'économie ?*

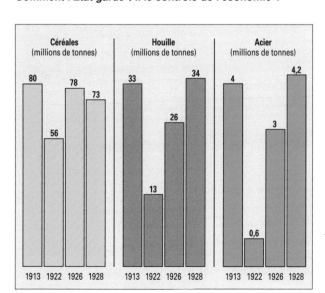

6 Affiche vantant les ampoules Svetlana, «pratiques, bon marché, économie d'énergie». (Période de la N.E.P.)

■ *Décrivez le document. Expliquez l'association ampoule électrique / étoile rouge.*

◄ **7** Le redressement économique.

■ *Comparez le niveau des productions en 1922 et en 1913. Quels sont les secteurs les plus atteints ? Expliquez pourquoi. Quelle conclusion peut-on en tirer sur la mise en application de la N.E.P. ?*

4 Construction de l'État socialiste

V O C A B U L A I R E

N.K.V.D. : Commissariat du peuple aux Affaires intérieures.

Stakhanov : ce mineur du Donbass aurait extrait 102 tonnes de houille en 5 h 45, alors que la norme était de 7 tonnes... Le **stakhanovisme** désigne la méthode de rendement fondée sur l'émulation des travailleurs.

En 1928, Staline décide d'abandonner la N.E.P. et de placer l'ensemble de l'économie sous contrôle de l'État. Les besoins prioritaires du pays sont définis pour cinq ans dans un programme de développement : le **plan* quinquennal.** Appliquer le plan est une impérieuse obligation pour le Parti et pour la population.

A. Le grand tournant de l'économie

1. De 1928 à 1941, se succèdent trois plans quinquennaux qui portent l'effort sur l'énergie, l'industrie lourde, les transports. Staline, convaincu de la supériorité du système socialise, donne la **priorité au développement industriel.** De puissants ensembles industriels surgissent. On perce un canal qui relie Moscou à la Baltique. De nouvelles régions (Grand Nord, Sibérie) sont mises en valeur. L'industrie lourde soviétique se hisse aux premiers rangs (doc. 5 et 6).

2. Ces progrès, qui stupéfient l'étranger, sont obtenus par une formidable mobilisation (doc. 3 et 4). On fait appel à la volonté des travailleurs : à l'exemple de **Stakhanov,** les ouvriers se lancent des défis de mine à mine, d'usine à usine, pour battre des records de production. Mais l'État recourt aussi à la contrainte : il punit l'absentéisme et institue le livret ouvrier.

B. La collectivisation* des terres

En 1929, Staline force les paysans à se regrouper en **kolkhozes*** et modernise l'agriculture «à l'américaine», en créant des exploitations de grande taille, les **sovkhozes*.** Il s'agit de libérer une main-d'œuvre disponible pour l'industrie. La résistance paysanne est vive (doc. 1 et 2) et conduit le pays à une grave famine. Les opposants, considérés comme koulaks, sont fusillés ou déportés par milliers. On compte de 6 à 8 millions de victimes. En 1935, Staline doit faire une concession : il autorise le kolkhozien à posséder un **lopin individuel** et à en tirer bénéfice.

C. Un système totalitaire*

1. Écartant les vieux bolcheviks peu disciplinés, Staline fait massivement entrer au parti de jeunes communistes, issus du peuple et entièrement dévoués à sa personne ; ils forment **une bureaucratie toute puissante.**

2. Staline définit pour tous la **ligne générale.** Il impose aux artistes, écrivains et cinéastes de travestir la réalité (doc. 7) et exige que les manuels d'histoire ignorent Trotski.
Une nouvelle police, le **N.K.V.D.,** dotée de pouvoirs extraordinaires, est instituée. Une de ses branches est le **goulag*,** chargé de répartir les détenus pour réaliser à bon compte les objectifs du plan.
La répression frappe d'abord le Parti. Plusieurs vagues de procès retentissants se succèdent de 1935 à 1939. On y voit les compagnons de Lénine, les hauts fonctionnaires du Parti et les chefs de l'armée s'accuser de crimes imaginaires. Pourtant le prestige de Staline n'en souffre pas.

3. En 1936, est promulguée une **constitution** qui garantit aux Soviétiques des droits étendus (voir p. 32). Aux yeux de la majorité, Staline demeure le fidèle héritier de Lénine et le vrai défenseur de la patrie socialiste. On lui voue un véritable culte.

1 La collectivisation au village

«Camarades, vous écrivez dans votre journal que tous les paysans pauvres et moyennement aisés adhèrent volontairement au kolkhoze, mais ce n'est pas vrai. Ainsi, dans notre village, tous n'entrent pas au kolkhoze de bon gré. Quand circula le registre des adhésions, 25% seulement signèrent, tandis que 75% s'abstenaient. Ils ont collecté les semences par la terreur, en multipliant procès-verbaux et arrestations. Si quelqu'un exprimait son opposition, on le menaçait d'emprisonnement et de travail forcé. Vous vous êtes trompés sur ce point, Camarades : la vie collective peut exister seulement à la condition que la masse entière des paysans l'adopte volontairement, et non par force. [...] Je vous prie de ne pas révéler mon nom, car les gens du Parti seraient furieux.»

Lettre d'un paysan
au journal *Notre village* (vers 1930).

■ *Qui sont les personnages du texte ?*

2 Un festin d'enterrement

«Tout le monde abattait, ceux qui venaient de s'inscrire au kolkhoze comme ceux qui exploitaient à leur compte. En deux nuits, le cheptel se trouva réduit de moitié. Dans les rues, les chiens traînaient boyaux et abats. Il courait des bruits sinistres : "Faut abattre, c'est plus à nous !" "Au kolkhoze, tu ne boufferas plus de viande !" Et l'on abattait. On s'empiffrait. Petits et grands, tous avaient mal au ventre. Au dîner, dans les isbas, les mentons dégoulinaient de graisse, chacun rotait comme à un festin d'enterrement.»

Milkhaïl Cholokhov,
Terres défrichées, 1932.

■ *Expliquez la phrase : «Faut abattre, c'est plus à nous !»*

3 «**L'ouvrier et la kolkhozienne**», par Vera Moukhina : le couple géant figurait au pavillon soviétique de l'Exposition universelle de Paris (1937).

4 **Affiche incitant au dépassement des normes.**
«Donnons, pour la construction du socialisme en 1931, 8 millions de tonnes de fonte.»

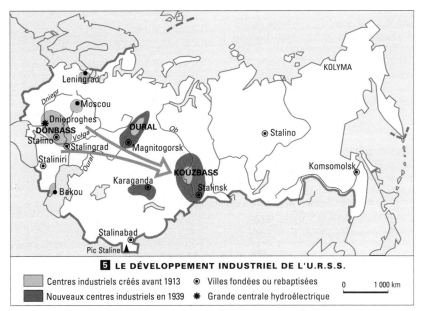

5 LE DÉVELOPPEMENT INDUSTRIEL DE L'U.R.S.S.

■ Centres industriels créés avant 1913   ⊙ Villes fondées ou rebaptisées
■ Nouveaux centres industriels en 1939   ✳ Grande centrale hydroélectrique

0   1 000 km

■ *Quelle observation peut-on faire sur la localisation des nouveaux centres industriels ?*

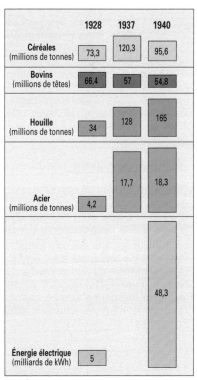

	1928	1937	1940
Céréales (millions de tonnes)	73,3	120,3	95,6
Bovins (millions de têtes)	66,4	57	54,8
Houille (millions de tonnes)	34	128	165
Acier (millions de tonnes)	4,2	17,7	18,3
Énergie électrique (milliards de kWh)	5		48,3

6 **Évolution de l'économie de l'U.R.S.S.**

■ *Comment expliquer le recul du cheptel bovin durant les années 30 ?*

■ *Évaluez l'accroissement de la production d'acier durant la période.*

---

7 **Le héros socialiste**

«Dans notre pays, les principaux héros des œuvres littéraires, ce sont les bâtisseurs actifs de la vie nouvelle : ouvriers et ouvrières, kolkhoziens, kolkhoziennes, membres du Parti, ingénieurs, jeunes communistes, pionniers. La force de notre littérature, c'est qu'elle sert la construction du socialisme.»
A. Jdanov, *Discours* au 1er Congrès des écrivains soviétiques, 1934.

Staline et le stalinisme

◀ 2 Staline en compagnie d'une jeune Tadjike, lors d'un rassemblement des kolkhoziens d'élite en 1935.

1 O Grand Staline

«O Grand Staline, O chef des peuples, Toi qui fais naître l'homme
Toi qui fécondes la terre, Toi qui rajeunis les siècles
Toi qui fais fleurir le printemps, Toi qui fais vibrer les cordes musicales
Toi, splendeur de mon printemps, toi, Soleil reflété par des milliers de cœurs.»

Poème de Rakhimov dans la *Pravda* du 28 août 1936.

3 La Constitution de 1936

«Art. 125. – Conformément aux intérêts des travailleurs et afin d'affermir le régime socialiste, la loi garantit aux citoyens de l'U.R.S.S. : la liberté de parole, la liberté de la presse, la liberté de réunion et de meeting, la liberté des cortèges et des manifestations de rue.
Art. 127. – L'inviolabilité de la personne est garantie aux citoyens de l'U.R.S.S. Nul ne peut être arrêté autrement que par décision du tribunal ou sur sanction du procureur.
Art. 128. – L'inviolabilité du domicile des citoyens et le secret de la correspondance sont protégés par la loi.»

LES ACTEURS DE L'HISTOIRE
STALINE   1879-1953

Joseph Vissarionovitch Djougachvili est né en 1879 dans un village de Géorgie, au cœur du Caucase. Son père était cordonnier. Il fut surtout élevé par sa mère dont l'ambition était d'en faire un prêtre orthodoxe. A l'école du village, il apprend le russe. En 1894, il entre au séminaire de Tiflis d'où il est exclu à cause de ses sympathies socialistes.

DE L'HOMME D'ACIER...

Staline est d'abord un obscur militant de province qui, sous le nom de Koba (en turc, l'indomptable), organise des grèves et des coups de main.

En 1905, il se rallie aux bolcheviks et fait la connaissance de Lénine. Devenu membre du Comité central du Parti, il est en 1912 chargé de lancer le journal *Pravda*. Il adopte le surnom de Staline, «l'homme d'acier», qu'il conservera.

Traqué par la police du tsar, il est plusieurs fois arrêté et emprisonné ; il s'évade. En 1913, il est déporté en Sibérie et se trouve libéré par la Révolution de Février. Il rejoint Petrograd où il devance Lénine dont il soutient l'idée d'insurrection. Toutefois, durant les journées d'Octobre, il n'apparaît pas jouer un rôle de premier plan, à la différence de Trotski. Après la victoire des bolcheviks, Lénine désigne ce Géorgien comme Commissaire du peuple aux nationalités. Staline intervient dans la guerre civile où il semble avoir joué un rôle important dans la lutte contre les Blancs.

... AU MAÎTRE DU PARTI

Pendant la maladie de Lénine, Staline se heurte violemment à Trotski, plus brillant que lui. Mais en dépit des avertissements de Lénine qui le juge brutal (cf. p. 27), le Congrès du Parti confie à Staline le poste de Secrétaire du Parti. Il installe partout des hommes qui lui sont entièrement dévoués.

Ce personnage secret qui, depuis la mort de sa femme en 1907, avoue n'éprouver aucune tendresse envers l'humanité, se présente comme le continuateur de Lénine.

En 1928, quand il engage l'Union soviétique dans un gigantesque effort économique, il s'appuie sur une police et un Parti à sa dévotion, qui écartent et éliminent tout adversaire. Contre Trotski qui rêve d'une révolution mondiale, il fait admettre «l'édification du socialisme dans un seul pays». Il règne en maître absolu sur le destin de millions d'hommes.

4 Le tsar rouge

«On n'entend plus nos voix à dix coudées
Et partout où s'engage
une demi-conversation
On se souvient du montagnard du Kremlin
Ses gros doigts comme des larves sont gras
Ses mots sont lourds comme de gros poids
Ses moustaches hérissées de cafard rient
Et ses bottes brillent
Autour de lui s'entassent les chefs au cou de poulet
Lui se joue et se sert
de ces moitiés d'hommes.»

Ossip Mandelstam, *Novembre 1933*, Poètes d'aujourd'hui, Seghers.

(Ossip Mandelstam disparaît au goulag à la fin de 1938 ou au début de 1939.)

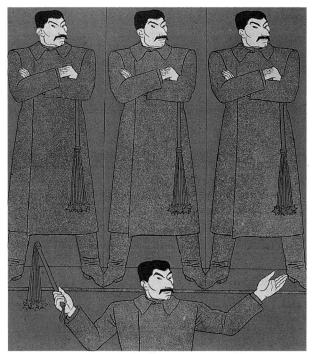

5 Staline, chef du Komintern, maître de l'État et chef du Parti. Dessin de E. Schilling, 1936.

6 Les procès

La «chaîne» (1937)
«Tout recommença. Ils me mirent "à la chaîne", ce qui signifiait, dans leur jargon, un interrogatoire ininterrompu. Les enquêteurs se succédaient ; moi je n'avais aucun répit. Sept jours sans dormir ni manger. Je les voyais devant moi comme en rêve. La "chaîne" devait user les nerfs de la victime, briser sa résistance, la contraindre à signer ce qu'ils voulaient.»

Evguénia S. Guinzbourg, *Le Vertige,* Le Seuil.

Réquisitoire
«Il est clair maintenant pourquoi, malgré l'abondance des produits, nous manquons soudain tantôt de l'un, tantôt de l'autre [...]. Que ces maudits reptiles soient écrasés, que ces chiens galeux soient abattus ! Les herbes folles et les chardons envahiront les tombes des traîtres. Sur la voie débarrassée de la dernière souillure, guidés par notre bien-aimé chef, le grand Staline, nous continuons à aller de l'avant vers le communisme !»

Vychinski, procureur général de l'U.R.S.S., 1936.

7 L'ordre par la terreur

«La police est responsable à partir de 1929 d'une main-d'œuvre innombrable qu'elle doit surveiller et encadrer. Elle devient ainsi le plus grand entrepreneur de l'U.R.S.S. [...]. Le système stalinien repose sur la police non seulement pour sa sécurité, mais peut-être avant tout, pour la réalisation de ses projets.»

H. Carrère d'Encausse, *Staline,* Flammarion, 1979.

8 Les camps de la mort

«Dans le camp il fallait 20 à 30 jours pour transformer un homme bien portant en épave. Seize heures de travail par jour dans la mine du camp, sans une journée de repos, une faim permanente, des haillons pour seuls vêtements, une température de −60° sous la tente déchirée où le prisonnier dormait, se chargeraient de cette dégradation que précipitaient les coups donnés par les contremaîtres et les gardiens. [...] Des équipes qui commençaient la saison dans les mines d'or et qu'on désignait du nom de leur chef, il ne restait plus à la fin de la saison un seul homme de tous ceux qui travaillaient au début [...]. La mine d'or envoyait régulièrement ses déchets dans les hôpitaux et dans les "cimetières fraternels" (les fosses communes).»

V. Chalamov, *Récits de Kolyma,* Denoël, 1969.

9 Les églises sont souvent pillées, puis utilisées à des fins civiles.

QUESTIONS

1. Doc. 1 et 2 : comment Staline est-il glorifié ? Quels sont les documents de cette double page qui lui sont hostiles ? Quels arguments présentent-ils ?

2. Doc. 3 : montrez que les articles 125 et 127 se trouvent contredits dans la réalité. Citez les documents qui le prouvent.

3. Doc. 5 : expliquez la légende «chef du Komintern, maître de l'État et chef du Parti» (voir doc. 2 p. 28).

De la Russie à l'U.R.S.S.

JE RETIENS

1. Les mots et notions clés

● autocratie ● soviet, bolchevik ●
● communisme de guerre ● Internationale ● N.E.P.
● U.R.S.S. ● plan, collectivisation, sovkhoze, kolkhoze ●
● système totalitaire, goulag ●

2. Les idées essentielles

L'histoire de la Russie soviétique de 1917 à 1921 se résume en trois phases.

A. La Révolution

La guerre et les privations précipitent la Russie dans les manifestations et les grèves. Des **soviets** de soldats et d'ouvriers se forment. **En février 1917,** le tsar Nicolas II est contraint à abdiquer.

■ Des modérés forment un gouvernement provisoire qui décide la poursuite de la guerre et ne répond pas aux attentes de la population (le pain, la paix).

■ De retour d'exil, **Lénine,** révolutionnaire marxiste, réorganise le **Parti bolchevik** et, en s'appuyant sur les soviets, il prépare un coup de force.

■ Le 7 novembre (25 octobre dans le calendrier russe), **l'insurrection** est déclenchée à Petrograd qui passe facilement sous le contrôle bolchevik. Lénine proclame aussitôt la terre aux paysans, les usines aux ouvriers **(grands décrets).** Un Conseil des Commissaires du peuple signe l'armistice et la **paix** (mars 1918) avec les Allemands.

■ La Révolution d'Octobre provoque **une terrible guerre civile** où **Blancs et Rouges** s'affrontent férocement jusqu'en 1920. Les bolcheviks s'imposent finalement en recourant à un ensemble de mesures autoritaires dites **communisme de guerre :** réquisitions, police politique **(Tcheka),** propagande. Dans le même temps, par la création de la **3e Internationale,** ils s'efforcent de répandre en Europe la flamme de la Révolution.

B. La N.E.P.

■ En 1921, confronté à un pays épuisé, Lénine décide une pause : la **N.E.P., nouvelle politique économique.** Il rétablit la petite propriété, le commerce et fait appel à des spécialistes étrangers. Une nouvelle classe aisée **(koulaks, nepmen)** se constitue.

■ En 1922, autour de la Russie soviétique, est créé un **État multinational :** l'Union soviétique. Mais la mort de Lénine, en 1924, met au jour la lutte ouverte entre **Trotski et Staline,** le Secrétaire général du parti. Ce dernier s'impose.

C. Le stalinisme

■ A partir de 1928, Staline transforme profondément le pays et il établit une dictature personnelle.

■ Pour faire de l'Union soviétique une grande puissance industrielle :
– il lance les **plans quinquennaux** qui organisent des programmes de développement rapide ;
– il décide la **collectivisation des terres** aux dépens des koulaks, en généralisant les kolkhozes et les sovkhozes.

■ Le parti est épuré de ses cadres anciens **(grands procès)** et les opposants sont systématiquement éliminés **(goulag).** Des idéaux nouveaux guident la société : **culte de Staline,** émulation dans le travail et réalisme socialiste.

EXERCICES

1. Je sais identifier

Sur les documents du chapitre, j'identifie les personnages de Lénine et de Staline ;
– j'établis pour chacun la liste des documents contenus dans le chapitre ;
– je peux résumer les grands traits de leur biographie.

2. Je suis capable de situer sur une carte de l'U.R.S.S. les noms suivants :

Leningrad, Moscou, Magnitogorsk, la Sibérie, le Kouzbass.

3. Je comprends la question

■ Je suis capable d'énumérer les trois drames auxquels sont successivement confrontés les paysans russes entre 1914 et 1934.

■ Je suis capable :
– d'expliquer le sigle U.R.S.S. ;
– de décrire le fonctionnement du système politique de l'U.R.S.S. au temps de Staline ; de dire où Staline trouve les soutiens à sa politique ;
– d'indiquer les rouages du système économique socialiste.

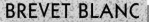

BREVET BLANC

1. Je sais placer des événements sur une frise chronologique

Sur le schéma ci-dessous :

■ Je place dans l'ordre, dans la partie supérieure, à l'aide des chiffres 1-2-3 :
– la période des Plans quinquennaux ;
– la période de la Révolution et du communisme de guerre ;
– la période de la N.E.P.

■ J'indique dans la partie inférieure, à l'aide d'étoiles :
– la Révolution d'Octobre (étoile rouge) ;
– le traité de Brest-Litovsk (étoile verte), voir chap. 1 ;
– la mort de Lénine (étoile noire).

2. Je commente une image historique

Le document est une affiche de propagande de 1934 ; elle évoque deux moments de l'histoire soviétique indiqués par les deux dates de 1917 et 1934.

■ **1.** Qui est le personnage représenté dans la partie gauche du document ? De quel parti politique est-il le chef ? Quelle est la date de sa mort ?
– Quel est l'événement évoqué sous l'inscription inscrite dans une flèche et indiquant : «Tout le pouvoir aux Soviets» ? Où se déroule cet événement ? A quelle date ? Dans quelles circonstances ?
– De quels éléments est composé l'emblème vers lequel le personnage montre le doigt ? Que symbolise ce drapeau ?

■ **2.** Qui est le personnage représenté au premier plan dans la partie droite ? Quelle position occupe-t-il en 1934 ?
– Nommez les activités économiques représentées derrière lui. Pour quelle raison ces activités sont-elles regroupées derrière ce personnage ? Quelle activité économique n'est pas représentée ? Indiquez les raisons.
Évoquez par deux mots les principes de l'organisation de l'économie soviétique en 1934.

■ **3.** Expliquez le sens de l'inscription donnée en gros caractères au bas de l'affiche : «Plus haut l'étendard de Lénine qui nous donne la victoire».

3. Questions d'examen

■ La Russie et l'U.R.S.S. de 1917 à 1924.
■ L'Union soviétique de 1928 à 1941.

LES ÉTATS-UNIS :

 ## La prospérité américaine

Au lendemain du premier conflit mondial, les États-Unis connaissent une phase de prospérité sans précédent.

A. Le «big business»

1. Au lendemain de la guerre, les États-Unis entrent les premiers dans **l'ère des hydrocarbures et de l'électricité.** Cette seconde révolution industrielle multiplie les biens matériels : appareils ménagers, postes de radio, textiles synthétiques et surtout automobiles (doc. 3).

2. Elle s'accompagne de **méthodes de production nouvelles** : la machine remplace l'homme chaque fois que possible et le **taylorisme** organise scientifiquement le travail à la chaîne (doc. 4). Ces techniques permettent d'accroître de façon remarquable la productivité (doc. 2) et de baisser les prix. Pour monter une Ford T, en 1909, il fallait 14 heures ; 1 heure 33 suffit en 1923 ; cette voiture se vendait 1 500 dollars en 1909, et seulement 600 en 1923 ! **Les entreprises se concentrent en trusts.**

3. Pour écouler une production sans cesse croissante, les techniques de vente sont bouleversées par un extraordinaire développement du **crédit** et de la **publicité** (doc. 6).

B. Le modèle américain

1. Toutes ces innovations entraînent une «**consommation de masse**». Grâce à la standardisation et à la baisse des prix, tous, à partir d'un certain revenu, peuvent consommer les mêmes objets nouveaux. De ce fait, il se crée un type de société uniforme et conforme, l'*American way of life* (doc. 7).

2. Une soif de confort, accompagnée de salaires élevés, suscite l'envie de tout acheter, de jouir immédiatement des fruits du travail et de se libérer des contraintes, à l'image de la *flapper,* cette «gamine effrontée» qui fume, boit, danse et se fait couper les cheveux (doc. 1).

C. «America first»

Les gouvernements républicains qui se succèdent de 1920 à 1933 (présidences de Harding, Coolidge et Hoover) coopèrent avec les milieux d'affaires et essaient, en même temps, de sauver les valeurs traditionnelles, mises en cause par la prospérité. Ce **conservatisme** se traduit de multiples façons :

1. Dans le domaine social, **des quotas sont imposés à l'immigration** dans un climat d'**intolérance** et de **racisme** (doc. 5). On condamne à mort injustement deux immigrants italiens, Sacco et Vanzetti. Le Ku Klux Klan terrorise les Noirs, les «peuples inférieurs» et les minorités religieuses.

2. Dans le domaine moral, une **réaction puritaine*** combat les influences néfastes de la société moderne et impose la **prohibition*** de la vente de boissons alcoolisées.

3. Dans le domaine diplomatique enfin, l'Amérique refuse tout engagement international permanent (S.D.N.) et s'isole.

Ku Klux Klan : société secrète américaine qui prétend lutter contre «tout ce qui corrompt la pureté américaine».

Quota : part ou nombre déterminé.

Taylorisme : du nom de l'ingénieur américain Taylor qui, dès avant 1914, préconise le fractionnement du travail dans un temps bien limité.

AT A COOL AND CHEERFUL PLACE
You'll find a wonderful girl in a real
American pose – at the soda fountain
— When thirsty remember her.

1 Affiche publicitaire de la firme Coca-Cola, en 1925.

■ *Décrivez l'affiche. Quels sont les aspects de la prospérité qu'elle met en évidence ?*

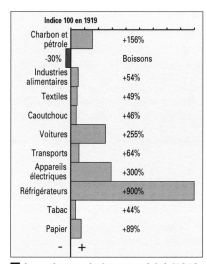

Indice 100 en 1919

Charbon et pétrole	+156%
-30%	Boissons
Industries alimentaires	+54%
Textiles	+49%
Caoutchouc	+46%
Voitures	+255%
Transports	+64%
Appareils électriques	+300%
Réfrigérateurs	+900%
Tabac	+44%
Papier	+89%
−	+

2 Les signes de la prospérité (1919-1929).

■ *Quelles sont les productions qui ont le plus progressé ? Quelles sont les raisons de cette progression ?*

■ *Expliquez le recul des boissons alcoolisées.*

DE LA PROSPÉRITÉ A LA CRISE

3 L'âge de l'essence

«L'automobile changea le visage de l'Amérique. Des villages qui avaient autrefois prospéré parce qu'ils étaient "sur le passage du chemin de fer" se mirent à péricliter. D'autres, situés sur la "route 61", virent éclore une foule de garages, stations-service, stands à hot-dogs, restaurants spécialisés dans les "dîners de poulets", salons de thé [...]. Les réseaux ferrés abandonnèrent, l'un après l'autre, leurs lignes secondaires, ou virent leurs revenus lentement s'affaisser face à la concurrence des bus interurbains géants et des camions [...]. Lentement mais sûrement, l'âge de la vapeur s'effaça devant celui de l'essence.»

Frederick L. Allen, *Only Yesterday, An Informal History of the 1920's*, 1931.

■ *Dans quel secteur de l'économie l'industrie automobile joue-t-elle un rôle d'entraînement ?*

5 L'Américain et les autres

«Une infiltration modérée de gens d'autres pays exerce une saine influence pour combattre la tendance à l'immobilisme [...]. Mais si on va trop loin, la population deviendra une simple cacophonie d'éléments hétérogènes. [...] L'Américain commence à soupçonner que [...] notre immigration a une faible valeur [...]. De même qu'il y a des familles d'un faible niveau intellectuel, il peut y avoir des peuples d'un faible niveau intellectuel. Sans aucun doute, nous en avons reçu beaucoup de ce calibre.»

Article de Holmes, professeur de zoologie, 1923, *in* J. Brun, *America ! America*, Gallimard, 1980.

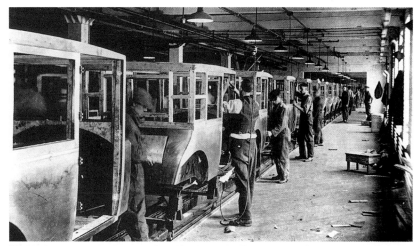

4 Chaîne de montage : usine Hudson de Detroit au début des années 20. «Rien n'importait que la continuité fracassante des mille et mille instruments qui commandaient les hommes» (Louis-Ferdinand Céline, *Voyage au bout de la nuit,* 1932).

6 Times Square à New York dans les années 20. «Cette place étonnante, où la publicité gicle parmi la foule occupée à se choisir un cinéma» (L.-F. Céline).

7 Tout électrique

«La maison de Babbitt avait cinq ans d'existence. [...] Partout, l'électricité remplaçait les bougies et les cheminées malpropres. Dans la plinthe de la chambre à coucher trois prises de courant se dissimulaient sous de petites plaques de cuivre. Dans les vestibules se trouvaient des prises pour le nettoyage par le vide, et le salon en avait pour la lampe du piano et pour le ventilateur. La belle salle à manger, avec son admirable buffet en chêne, son armoire aux portes garnies de vitraux, [...] son modeste panneau représentant un saumon expirant sur un tas d'huîtres, avait des prises pour le filtre et le grilloir électrique. En somme, il ne manquait qu'une chose à la maison des Babbitt : c'était d'être un foyer.»

Sinclair Lewis, *Babbitt*, 1922.

■ *D'après ce texte, que veut dire l'expression «modèle américain» ?*

La nouvelle culture américaine

La prospérité américaine suscite une «culture de masse» véhiculée par la presse et la radio. Standardisée à l'image de l'économie, elle s'exprime dans des loisirs frénétiquement rythmés par les orchestres de **jazz.** Elle fabrique les héros du monde nouveau : ces «étoiles» de cinéma que fait briller le **«Star System» d'Hollywood,** ou ces personnages de bandes dessinées qui, à l'instar de **Mickey** ou de **Tarzan,** naissent sous le crayon d'un dessinateur de talent.

A. Le jazz

L'origine du mot «jazz» est incertaine : selon certains, elle proviendrait du nom d'un musicien noir, bien connu dans la vallée du Mississippi, Jazbo Brown.
Quoi qu'il en soit, on rattache l'apparition du jazz à la grande migration des Noirs américains et, en particulier, des musiciens de la Nouvelle-Orléans vers Chicago et New York, à partir de 1915.
Plus que toute autre, la musique de jazz a bénéficié de la découverte de l'enregistrement électrique. Dès 1920, *Crazy Blues* est enregistré à New York.
Puis le disque fit partout connaître la voix de grandes chanteuses comme Ella Fitzgerald et les grands orchestres, ceux de Louis Armstrong, Duke Ellington, Count Basie...
Le jazz est une musique extrêmement vivante et diverse. Expression de la culture d'une minorité, il a aujourd'hui conquis la planète.

1 **Louis Armstrong, dit Satchmo (1900-1971),** le premier grand soliste de jazz classique. En 1922, il est remarqué à Chicago par «King» Oliver. Dès 1932, il fait une tournée en Europe.

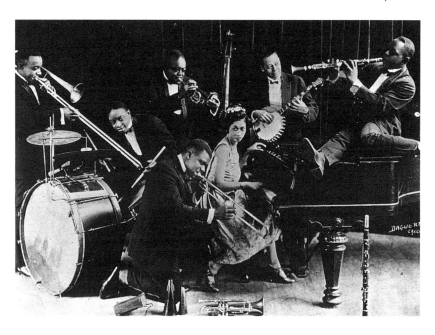

2 Le *Creole Jazz Band,* l'orchestre de Joe «King» Oliver (1885-1938) à Chicago, dans les années 20. De gauche à droite, Dutray, trombone, Baby Doods à la batterie, agenouillé, «King» Oliver, trombone ; à l'arrière-plan, Louis Armstrong, trompette bouchée ; Lil Harvin au piano, Bill Johnson au banjo et à la basse, et Johnny Doods à la clarinette, assis sur le piano. Les enregistrements de «King» Oliver eurent une énorme influence sur les autres orchestres de jazz. ►

---

3 **Une musique nouvelle**

« Le jazz était une musique nouvelle. Son caractère le plus remarquable était sa sonorité exotique, due non seulement à la nature des instruments de l'orchestre, mais aussi à la façon d'en jouer. C'est ainsi qu'on attachait peu d'importance à la tonalité "juste" (c'est-à-dire jouer exactement dans le ton) ou à l'exactitude de la note. Au contraire, les interprètes passaient avec aisance d'une note à une autre (ou en *glissando* sur toute une suite de notes) ; il leur arrivait souvent de faire varier la hauteur des notes tenues (par un large *vibrato*).
L'intensité rythmique de la première musique de jazz était tout aussi étonnante : rythme à quatre temps, solide et entraînant, associé à la syncope qui accentuait les temps faibles, et un jeu souple, détendu, produit d'une "improvisation collective", où chaque interprète improvisait à sa façon, mais où chaque partie contribuait à former un tout équilibré et cohérent.
La sonorité du jazz venait de la même tradition que le chant des *spirituals* des esclaves, qui donnaient aux auditeurs de l'époque une impression de "complexité et de variété merveilleuse" et de sonorités chantées parfaitement en mesure.»

Eileen Southern,
Histoire de la musique noire américaine,
Buchet-Chastel, 1992.

B. «Business» et «Star System»

4 Stars et palaces

«Le cinéma américain connut après la guerre une prospérité sans nuages. Un bon metteur en scène recevait 50 000 dollars pour le film qu'il signait. Mais ce n'était rien auprès des revenus légendaires des vedettes. Le plus grand acteur était celui qu'on payait le mieux, le plus beau film celui qui avait coûté le plus cher [...].
Dans la lutte qui opposait les grandes sociétés, en particulier la *Paramount* et la *First National,* le procédé le plus souvent employé fut l'achat massif des salles de projection qui leur assurait un écoulement sûr de leur production. Pour faire construire ces salles luxueuses, auxquelles on donnait le nom de *"Palace",* il avait fallu s'adresser à Wall Street.»

M. Bardèche et R. Brasillach,
Histoire du Cinéma I, Livre de Poche.

5 Le héros américain

«La flamme des admirateurs fut entretenue par des millions de photographies dédicacées, la publicité créa autour des idoles une atmosphère de légende. [...] Rares furent les réalisateurs qui n'acceptèrent pas d'être subordonnés aux stars. [...]
Douglas Fairbanks avait incarné un héros américain costaud, naïf, optimiste, aimé des belles. [...] Il devint plus tard un athlète invincible, un chevalier sans peur et sans reproche, le défenseur toujours victorieux de toutes les bonnes causes.»

Georges Sadoul, *Histoire du cinéma mondial,* Flammarion, 1949.

6 Affiche pour le film *La chevauchée fantastique*, 1939.

◄ 7 Mickey Mouse,
créé par Walt Disney en 1928.

8 Les affaires de Walt Disney

«Walt Disney employait 250 collaborateurs. Un dessin animé en couleurs coûtait à ce moment 750 000 F. Il rapportait en général 1 200 000 F la première année et 600 000 F la deuxième année. Walt Disney réalisait deux films par mois et amortissait ses productions sur le marché américain seulement en moins d'un an. C'est pourquoi on ne réalisa pas de dessins animés en France. Les "Mickey" nous arrivaient déjà amortis par leur projection aux États-Unis. Ils pouvaient donc être loués aux directeurs de salles à un prix qui défiait toute concurrence française.»

M. Bardèche et R. Brasillach,
Histoire du Cinéma I, Livre de Poche.

9 Les grands succès

Titres et réalisateurs	Date
Les Dix Commandements (Cecil B. de Mille)	1923
Ben Hur (Fred Niblo)	1927
Cinéma parlant	1927
Scarface (Howard Hawks)	1932
Les Temps modernes (Charles Chaplin)	1936
La Chevauchée fantastique (John Ford)	1939
Autant en emporte le vent (Victor Fleming)	1939
Le Dictateur (Charles Chaplin)	1940

QUESTIONS

Dressez la liste des films américains des années 20 et 30 que vous avez pu voir.

Le héros de ces films est-il de la même famille que le héros socialiste (voir p. 31) ?

Les États-Unis en crise

V O C A B U L A I R E

Dividende : part de bénéfice versée à chaque actionnaire d'une société.

Surchauffe : état d'une économie en expansion menacée d'inflation.

Les Américains croient, avec leur président Hoover, que «la malédiction de la misère sera à jamais bannie des États-Unis», quand éclate brutalement, en 1929, une crise économique d'une gravité sans pareille.

A. Octobre noir

1. La catastrophe commence, en octobre 1929, par un krach* à Wall Street, la bourse de New York. En quelques jours, la confiance s'effondre et 70 millions d'actions sont jetées sur le marché, près de 13 millions en une seule journée, le jeudi 24 octobre. Le 13 novembre, la valeur globale des actions a baissé de moitié et la chute continue (doc. 3 et 4).

2. De boursière, la crise devient bancaire. De nombreuses banques avaient prêté des sommes exorbitantes à des entreprises qui, frappées par l'effondrement de leurs actions, ne peuvent rembourser. Dès lors, bien des établissements bancaires font faillite, privant des centaines de milliers d'épargnants de leurs économies et les empêchant de rembourser leurs crédits en cours.

B. Une crise née de la prospérité

Les causes de cette crise soudaine trouvent leur origine dans la prospérité même des années 20.

1. L'économie américaine étant en grande partie tournée vers l'exportation, la reconstruction de l'Europe et la concurrence des pays neufs (Australie, Argentine…) laissaient entrevoir une **surproduction, dès 1927.**

2. Sur le marché intérieur aussi, **la capacité de production s'accroissait plus rapidement que la demande ;** car la rémunération de nombreux salariés restait insuffisante et la baisse de la natalité ne faisait pas progresser le nombre de consommateurs. La vente à crédit n'a pu compenser que momentanément cette faiblesse de l'économie américaine.

3. Le krach boursier s'explique directement par la **spéculation*.** Une bonne partie de l'argent disponible, et parfois du crédit, était orientée vers des **placements boursiers dont la valeur gonflait artificiellement :** l'économie était en **surchauffe.** Avec les dividendes escomptés, on anticipait des achats à crédit… jusqu'aux jours tragiques d'octobre 1929, où tout le magnifique édifice s'effondre tel un château de cartes (doc. 5 et 6).

C. Surproduction, chômage et misère

1. Désormais, «la crise nourrit la crise» (doc. 1). **Pour écouler les stocks, de nombreuses entreprises baissent les prix,** ce qui entraîne une **baisse des salaires et du pouvoir d'achat.** D'autres font faillite ou licencient des ouvriers pour réduire la production : dans les deux cas, le nombre de **chômeurs** augmente rapidement (doc. 2).

2. Tous les secteurs de l'économie sont atteints. Les fermiers sont très durement touchés : incapables de rembourser leurs lourds emprunts, ils sont expulsés de leurs terres.

3. La misère touche toutes les catégories sociales (doc. 7). Symbole d'une époque, sur les terrains vagues des grandes villes, les nouveaux pauvres occupent des «bidonvilles» que, par dérision, l'opinion publique nomme «**Hoovervilles**».

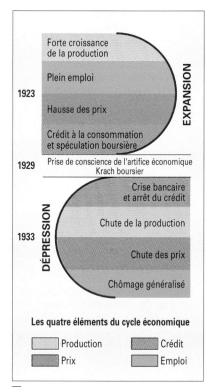

Les quatre éléments du cycle économique

◻ Production ▨ Crédit
▨ Prix ◻ Emploi

1 La rupture du cycle économique en 1929.

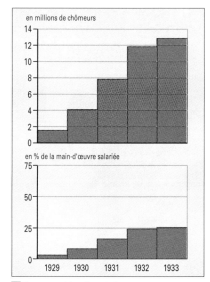

en millions de chômeurs

en % de la main-d'œuvre salariée

2 La montée du chômage.

■ *A quelle date le taux de chômage est-il le plus élevé ? Quel chiffre atteint-il ?*

3 Panique à Wall Street pendant le krach d'octobre 1929.

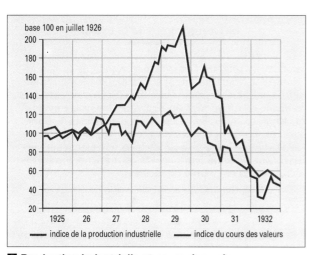

base 100 en juillet 1926

— indice de la production industrielle   — indice du cours des valeurs

5 Production industrielle et cours des valeurs.
■ *Situez et caractérisez les trois phases de la prospérité, de la surchauffe de l'économie et de la crise.*

4 Octobre noir

24 octobre

«Le jeudi 24 octobre est la première des journées que l'histoire identifie avec la panique de 1929. Ce jour-là, 12 894 650 parts changèrent de main, beaucoup d'entre elles à des prix qui brisèrent les rêves et les espoirs de ceux qui les possédaient. Vers onze heures, le marché avait dégénéré en une mêlée folle et effrénée pour vendre. Dans les salles de tableaux bondées, à travers le pays, le télétype parlait d'un effondrement effroyable. L'incertitude conduisit de plus en plus de gens à essayer de vendre. Vers onze heures trente, le marché s'était abandonné à une frayeur aveugle et sans merci. C'était vraiment la panique […].

Des attroupements se formèrent autour des succursales des firmes de courtiers à travers la ville, mais aussi à travers tout le pays. Un observateur dit que l'expression des gens montrait "non pas tellement la souffrance qu'une espèce d'incrédulité horrifiée". Rumeur sur rumeur balayèrent Wall Street et ses rues adjacentes. Les actions se vendaient maintenant pour rien. Les Bourses de Chicago et de Buffalo avaient fermé. Une vague de suicides se développa et onze spéculateurs bien connus s'étaient déjà tués.

29 octobre

Le mardi 29 octobre fut le jour le plus dévastateur dans l'histoire de la Bourse de New York – et peut-être aussi dans toute l'histoire des bourses. [...]

Les ventes commencèrent dès l'ouverture du marché et en quantités énormes. De grandes masses d'actions étaient offertes au prix que l'on voulait ; dans la première demi-heure, les ventes allaient à un rythme correspondant à 33 000 000 par jour. Sans cesse [...] il y avait pléthore d'ordres de vente et pas d'acheteurs du tout. Les actions de la *White Sewing Machine Company,* qui avaient atteint le cours élevé de 48 les mois précédents, avaient fermé à 11 la nuit d'avant. Durant la journée, quelqu'un eut l'heureuse idée de proposer un dollar l'unité pour une masse d'actions ; devant l'absence de toute autre demande, il l'obtint.»

D'après J.-K. Galbraith, *La crise économique de 1929*, Payot, 1981.

6 Un château de cartes

«L'automobile, la vente à crédit, la nouvelle technique de la production de masse, le haut niveau des salaires, les besoins en logements, des exportations florissantes – voilà, semble-t-il, les six éléments de base sur lesquels était bâtie la prospérité américaine.

Certains ont malencontreusement parlé d'Ère nouvelle et ont écrit de gros livres sur la liquidation de la pauvreté, le Modèle américain ; des hordes de jeunes étrangers sont venues apprendre nos méthodes […]. Quand – v'lan ! – le bel édifice s'écroula comme un château de cartes ! […] Les hauts salaires et la vente à crédit ont comblé pour un temps le trou entre pouvoir d'achat et capacité de production, mais le trou finit par se transformer en gouffre béant ; et l'Ère nouvelle fut enterrée sous les bandes lumineuses qui, un certain matin d'octobre 1929, tressèrent les chiffres boursiers en autant de couronnes mortuaires.»

Stuart Chase, *A New Deal*, 1932.

■ *Pourquoi l'auteur parle-t-il de «château de cartes» ?*

7 L'effondrement des cours agricoles : des fermiers du Middle West protestent en répandant du lait sur les routes.
■ *Quels aspects de la crise ce document illustre-t-il ?*

Le monde en crise

A. La grande dépression

Née aux États-Unis, la crise se propage sur l'ensemble du monde, à l'exception de l'U.R.S.S. Le rapatriement des capitaux américains, la baisse du commerce mondial et l'effondrement des prix agricoles et industriels expliquent l'extension de cette dépression qui, dans son déroulement et ses conséquences, présente partout une grande similitude avec la crise américaine.

1 Au Brésil, les excédents de la production de café sont brûlés dans les chaudières des locomotives.

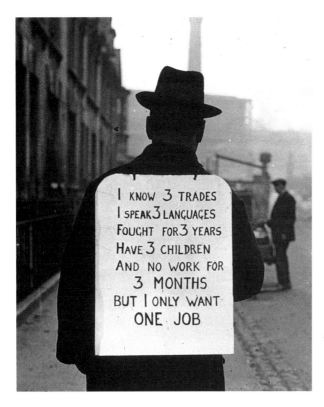

2 L'engrenage de la crise

«Le poids de l'économie américaine dans l'économie mondiale explique "l'exportation" rapide de la dépression. [...] Non seulement l'Allemagne s'est trouvée durement touchée, mais aussi tous les pays d'Amérique centrale et d'Amérique du Sud, qui avaient été inondés de capitaux américains. Privés de ces moyens de financement, ces pays ont cessé d'acheter des marchandises américaines. Les États-Unis et les autres pays industriels ont diminué leurs achats de matières premières dont les prix ont baissé rapidement.»

M. Niveau, *Histoire des faits économiques contemporains*, P.U.F., 1984.

◄ **3** Un chômeur britannique à la recherche d'un emploi :
«Je connais trois métiers, je parle trois langues, j'ai combattu pendant trois ans, j'ai trois enfants et je n'ai pas de travail depuis trois mois. Mais tout ce que je demande, c'est seulement un emploi».

QUESTIONS

1. Doc. 1 : pourquoi brûle-t-on les excédents de café au Brésil ?

2. Doc. 2, 4 : pourquoi l'Allemagne et l'Amérique latine sont-elles plus touchées par la crise ? Pourquoi la France et la Grande-Bretagne sont-elles moins touchées ? Pourquoi l'Union soviétique se situe-t-elle en dehors de la crise ?

3. Doc. 6 : dans le schéma de Keynes, qui est le moteur de la reprise économique ? Quelle est la solution envisagée pour réduire le chômage ? Comment peut être résolu le problème du déficit du budget de l'État ?

4. Doc. 7 : boire du thé indien, pour un Anglais, est-ce une mesure protectionniste ?

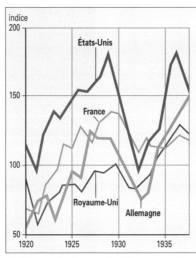

4 Chute de la production manufacturière.

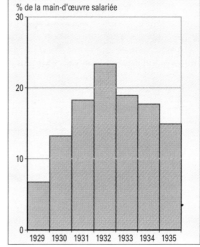

5 Évolution du chômage dans le monde.

B. La recherche de solutions

Les pays essaient de trouver des solutions qui, toutes, vont dans le sens d'une **intervention accrue de l'État**. La libre concurrence laisse place à un **dirigisme*** inspiré des idées de l'économiste anglais John Maynard **Keynes** (1883-1946).

Le retour au protectionnisme amène les puissances qui ont des colonies à établir des liens privilégiés avec elles (cas de l'Angleterre et de la France), tandis que celles qui n'en ont pas s'efforcent de vivre en **autarcie** (cas de l'Italie et de l'Allemagne).

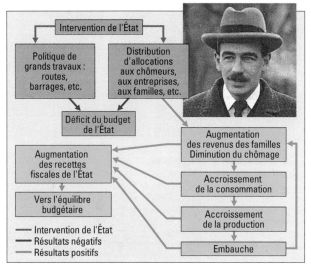

6 **Les solutions de Keynes.** ▲

7 «**Achetez le thé des Indes**». Affiche anglaise, dans le cadre de la campagne *Buy English* (vers 1930). ▶

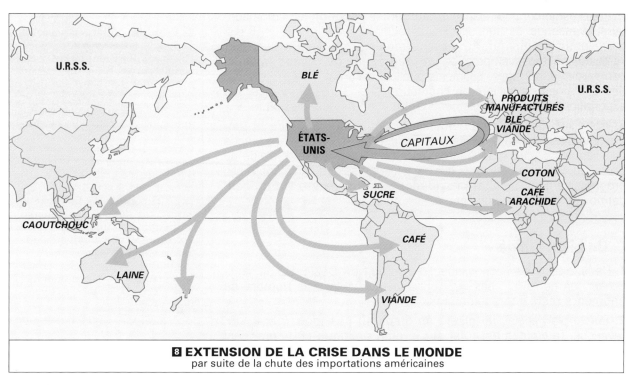

8 EXTENSION DE LA CRISE DANS LE MONDE
par suite de la chute des importations américaines

3 La solution américaine : le New Deal

Déconcertés par l'attitude du président Hoover qui, en pleine crise, refuse l'intervention de l'État fédéral, les Américains, en 1932, assurent une élection triomphale au démocrate **Franklin Delano Roosevelt.**

V O C A B U L A I R E

Dévaluation : décision d'un gouvernement de diminuer la valeur d'une monnaie.

A. Un homme et des idées neuves

1. Le nouveau président, issu d'une riche famille de l'Est, a commencé sa carrière politique auprès de Wilson. En partie paralysé à la suite d'une attaque de poliomyélite en 1921, il retire de cette épreuve une **volonté de fer,** mais aussi une sympathie sincère pour ceux qui souffrent (doc. 2). En 1928, il est gouverneur de l'État de New York et, lors des élections présidentielles de 1932, il cristallise sur lui les espoirs du peuple américain.

2. Le nouveau président s'entoure d'une équipe de jeunes intellectuels dynamiques, aux points de vue souvent opposés – banquiers, journalistes ou professeurs – qui forment ce que l'on a appelé le «trust des cerveaux», ou **Brain Trust** (doc. 1).

3. Cette équipe apporte des idées neuves et propose une «nouvelle donne» **(New Deal*)** : plutôt qu'une idéologie ou une doctrine, c'est avant tout une entreprise destinée à **redonner confiance à l'Amérique** (doc. 4).

B. Faire agir l'État

1. Roosevelt passe rapidement à l'action. Pour restaurer la confiance, le Président, **«grand communicateur»,** parle : il explique les principes de sa politique, notamment lors de ses conférences de presse bi-hebdomadaires, et utilise habilement la radio.

2. Pour réamorcer une relance, **il réorganise l'économie :** l'État fédéral subventionne les agriculteurs qui réduiront leur production. Il instaure pour les ouvriers un horaire maximal qui vise à favoriser l'embauche. Roosevelt propose **un programme de grands travaux,** ponts, routes, barrages, bâtiments publics, assurant ainsi du travail à des centaines de milliers de chômeurs (doc. 3). Pour relancer les exportations et les investissements, **Roosevelt dévalue le dollar.**

3. Pour secourir les plus démunis, le gouvernement aide le programme d'assistance des différents États, crée une première ébauche de «sécurité sociale», sous forme d'assurance vieillesse et d'aide au chômage. Enfin, peu avant la guerre, il fixe un salaire minimum. Ainsi, progressivement, un **État-providence*** se substitue à l'«État gendarme» du temps de la prospérité.

C. Un bilan mitigé

1. Dans le domaine économique, l'œuvre du New Deal reste un semi-échec : on ne revient pas vraiment à la prospérité et **le nombre de chômeurs reste impressionnant.**

2. Sur le plan social, **la misère ne disparaît pas** (doc. 5 et 6). En revanche, **le succès est total sur le plan politique** où le président réussit à préserver la démocratie, que la crise affecte dans de nombreux pays.

1 Le Brain Trust : F. D. Roosevelt (1882-1945) et son équipe.

2 Franklin Delano Roosevelt

«Sa maladie l'identifiait à un peuple qui souffrait. Le courage avec lequel il oubliait son infirmité était déjà un exemple. Après tant de faces pincées ou renfrognées, ce généreux visage apaisait, promettait, charmait [...]. Qu'y avait-il derrière ce masque souriant, derrière ce voile d'humour, de grâce et de bonne humeur dont il aimait à s'envelopper ? Il n'était pas facile de le savoir, car Roosevelt maintenait délibérément une impression d'aisance et n'avouait presque jamais l'ennui ni l'exaspération. [...] Il n'aimait pas à déléguer une trop grande part de son autorité ; il se plaisait à opposer les compétences.»

André Maurois, *Histoire parallèle,* Presses de la Cité, 1962.

■ *Expliquez la phrase : «Il se plaisait à opposer les compétences».*

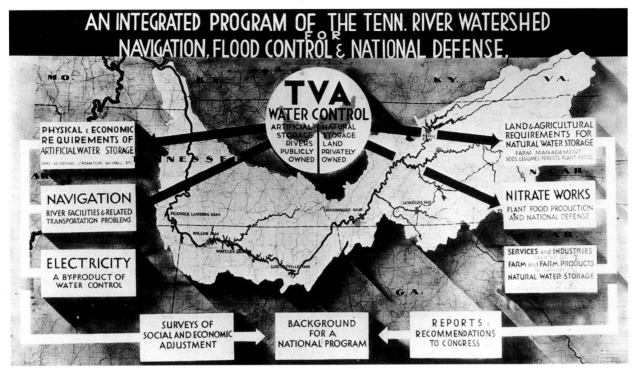

3 Le programme d'aménagement du cours de la rivière Tennessee.

■ *Localisez le fleuve Tennessee. Expliquez «Programme intégré». Montrez que ce projet est générateur d'emplois.*

---

4 Le New Deal

«Pour remettre nos usines et nos fermes au travail avec l'assurance qu'elles écouleront leurs produits, il faut que nous assurions aux consommateurs les moyens d'acheter ces produits. Mais il faudrait pour cela que nous n'eussions pas parmi ces consommateurs 12 millions de chômeurs hors d'état d'acheter. Il faut que ces hommes soient remis au travail et nous nous proposons de le faire de la façon suivante : nous diviserons le travail entre les hommes actuellement occupés et les chômeurs de façon à supprimer le chômage. Et nous ferons cela en assurant à chaque travailleur un salaire minimum suffisant pour vivre. Si tous les employeurs font la même chose au même moment, alors, aucun d'entre eux n'est désavantagé. Aucune entreprise dont le destin est assuré par des salaires trop bas n'a le droit de vivre dans ce pays.»

F. D. Roosevelt,
Discours du 17 mai 1933.

■ *Sur quel point Roosevelt est-il en accord avec le schéma de Keynes (voir p. 43) ?*

5 La surproduction

«Le travail de l'homme et de la nature, le produit des ceps, des arbres doit être détruit pour que se maintiennent les cours, et c'est là une abomination qui dépasse toutes les autres. Des chargements d'oranges jetés n'importe où. Les gens viennent de loin pour en prendre, mais cela ne se peut pas. Pourquoi achèteraient-ils des oranges à vingt cents (0,20 $), s'il leur suffit de prendre leur voiture et d'aller en ramasser pour rien ? Alors des hommes armés de lances d'arrosage aspergent de pétrole les tas d'oranges [...]. On brûle du café dans les chaudières. On brûle du maïs pour se chauffer [...]. On saigne les cochons et on les enterre.»

J. Steinbeck, *Les raisins de la colère*, 1939.

■ *Pourquoi les paysans détruisent-ils leur propre récolte ?*

◄ **6** Réfugiés de l'Oklahoma en Californie, août 1936.
■ *Relevez la date du document. Que démontre-t-il ?*

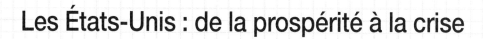

Les États-Unis : de la prospérité à la crise

JE RETIENS

1. Les mots clés

● **krach, spéculation** ● ***New Deal,* État-providence** ●

2. Les idées essentielles

■ Pendant les années 20 (les *«Twenties»*), les États-Unis vivent une **seconde Révolution industrielle :** électricité et automobile, mise au point de nouvelles méthodes de production et triomphe du *«big business».*

Ainsi naît un **«modèle américain»** qui se caractérise par la **consommation de masse,** la frénésie de tout posséder et l'aisance à la portée du plus grand nombre.

La société se libère aux rythmes des orchestres de **jazz** et s'identifie aux **stars** du cinéma.

■ En octobre 1929, éclate subitement, avec le **krach** boursier de Wall Street, une **crise économique** d'une gravité jusque-là inconnue. Née de la saturation des marchés intérieurs et mondiaux et d'une **spéculation** excessive, elle déferle sur l'Amérique avec son cortège de faillites et de misères.

Des États-Unis, elle se propage **sur l'ensemble du monde,** à l'exception de l'U.R.S.S. Les différents pays, à la recherche de solutions, se replient sur eux-mêmes (autarcie) et attendent le salut de **l'intervention de l'État.**

■ Aux États-Unis, sous l'impulsion du président **F. D. Roosevelt,** le *New Deal* est une tentative originale pour sortir de la crise en confiant à **l'État** le soin de **réamorcer la pompe économique.**

Cette politique de relance de l'activité par des grands travaux et une réorganisation de l'économie rend la crise plus supportable, mais ne réussit pas à enrayer durablement le chômage.

EXERCICES

1. Je reconnais les hommes et leurs idées à travers leurs discours

■ **Voici trois phrases** qui reflètent la pensée de trois personnages évoqués dans ce chapitre :
H. Taylor, J. M. Keynes, F. D. Roosevelt.

> **1.** «Notre grande tâche prioritaire est de remettre les gens au travail. Elle pourra être accomplie en partie à travers un recrutement direct du gouvernement.»
> **2.** «Il faut que le consommateur paie un surplus de frais généraux et de frais de transport, si les machines sont placées à six pouces seulement trop loin l'une de l'autre.»
> **3.** «Il est d'une importance vitale d'attribuer à des organismes centraux certains pouvoirs de direction aujourd'hui confiés pour la plupart à l'initiative privée.»

Je cherche parmi les personnages cités, l'auteur de chacune de ces phrases.

■ **Voici trois notions importantes :** intervention de l'État dans l'économie, organisation scientifique du travail, grands travaux publics.
– Je trouve pour chaque citation la notion qui s'y rattache.
– Je cherche parmi les documents du chapitre (textes, tableaux, statistiques, images…) ceux qui pourraient illustrer chacune de ces notions.

■ A présent je peux compléter le tableau ci-après.

Phrases	Auteurs	Notions	Documents	Auto-évaluation
1				
2				
3				

Je peux évaluer mes connaissances en m'attribuant 2 points chaque fois que l'auteur proposé est juste, 2 points chaque fois que la notion retenue est exacte et 2 points pour les documents. Total : 18 points (plus 2 points pour la mise en forme sur le cahier).

2. Je sais faire la distinction entre les causes et les conséquences d'un événement

■ Je définis les mots **cause** et **conséquence.**

■ **Voici six notions** qui sont soit des causes soit des conséquences du Jeudi Noir de 1929 : **spéculation, chômage, saturation du marché intérieur, concurrence des pays neufs, baisse des salaires, faillite.**

■ Je complète le tableau suivant en inscrivant à gauche les trois notions qui évoquent les causes de la crise et à droite les trois notions qui évoquent ses conséquences.

Causes		Conséquences
1 _____		1 _____
2 _____	Jeudi Noir	2 _____
3 _____		3 _____

■ Je cherche dans ce chapitre un graphique qui représente à la fois les causes et les conséquences du Jeudi Noir.

■ J'évalue mes résultats selon le barème suivant :
– 3 points pour chaque notion placée correctement sur le tableau : 18
– 2 points pour le choix du graphique du chapitre : 2

Total : 20

BREVET BLANC

1. J'analyse et je commente un graphique

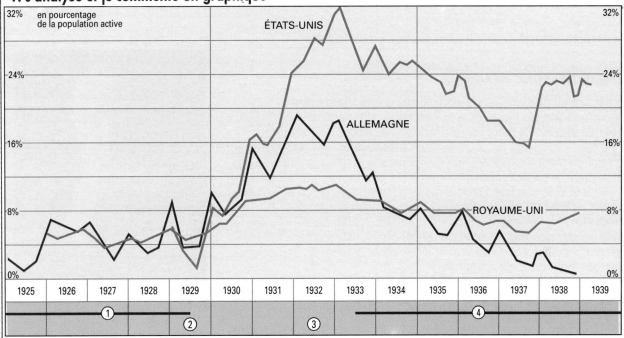

Évolution du chômage dans trois pays, entre 1925 et 1939.

■ **1.** Les chiffres placés sur l'axe des temps représentent des événements en rapport avec le graphique. Voici ces événements : – le *New Deal*
– la prospérité
– le Jeudi Noir
– l'élection de F. D. Roosevelt à la présidence des États-Unis
Trouvez pour chacun de ces événements le numéro qui lui convient.

■ **2.** En quelle unité est évalué le nombre de chômeurs ?

■ **3.** Les trois pays représentés sur le graphique ont-ils été touchés de la même façon par le chômage ? Lequel fut le moins éprouvé ? Pourquoi ?

■ **4.** Le *New Deal* a-t-il réussi à faire baisser le chômage ? A partir de quels principes ?

■ **5.** Quelles furent les principales réalisations de cette période aux États-Unis ?
Quelle explication peut-on entrevoir sur la remontée du chômage en 1937 ?

2. J'explique un texte

Une crise pointe

Interview du député Paul Reynaud au journal Le Temps, *15 octobre 1929.*

«Que vous semble de la situation économique et financière des États-Unis. Certains estiment que la façade actuelle (fort brillante), le développement constant de la production [...], l'ascension continue des cours à Wall Street ne pourront point longtemps se continuer [...].
–P. R. : Il ne pourra s'agir d'une crise violente [...]. J'estime toutefois que la crise pointe [...]. La hausse continuelle des titres a développé le goût de la spéculation. Des reculs comme ceux qui se sont produits ces jours derniers à Wall Street [...] sont comme des signes avertisseurs.»

■ **1.** En tenant compte de la date du document, situez le contexte historique (2 points).
■ **2.** A l'aide d'exemples précis, vous illustrerez «façade brillante», «développement constant de la production» (4 points).
■ **3.** Indiquez en quoi consiste la spéculation sur les titres. Dans quels lieux s'exerce-t-elle (4 points) ?
■ **4.** Quelles sont les principales manifestations de la crise ? Quelles raisons ont pu pousser P. Reynaud à estimer que cette crise ne serait pas violente (10 points) ?

3. Questions d'examen

■ La crise de 1929.
■ La crise de 1929 aux États-Unis et le *New Deal*.

1 L'Italie passe au fascisme

V O C A B U L A I R E

Instabilité ministérielle : changements fréquents de ministres.

La guerre a aggravé les fragilités antérieures de l'Italie. Ce royaume récemment constitué connaît une situation prérévolutionnaire.

A. Une situation explosive

Le pays, bien que victorieux, est en proie à une **triple crise :**
– **économique :** le Nord-Est a été saccagé. L'endettement et l'inflation sont très élevés. La reconversion industrielle entraîne des faillites ;
– **sociale :** la baisse du pouvoir d'achat et le chômage appauvrissent et mécontentent les classes moyennes ainsi que les ouvriers. Les paysans attendent la réforme agraire promise pendant la guerre. En 1919 et 1920, la colère éclate : les ouvriers se mettent en grève et occupent les usines (doc. 4). Les paysans se partagent les terres (doc. 2) ;
– **morale :** les Italiens n'ont pas obtenu les territoires promis par les Alliés pendant la guerre. Les nationalistes refusent la «victoire mutilée». Les partis politiques, divisés, sont incapables d'apporter une solution. L'instabilité ministérielle s'aggrave.

B. Mussolini et les «Faisceaux de combat»

1. En mars 1919, Benito Mussolini (doc. 1) fonde à Milan les **«Faisceaux italiens de combat»**. Le mouvement recrute chez les anciens combattants, les chômeurs, les aventuriers. Son programme (mars 1919) est flou car il est destiné surtout à rassembler les mécontents (doc. 3). Les débuts sont difficiles mais, à partir de 1920, le **fascisme*** prend son essor : il est alors soutenu par les industriels et les propriétaires terriens, inquiets de l'agitation révolutionnaire.

2. Les fascistes s'organisent en «squadre» (escadrons), qui déclenchent des expéditions punitives dans les villes et les campagnes contre les «rouges» (doc. 5 et 6). Ils imposent l'ordre par la terreur, à coups de matraque en bois et d'huile de ricin qu'ils font avaler de force à leurs adversaires. Ils bénéficient souvent de la neutralité, voire de la complicité de l'armée, de la justice, de la police.

C. La marche vers le pouvoir

1. Le fascisme progresse : **en 1921, Mussolini transforme les Faisceaux en Parti national fasciste**. En un an, le fascisme, qui multiplie les raids d'intimidation, compte 700 000 adhérents. Les résultats électoraux restent cependant médiocres et les fascistes intensifient l'action terroriste pour déstabiliser l'État. Pour s'emparer du pouvoir, Mussolini organise, **en 1922, la marche sur Rome** (doc. 8). Le roi cède sans résister et nomme, le 29 octobre, **Mussolini chef du gouvernement.** Le fascisme accède donc au pouvoir légalement.

2. Mussolini cherche d'abord à rassurer. Il obtient du parlement les pleins pouvoirs. Une nouvelle loi électorale permet aux fascistes de remporter les élections de 1924. Le député socialiste **Matteotti** dénonce les méthodes fascistes : il est assassiné. Face à la colère de l'opposition, Mussolini réagit durement (doc. 7) et installe sa **dictature** par les lois «fascistissimes» de 1925-1926.

1 Benito Mussolini (1883-1945).
Né dans une famille modeste, Mussolini, grâce à de bonnes études, devient instituteur. Très jeune, il milite dans les rangs socialistes et s'y révèle extrémiste et révolutionnaire. Devenu une des «têtes» du Parti socialiste, il dirige le journal *L'Avanti*. En 1914, il prône l'intervention de l'Italie dans la guerre et il est exclu du Parti socialiste. Il exprime ses idées dans un nouveau journal qu'il fonde, *Il Popolo d'Italia*, et participe à la guerre jusqu'en 1917 date à laquelle il est blessé.

2 L'occupation des terres en 1919

«Les colonnes respectivement venues de Rocca di Papa et de Grottaferrata ont fait leur jonction vers sept heures du matin dans la propriété de "Molara", appartenant au prince Aldobrandi. Et là, pacifiquement, elles ont pris verbalement possession d'une petite fraction du domaine, soit environ 58 ha qui, dans les jours suivants, ont été partagés, à raison de 30 ha pour les paysans de Rocca di Papa et d'environ 28 ha pour ceux de Grottaferrata.»

Rapport de police, août 1919.

■ *Les paysans ont-ils des raisons d'occuper les terres ?*

ET L'ALLEMAGNE NAZIE

🖪 Le programme des Faisceaux (1919)

«Proclamation de la République italienne. Souveraineté du peuple exercée par le suffrage universel ; vote des femmes. [...]

Abolition de la conscription obligatoire, désarmement général, interdiction de fabriquer des armes de guerre, liberté d'opinion, de conscience, de religion, d'association, de presse, de propagande, d'agitation individuelle et collective.

Suppression des sociétés anonymes industrielles et financières. Journée de travail de huit heures.

Confiscation des bénéfices de guerre ; bannissement des parasites vivant aux dépens de la société ; taxation des héritages ; confiscation des biens ecclésiastiques qui seront attribués à des œuvres d'assistance sociale.»

■ *De quel terme peut-on qualifier ce programme ?*

🖪 **Les squadristes en action.** Sur le camion, la devise des squadristes : «*Me ne frego* : je m'en f...» Affiche de V. Pisani.

🖪 Discours de Mussolini, le 3 janvier 1925, à la Chambre des Députés

«Si le fascisme n'est qu'huile de ricin et matraque, à moi la faute ! *(applaudissements)*. Si le fascisme a été une association criminelle, je suis le chef de cette association criminelle ! *(applaudissements très vifs et prolongés)*. Si toutes les violences ont été le résultat d'un certain climat, eh bien ! à moi la responsabilité, puisque ce climat, c'est moi qui l'ai créé par la propagande.»

🖪 **Barricades devant les usines Fiat de Turin (1920).**
■ *Quels sont les détails de la photographie qui révèlent la gravité de la situation ?*

🖪 La violence des bandes fascistes

Le communiste A. Tasca évoque les violences commises en 1920-22.

«Montés sur des camions, armés par l'Association agrarienne[1] ou par les magasins des régiments, les chemises noires[2] se dirigent vers [...] le but de l'expédition. Une fois arrivé, on commence par frapper à coups de bâton tous ceux qui ne se découvrent pas au passage des fanions fascistes ou qui portent une cravate, un corsage rouge. On se précipite au siège du Syndicat, de la coopérative, à la Maison du Peuple, on enfonce les portes, on jette dans la rue mobilier, livres et on verse des bidons d'essence : quelques minutes après, tout flambe. Des groupes fascistes vont à la recherche des "chefs", maires et conseillers [...] : on leur impose de se démettre, on les bannit pour toujours du pays, sous peine de mort ou de destruction de leur maison. S'ils se sont sauvés, on se venge sur leur famille.»

Angelo Tasca, *La naissance du fascisme*, Gallimard, 1967.

1. Parti des grands propriétaires.
2. Fascistes (le noir est la couleur choisie pour symboliser le deuil de l'Italie).

🖪 **La marche sur Rome, en octobre 1922.**

◀ ■ *Doc. 7 : qui accuse les fascistes de former une «association criminelle» ? Qui applaudit Mussolini ? Pourquoi peut-il, à cette date, revendiquer la responsabilité des violences ?*

2 La dictature fasciste

Tout le pouvoir appartient désormais à Mussolini, le «Duce*», bien que le roi et le parlement soient conservés.

A. Un État autoritaire

1. Seul le Parti national fasciste est autorisé. La police politique traque les opposants, les emprisonne, les déporte dans des petits villages d'Italie du Sud ou dans les îles Lipari.

2. Mussolini utilise les moyens de communication modernes (presse, radio, cinéma) pour sa propagande (doc. 1). Il organise de grands rassemblements (revues, parades, discours), à la mise en scène très étudiée (doc. 2 et 6). La population est embrigadée dès l'école : l'éducation doit développer la force physique et le civisme. A partir de l'âge de 8 ans, les enfants sont enrégimentés dans des formations paramilitaires : «Fils de la louve» de 4 à 8 ans, «Balillas» de 8 à 14 ans, puis jeunesses fascistes (doc. 3).

3. Les Italiens sont encadrés dans leur vie professionnelle par les **syndicats fascistes** – les seuls autorisés – puis dans des corporations. Les loisirs sont pris en charge par une organisation nationale.

La carte (*Tessera*) du Parti devient souvent la «carte du pain» (*Tessera del pane*), celle qui permet d'obtenir un emploi public.

B. Les réalisations du fascisme

1. A partir de 1927, l'État intervient dans l'économie : le dirigisme conduit à de grandes réalisations. Mussolini lance la **bataille du blé** pour accroître la production et satisfaire les besoins du pays. Une politique de **bonification des terres** est entreprise : les sols insalubres de la plaine du Pô et des Marais pontins sont drainés et cultivés. Les rendements sont accrus et la consommation nationale de blé bientôt satisfaite (doc. 5). Des grands travaux d'infrastructures routières ou ferroviaires, de construction de villages dans les zones bonifiées, d'urbanisme à Rome servent à la fois l'économie et la politique de prestige.

Mussolini veut une population nombreuse : il encourage la natalité et interdit l'émigration. Pour lutter contre les conséquences de la crise de 1929, l'État crée l'**Institut pour la Reconstruction Industrielle (I.R.I.)** en 1933 et impose l'**autarcie***.

2. Un des grands succès de Mussolini est d'avoir rétabli la paix avec la papauté. **En 1929, les Accords du Latran** donnent au pape un État, le Vatican, et une indemnité le dédommage de ses pertes territoriales. La religion catholique est reconnue comme religion d'État en Italie.

C. Une solidité apparente

En fait, seule la préparation de la guerre maintient artificiellement le développement économique (doc. 4). Les bonnes relations avec l'Église ne durent pas : le pape Pie XI s'oppose à la mainmise fasciste sur la jeunesse. De plus en plus d'Italiens s'éloignent du régime.

La résistance au fascisme s'organise à l'étranger – surtout en France – autour des exilés venus de tous les partis politiques. Les résistants publient des journaux, animent des réunions pour dénoncer les méthodes du fascisme. A l'intérieur, l'opposition clandestine se développe difficilement (doc. 7).

En 1940, Mussolini engage l'Italie dans la guerre malgré l'opposition d'une grande majorité d'Italiens.

1 **Mussolini haranguant la foule, à Venise.**

2 Entrée d'une exposition qui exalte les avantages de l'autarcie (1938).
Sous l'aigle romaine, on peut lire l'un des dix commandements fascistes appris par cœur à l'école : «Mussolini a toujours raison».

❸ Les dix commandements du fasciste

«1. Le Fasciste, et en particulier, le milicien, ne doit pas croire à la paix perpétuelle.
2. Les jours de prison sont toujours mérités.
3. On sert la Patrie même en montant la garde autour d'un bidon d'essence.
4. Un camarade doit être pour toi un frère, parce qu'il vit avec toi, parce qu'il pense comme toi.
5. Le fusil, la giberne te sont confiés, non pour les gâcher dans l'oisiveté, mais pour les conserver pour la guerre.
6. Ne dis jamais : "C'est le gouvernement qui paie", parce que c'est toi-même qui paies et le gouvernement est celui que tu as voulu et pour lequel tu endosses l'uniforme.
7. La discipline est le soleil dans les armées ; sans elle, on n'a pas de soldats, mais la confusion et la défaite.
8. Mussolini a toujours raison.
9. Un volontaire n'a pas de circonstances atténuantes quand il désobéit.
10. Une chose doit t'être chère par-dessus tout : la vie du Duce.»

■ *Soulignez les mots qui appartiennent au vocabulaire militaire.*

❹ **Affiche pour les aciéries Terni, productrices d'armement lourd (1937).** «L'entreprise Terni est tout-à-fait prête à répondre à l'ordre de renforcer l'industrie de guerre qui émane de l'organe suprême du régime.» ▶

❺ **Évolution de la production et de la consommation de 1922 à 1938.**

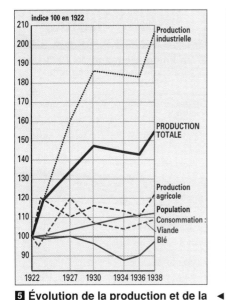

❻ **Le dixième anniversaire de la Marche sur Rome, en 1932.**

◀ ■ *Doc. 5 : comment évoluent les productions et la consommation ? Quelle explication peut-on en donner ?*

❼ L'opposition clandestine

Les devoirs des antifascistes.
«Celui qui reçoit ce journal et le lit, s'il est antifasciste, a les devoirs suivants :
1. Il ne demande pas à celui qui le lui donne qui le lui a transmis : en le donnant à d'autres, il n'en indique pas la provenance ; la curiosité et la vanité d'apparaître bien informé sont les plus efficaces alliés des espions.
2. Il fait lire ce journal au plus grand nombre de personnes possible, il le copie et le fait copier à la main, il le dactylographie s'il le peut, il met en circulation les exemplaires ainsi multipliés.
3. Il contribue aux dépenses de l'action antifasciste : c'est-à-dire que, lorsqu'il reçoit ce journal, il paie sa contribution à la personne de qui il l'a reçu et, en donnant ce journal, il demande aux autres leur contribution : l'argent remontant de main en main arrivera au centre et soutiendra l'organisation et la propagande.»

«Non mollare» (Ne pas céder), n° 2, 1925.

■ *Quels renseignements nous livre ce texte sur la vie en Italie au temps du fascisme ?*

La guerre de 1914-1918 a abattu l'Empire allemand. Dans une Allemagne vaincue, mais non envahie par les Alliés, le nouveau régime, la **République de Weimar,** dirigée par des socialistes modérés, surmonte pendant une dizaine d'années de nombreuses difficultés, mais elle ne peut résister à la crise des années 30.

A. Une République fragile

1. De 1919 à 1924, un climat de violence règne dans le pays. La nouvelle république suscite l'**opposition des partisans de l'ancienne monarchie et des socialistes révolutionnaires.** Ces derniers, les **Spartakistes,** s'inspirant du modèle bolchevik, passent à l'insurrection. L'armée écrase la révolution à Berlin et à Munich (doc. 4 et 5).
Endettée, l'Allemagne connaît une **inflation de plus en plus galopante.** La monnaie se déprécie : en 1923, le dollar atteint 4 200 millions de marks ! (doc. 1). Les classes moyennes constituent les principales victimes. L'opinion reproche à la République l'**humiliation du diktat de Versailles.**
A Munich, Adolf Hitler, chef véhément du **petit Parti national-socialiste ouvrier** (doc. 9), soutient une tentative de putsch qui échoue (1923) : il se retrouve en prison où il écrit *Mein Kampf (Mon combat).*
2. Mais, à partir de 1924, l'Allemagne sort de ses difficultés. La coalition de Weimar, formée des sociaux-démocrates et des partis du centre, gouverne. Les partis extrémistes reculent et l'ordre règne dans la rue. Le docteur Schacht stabilise la monnaie : un nouveau mark est défini par rapport à l'or. Un remarquable essor industriel témoigne du **redressement économique.**
Cependant, des signes inquiétants persistent : la force des formations paramilitaires et la dépendance de l'économie à l'égard des capitaux étrangers, surtout américains.

B. Le choc de la crise économique

L'Allemagne est un des premiers pays d'Europe atteints par la crise née aux États-Unis en 1929 (voir pp. 40-43). **Dès 1930, la production s'effondre.** Le retrait des capitaux américains entraîne de multiples faillites et la disparition d'entreprises. L'agriculture perd ses débouchés. **En 1932, le pays compte 6 millions de chômeurs.** Les ouvriers et les classes moyennes sont les plus touchés (doc. 6 et 7).

C. Hitler exploite la situation

1. Le mécontentement de la population s'exprime par un rejet du capitalisme et par la montée des extrémismes. Le Parti communiste et le Parti national-socialiste remportent des succès électoraux (doc. 2 et 3). La coalition de Weimar s'effrite. Le pays devient ingouvernable. Pour éviter une révolution, les industriels et les financiers accordent leur soutien au **Parti nazi*** afin que l'ordre soit rétabli. Hitler leur propose un programme rassurant (doc. 8).
2. En 1932, Hitler, chef des nazis, est candidat à la présidence de la République contre Hindenburg, président sortant. Hitler est battu mais obtient 13 millions de voix. Sous la pression des milieux capitalistes et des conservateurs, **Hindenburg fait appel à Hitler qu'il nomme chancelier, le 30 janvier 1933.** Comme celle de Mussolini en Italie, l'arrivée au pouvoir d'Hitler est légale.

1 Un timbre allemand de 1923 : une illustration de l'inflation galopante.

2 Le Parti nazi et le chômage.
■ *Que conclure de ces deux courbes ?*

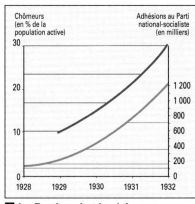

3 Origine sociale des adhérents au Parti nazi (1930)		
Groupes professionnels	% du Parti nazi	% de la société
Ouvriers	28,1	45,9
Employés	25,6	12,0
Indépendants	20,7	9,0
Paysans	14,0	10,6
Fonctionnaires	6,6	4,2
Enseignants	1,7	0,9
Autres	3,3	17,4

Source : W. Hofer, *Le national-socialisme par les textes*, Plon, 1959.

4 La révolution à Berlin en 1919

«Des hommes arrivent de plus en plus nombreux et des jeunes gens [...] s'avancent en défilé. Les carrefours sont noirs de monde. Le bourdonnement s'intensifie. En même temps que nous parviennent les bribes de *l'Internationale*, un camion s'approche [...]. Sur le dessus flotte un immense drapeau rouge. Haletants, nous restons debout [...] et nos regards figés ne quittent pas la place. Personne ne bouge. Sur toute sa largeur la rue est noire, et le long ruban mouvant tourne, [...] inattaquable, irrésistible ; des foules, des foules, encore des foules. Au-dessus de ces masses des taches rouges s'étalent, [...] des placards blancs se balancent, une voix aiguë s'écrie : "Vive la révolution !"»

Extrait de E. Von Salomon, *Les réprouvés*.

5 Les Spartakistes écrasés. Tableau de H. Ehmsen (1919), musée de la Halle, Leipzig.

■ *Qui sont les Spartakistes ? Qui organise la répression ?*

6 Le désarroi devant la crise

«On comptait [...] 6 millions de chômeurs. Mes parents imputaient cela aux réparations que l'Allemagne devait payer à ses anciens adversaires, ainsi qu'à la perte des zones industrielles allemandes. On ne parlait pas des conséquences de la grande dépression... tous nos maux venaient du "désastre national de Versailles". Selon mes parents, l'Allemagne était gouvernée par ceux-là mêmes qui l'avaient trahie. Partout nous entendions les gens protester contre les jeux confus des partis politiques [...]. On entendait sans cesse répéter que l'une des raisons de ce triste état de choses était l'influence grandissante des Juifs.»

Melita Maschmann,
cité dans l'*Encyclopédie sur la Seconde Guerre mondiale*, n°1, Tallandier.

8 Affiche électorale nazie : «Notre dernier espoir, Hitler».

9 Un loup dans la bergerie...

«Lorsque je reprendrai la direction active du Parti, [...] il ne sera plus question de vouloir prendre le pouvoir par un coup armé ; nous devons nous tenir tranquilles, entrer au Reichstag et y lutter contre les députés catholiques et marxistes. Les abattre à coups de bulletins de vote prendra plus de temps que les abattre à coups de fusil, mais, au moins, le résultat sera garanti.»

Hitler, 1923.

7 La marche de la faim. Tableau de Hans Grundig, 1932, Dresde.

Hitler et la montée du Parti nazi

ADOLF HITLER
1889-1945

UNE JEUNESSE A LA DÉRIVE

Né en 1889, à Braunau en Autriche, Hitler est un bon élève, attiré par la peinture. La mort de ses parents et des ennuis de santé l'obligent à arrêter tôt ses études. Il échoue au concours d'entrée à l'Académie de peinture de Vienne et vit une jeunesse difficile, avec peu d'argent. Il en profite pour se cultiver tel un **autodidacte**, à travers les livres, les discussions des cafés... La vie à Vienne le convertit à l'antisémitisme* et au pangermanisme. Il est écœuré de la décadence de l'Empire d'Autriche. En 1912, il gagne Munich, déçu.

L'AGITATEUR NATIONALISTE ET ANTISÉMITE

Dès 1914, il s'engage dans l'armée allemande, se comporte avec bravoure, est blessé et décoré. Ses idées nationalistes et antisémites le font désigner comme «officier de propagande». En 1919, Hitler milite au «Parti ouvrier allemand», dont il devient le dirigeant en 1921. Après l'armistice, il reste quelque temps dans l'armée comme «officier de propagande», puis il se lance dans la politique. En 1919, il adhère au D.A.P. (Parti Allemand du Travail), petit groupuscule dont il prend vite la tête grâce à ses qualités d'orateur et de meneur. Il rebaptise le parti, qui devient le **N.S.D.A.P. (Parti National-Socialiste Allemand du Travail)**. Il lui donne son programme en 1920. Avec les Sections d'assaut, le petit parti se dote d'une milice armée, chargée d'assurer l'ordre et de lutter contre les communistes et les sociaux-démocrates.

En 1923, le N.S.D.A.P. tente de s'emparer du pouvoir en Bavière : c'est le **putsch de la brasserie** qui échoue et conduit Hitler en prison où il écrit *Mein Kampf*. Libéré au bout de 9 mois, il réorganise le Parti. Mais, jusqu'en 1928, le N.S.D.A.P. reste un groupe peu important.

LA CONQUÊTE DU POUVOIR : 1928-1934

Avec la crise économique, le Parti nazi connaît un essor très rapide en adhérents, en voix et en sièges au Reichstag. *Mein Kampf* devient un succès de librairie : plus d'un million d'exemplaires vendus en 1933 ! En 1932, Hitler est **candidat à la présidence de la République** contre Hindenburg, président sortant. Il est battu mais obtient 13 millions de voix. Hitler se rapproche des forces conservatrices, notamment des industriels qui, par peur du communisme, lui accordent leurs subsides. Le 30 janvier 1933, Hindenburg nomme Hitler **chancelier du Reich***. En un an, Hitler établit sa dictature. A la mort de Hindenburg, le 2 août 1934, Hitler cumule les fonctions de chef de l'État et de chancelier. Il est le **Reichsführer***, désormais seul maître de l'Allemagne.

2 La grande mère-patrie

«Un arrêt bienheureux du destin m'a fait naître à Braunau, sur l'Inn. Cette petite ville se trouve à la frontière de ces deux États allemands dont la réunion nous apparaît, à nous autres hommes de la jeune génération, comme l'œuvre que nous devons accomplir par tous les moyens possibles. L'Autriche allemande doit revenir à la **grande mère-patrie allemande**. [...] Les hommes d'un même sang doivent appartenir au même Reich.»

Hitler, *Mein Kampf*.

3 Le programme du Parti national-socialiste de 1920

«2. Nous exigeons pour le peuple allemand l'égalité des droits avec les autres Nations, l'abolition des traités de Versailles et de Saint-Germain.
3. Nous exigeons des territoires pour la nourriture de notre peuple et l'établissement de son excédent de population.
4. Ne peut être citoyen que celui qui fait partie du peuple. Ne peut faire partie du peuple que celui qui est de sang allemand, quelle que soit sa confession. En conséquence, aucun Juif ne peut faire partie du peuple.
13. Nous exigeons l'étatisation de toutes les entreprises déjà converties en trusts.»

4 Le putsch de Munich

«Aux patriotes allemands.
Il y a cinq ans que fut accompli l'action la plus honteuse qui a précipité notre peuple dans la misère. Le jour est arrivé où elle va prendre fin. Un gouvernement national est institué à Munich ; nous formons aussi une armée nationale. Je me charge de la direction politique du gouvernement national allemand. Son Excellence Ludendorff devient le chef de l'armée nationale allemande. L'armée aura la tâche de se mettre en marche sur Berlin.»

Déclaration de Hitler à la *Hofbräu* (brasserie), 8 nov. 1923.

1 Réunion dans une brasserie de Munich, en 1932.

5 «**Vive l'Allemagne !** » : affiche de propagande nazie.
«A partir de 1905, la croix gammée devint en Allemagne le signe de quelques groupes antisémites pour lesquels elle représentait l'emblème de l'idéologie raciste. C'est dans ce sens que Hitler l'adopta comme insigne du Parti national-socialiste allemand.» (Article du *Grand Larousse Universel*, 1983.)

8 Une idéologie raciste

«La loi la plus générale et la plus impitoyable, en ce monde, est la lutte des races pour leur **espace vital**. [...] Les uns choisissent la voie de la frugalité, de la discipline, de la ténacité, du travail. [...] Ceux-là se caractérisent en général par une fécondité au-dessus de la moyenne. A ces races de "coolies et de fellahs" se rattachent le surnombre de la population du globe, le gros des hommes de couleur d'Asie et d'Afrique, et les populations baltes orientales et asiatiques de la Russie.
Une fraction restreinte, mais puissante, de la population mondiale a choisi le parasitisme. Feignant intelligemment de s'assimiler, elle cherche à prendre elle-même le pouvoir. L'espèce la plus connue et la plus dangereuse de cette race est la juiverie.
Le troisième groupe, enfin, mène la lutte avec franchise, audace, et conscience de sa supériorité raciale. C'est le groupe des races de Seigneurs et de Guerriers. De ces races, la plus grande de toutes est la race allemande.»

Extrait d'un texte idéologique du N.S.D.A.P., cité in W. Hofer, *Le National-Socialisme par les textes*, Plon, 1959.

10 Le capital soutient Hitler

«Nous autres de Krupp, nous ne sommes pas des idéalistes, mais des réalistes. Nous pensions que Hitler nous donnerait la possibilité d'un développement sain. Nous voulions un système qui fonctionnât bien et nous donnât les moyens de travailler tranquillement.»

Extraits de la déposition de Krupp au procès de Nuremberg en 1946.

6 Les S.A.

«Les S.A. furent réorganisés en une force armée de plusieurs centaines de milliers d'hommes ayant pour mission de protéger les réunions nazies, d'empêcher les meetings adverses et, en général, de terroriser ceux qui s'opposaient à Hitler. Les S.A. en chemise brune ne furent jamais mieux qu'une bande de braillards inorganisés.»

W.L. Shirer, *Le Troisième Reich*, Stock, 1960.

7 L'incendie du Reichstag, 27-28 février 1933.

9 La propagande

«Le 20 avril, sera célébrée en grande pompe la fête d'Adolf Hitler, chancelier du Reich [...]. Toute la journée, la radiophonie sera consacrée à l'exaltation du mouvement national-socialiste et de son chef. Le soir, M. Goebbels, premier prédicateur de la propagande officielle, prononcera lui-même l'éloge du Führer.
[...] On sait gré au Chancelier d'avoir eu l'aspect et tenu le langage d'un chef. On sait gré à Hitler d'avoir incarcéré des riches et des profiteurs, et pris figure de redresseur de torts [...]. On lui sait gré aussi d'avoir malmené les Juifs [...]. On sait gré, enfin, à Hitler d'avoir unifié le Reich par quelques gestes décisifs, qui l'égalent aux grands fondateurs de l'Empire.»

Dépêche de M. François-Poncet,
ambassadeur de France à Berlin, le 19 avril 1933,
in *Documents diplomatiques français*, 1re série, t. III, Paris, 1967.

QUESTIONS

1. Doc. 2, 3 et 4 : quelle est l'idée commune à ces trois documents ? A qui fait allusion la première phrase du texte 4 ?

2. Trois des textes de cette double page évoquent les Juifs : en quels termes ?

3. Quels sont, d'après ces documents, les moyens utilisés par Hitler et le Parti nazi pour conquérir le pouvoir ?

Le Troisième Reich

VOCABULAIRE

Gestapo (abréviation pour police d'État secrète) : police politique de l'Allemagne nazie.

Parvenu au pouvoir légalement, Hitler installe en quelques mois une **dictature totalitaire*** fondée sur une doctrine pangermaniste et raciste.

A. L'Allemagne nazie

1. L'Allemagne est rapidement mise au pas et nazifiée. Le 27 février 1933, le Reichstag, la Chambre des Députés, symbole de la République, est la proie des flammes (cf. p. 55). Cet événement sert de prétexte à Hitler pour éliminer les communistes et obtenir les pleins pouvoirs. Il instaure le parti unique et supprime les syndicats. Au cours d'une purge sanglante, dite «Nuit des longs couteaux», il liquide les chefs des S.A. qui défendaient des idées anticapitalistes. A la mort du président Hindenburg, en août 1934, Hitler ajoute au titre de chancelier celui de **Reichsführer.**

2. Tout le pouvoir appartient désormais au Führer, chef unique (doc. 1). Par le salut *«Heil Hitler»,* chaque Allemand proclame sa confiance absolue dans le Führer (doc. 2 et 3).

3. L'Allemagne devient un État unifié et centralisé : chaque *Land* est gouverné par un représentant direct du Führer. Le Parti nazi, fort de près de 5 millions d'adhérents, contrôle l'administration locale.

B. Un système totalitaire

1. Le régime nazi nie les libertés fondamentales. La société allemande est solidement encadrée et militarisée. Étudiants, médecins, enseignants, travailleurs… sont regroupés en associations nazies, réunies dans un Front du Travail obligatoire à partir de 1935. Les mouvements de jeunesse embrigadent les jeunes pour en faire des sujets fanatisés, entraînés physiquement et militairement.

L'appareil policier, dirigé par **Himmler,** est redoutable. Les **S.S.*** et la **Gestapo** (créée en 1933 par **Goering**) pratiquent les méthodes les plus brutales. Entre 1933 et 1939, un million d'Allemands sont envoyés en camps de concentration. La propagande, magistralement orchestrée par **Goebbels,** utilise tous les moyens d'information, presse, radio, cinéma, pour mobiliser le peuple allemand (doc. 4 et 5).

2. Les hitlériens sont convaincus de l'inégalité des races et de la **supériorité de la race aryenne*** dont les Allemands seraient les meilleurs représentants. Il faut la préserver des éléments corrupteurs, juifs, marxistes, chrétiens…, et l'améliorer par la stérilisation des individus tarés. **Les Juifs sont les premières victimes** de l'application des idées **racistes*** hitlériennes (doc. 6 et 7). Exclus de la société par les **lois de Nuremberg** en 1935 (doc. 9), ils sont persécutés à partir de 1938 («Nuit de cristal», 9-10 novembre 1938) et éliminés à partir de 1941 : c'est la **solution finale*** (voir p. 81).

C. Une économie orientée vers la guerre

1. En 1933, il s'agit de remettre au travail six ou sept millions de chômeurs. Dans ce but, le gouvernement lance une politique de **grands travaux autoroutiers et urbains.** Le régime déclare permettre à chaque Allemand d'avoir sa voiture particulière (doc. 8).

2. Mais à partir de 1936, Goering oriente l'économie sur un **vaste programme militaire. L'autarcie*** devient l'objectif prioritaire (doc. 10). En quatre ans, l'Allemagne doit être complètement indépendante de l'étranger.

■ Hitler au pouvoir.

■ Le Führer

«Avançant le menton, il martelait les phrases avec énergie, sa voie devenait aiguë et enrouée et se cassait de plus en plus souvent. Son visage était couvert de sueur ; une mèche glissait sans cesse sur son front bien qu'il la rejetât fréquemment en arrière. Les traits figés, il croisait les bras sur sa poitrine dans l'attitude imposante de celui qui se contrôle parfaitement. Mais, un instant plus tard, comme mus par une force intérieure, ses bras s'élançaient et, à l'aide des mains et des poings, imploraient, accusaient, menaçaient, condamnaient. L'assistance était sous le charme. Un nouveau prophète était né.»

Témoignage d'un jeune journaliste, cité par F.V. Grunfeld, *Le dossier Hitler,* R. Laffont, 1971.

■ Prière des enfants nécessiteux de Cologne

«Führer, mon Führer que Dieu m'a donné. Protège et conserve longtemps ma vie. Tu as sauvé l'Allemagne des abîmes de la détresse. C'est à toi que je dois mon pain de chaque jour. Demeure longtemps près de moi, ne m'abandonne pas. Führer, mon Führer, ma foi, ma lumière ! *Heil,* mon Führer !»

Cité par Robert d'Harcourt, *Visages de la jeunesse nationale-socialiste,* «Études», mai 1936.

4 Mécaniser les esprits

«Les dictateurs du passé avaient besoin, même au niveau le plus bas, d'assistants hautement qualifiés, d'hommes capables de penser et d'agir par eux-mêmes. A notre époque de développement technique, le système totalitaire peut se passer d'eux ; seuls les moyens de communication permettent de mécaniser les cadres inférieurs. Il naît ainsi un nouveau type d'homme, prêt à exécuter les ordres sans élever la moindre critique.»

Déclaration finale d'A. Speer au procès de Nuremberg (1945-1946).

6 Le boycott de magasins juifs par les nazis, à Berlin, dès avant leur arrivée au pouvoir.

5 «Toute l'Allemagne écoute le Führer avec le récepteur du peuple.» Affiche de propagande.

7 Autodafé des «mauvais livres» par les nazis à Berlin (mai 1933).

8 Publicité pour la Volkswagen : «Tu dois épargner 5 marks par semaine si tu veux conduire ta propre voiture». ▶

9 Les lois de Nuremberg : 1935

«Pénétré de la conscience que la pureté du sang allemand est la prémisse de la perpétuation du peuple allemand et inspiré de la volonté d'assurer l'avenir de la Nation allemande, le Reichstag a adopté à l'unanimité la loi suivante :
Paragraphe 1. Les mariages entre Juifs et sujets de sang allemand ou assimilé sont interdits.
Paragraphe 2. Le rapport extramarital entre Juifs et sujets de sang allemand ou assimilé est interdit.
Paragraphe 3. Les Juifs ne peuvent pas utiliser au service de leurs ménages des femmes de sang allemand ou assimilé âgées de moins de quarante-cinq ans.»

10 Quelques résultats du nazisme

	1933	1936	1939
Chômage (en millions)	5	1,5	0
Montée des profits (Krupp) (en M de marks)	−6,5	+90,5	+112,2
Production industrielle (indice 1929 = 100)	70	105	135
Salaire horaire nominal) (indice 1929 = 100)	79	79	80
Salaire horaire réel (indice 1929 = 100)	103	99	90

■ *Tirez de ce tableau les conclusions qui s'imposent.*

5 Une paix illusoire

L'arrivée de Hitler au pouvoir compromet toutes les chances de paix. L'Allemagne, qui avait été admise à la Société des Nations en septembre 1926 (doc. 1), la quitte dès octobre 1933.

A. 1918-1932 : l'Allemagne, de la colère à la détente

1. L'Allemagne vaincue a dû signer, le 28 juin 1919, le traité de Versailles qui l'accable. La France en exige une stricte application : elle veut surtout obliger l'Allemagne à payer d'importantes **réparations.** En 1923, Poincaré fait occuper la **Ruhr,** riche région industrielle. Les Allemands répliquent par la résistance passive.

2. Mais, à partir de 1924, la France mène une nouvelle politique mise en œuvre par **Aristide Briand :** la conciliation plutôt que la force. L'Allemagne obtient une baisse et un échelonnement des réparations. La France évacue la Rhénanie dès 1930.

B. 1933-1938 : les agressions des dictatures

1. A son arrivée au pouvoir, Hitler se lance à l'assaut du diktat de Versailles et modifie le jeu diplomatique. Dès 1933, l'Allemagne quitte la S.D.N. : les violations du traité commencent aussitôt, facilitées par la passivité des démocraties occidentales. Hitler réarme (doc. 3), rétablit le service militaire obligatoire (1935) et remilitarise la Rhénanie (1936).

2. En Espagne, en 1936, l'Allemagne apporte son appui à la rébellion du général Franco. Cette intervention dans la guerre civile espagnole permet à Hitler d'essayer le nouvel armement allemand (doc. 4). De plus, elle rapproche l'Allemagne de l'Italie, qui soutient aussi Franco. **En novembre 1936, un «axe» Rome-Berlin est proclamé.** Désormais, l'Allemagne a les mains libres en Europe centrale. Quant à Mussolini, il peut entreprendre une politique d'expansion en Méditerranée et en Éthiopie, ce qui brouille définitivement l'Italie avec les démocraties (doc. 8).

3. Le 25 novembre 1936, l'Allemagne et le Japon signent le **pacte anti-Komintern,** dirigé contre l'U.R.S.S. (voir p. 24) ; l'Italie adhère à ce pacte un an plus tard.

C. 1938-1939 : les surenchères hitlériennes

1. En mars 1938, les troupes allemandes entrent en Autriche et Hitler, au mépris du traité de Versailles, **annexe l'Autriche (l'*Anschluss**).**

2. Il s'attaque ensuite à la Tchécoslovaquie, exigeant le rattachement au Reich de la région des Sudètes, où vivent 3 millions d'Allemands. Le président tchèque, Benès, en appelle à ses alliés français. Pour éviter une guerre imminente, sur l'initiative de Mussolini, une conférence se tient à **Munich** en septembre 1938 (doc. 5). Pour préserver la paix, Français et Anglais abandonnent la Tchécoslovaquie ; les troupes allemandes entrent à Prague en mars 1939 (doc. et 6).

3. En avril 1939, Allemagne et Italie renforcent leur alliance militaire avec le «Pacte d'acier*» (doc. 9). Puis, à la stupeur générale, **Allemagne et U.R.S.S. signent en août 1939 un pacte de non-agression** (doc. 7). Les démocraties occidentales sont bien isolées. Pourtant, quand, le 1er septembre 1939, les troupes allemandes envahissent soudain la Pologne, l'Angleterre puis la France déclarent la guerre à l'Allemagne.

▉ Main tendue à l'Allemagne

«Quelle est la signification de ce jour pour l'Allemagne et pour la France ? Cela veut dire : c'est fini la série de rencontres douloureuses et sanglantes dont toutes les pages de l'Histoire sont tachées par le passé ; c'est fini la guerre entre nous [...]. Arrière les fusils, les mitrailleuses, les canons ! Place à la conciliation, à l'arbitrage et à la paix.»

Discours d'A. Briand à la tribune de la S.D.N., septembre 1926.

▉ Charlie Chaplin dans *Le Dictateur* (1940).

▉ Les confidences de Hitler à ses généraux en 1937

«Pour résoudre le problème allemand, il n'y avait que le recours à la force, et cela ne va jamais sans risques. [...] "Quand ?" et "comment ?"

Après 1943-1945, nous ne pouvons nous attendre qu'à une évolution qui nous sera défavorable. Les armes et l'équipement sont modernisés et, si l'on attend encore, ils risqueront d'être périmés. Le secret des "armes spéciales", en particulier, ne peut pas être plus longtemps gardé. Si nous n'agissions pas d'ici 1943, avec notre manque de stocks, il faudrait s'attendre dans le domaine alimentaire à une crise inévitable faute de devises. En outre, le monde attend notre attaque et renforce chaque jour ses contre-mesures. Ce qui est certain, c'est que nous ne pouvons plus attendre.»

Cité dans *Le Procès des criminels de guerre*, Tribunal de Nuremberg, XXV.

4 **«Guernica», tableau de Pablo Picasso (1937)**, évoque le bombardement, à l'heure du marché, d'une petite ville basque par l'aviation allemande, en 1937. Centre d'Art Reina Sofia, Madrid.

■ *Rapprochez la date du tableau de la date de l'événement. Comment Picasso exprime-t-il le drame ?*

6 **Entrée des troupes allemandes dans Prague, le 15 mars 1939.**

■ *Quelle expression peut-on lire sur le visage des habitants de Prague ? Expliquez-en les raisons.*

5 **Churchill au lendemain des accords de Munich (1938)**

Churchill est le chef de file des antimunichois en Angleterre.

«Le dictateur a réclamé d'abord une livre sterling, le pistolet au poing. Quand on la lui eût donnée, il a réclamé deux livres sterling, le pistolet au poing. Finalement, il a bien voulu se contenter de prendre une livre dix-sept shillings et six pence…

[…] Silencieuse, lugubre, abandonnée, brisée, la Tchécoslovaquie s'enfonce dans l'ombre […].

Nous avons subi une défaite sans avoir fait la guerre, une défaite dont les conséquences vont pendant longtemps se faire sentir […]. Ce n'est que la première gorgée d'une coupe amère qui nous sera tendue d'année en année, à moins que, par un suprême effort, nous nous dressions pour défendre la liberté comme aux temps d'autrefois.»

7 **Extrait du protocole secret du pacte germano-soviétique**

«A l'occasion de la signature du pacte de non-agression entre le Reich et l'Union des républiques socialistes soviétiques, les plénipotentiaires signataires des deux parties ont abouti au cours de conversations ultra-secrètes à la délimitation des sphères d'influence réciproques en Europe orientale.» *Août 1939.*

8 **L'EXPANSION COLONIALE DE L'ITALIE**

■ L'Italie
■ Colonies en 1920
0 1 000 km
□ Conquêtes 1935-1939

9 **Célébration, le 20 avril 1939, à la Porte de Brandebourg (Berlin), de la signature du «Pacte d'acier».**

L'Italie fasciste et l'Allemagne nazie

JE RETIENS

1. Les mots et notions-clés

● **fascisme, Duce** ● **nazisme, Führer, Reich** ●
● **autarcie, système totalitaire** ● **racisme** ● **Anschluss** ●

2. Les idées essentielles

Dans l'entre-deux-guerres, les jeunes démocraties italienne et allemande s'effondrent : l'Italie en 1922, l'Allemagne en 1933. Les deux États se rapprochent à partir de 1936 et s'allient dans une même volonté de puissance.

A. L'Italie fasciste

■ Le fascisme est d'abord un fait italien. L'Italie est sortie de la guerre dans le camp des vainqueurs, mais elle connaît une grave crise :
– morale : déception due aux traités de paix,
– économique : dette et inflation,
– sociale : mécontentement ouvrier et paysan, grèves insurrectionnelles sur le modèle soviétique. Le désordre règne.

■ Mussolini fonde les «**Faisceaux italiens de combat**», d'où le nom de «fascisme» donné à son mouvement. Sous prétexte de ramener l'ordre, les fascistes, soutenus par les possédants, sèment la terreur.

■ **Le roi appelle Mussolini au pouvoir en 1922.** En quelques années, Mussolini installe une dictature. Le pouvoir appartient au *Duce* et les Italiens sont embrigadés. Dans l'Italie fasciste atteinte par la grande crise économique, le dirigisme et l'autarcie se renforcent, mais seul le réarmement soutient l'économie. Les Italiens se détachent de plus en plus du régime qui se rapproche du nazisme.

B. L'Allemagne nationale-socialiste

■ **La République de Weimar,** proclamée en 1918 avec la défaite de l'Allemagne, ne dure que jusqu'en 1933. Les débuts du régime ont été durs car la République n'est pas acceptée par tous ; les Allemands sont humiliés par le «Diktat». Les réparations exigées par les Alliés sont très lourdes.
– Pourtant, à partir de 1924, l'Allemagne se relève : redressement de l'économie, détente avec la France, vie politique calme. Mais dès que la crise économique américaine atteint l'Allemagne en 1930, les **extrémistes** – communistes et nazis – voient leurs résultats électoraux et leurs effectifs progresser. L'Allemagne est très touchée par la crise (6 millions de chômeurs en 1933). Les nazis exploitent cette situation de misère et de mécontentement.
– Fort de résultats électoraux favorables et du soutien des milieux d'affaires, Hitler réclame le pouvoir où il arrive légalement, appelé par le président Hindenburg, **en janvier 1933**. Dès lors, l'Allemagne, devenue le Troisième Reich, passe, en un an, sous la domination nazie.

■ **Le Führer, Hitler, installe une dictature totalitaire,** pratique une politique raciste (les Juifs en sont les principales victimes) et se lance dans une économie de guerre.

C. Les relations internationales à partir de 1933

■ **1935-36 :** Service militaire obligatoire et remilitarisation de la Rhénanie.

■ **1936 :** Intervention dans la guerre d'Espagne, axe Rome-Berlin, Pacte anti-Komintern.

■ **1938 :** Anschluss, conférence de Munich.

■ **1939 :** Pacte d'Acier, pacte germano-soviétique. Déclenchement de la Seconde Guerre mondiale.

EXERCICES

1. Je suis capable de construire une chronologie comparée

■ Je bâtis une double frise chronologique de vingt ans, de 1919 à 1939, l'une pour l'Italie, l'autre pour l'Allemagne.

■ Je distingue pour chaque pays trois périodes :
– en vert, les années de démocraties ;
– en rouge, les années de transition entre l'arrivée légale au pouvoir de Mussolini et de Hitler et le moment où ils cumulent tous les pouvoirs, c'est-à-dire le début de la dictature ;
– en brun, les années de dictatures.

■ J'indique sur la frise correspondante l'année de création du Parti fasciste et celle du Parti nazi ; la date d'arrivée au pouvoir de Mussolini et de Hitler ; l'Axe Rome-Berlin et le Pacte d'Acier.
Quelles conclusions puis-je tirer de la synchronisation ?

2. Je sais répondre à des questions simples

■ Citez, outre Hitler, trois noms de grands responsables nazis. Précisez leur fonction dans le système hitlérien.

■ Pourquoi l'incendie du Reichstag est-il un événement qui marque bien l'installation de la dictature nazie ? Rappelez la date de cet événement. Indiquez d'autres faits qui expriment l'idée que le régime nazi est totalitaire.

BREVET BLANC

1. J'explique un texte

■ Donnez un titre à ce texte.

■ Quelle est la date de ce discours ? Où est-il prononcé ?

■ A qui Hitler s'adresse-t-il ? Qui est visé par les mots «nos ennemis» ? Pourquoi prend-il comme date de référence le 30 janvier 1933 ?

■ Que nous apprend ce discours sur l'action économique et sociale du nazisme ; sur l'idéologie nazie ?

■ En vous appuyant sur des exemples, évoquez de façon précise :
– quelle fut la politique économique de l'Allemagne nazie entre 1933 et 1939 ;
– quelle fut l'application de l'idéologie nazie entre 1933 et 1939.

■ Quelles fortes critiques peut-on adresser aux propos de Hitler ?

> «Comme nos ennemis se seraient moqués de nous, si je leur avais dit le 30 janvier 1933 qu'au bout de quatre ans le nombre de chômeurs allemands serait descendu à moins d'un million [...].
> Que notre revenu national annuel serait passé de 41 à 56 milliards de marks [...].
> Que les fabriques d'automobiles [...] s'agrandiraient d'une façon vertigineuse ; que la production de voitures, qui était de 45 000 en 1932, s'élèverait à 250 000 en 1936 [...].
> Que le Reich allemand serait doté d'un réseau de routes dont la grandeur et la beauté dépasseraient tout ce qu'on a construit dans ce genre depuis les origines de la civilisation [...].
> Que le peuple allemand tout entier participerait à ce prodigieux renouveau spirituel. Et que tout cela serait accompli sans qu'un seul Juif ait pris part à la direction de la Nation.»
>
> Adolf Hitler, *Extraits d'un discours prononcé au congrès de Nuremberg,* le 9 septembre 1936.

2. J'explique une image historique

◀ **La Grande Allemagne en 1938.**

Cette image est une affiche de propagande de l'Allemagne nazie en 1938.

■ Qui est le personnage représenté au centre du document ?

■ De quels emblèmes la carte est-elle surmontée ?

■ Quel est le pays incorporé au Reich ? A quel moment fut-il intégré ? Comment appelle-t-on cette annexion ? Pourquoi pouvons-nous dater le document ?

■ Qui est, à cette date, allié de l'Allemagne ?

■ Dans quelle direction porte le regard du personnage à cette date ? Expliquez pourquoi et précisez quelle sera la suite des événements jusqu'en septembre 1939.

3. Questions d'examen

■ Naissance et installation du fascisme en Italie, 1919-1925.

■ L'Italie fasciste de 1922 à 1939 :
– arrivée au pouvoir des fascistes,
– organisation de l'État fasciste,
– la politique du régime à l'intérieur et à l'extérieur.

■ L'Allemagne nazie, de l'arrivée au pouvoir de Hitler à 1939 (politique extérieure exclue).

1 Les années Vingt

Après l'explosion de joie suscitée par l'armistice, le 11 novembre 1918, le bilan de la guerre apparaît très lourd. La France est le pays qui a le plus souffert du conflit (doc. 8).

A. La France saignée et appauvrie

1. La guerre a été très meurtrière. 1 400 000 Français, dont une majorité de jeunes, sont morts. 1 100 000 soldats rentrent chez eux invalides. 600 000 veuves et 750 000 orphelins pleurent ceux que la tuerie leur a arrachés. **L'hécatombe** n'a pas de précédent. Les naissances ont fortement diminué, ce qui accentue le vieillissement de la France (doc. 3).

2. Les dégâts matériels affaiblissent l'économie française. Le Nord et l'Est sont détruits. Presque toutes les productions ont chuté. De nombreux débouchés commerciaux sont perdus. L'endettement intérieur et extérieur est énorme. La forte **inflation*** déprécie le franc.

B. Le Congrès de Tours (1920)

1. En 1919-1920, de grandes grèves éclatent. **Est-ce l'heure de la révolution ?** En fait, beaucoup de Français protestent seulement contre la baisse du pouvoir d'achat et réclament une diminution de la durée du travail. La semaine de 48 heures est obtenue en 1919. Mais l'exemple de la révolution bolchevique ne laisse pas indifférent (cf. chapitre 2).

2. Les socialistes français se divisent au Congrès de Tours, en décembre 1920 (doc. 4 et 5). La majorité accepte, par solidarité avec les révolutionnaires russes, les vingt-et-une conditions d'adhésion à la 3e Internationale (voir p. 25). Le **Parti communiste,** ou Section Française de l'Internationale Communiste (S.F.I.C.), est né. Il conserve le journal *L'Humanité.* La minorité, dirigée par Léon Blum, reste membre de la **S.F.I.O.*** (Section Française de l'Internationale Ouvrière). Elle fonde un nouveau journal, *Le Populaire.*

3. La division en deux partis se double d'une division syndicale. La C.G.T. (Confédération générale du travail) éclate en deux organisations : la C.G.T.U., minoritaire, proche des communistes, et la C.G.T., majoritaire, favorable à l'indépendance du syndicalisme.

C. La France se redresse

1. De 1918 à 1926, la France traverse une passe difficile. La reconstruction coûte cher ; l'Allemagne, contrairement aux espoirs, paie mal les réparations qu'elle doit. En 1924, l'arrivée de la gauche au pouvoir suscite l'hostilité des milieux d'affaires (**«mur d'argent»**) : le franc s'effondre (doc. 6).

2. En 1926, Raymond **Poincaré** (doc. 1), ancien président de la République (voir p. 15) devenu président du Conseil, diminue le déficit budgétaire et stabilise le franc par une forte **dévaluation*** en 1928 (doc. 7). **L'économie retrouve alors son niveau d'avant-guerre.** La production industrielle augmente de 5% par an, rythme encore jamais atteint. Les succès économiques, l'**action d'Aristide Briand** (doc. 2), ministre des Affaires étrangères, pour la **paix** et le rayonnement intellectuel de Paris contribuent à donner à la France un très grand prestige.

1 Raymond Poincaré (1860-1934).

2 Aristide Briand (1862-1932).

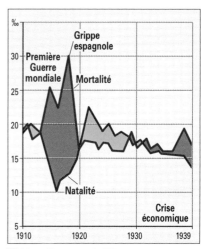

3 **Une France vieillie :** taux de natalité et de mortalité de 1910 à 1939.

LES DEUX GUERRES MONDIALES

◪ Pour ou contre la 3e Internationale

«A mes yeux, le premier des devoirs, c'est de venir se ranger immédiatement et d'enthousiasme aux côtés de la grande puissance du monde qui a engagé la lutte à mort contre l'impérialisme et qui, chez elle, l'a vaincu. Notre devoir c'est de signifier à la bourgeoisie notre volonté d'aller là-bas nous mettre côte à côte avec la grande révolution russe, qui est présentement dans l'univers la forteresse essentielle contre l'impérialisme.»

Discours de Marcel Cachin
au Congrès de Tours, décembre 1920.

«Vous voulez un parti entièrement homogène, un parti dans lequel il n'y ait plus de liberté de pensée, plus de division de tendances : vous avez donc raison d'agir ainsi que vous le faites.
Est-ce là le parti que nous avons connu ? Non ! Le parti que nous avons connu, c'était l'appel à tous les travailleurs.
Eh bien, à ce point de vue comme aux autres, nous restons du Parti tel qu'il était hier et nous n'acceptons pas ce parti nouveau qu'on veut faire.
Nous sommes convaincus, jusqu'au fond de nous-mêmes, que, pendant que vous irez courir l'aventure, il faut que quelqu'un reste garder la vieille maison.»

Discours de Léon Blum
au Congrès de Tours.

◫ Le congrès de la S.F.I.O. à Tours, du 25 au 29 décembre 1920.

◀ ■ *Doc. 4, 1er texte : qui est «la plus grande puissance» ? Expliquez la phrase : «Nous mettre côte à côte avec la grande révolution russe». Doc. 4, 2nd texte : que reproche Blum au parti voulu par Cachin ? Quelle expression Blum emploie-t-il pour qualifier l'attitude de Cachin ? Qu'est-ce-que la «vieille maison» ?*

◫ Les dévaluations du franc dans l'entre-deux-guerres

		290,32 mg d'or fin
	Franc germinal	
1928	Franc Poincaré	58,96
1936	Franc Auriol	44,10
1937	Franc Bonnet	38,70
1938	Franc Daladier	24,75
1940	Franc Reynaud	21

■ *Doc. 6 : calculez le pourcentage de la dévaluation du franc Poincaré. Quels avantages et inconvénients entraîne une dévaluation de la monnaie ?*

◫ Raymond Poincaré, «l'athlète de la France». Caricature.

◫ Les anciens combattants

«On ne nous appela plus que les "anciens combattants". Comme il y avait trente-six mille villages en France, il n'était que de faire couler en zinc trente-six mille statues, trente-six mille poilus debout et victorieux, pour la gloire des trente-six mille villages et la consolation des familles.

Chacun de nous pourrait aller lire, gravé en lettres d'or sur un socle de granit, le nom de l'un des siens, et se dire, dans un sentiment mêlé d'orgueil, de joie et d'effroi, qu'il s'en était fallu de rien qu'on y pût lire son propre nom. Et puis, ils décidèrent qu'ils nous paieraient, ou plutôt que

nous nous paierions à nous-mêmes une "prime de démobilisation". C'étaient des centaines de francs à espérer, une fortune, de quoi acheter, qui une boutique, qui un champ. Cela remplit l'imagination de la plupart.»

J. Guéhenno, *Journal d'un homme de 40 ans*, Grasset, 1934.

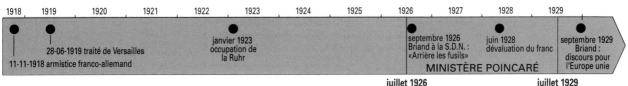

Les années de crise : 1930-1936

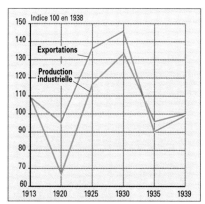

Avec un temps de retard sur les autres pays d'Europe, la France subit les effets de la grande dépression. **La crise économique se double d'une grave crise politique et morale.**

A. La France dans la grande dépression

1. A la fin de 1930, les productions industrielle et agricole chutent. Les prix s'effondrent. La crise est moins profonde cependant qu'à l'étranger : le chômage ne dépasse pas les 7,5%. Mais **la crise dure plus longtemps qu'ailleurs :** alors que, dans le monde, la reprise s'amorce dès 1935, la France sort à peine de la crise en 1938 (doc. 1).

2. Les principales **victimes de la crise** sont les salariés du secteur privé, les petits patrons, les petits commerçants et les agriculteurs. Les gouvernements successifs s'acharnent à éviter le déficit budgétaire et une nouvelle dévaluation : ils mènent une politique de baisse des prix, mais aussi de baisse des salaires, très impopulaire.

B. La République menacée ?

1. Comme la crise dure, les Français jugent sévèrement les hommes politiques. Ils accusent les députés, qui font et défont les ministères. **L'antiparlementarisme** se développe, surtout à travers des mouvements, comme les **Croix de Feu** ou les **Jeunesses patriotes** (doc. 5). Ces mouvements, que l'on désigne sous le nom de **ligues*,** adoptent parfois des allures fascistes ; mais ils souhaitent surtout l'ordre et l'application des idées traditionnelles de la droite. Les ligues critiquent d'autant plus les hommes au pouvoir, surtout les radicaux, que certains d'entre eux sont mêlés à des scandales financiers.

2. Au début de 1934, éclate **l'affaire Stavisky,** banquier escroc qui a bénéficié de l'appui de nombreux politiciens.

Le **6 février 1934,** les ligues organisent des manifestations autour du Palais Bourbon (doc. 3 et 4). L'émeute ne renverse pas le régime, mais le sang a coulé ; on compte une quinzaine de morts et de nombreux blessés. La gauche dénonce une tentative de coup d'État car, depuis 1933, avec l'arrivée au pouvoir d'Hitler en Allemagne (voir p. 52), le péril vient aussi de l'extérieur.

C. Le rassemblement des gauches

1. Après le 6 février 1934, l'opinion de gauche se mobilise pour barrer la route aux ligues accusées de fascisme (doc. 2). Les trois principaux partis de gauche se rapprochent et manifestent pour la première fois ensemble, le 14 juillet 1935 (doc. 6). Trois noms incarnent leur coalition : **Maurice Thorez** pour les communistes, **Léon Blum** pour les socialistes, **Édouard Daladier** pour les radicaux. De leur côté, la C.G.T. et la C.G.T.U. rétablissent l'unité syndicale.

2. Un **Front populaire** se constitue, en janvier 1936, avec un **programme électoral commun :** «pour **le pain, la paix et la liberté**» (doc. 7). Il organise, pour le deuxième tour, le désistement en faveur du candidat du Front populaire le mieux placé.

3. Pour la première fois, toutes les grandes formations ont accès à la radio. **Le Front populaire gagne les élections législatives** des 26 avril et 3 mai 1936 (doc. 8). Le Parti communiste a fortement progressé ; les radicaux régressent légèrement et les socialistes deviennent la première force de gauche.

V O C A B U L A I R E

Antiparlementarisme : hostilité à l'égard du régime politique parlementaire, accusé d'être peu efficace.

1934
6 février : émeute de droite à Paris.
12 février : grève générale organisée par la gauche.

1935
14 juillet : manifestation commune de la gauche à Paris.

1936
janvier : programme du Front populaire.
26 avril et 3 mai : victoire du Front populaire aux élections législatives.

150 | Indice 100 en 1938
140
130 | Exportations
120 | Production industrielle
110
100
90
80
70
60
1913 1920 1925 1930 1935 1939

1 La France et la crise.
■ *Combien de phases peut-on lire sur le graphique ?*

2 Les clameurs de l'extrême-droite

«Une part empruntée aux derniers bas-fonds de cette vaste population parisienne où les délinquants et les criminels de droit commun, mal surveillés, mal réfrénés, ne peuvent manquer de rencontrer, dans ces cas d'anarchie foraine, le climat, le milieu de la jungle propice [...].
Une autre fraction, celle-là immense, composée d'étrangers ou de quasi-étrangers, naturalisés de la veille, venus de tous les points de l'Europe, principalement de l'Allemagne, de la Russie et du Levant presque sauvage, dans laquelle l'élément juif-métèque a très peu de peine à dominer.»

Charles Maurras,
L'Action française, 18 février 1936.

■ *Quel est le ton de cet article ?*
■ *Par quels termes sont dénoncés les éléments étrangers ?*

🄷 L'émeute

«La foule devient rapidement plus dense et surtout plus violente. Des milliers de personnes poussent des clameurs diverses : "A bas les voleurs ! Démission ! A bas Daladier ! Avec nous les agents !"... Des cars de gardes venant de la Cité et allant vers le Grand-Palais sont conspués et reçoivent des pierres. Des manifestants, placés sur les terrasses des Tuileries, approvisionnent en projectiles ceux de la place, et lapident les membres du service d'ordre qui passent à leur portée.»

Extrait du *Rapport* de la Commission d'enquête parlementaire sur le 6 février.

■ *A qui en veut la foule ?*
■ *Quelles sont les raisons de cette émeute ?*

🄴 L'émeute du 6 février 1934, place de la Concorde à Paris, devant la Chambre des députés.
■ *Qui sont les manifestants ?*

🄵 Tract des Croix de Feu (mai 1934). Archives départementales de la Dordogne.

🄶 Le défilé du Rassemblement populaire à Paris, place de la Bastille.
■ *Quelles sont les forces décidées à rester unies ? A qui s'en prennent-elles ? Pourquoi avoir choisi ce lieu pour manifester ?*

◀ ■ *Doc. 5 : relevez les mots essentiels du tract. A quel autre slogan s'oppose la formule «l'union des classes» ?*

🄷 Le programme du Front populaire (janvier 1936)

«Le programme est volontairement limité aux mesures immédiatement applicables. Le Comité national entend que chaque parti, chaque organisation, participant au Rassemblement populaire, puisse se joindre à l'action commune [...]. Il définit les mesures indispensables pour assurer le respect de la souveraineté nationale, exprimée par le suffrage universel, et pour garantir les libertés essentielles (liberté d'opinion et d'expression, libertés syndicales, liberté de conscience et laïcité) ; dans l'ordre international, il pose les conditions nécessaires à la sauvegarde et à l'organisation de la paix, suivant les principes de la Société des Nations, et, dans l'ordre économique et financier, il s'attache à lutter [...] contre la crise et contre les organisations fascistes qui l'exploitent pour le compte des puissances d'argent.»

■ *Quels sont les trois volets du programme ? Pourquoi insiste-t-on sur les libertés ?*

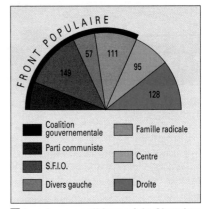

🄸 Les forces politiques à la Chambre des députés en 1936.

1936

1 Affiche pour le 1er mai 1936.

2 La grève à la Samaritaine, le 5 juin 1936

«La crise économique avait suscité la hantise du chômage chez les travailleurs et un durcissement des cadres. On vivait dans une atmosphère de peur, d'humiliation, de soumission pleine de rancune.

Trois retards d'une seule minute par mois, entraînaient le renvoi ; un arrêt de travail, même pour maladie, et c'était la suppression de la participation aux bénéfices [...], travail gratuit quatre dimanches par an, sans compter les heures supplémentaires (un exemple : le soir du réveillon, le personnel était tenu jusqu'à 11 heures du soir). Défense de s'asseoir, pas de strapontin pour les femmes enceintes, défense de parler entre employés. Pour les femmes : robe noire, souliers noirs, bas fournis par la Direction, interdiction d'avoir les cheveux coupés. Pour les hommes : vestons noirs, pantalons à rayures, chaussettes et souliers noirs, cols durs. Sur 3 500 salariés, je connaissais trois syndiqués ! Déjà les livreurs ont refusé de partir [...]. Après le repas de midi, un livreur, Lèbe, surgit, parcourant les étages : "C'est la grève, c'est la Révolution". Ces paroles nous galvanisent ; nous voilà encourageant nos camarades : "Tous en bas, c'est la grève, à bas le système américain" !»

Témoignage de Marcel Brient,
syndicaliste C.G.T.

3 Deux affiches pendant la campagne électorale de 1936. A gauche, illustration de la brochure-programme du Front populaire. A droite, affiche du dessinateur Sennep.

QUESTIONS

1. Doc. 1 : décrivez le document. Expliquez : «Fêtons l'unité». Quelle est la double revendication exprimée par l'affiche ?

2. Doc. 2 : expliquez l'expression : «A bas le système américain».

3. Doc. 3 : comment est composée chacune des deux affiches : le type d'image, le choix des couleurs, la position et la formulation du texte, le graphisme. Montrez que ces deux affiches s'opposent : quels sont les messages délivrés par chacune ? A quel type de réaction font-elles appel ?

LES ACTEURS DE L'HISTOIRE

LÉON BLUM   1872-1950

«Ma révolte contre l'injustice est aussi vieille que ma conscience».
Léon Blum.

L'ENGAGEMENT : 1872-1920

Blum est né dans une famille bourgeoise parisienne, de religion juive. Étudiant à l'intelligence brillante, il est reçu à l'École Normale Supérieure, mais en est exclu pour échecs universitaires ! En fait, il se passionne surtout pendant sa jeunesse pour l'art et la littérature : il fréquente les salons littéraires et écrit dans des revues.
Il découvre la politique au moment de l'affaire Dreyfus. Fasciné par Jaurès, il adhère en 1902 au socialisme. Il collabore désormais au journal du socialisme français, *L'Humanité,* et devient, pendant la Première Guerre mondiale, chef de cabinet du ministre socialiste Marcel Sembat.

LE LEADER SOCIALISTE ET LE CHEF DE GOUVERNEMENT : 1920-1945

Au **Congrès de Tours** (1920), il prend la tête des socialistes hostiles à l'adhésion à la 3e Internationale.
Son influence s'accroît au sein de la S.F.I.O. : elle s'exerce par les articles qu'il écrit dans le journal *Le Populaire,* dont il est directeur, et au Parlement, où il est député depuis 1919. Blum est violemment attaqué par l'extrême-droite :
«C'est un monstre de la République démocratique... Détritus humain, à traiter comme tel. C'est un homme à fusiller, mais dans le dos...» (Charles Maurras).
En 1936, Blum devient **le premier chef de gouvernement socialiste de l'histoire de France**. Il est profondément attaché au respect de la loi et des institutions :
«Il n'y a pas de majorité socialiste, il n'y a pas de majorité prolétarienne... Notre mandat, notre devoir, c'est d'accomplir notre programme. Il s'ensuit que nous agirons à l'intérieur du régime actuel».
Ce respect de la légalité lui a valu de nombreuses critiques de la part des communistes :
«Cet homme, cultivé et intelligent à sa façon, ne s'est donné d'autre but dans l'existence que de distribuer banalités de salon et concentré de stupidité» (Trotski).
En 1938, Blum perd le pouvoir. Arrêté sur ordre du gouvernement de Vichy en 1940, il est emprisonné et jugé au procès de Riom (1942) : accusé d'être responsable de la défaite de 1940, il est déporté au camp de Buchenwald en Allemagne, jusqu'en 1945.

UN MAÎTRE A PENSER DU SOCIALISME : 1945-1950

Après la guerre, Blum n'occupe plus le premier plan de la scène politique. Il reste éditorialiste au *Populaire,* reçoit beaucoup, conseille et remplit quelques missions pour les gouvernements français. Il est vieilli et affaibli par la déportation, mais son influence morale est grande. Son livre *A l'échelle humaine* présente sa conception du socialisme :
«Notre véritable but, dans la société future, c'est de rendre la personne humaine non seulement plus utile, mais plus heureuse et meilleure...»
Il meurt en 1950 et les socialistes du monde entier saluent sa dépouille.

4 Léon Blum en 1936.

5 Un cinéma militant : Jean Renoir, *La vie est à nous,* 1936

Le chœur :
«Mesdames, Messieurs,
Excusez notre indiscrétion
Mais nous sommes des gens
                          curieux
Qui cherchons une explication
La France est un pays très riche
Où l'on trouve de tout à foison
Mais le pauvre en guise de miche
Doit se contenter de croûtons
La France est un pays fertile
Mais le vieux chômeur sans asile
N'a souvent pas un rogaton
La France est un pays prospère
Où l'on peut vivre comme un roi
Mais dans sa mansarde le père voit
Ses enfants crever de froid
Que fait-on du blé et des fleurs
Qui poussent au pays de France ?
A qui les champs à qui les mines
A qui les ports et les usines
A qui les banques et les forêts
A qui le blé le minerai ?
Qui pousse les jeunes au suicide
Et les femmes à l'avortement ?
Pourquoi ton assiette est-elle vide
Et ton gosse sans vêtement ?

En France il est 200 familles
qui provoquent notre détresse
La France n'est pas aux Français.»

Extrait du découpage 70 à 74.

◄ **6** Scène du film *La vie est à nous* de Jean Renoir. Ce film a été réalisé en 1936 à la demande du Parti communiste français dans des buts électoraux. C'est une œuvre de circonstance qui constitue un document exceptionnel sur 1936. Il faut noter que toutes les collaborations à ce film furent bénévoles.

3 Le Front populaire

VOCABULAIRE

Convention collective : accord sur les conditions de travail conclu entre les organisations syndicales des travailleurs et celles des employeurs.

La victoire du Front populaire s'accompagne de grèves spontanées (doc. 3 et 4), qui traduisent l'espoir des ouvriers de faire reconnaître vraiment le droit syndical. Bientôt, c'est la **grève générale** avec occupation d'usines. L'inquiétude et la colère règnent chez les patrons.

A. Le premier gouvernement socialiste, 6 juin 1936

1. Chef du parti majoritaire à la Chambre des Députés, **Léon Blum est chargé** par le président de la République, Albert Lebrun, **de former le gouvernement.** Les communistes, pour ne pas effrayer et pour garder leur liberté de parole, refusent d'y participer.

2. Blum confie les ministères à des socialistes (Auriol aux Finances, Salengro à l'Intérieur) et à des radicaux (Delbos aux Affaires étrangères, Zay à l'Éducation, doc. 2). Deux innovations sont introduites :
– **un sous-secrétariat d'État aux loisirs et au sport** est créé et confié à Léo Lagrange ;
– **trois femmes**, dont Irène Joliot-Curie, entrent pour la première fois dans un gouvernement.

B. L'action du Front populaire

1. Sans tarder, le gouvernement Blum organise, à l'Hôtel Matignon, une négociation entre gouvernement, patronat et syndicats pour relancer l'économie et mettre fin aux grèves. Les **accords de Matignon** sont signés le 7 juin (doc. 1 et 5). Ils prévoient une forte hausse des salaires, la généralisation des conventions collectives et des délégués du personnel dans les entreprises.

Deux lois sociales les complètent : l'une accorde **douze jours de congés payés** (doc. 7), l'autre la **semaine de 40 heures.** Les ouvriers reprennent peu à peu le travail, au cours du mois de juin. Jusqu'en 1937, quelques réformes de structure sont votées (doc. 6).

2. Mais les difficultés s'accumulent. Les partis du Front populaire se divisent face à la guerre d'Espagne. Les communistes sont favorables à une aide française aux républicains espagnols, les radicaux sont contre, et Blum choisit la non-intervention.

Les patrons, inquiets, refusent d'investir et placent leurs capitaux à l'étranger (doc. 8) La production industrielle diminue ; le chômage ne disparaît pas. Le bénéfice de la hausse des salaires est annulé par la hausse des prix. Le franc est à nouveau dévalué (doc. 6, p. 63). En avril 1938, le Front populaire se disloque.

C. Au lendemain du Front populaire

1. Le redressement est assuré par le gouvernement Daladier (1938-1940). Les radicaux, renonçant au Rassemblement des gauches, se sont alliés avec les modérés, au sein d'un gouvernement d'Union nationale. La volonté de Daladier de «remettre la France au travail» rassure le patronat. La loi des 40 heures est assouplie. L'argent rentre, la production augmente et le chômage diminue.

2. Mais le péril extérieur s'accroît depuis 1937, avec les revendications d'Hitler. En septembre 1938, Daladier signe – sans illusions – les **accords de Munich.** Les Français se divisent violemment : une large majorité, les «munichois», approuve, tout au soulagement de voir la paix sauvée ; une minorité, les «antimunichois», dont le Parti communiste, condamne les concessions accordées à Hitler.

---

1 Les accords de Matignon

« Art. 1er. – La délégation patronale admet l'établissement immédiat de contrats collectifs de travail [...].
Art. 2. – L'observation des lois s'imposant à tous les citoyens, les employeurs reconnaissent la liberté d'opinion, ainsi que les droits pour tous les travailleurs d'adhérer librement et d'appartenir à un syndicat professionnel [...]. Les employeurs s'engagent à ne pas prendre en considération le fait d'appartenir ou de ne pas appartenir à un syndicat pour arrêter leurs décisions en ce qui concerne l'embauche, [...] les mesures de discipline ou de congédiement.
Art. 4. – Les salaires réels pratiqués pour tous les ouvriers à la date du 25 mai 1936 seront, du jour de la reprise du travail, rajustés selon une échelle décroissante commençant à 15% pour les salaires les moins élevés, pour arriver à 7% pour les salaires les plus élevés.»

Extraits, 7 juin 1936.

■ *Quels sont les articles qui visent à limiter le chômage ? Ceux qui contribuent à la relance économique ? Justifiez vos réponses.*

---

2 Principes de réforme du système éducatif

« – Développement du caractère et des vertus sociales. Éducation physique obligatoire. Allégement des programmes grâce à la progression de la scolarité et large extension des bourses.
– Développement de la culture générale de la masse comme de l'élite. Réaction contre l'esprit de concours et ses abus.
– Enseignement professionnel conçu comme un prolongement normal du 1er degré.
– Rectifier les erreurs d'aiguillage, permettre à certains de rejoindre.»

Note de Jean Zay, ministre de l'Éducation nationale, 1936.

3 La grève sur le tas

«Durant trois jours, j'ai été d'usine en usine. J'ai vu des bousculades joyeuses autour des corbeilles de nourriture apportées du dehors, j'ai entendu applaudir des voix de fausset et des imitations de comiques. Je n'ai assisté à aucune brutalité. Je n'ai entendu parler de mauvais traitements infligés à personne, de dégâts occasionnés à aucune machine. La "grève sur le tas", c'est un pique-nique prolongé.»

Bertrand de Jouvenel, cité dans L. Bodin, J. Touchard,
Histoire des idées politiques, P.U.F.

■ *Que veut dire «grève sur le tas» ? Quelle ambiance règne chez les grévistes ?*

O fr. 25 — Edition de Paris

L'ŒUVRE

9, Rue Louis-le-Grand (2ᵉ)   Fondateur : GUSTAVE TÉRY   Tél. : Opéra 65-00 et la suite
Adr Tél • Œuvre-Paris   N° 7.556. - Lundi 8 Juin 1936   Chèque Postal • N° 1046

LE GOUVERNEMENT
a obtenu cette nuit
un accord général de principe
entre ouvriers et patrons

Pour la première fois dans l'histoire de la République un président du Conseil réunissait les deux Confédérations

Au début de la nuit, les revendications de la C.G.T. étaient acceptées sur le droit syndical; les délégués d'ateliers et les conditions de retour au travail normal

5 L'annonce des accords de Matignon, le 8 juin 1936.

6 L'embellie de 1936

«Je ne suis pas sorti souvent de mon cabinet ministériel pendant la durée de mon ministère ; mais chaque fois que je suis sorti, que j'ai traversé la grande banlieue parisienne, et que j'ai vu les routes couvertes de ces théories de "tacots", de "motos", de tandems avec des couples d'ouvriers vêtus de pull-overs assortis […], j'avais le sentiment d'avoir malgré tout apporté une embellie, une éclaircie dans des vies difficiles, obscures. On ne les avait pas seulement arrachés au cabaret ; on ne leur avait pas seulement donné plus de facilités pour leur vie de famille ; mais on leur avait ouvert une perspective d'avenir, on avait créé chez eux un espoir.»

Léon Blum, au procès de Riom, sous l'Occupation, 1942.

4 L'occupation des usines de moteurs d'avion Sautter-Harlé par les ouvriers (1936).
■ *Expliquez la scène.*

7 «Allons au-devant de la vie» (chanson de 1936).

◄ ■ *Doc. 6 : Pourquoi Léon Blum a-t-il le sentiment que le Front populaire a apporté une «embellie» dans la vie des Français ?*

8 La réaction du patronat

«Monsieur le Président du Conseil […] Les industriels des textiles de Lille ne veulent plus que leurs usines soient occupées […].
Ils ne veulent plus voir des patrons bloqués chez eux ou assaillis dans leurs usines et obligés de recourir aux moyens extrêmes pour défendre leur vie et celle de leur personnel. Ils ne veulent plus voir leurs bureaux et magasins occupés […].
En un mot, ils ne veulent pas accepter l'instauration des Soviets dans leur établissement.
Tant que le gouvernement que vous présidez n'aura pas marqué sa volonté formelle de rétablir l'ordre dans la rue, dans les usines et dans les esprits, nous pensons qu'aucune solution n'apparaîtrait possible.»

En septembre 1936, P. Thiriez,
patron du textile à Lille,
écrit à Léon Blum, président du Conseil.

4 L'entre-deux-guerres

Dans l'entre-deux-guerres, la France fait toujours figure de grande puissance. Elle dispose du second Empire colonial du monde. Mais, assoupie sur son passé, elle semble tourner le dos à l'avenir.

A. L'apogée de l'Empire français

1. L'entre-deux-guerres marque l'apogée de la domination coloniale française (voir carte p. 131). En 1931, la France organise une grandiose **Exposition coloniale** internationale (doc. 2). Le succès est considérable : 34 millions de visiteurs en moins de 200 jours. Les Français sont fiers de leur Empire colonial et admiratifs des bienfaits apportés par la colonisation (doc. 1). En **métropole*,** peu de voix contestent le fait colonial.

Les gouvernements français refusent les réformes ou ne peuvent les appliquer à cause de l'opposition des colons, sur place, ou des colonialistes, en France. En 1936, **le projet Blum-Viollette** d'accorder le droit de vote à quelque 25 000 musulmans algériens échoue (doc. 3).

2. Mais, outre-mer, le colonialisme commence à être remis en cause. **Des mouvements nationalistes se développent.** Dès 1929, à Tananarive, on crie : «Madagascar aux Malgaches». En Indochine, Hô-Chi-Minh, en Tunisie, Bourguiba, réclament l'indépendance. En 1937, Messali Hadj fonde le Parti du peuple algérien (P.P.A.).

B. La France de Tino Rossi et du Tour

La vie de l'ensemble de la population change. L'atmosphère de joie de vivre est assez générale. Elle est due en particulier au **développement de loisirs de masse** (doc. 4). La **radio** pénètre dans les foyers (doc. 5) : il y a en 1938 cinq millions de postes T.S.F. Chaque année, plusieurs dizaines de millions de spectateurs fréquentent les 4 000 salles de **cinéma** pour y voir leurs vedettes, Jean Gabin, Michelle Morgan... Le **music-hall** triomphe avec Mistinguett et Joséphine Baker (doc. 9). Les **chansons** légères sont popularisées par la radio : Maurice Chevalier, Charles Trenet et Tino Rossi connaissent un grand succès. Le **Tour de France** cycliste passionne les foules, comme les **Six Jours de Paris** (doc. 6) ou les grandes épreuves de Bordeaux-Paris, Paris-Roubaix.

C. Un pays vieillissant

1. La France, qui comptait 41,5 millions d'habitants en 1913, en compte 41,9 en 1939, contre 80 millions en Allemagne. **La croissance de la population est une des plus faibles en Europe.** La surmortalité de la Première Guerre mondiale est aggravée par le phénomène des «classes creuses», dû au déficit des naissances entre 1915 et 1919 (doc. 7). Le nombre des nouveaux-nés ne cesse de baisser : à partir de 1935, «les cercueils l'emportent sur les berceaux». Si la France ne faisait pas appel à l'immigration, la population diminuerait.

2. Les gouvernements prennent des mesures natalistes. En 1920, une loi réprime sévèrement l'avortement et la propagande pour la contraception. A partir de 1932, une loi généralise les allocations familiales. Mais ce n'est qu'en 1939 qu'une véritable politique contre l'affaiblissement démographique est décidée (doc. 8) : il s'agit d'un ensemble de mesures natalistes auquel on a donné le nom de «Code de la Famille».

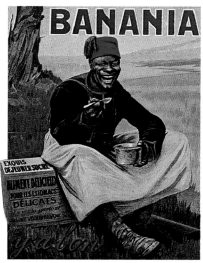

1 Les avantages coloniaux : affiche Banania, vers 1920.

2 Affiche pour l'Exposition coloniale.

3 Contre le projet Blum-Viollette

«Est-il croyable, je vous le demande, que les Français d'Algérie consentent à subir la domination indigène dans les conditions où elle est proposée, dans les conditions où elle va être instituée ? Non, et c'est pourquoi la loi ne sera jamais appliquée. Et si jamais on voulait l'appliquer, elle déterminerait des heurts, des chocs extrêmement violents entre les parties différentes de la population ; ce serait, il faut le dire en toute franchise, l'amorce de la guerre civile et d'une guerre civile atroce entre musulmans et Français !»

Roux-Freissineng,
sénateur d'Oran, le 29 janvier 1937.

▮4▮ L'auto

«On a mis entre les mains de nos contemporains un jouet dangereux ; la route nationale c'est l'enfer. Quelle joie de frôler un cycliste à le tuer ! Quel orgueil de dépasser d'autres rivaux, l'œil fixé comme si de rien n'était alors que le pied s'impatiente sur l'accélérateur [...]. Il est bien loin le marquis de Montaignac, qui saluait au passage, en course, le concurrent qu'il dépassait.»

Jean Oberlé, 15 mai 1936.

▮5▮ La T.S.F.

«La T.S.F., c'est de la joie, la plus saine joie, la plus inespérée des joies. Ne nous écartons plus de cette bonne chaleur.
Qui paie ces fêtes de l'oreille ? Vous-même, sans vous en douter. Un important groupement de fabricants de T.S.F. verse à une caisse commune 5% du prix des appareils vendus : les grands postes émetteurs de joie vont, d'ici à peu de mois, se multiplier, se perfectionner de façon encore insoupçonnable il y a six mois ! Les premiers concerts de la Tour Eiffel datent de juillet 1922 ! Désormais, vous tournez un bouton : si loin que vous soyez des centres vivants, vous voici transporté dans une salle de concert de Paris, de Bordeaux, de Nantes ou de Nice, à moins que vous ne préfériez vous rendre à Rome ou à La Haye. Tournez encore : vous voilà revenu chez vous, dans le silence.»

Baudry de Saunier,
L'Illustration, 3 mars 1923.

▮6▮ **Départ des «Six Jours» de 1934, au Vel. d'Hiv., à Paris.** Affiche de 1934.

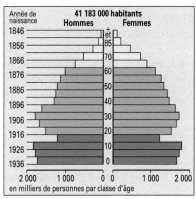

▮7▮ **Pyramide des âges de la France en 1936.**

■ *Comment s'explique l'échancrure correspondant aux tranches d'âge entre 15 et 25 ans ?*

◀ ▮9▮ **La revue nègre** : spectacle au music-hall des Champs-Élysées, à Paris, en 1925. Affiche de Paul Colin.

▮8▮ Une voie misérable ?

«Au nombre des incalculables conséquences de la faiblesse de la natalité française figure, au premier plan, l'aggravation du péril extérieur : à la menace que sur nos frontières métropolitaines et impériales font peser des peuples dont l'accroissement en nombre favorise l'ambition, comment peut répondre un pays dont la population travailleuse et combattante tend à se réduire ? Les forces militaires, l'armement économique risquent de s'amenuiser ; le pays se ruine peu à peu ; sa lourde charge fiscale individuelle, au contraire, s'accroît sans cesse ; le poids des obligations sociales, comme celles de l'assistance, se fait plus pesamment sentir à chaque citoyen ; des industries sont petit à petit privées de débouchés et, par suite, menacées d'abandon ; des terres tombent en friche ; l'extension au-delà des mers perd de sa force ; de l'autre côté des frontières, notre prestige intellectuel, artistique est atteint.
Telle est, faute de naissances, la voie misérable dans laquelle notre pays semble devoir s'engager.»

Extrait du *Code de la famille*, 1939.

■ *Quelles sont les inquiétudes exprimées par ce document ? Rédigez une liste des arguments exposés.*

La France entre les deux Guerres mondiales

JE RETIENS

1. Les mots et notions clés

- Congrès de Tours ● Franc Poincaré ● crise ● ligue ●
- Front populaire ● accords de Matignon ●

2. Les idées essentielles

A. Les années Vingt

■ **La France est victorieuse mais durement touchée par la guerre** (régions dévastées, lourd endettement, inflation et franc déprécié...). La pyramide des âges de la France portera longtemps les effets des pertes humaines (1,4 million de morts).

■ L'exemple de la Révolution russe amène une majorité de socialistes à fonder un parti révolutionnaire, le Parti communiste (Congrès de Tours, 1920).

B. Les années Trente

■ La dépression économique américaine vient compromettre le redressement de la France amorcé par Poincaré. Les années Trente sont marquées par **un enchaînement de crises :**
– **économique :** tardivement et moins gravement touchée que d'autres pays, la France subit plus longtemps la crise ;
– **politique :** l'inefficacité des politiques anti-crise conduit à des attaques très vives contre le régime parlementaire (ligues, troubles de février 1934...) ;
– **internationale :** les Français sont divisés devant les menaces hitlériennes.

■ En 1936, les forces de gauche unies dans le **Front populaire** arrivent au pouvoir. Le socialiste **Léon Blum,** chef du gouvernement, accomplit de grandes réformes sociales (accords de Matignon, congés payés, semaine de 40 heures...), mais ne parvient pas à sortir le pays de la crise économique. En 1938, le Front populaire se disloque.

EXERCICES

1. Je sais placer des événements sur une frise chronologique

■ Recherchez dans la leçon les événements importants qui ont eu lieu entre le 1er janvier 1934 et le 14 juillet 1936.
■ Placez-les sur la frise chronologique ci-dessous.

2. Je suis capable de faire les exercices suivants

■ **1.** Je peux décrire de mémoire un document sur le 6 février 1934 et trois documents sur le Front populaire.
■ **2.** J'écris le principal slogan du Front populaire.
■ **3.** Je suis capable d'écrire six lignes sur le personnage de Léon Blum.
■ **4.** Sur le croquis suivant, je peux situer les principales composantes du gouvernement de Front populaire.

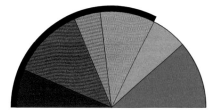

■ **5.** Je sais caractériser un événement en quelques mots :
– date   – lieu   – contexte   – contenu.

Exercice d'application :
■ le congrès de Tours   ■ les accords de Matignon

3. Je sais reconnaître les causes et les conséquences du 6 février 1934

■ Je suis capable de situer dans les colonnes du tableau ci-dessous les éléments suivants :
– victoire électorale du Front populaire
– affaire Stavisky
– développement des ligues
– défilé du Rassemblement populaire
– émeute place de la Concorde
– montée de l'antiparlementarisme

Causes	6 février 1934	Conséquences

BREVET BLANC

1. J'explique des textes historiques

Texte 1

■ **1.** Qu'entend l'auteur par «peuple républicain» ? Quels partis regroupe-t-il sous cette appellation ? A qui les oppose-t-il ? Expliquez l'expression «trublions des ligues factieuses». A quel événement antérieur fait allusion Victor Basch ?

■ **2.** Avec quel slogan s'est réalisée «l'union des forces éparses de la démocratie» ? A quoi a-t-elle abouti ? Qui est au pouvoir à la date du texte ? Citez quelques-uns des «hommes nouveaux» du gouvernement.

■ **3.** Comment le gouvernement en place a-t-il satisfait les «revendications les plus pressantes des classes laborieuses» ?

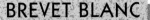

■ Le 14 juillet 1936

«L'an dernier, le peuple républicain, sans distinction de partis et de doctrines, s'était uni pour faire front contre les trublions des ligues factieuses. On ne savait pas ce que produirait ce rassemblement. [...]
Et voici que ce que personne n'avait osé espérer s'était réalisé. Les forces éparses de la démocratie s'étaient rencontrées, non plus provisoirement, non pas pour une journée, mais pour une longue union solidaire. Les partis et les organisations ne s'étaient pas séparés pour s'affronter de nouveau en des luttes stériles, mais ils avaient réussi à élaborer un programme.
Et c'est ce programme que le gouvernement, composé en majeure partie d'hommes nouveaux, s'était engagé à réaliser. Et cet engagement, il l'a tenu. Depuis six semaines qu'il est au pouvoir, il a fait passer dans les faits les revendications les plus pressantes des classes laborieuses.»

Victor Basch[1] (1863-1944).

1. Philosophe et professeur, c'est un des fondateurs de la Ligue des Droits de l'Homme et un des grands inspirateurs du Front populaire.

■ Le Front populaire vu par Mendès France

Né en 1907, Pierre Mendès France fut, en 1938, sous-secrétaire d'État au Trésor dans le second cabinet Blum et président du Conseil en 1954-1955.
«Pour la première fois en France, *un gouvernement à direction socialiste* prenait le pouvoir.
Il y eut d'abord un effet de surprise. Personne ne s'y attendait ; puis un long moment d'attente curieuse et même une sorte de confiance relative en un gouvernement plus capable qu'un autre, après tout, de faire évacuer *les usines occupées* par les grévistes et de calmer la classe ouvrière.
La présence des socialistes à la tête du pouvoir suscitait parmi les possédants, non seulement les grands, mais aussi les moyens et parfois chez les plus modestes, une émotion qu'on ne peut imaginer aujourd'hui. Ce gouvernement, il va d'abord parer au plus pressé ; avant tout il s'agit de relancer la vie économique. [...] *Les mesures prises en quelques semaines* constituent à cet égard un ensemble impressionnant. [...] Tout tendait [...] à *reconstituer le pouvoir d'achat*, à *stimuler la production*. Par contre, certaines lois avaient un caractère un peu différent et sortaient en réalité du système. Ce n'est donc pas sans raison que *le souvenir de 1936* est resté très profondément ancré dans l'esprit de la classe ouvrière. Ces lois avaient *une portée d'émancipation, de libération ; elles transformaient la nature des relations entre employeurs et employés*.»

P. Mendès France,
Exposé-débat du 26 avril 1965
à l'École normale supérieure.

Texte 2

■ **1.** Après la lecture du texte, retrouvez dans votre mémoire des documents qui correspondent aux passages indiqués en italique.

■ **2.** Montrez que le gouvernement de Front populaire est à direction socialiste.
– Qui en est le chef ?
– Citez quelques ministres.

■ **3.** Rappelez quelles mesures ont été «prises en quelques semaines». Pourquoi appelle-t-on certaines d'entre elles «Accords de Matignon» ? Où et par qui ont-elles été signées ? Quelles sont celles qui visent à :
– améliorer la condition des ouvriers,
– lutter contre le chômage,
– relancer l'économie.
– Montrez que ces mesures reconstituent le pouvoir d'achat et stimulent la production.
– A quelles mesures l'auteur fait-il allusion quand il évoque «certaines lois [qui] sortaient en réalité du système» ?

■ **4.** Comment peut-on interpréter les phrases suivantes :
– «Personne ne s'y attendait» ;
– «un gouvernement plus capable qu'un autre [...] de calmer la classe ouvrière.»
Vous rappellerez la situation de la France dans les années qui précèdent.

2. Sujet d'examen

– Le Front populaire : formation, principales réalisations, difficultés.

LA SECONDE

 ## L'Axe à l'assaut de l'Europe : 1939-1941

Conformément à ses projets, Hitler lance l'invasion de la Pologne le 1er septembre 1939. La guerre est d'abord européenne. Jusqu'en 1941, les armées allemandes déferlent sur l'Europe et la dominent.

A. L'Allemagne ouvre le feu

1. La guerre débute à l'Est. La Pologne subit la première la **«Blitz-krieg*»,** ou guerre-éclair. Après dix jours de résistance, Varsovie capitule, cependant que l'Armée rouge occupe l'Est de la Pologne.

2. A l'Ouest, Anglais et Français, à l'abri de la **ligne Maginot*,** attendent l'offensive de la Wehrmacht. Il ne se produit que quelques accrochages, c'est la **«drôle de guerre».** Ils tentent pourtant de couper la route qui approvisionne l'Allemagne en fer et qui passe par la Norvège. Hitler riposte, en occupant le Danemark et la Norvège en avril 1940.

B. La France à genoux : mai-juin 1940

1. L'attaque de la France (doc. 3) débute le 10 mai 1940. Comme en 1914, les divisions allemandes passent par le Nord : les Pays-Bas et la Belgique sont submergés. Elles percent ensuite le front français à **Sedan** (12 mai), en contournant la Ligne Maginot. Les divisions alliées, qui s'étaient portées au secours des Belges, sont encerclées. Une partie parvient à s'embarquer difficilement à **Dunkerque** (doc. 4).

2. L'exode* des civils (doc. 1) fuyant vers le Sud, gêne la contre-attaque tentée par les Français. Elle tourne à **la débâcle.** La France est envahie ; **Paris,** déclaré ville ouverte, **est occupé le 14 juin** (doc. 6). Entre-temps, l'Italie était entrée en guerre aux côtés de l'Allemagne (10 juin). Le Président du Conseil, Paul Reynaud, qui souhaite poursuivre la guerre, est contraint de démissionner. Le maréchal Pétain forme un nouveau gouvernement qui demande **l'armistice*** le 17 juin (doc. 7). L'armistice **est signé le 22 juin à Rethondes.**

3. La France humiliée se soumet. Elle est coupée en deux. Au Nord de la ligne de démarcation, les deux tiers de son territoire sont occupés par les Allemands ; au Sud, l'État français est confié à Pétain.

C. La guerre s'étend à toute l'Europe

1. La Grande-Bretagne seule debout, Hitler engage la **«Bataille d'Angleterre»** en août 1940. Le pays est soumis à de terribles bombardements (le *Blitz**, doc. 8). Churchill (doc. 2 et 5) organise la résistance des Anglais et les chasseurs de la Royal Air Force (R.A.F.) tiennent tête à la Luftwaffe. Hitler renonce à débarquer. Il tente alors d'isoler la Grande-Bretagne avec ses sous-marins, longue **bataille de l'Atlantique** qui durera toute la guerre.

2. En Méditerranée, les Allemands doivent porter secours à leur allié italien : ils conquièrent la Grèce, la Yougoslavie et pénètrent en Égypte au printemps de 1941.

3. Le 22 juin 1941, Hitler attaque brusquement l'U.R.S.S. en lançant **l'opération Barberousse** (doc. 9). L'Armée rouge, mal équipée et prise au dépourvu, est submergée. Léningrad et Moscou ne sont sauvées de la capitulation que par l'arrivée de l'hiver 1941.

V O C A B U L A I R E

Wehrmacht : en allemand «puissance de défense» ; nom donné par Hitler, lors du réarmement allemand en 1935, à l'ensemble des forces militaires allemandes.

Luftwaffe : armée de l'air allemande.

1 L'exode

«Le flot des Parisiens déferle par toutes les routes, emportant avec lui les citadins – à Chartres, le 15 juin, il ne reste plus que 800 habitants, dont le préfet Jean Moulin, sur 23 000 [...]. Dans le grand désordre provoqué par les réfugiés, l'administration ajoute (par ses ordres d'évacuation) encore du trouble.

Privées de gendarmes, de pompiers (partis sur ordre des autorités militaires parmi les premiers), privées de boulangers, d'épiciers, de bureaux et d'usines où travailler, séparées des enfants, entendant chaque jour, amplifiés par la peur, les terribles récits de soldats et de réfugiés qui n'ont parfois rien vu, craignant les bombardements et la famine plus encore que la bataille, pourquoi les populations s'accrocheraient-elles à un sol où plus rien ne les retient ?»

H. Amouroux, *La vie des Français sous l'Occupation*, Fayard, 1965.

2 Winston Churchill (1874-1965).

GUERRE MONDIALE

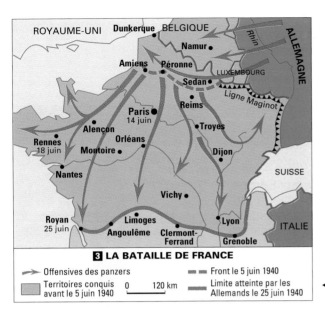

3 LA BATAILLE DE FRANCE

→ Offensives des panzers
▨ Territoires conquis avant le 5 juin 1940
0   120 km
━ ━ Front le 5 juin 1940
▨▨ Limite atteinte par les Allemands le 25 juin 1940

4 Sur la plage de Dunkerque, juin 1940.

◀ ■ *Doc. 3 : opposez la situation militaire de la France en 1940 et en 1914.*

5 La victoire à tout prix

«Je n'ai rien à vous offrir que du sang, des peines, des larmes et de la sueur. Nous avons à subir une épreuve des plus dures [...]. Notre politique, c'est faire la guerre, sur mer, sur la terre et dans les airs avec toute notre puissance, avec toute la force que Dieu peut nous donner ; faire la guerre contre une tyrannie effroyable qui, dans le sombre et lamentable catalogue du crime, n'a jamais été dépassée. [...] Vous demandez : quel est notre but ? Je peux le définir en un mot : victoire à tout prix.»

Discours de Churchill
aux députés britanniques, 13 mai 1940.

6 Hitler et ses généraux à Paris, sur l'esplanade du Trocadéro, juin 1940.

7 Appel du maréchal Pétain aux Français, le 17 juin 1940

«Français ! J'ai demandé à nos adversaires de mettre fin aux hostilités. La pression ennemie a contraint nos troupes à la retraite. Cet échec vous a surpris. L'infériorité de notre matériel a été plus grande encore que celle de nos effectifs. L'aviation française a livré à un contre six ses combats. Moins forts qu'il y a vingt-deux ans, nous avions aussi moins d'amis. Trop peu d'enfants, trop peu d'armes, trop peu d'alliés, voilà les causes de notre défaite. [...] On a voulu épargner l'effort : on rencontre aujourd'hui le malheur.»

8 Bombardement allemand sur le centre de Londres (été 1940).

9 Avance des Allemands sur le front russe (hiver 1941-42).

L'Europe allemande

V O C A B U L A I R E

Waffen S.S. : unités combattantes de S.S.

Les foudroyantes offensives de la Wehrmacht ont étendu l'Empire allemand de la Bretagne au Caucase, de l'océan Glacial à la Méditerranée. Hitler développe une **colonisation progressive,** au profit de communautés d'Allemands de bonne souche. L'Alsace-Lorraine est à nouveau annexée. A l'Est, les Polonais sont progressivement refoulés dans un «Gouvernement général» (doc. 2). L'Allemagne gagne ainsi sur les Slaves son «**espace vital**» (doc. 6).

A. Le continent hitlérien

1. Les nazis organisent un véritable **pillage économique de l'Europe.** Ils font main basse sur tout ce qui peut renforcer l'effort de guerre allemand : ils exigent de lourds frais d'occupation, réquisitionnent les matières premières, les produits industriels, les denrées alimentaires (doc. 7). L'Europe connaît la pénurie, le rationnement, la misère.

Pour satisfaire aux besoins de main-d'œuvre, le régime nazi utilise les prisonniers de guerre, les nombreux détenus auxquels viennent s'ajouter les travailleurs volontaires (doc. 1). Puis est institué un **Service de Travail Obligatoire (S.T.O.*),** véritable réquisition de tous les travailleurs.

2. Les camps de concentration, institués dès 1933, reçoivent les ennemis et les exclus du régime nazi. Avec la guerre, la **déportation** s'étend à l'Europe ; les camps se multiplient et deviennent une source de main-d'œuvre à bon marché. Six millions d'hommes y trouvent la mort.

Certains camps sont spécialement voués à l'**extermination des «races inférieures»,** Juifs et Tziganes. En janvier 1942, cette œuvre de mort est planifiée sous l'appellation «**solution finale***». Au moins cinq millions de Juifs périront dans des conditions atroces.

3. Tous les pays doivent participer à la «**croisade contre le bolchevisme**» (doc. 8).

B. Les collaborateurs

1. Nulle part, sauf en Norvège, les Allemands n'installent de gouvernement composé de nazis locaux. En revanche, dans tous les pays, une minorité de la population, par résignation, intérêt, ou conviction, accepte de collaborer.

2. En France, le 24 octobre 1940, le maréchal Pétain rencontre Hitler à **Montoire** (doc. 4). Convaincu de la victoire de l'Allemagne, il engage la France dans la **collaboration*,** anticipant même les exigences nazies (doc. 3) ; le régime de Vichy a déjà publié, le 3 octobre 1940, un **Statut des Juifs.** Il autorise ensuite l'internement des Juifs étrangers et participe aux **rafles,** comme celle **du Vélodrome d'Hiver** (16 juillet 1942).

En zone occupée, les partisans de la collaboration, liés à l'extrême-droite, contrôlent la presse et la radio parisienne. Ils fondent la Légion des Volontaires Français (L.V.F.) pour combattre aux côtés des Allemands (doc. 6). Certains s'engagent dans la Waffen S.S. ou dans la Gestapo.

3. En novembre 1942, la zone Sud est occupée par les Allemands. Pierre Laval, qui a été nommé chef du gouvernement sous la pression des nazis, accentue la collaboration. Vichy devient un **État satellite** qui crée une police politique, la **Milice,** et organise le S.T.O. Dès lors, de nombreux Français se détachent du régime. Certains rejoignent les Résistants.

1 **L'appel au travail volontaire en Allemagne.** Affiche française de propagande, 1942.

2 Des esclaves pour le Reich

«Les Polonais sont nés pour exécuter les travaux grossiers. [...] Les Polonais sont paresseux, il faut employer la contrainte pour les faire travailler [...]. Nous nous servirons du gouvernement général (de Pologne) comme d'une simple source de main-d'œuvre non spécialisée [...]. Chaque année il pourra fournir au Reich les travailleurs nécessaires [...].

Les travailleurs agricoles n'ont désormais plus le droit de se plaindre ; en conséquence, aucune réclamation ne sera admise par les services officiels. Il leur est formellement interdit de se rendre à l'église [...]. d'aller au théâtre, au cinéma, ou à toute autre manifestation culturelle [...]. Toute relation sexuelle avec des femmes ou des jeunes filles allemandes leur est strictement interdite.»

Hitler, in W. Shirer,
Le 3ᵉ Reich, Stock, 1960.

■ *Situez sur la carte ci-contre le gouvernement général de Pologne.*

■ *Par quels termes Hitler désigne-t-il les Polonais ? Comment se traduit leur esclavage ?*

■ *Que nous révèle ce texte ?*

3 La voie de la collaboration

«C'est librement que je me suis rendu à l'invitation du Führer. Je n'ai subi de sa part aucun "diktat", aucune pression. C'est dans l'honneur et pour maintenir l'unité française, dans le cadre d'une activité constructive du nouvel ordre européen, que j'entre aujourd'hui dans la voie de la collaboration.

Ainsi dans un proche avenir pourrait être allégé le poids des souffrances de notre pays, amélioré le sort de nos prisonniers, atténuée la charge des frais d'occupation.

Ainsi pourraient être assouplie la ligne de démarcation, et facilités l'administration et le ravitaillement du territoire [...]. Cette politique est la mienne [...]. C'est moi seul que l'Histoire jugera.»

Pétain, *Discours radiodiffusé*, 30 octobre 1940.

4 La poignée de mains entre Pétain et Hitler, à Montoire (Loir-et-Cher), le 24 octobre 1940.

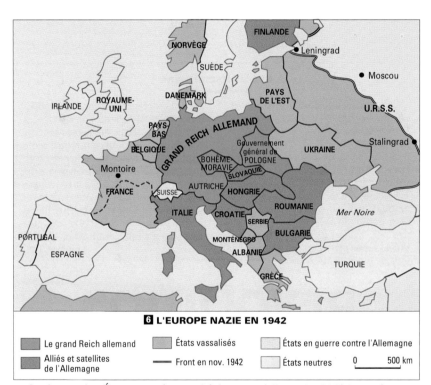

6 L'EUROPE NAZIE EN 1942

- Le grand Reich allemand
- Alliés et satellites de l'Allemagne
- États vassalisés
- Front en nov. 1942
- États en guerre contre l'Allemagne
- États neutres
- 0   500 km

■ *Quels sont les États européens qui échappent à l'emprise hitlérienne ?*

5 Sous l'uniforme allemand, *Signal*, 1942.

7 Le pillage de l'Europe

«J'ai l'intention de piller. A cette fin, je vais envoyer aux Pays-Bas, en Belgique et en France une série d'acheteurs disposant de pouvoirs extraordinaires, qui, avant Noël, auront le temps d'acheter à peu près tout ce qu'on y trouve dans les magasins et les entrepôts. Je vais étaler tout cela dans les vitrines des boutiques allemandes. Peu m'importe ce que feront ces Françaises attifées comme des p... Elles ne trouveront rien à acheter. [...] Pour moi, la collaboration des Français n'a qu'un seul sens : s'ils fournissent tout, et de bon gré, jusqu'à ce qu'ils n'en peuvent plus, alors je dirai que je collabore.»

Goering,
6 août 1942.

■ *Opposer ce texte au doc. 3.*

8 L'Europe unie contre le bolchevisme. Affiche allemande de 1942.

La France au temps de Vichy

Après le désastre de 1940, la France change de régime politique. Le 10 juillet 1940, une Assemblée nationale amoindrie donne tous les pouvoirs au maréchal **Pétain**. Avec la proclamation de l'**État français**, c'est la fin de la IIIᵉ République et de la démocratie.

A. La Révolution nationale

Jusqu'en 1942, de nombreux Français désemparés placent leur espoir dans le «sauveur de la France». Ils adhèrent à la **Révolution nationale***, qui prône un retour aux valeurs traditionnelles exprimées dans la devise «**Travail, Famille, Patrie**». Hostile aux étrangers et particulièrement aux Juifs, l'État français encourage la natalité ; il institue la Fête des mères. Les anciens partis disparaissent ; les syndicats et les grèves sont interdits. Les jeunes sont appelés à s'engager dans une organisation orientée vers les idéaux de la Révolution nationale, les «Chantiers de jeunesse».

ÊTES-VOUS PLUS FRANÇAIS QUE LUI ?

1 Le maréchal Pétain, «guide» de la Nation.

---

2 LA FRANCE ÉCLATÉE

Arras
zone interdite
Metz
Paris
zone réservée
Montoire
Tours
Vichy
Lyon
Bordeaux
ÉTAT FRANÇAIS
Bayonne
ligne de démarcation
Marseille

0   200 km

- Zone annexée
- Zone rattachée au commandement allemand de Bruxelles
- Zone d'occupation allemande
- Zone d'occupation italienne
- Zone libre (jusqu'en nov. 1942)

---

3 L'antisémitisme

«Nous, Maréchal de France, chef de l'État français,
Le conseil des ministres entendu,
Décrétons :
Art. 2. L'accès et l'exercice des fonctions publiques et mandats énumérés ci-après, sont interdits aux Juifs :
1. Chef de l'État, membre du Gouvernement, conseil d'État [...], inspection générale des Finances, cours d'appel, tribunaux de première instance, justices de paix, toutes juridictions d'ordre professionnel et toutes assemblées issues de l'élection [...], membres des corps enseignants [...].
Art. 5. Les Juifs ne pourront, sans condition ni réserve, exercer l'une quelconque des professions suivantes : directeurs, gérants, rédacteurs de journaux, revues, agences ou périodiques, à l'exception de publications de caractère strictement scientifique, etc.»

3 octobre 1940.

---

4 Une autre éducation civique

«Maréchal, nous voilà !
Devant toi le sauveur de la France,
Nous jurons, nous tes gars,
De servir et de suivre tes pas.
Maréchal, nous voilà !
Tu nous as redonné l'espérance,
La patrie renaîtra !
Maréchal, Maréchal, nous voilà ! »

5 Affiche de propagande pour la Révolution nationale.

B. Les Français sous l'Occupation

A partir de 1942, toute la France subit les exigences de l'occupant : couvre-feu, contrôles, rafles, représailles. Les Français vivent dans la crainte et l'incertitude du lendemain. S'alimenter est l'obsession permanente. Le marché noir* permet aux plus riches de s'approvisionner au prix fort.

6 Une rafle à Paris, dans le 11e arrondissement, août 1941. ▶

7 Le marché noir

«Chaque semaine on livrait au syndicat agricole de Chartres. J'étais le seul à avoir fait (des carottes) et elles se vendaient comme des petits pains. On traversait Chartres et les gens couraient après nous avec des sacs. J'ai gagné de l'argent au poil. De temps en temps, je cachais un veau sous les carottes. C'est là que le marché noir a commencé. A Saint-Loup, le marché noir n'était ni le double ni le triple comme à Paris. On essayait de livrer comme à Paris. On essayait de livrer le moins possible aux Allemands. Des haricots que les Allemands réquisitionnaient à quarante francs, on les vendait cinquante francs, à des Parisiens [...].

Avec toutes les vaches, les veaux qu'on a tués pendant la guerre, il y a assez de peaux enterrées dans le jardin pour faire les souliers à un bataillon [...]. Avec tout le monde qui avait faim, qui parlait de nourriture, on mangeait moitié plus qu'avant la guerre. J'engraissais [...]. Je fournissais de la viande aux Ponts et Chaussées, aux gendarmes, au commissaire de police.»

E. Grenadou et A. Prévost,
Grenadou, paysan français, Le Seuil, 1976.

◀ **8** Les difficultés de l'approvisionnement, vues par un enfant.

9 Rations alimentaires d'un adulte, en 1943

pain	275 g par jour
matières grasses	175 g par mois
viande	60 g par semaine
pâtes	250 g par mois
pommes de terre	6 kg par mois
café	60 g de mélange contenant 15 g de café
tabac	4 paquets de cigarettes ou un paquet de tabac par mois

QUESTIONS

1. Doc. 2 : en 1940-1942 à quelle zone appartenait votre commune ?

2. Analysez le doc. 5. A qui s'en prend l'auteur de l'affiche pour expliquer l'effondrement de la maison de gauche ? Par quelles indications veut-il montrer, avec la maison de droite, le redressement du pays autour du maréchal Pétain ?

3. Quels sont les documents de la double page qui démontrent que la France de Vichy s'aligne sur les régimes de dictature ?

4. Recherchez dans votre entourage des témoignages oraux ou écrits sur cette période.

Système concentrationnaire et génocide*

Apparus dès l'arrivée des nazis au pouvoir, les camps de concentration ont d'abord pour but de «rééduquer» et d'éliminer les opposants allemands. Les S.S.*, gardiens de ces camps, y font leur apprentissage en exerçant sur les détenus une totale brutalité.

Avec la guerre, leur nombre augmente. Y sont déportés les résistants de toute l'Europe occupée, voués à être exterminés par le travail.

A ces camps s'en ajoutèrent d'autres, destinés à l'**extermination systématique** des «races inférieures» : Juifs et Tziganes.

A. Les déportés

Les camps se présentent comme un ensemble de longues baraques (blocks), entourés de barbelés sous haute tension électrique et surveillés par des miradors. Construits par les déportés eux-mêmes, souvent dans des zones malsaines, ils constituent un monde clos, centré sur une place où ont lieu l'appel, la formation de commandos de travail et les exécutions.

1 L'EUROPE CONCENTRATIONNAIRE

Le Grand Reich en 1942

D'après F. Bedarida, *Le nazisme et le génocide, Histoire et enjeux,* Nathan, 1989

0   200 km

▲ Camp d'extermination
△ Camp mixte (extermination et concentration)
▼ Camp de concentration
● Camp d'euthanasie

2 La sélection

«Peu à peu, les déportés avancent vers l'extrémité du quai. Deux S.S. sont au milieu de celui-ci : l'un est officier-médecin. Les déportés défilent devant lui. Avec le pouce ou avec une badine, l'officier dirige les détenus, soit à droite, soit à gauche. Ainsi se constituent deux files qui vont s'amasser aux deux extrémités du quai. La file de gauche comporte des hommes de 20 à 45 ans, dont l'aspect extérieur est robuste. Les limites d'âge sont élastiques, parfois elles s'étendent de 16 ou 18 à 50 ans. L'aspect et l'allure du détenu, le fait qu'il soit plus ou moins bien rasé interviennent dans ce choix. Dans la file de gauche, les femmes sont dirigées à pied vers le camp voisin, les hommes partent dans des camions et des remorques, entassés les uns sur les autres.»

R. Hœss, *Le commandant d'Auschwitz parle*, Julliard, 1959.

3 A Mauthausen

«Avant de mourir, le déporté doit apporter sa contribution à l'effort de guerre allemand. D'où ces commandos de travail entre lesquels chaque nouveau convoi sera réparti après un court séjour dans un block de quarantaine [...].

La vie d'un homme ne pèse pas lourd. Le moindre geste de révolte ou d'insubordination peut se payer d'une balle dans la nuque ou d'un coup de matraque qui vous assomme. On aime aussi la mise à mort plus spectaculaire. Devant tout le camp rassemblé sur l'*Appel-Platz*, le coupable est solennellement pendu, cependant que l'orchestre joue une valse viennoise. Il peut être aussi jeté à la meute des chiens-loups qui le dépècent comme un cerf à la curée [...]

Partout la même organisation qui tend à la fois à l'avilissement de l'homme et à son extermination. Chaque matin à Mauthausen, on voyait s'entasser la ration quotidienne de cadavres exsangues, squelettiques, les yeux béants, la bouche tordue, s'enchevêtrant, s'écrasant, se pliant en tous sens. Chaque soir, la cheminée du crématoire flamboyait dans la pénombre. C'est dans cette atmosphère de mort et de bestialité que nous avons vécu.»

R.P. Riquet, *Vie et Mort des Français*, 1939-1945, Hachette.

◀ **4** Détenus dans le camp de Mauthausen (Autriche).

B. La solution finale

En juillet 1941, Goering donne mission à Heydrich de préparer «**la solution finale du problème juif**». Le 20 janvier 1942, une conférence de dignitaires nazis, qui se tient à Wannsee près de Berlin, organise l'acheminement des Juifs et des Tziganes d'Europe vers les **camps d'extermination** d'Auschwitz, Treblinka... Là, femmes, enfants, hommes âgés ou malades, sont gazés dès leur arrivée. Les hommes valides sont condamnés au travail et à la mort lente, livrés au sadisme des S.S. et des «Kapos*» pour le compte des grandes entreprises allemandes.
Il est scientifiquement établi qu'au moins 5 millions de Juifs ont péri pendant la guerre, du fait de la volonté d'extermination des nazis.

5 L'entrée du camp d'Auschwitz-Birkenau.

6 La conférence de Wannsee

«La solution finale du problème juif en Europe devra être appliquée à environ 11 millions de personnes [...]. Dans le cadre de la solution finale du problème, les Juifs doivent être transférés sous bonne escorte à l'Est [...]. Formés en colonnes de travail, les Juifs valides, hommes d'un côté, femmes de l'autre, seront amenés dans ces territoires pour construire des routes : il va sans dire qu'une grande partie d'entre eux s'éliminera tout naturellement par son état de déficience physique. [...] En vue de la généralisation pratique de la solution finale, l'Europe sera balayée d'Ouest en Est.»

R. Heydrich, 20 janvier 1942.

8 La chambre à gaz

«Le sous-officier tient dans ses mains quatre boîtes en tôle verte. [...] Après s'être muni d'un masque à gaz, il enlève le couvercle de la cheminée, qui est également en béton. Il ouvre l'une des boîtes et déverse le contenu – une matière granulée mauve – dans l'ouverture de la cheminée. La matière déversée est du zyklon ou du chlore sous forme granulée, qui produit du gaz aussitôt en contact avec l'air. Cette substance granulée tombe au fond de la cheminée, et le gaz qu'elle produit [...] emplit au bout de quelques instants la pièce où les déportés sont entassés. En cinq minutes, il a tué tout le monde.»

Docteur Miklos Nyiszli, *Médecin à Auschwitz,* Julliard, 1961.

7 Arrestation dans le ghetto de Varsovie (1944).

10 Le crime contre l'humanité

«Le petit garçon marqué de l'étoile jaune allait à Auschwitz avec sa famille, et il n'avait pas plus de chances d'en sortir vivant que l'on en peut avoir de réchapper d'un accident d'avion. [...]
Le sort du Juif différait de celui de tous les autres. [...] Sous Hitler, nulle échappatoire. Le Juif n'avait même pas la permission de se renier. [...]
Son tort étant d'exister, son sort était sans issue. [...] La seule pièce de son dossier était son acte de naissance. [...] Le crime contre l'humanité, c'est tuer quelqu'un sous prétexte qu'il est né.»

A. Frossard, *Le crime contre l'humanité*, R. Laffont, 1987.

9 Bilan de la «solution finale»		
Principaux pays	**Population juive estimée en 1939**	**Population juive exterminée de 1939 à 1945**
Autriche et Allemagne	280 000	260 000
Pologne	3 300 000	3 000 000
Hollande	120 000	105 000
Grèce	70 000	60 000
Roumanie	600 000	300 000
U.R.S.S.	4 000 000	1 500 000
France	350 000	80 000

Source : *Les Juifs dans l'Histoire, de 1933 à nos jours*, P.A.C.E.J.

QUESTIONS

1. Doc. 3 : relevez tous les termes et expressions qui indiquent l'horreur et la bestialité.

2. Doc. 2 et 8 : quels sont les éléments qui permettent d'accorder crédit à ces documents ?

3. Doc. 9 : quels sont les quatre pays où l'extermination fut la plus massive ?

4. Doc. 6 et 9 : en comparant les chiffres donnés dans ces documents, expliquez ce qu'il faut comprendre par l'expression «solution finale».

5. Doc. 10 : que dénonce l'auteur dans la phrase «la seule pièce de son dossier était son acte de naissance» ?

La guerre devient mondiale : 1942-1943

Parallèlement à la guerre européenne, une autre guerre en Extrême-Orient enflamme les mers et les rivages du Pacifique.

A. Les États-Unis entrent en guerre

1. Le président des États-Unis, Roosevelt, face à une opinion publique favorable aux Alliés mais hostile à une intervention armée, promulgue, en mai 1941, **la loi prêt-bail :** les Américains ne vendent plus mais prêtent le matériel militaire à la Grande-Bretagne. En août de la même année, Roosevelt rencontre Churchill au large de Terre-Neuve : ils élaborent la *Charte de l'Atlantique* où ils évoquent la destruction finale de la dictature nazie (doc. 1). Les États-Unis ont pris position.

2. En juillet 1941, le Japon occupe l'Indochine française. Roosevelt, tout en cherchant à négocier, décrète l'embargo sur les ventes d'acier et de pétrole. Le Japon riposte par la force et détruit la flotte américaine le **7 décembre 1941, à Pearl Harbor** dans les îles Hawaii (doc. 3). La guerre est ouverte entre les deux États ; le 11 décembre, l'Allemagne déclare la guerre aux États-Unis.

B. Le «Blitz» japonais

1. En quelques mois, la progression des Japonais dans le Pacifique est foudroyante. Ils s'emparent de Hong Kong et de Singapour. En juin 1942, ils sont aux portes de l'Inde et de l'Australie.

2. Ils s'étaient présentés comme des libérateurs et avaient promis de créer une «sphère de coprospérité asiatique», mais la réalité est différente : ils imposent ou contrôlent les gouvernements et **surexploitent par la terreur les territoires conquis.** La guerre est devenue **planétaire.**

C. 1942 : le tournant de la guerre

Dans cette **guerre totale*,** les Alliés fournissent un effort de guerre considérable (doc. 6). La science est mobilisée pour trouver de nouvelles armes : au programme allemand de fusées, répond le *«Victory Program»* américain (doc. 2). L'avance des États totalitaires est contenue.

1. Dans le Pacifique, les Américains remportent leur première victoire aéronavale, en mai 1942, dans la **mer de Corail.** Les batailles de **Midway,** en juin, et de Guadalcanal, d'août à décembre, confirment leur supériorité. Les Japonais doivent renoncer à l'Australie.

2. En Afrique, à **El-Alamein,** en octobre 1942, les Britanniques contraignent l'*Afrika Korps* de Rommel à battre en retraite. Le 8 novembre, les Anglo-Américains, sous le commandement du général Eisenhower, débarquent en Afrique du Nord. Les troupes de l'Axe, prises en étau entre les Alliés et les **Forces Françaises Libres** du général Leclerc capitulent en Tunisie en mai 1943.

3. A Stalingrad, le 2 février 1943, après cinq mois de siège et de combats acharnés contre l'Armée rouge et les populations civiles, les troupes de Von Paulus, affamées et décimées, se rendent (doc. 4 et 5). Hitler n'était plus invincible.

4. La bataille de l'Atlantique est remportée par les Alliés au printemps 1943, grâce à la supériorité technique de la flotte américaine (doc. 7), équipée de radars et de sonars.

◼ La Charte de l'Atlantique

«Art. 6. – Après la destruction finale de la tyrannie nazie, ils espèrent voir rétablir une paix qui fournira à toutes les Nations les moyens de vivre en sécurité dans leurs propres frontières et qui apportera aux habitants de tous les pays l'assurance de pouvoir vivre à l'abri de la crainte et du besoin.»

F. D. Roosevelt, W. Churchill,
14 août 1941.

◼ Le *Victory Program*

«Le 6 janvier 1942, Roosevelt annonça l'ambitieux *Victory Program* à la Nation dans son message au Congrès. "La supériorité des États-Unis en armes et en navires doit être écrasante", dit-il. Il ne cacha rien au monde des objectifs de production militaire : soixante mille avions de toutes sortes en 1942, cent vingt-cinq mille en 1943, quarante-cinq mille, puis soixante-quinze mille chars, huit millions de tonnes de bateaux – bref, les chiffres les plus audacieux [...].

Il fallait maintenant gagner ce pari en le transformant en organisation durable. On vit, dès lors, les États-Unis réaliser, sous l'impulsion d'hommes issus du *New Deal* et de chefs d'entreprise libéraux, la mobilisation totale de leur économie, résultat que les dictatures ne purent jamais atteindre.

Ce dont je suis certain, c'est que Churchill et Roosevelt ont gagné pour avoir fait appel chez eux et dans le monde aux sentiments profonds de liberté qui justifiaient tous les sacrifices.»

Jean Monnet,
Mémoires, Fayard, 1976.

◼ *Montrez que la conclusion de ce texte fait écho au document 1.*

3 Pearl Harbor : l'aviation japonaise attaque par surprise la base aérienne des îles Hawaii.

5 Les Russes défendent Stalingrad.

4 Stalingrad

27 juillet – «Après de longues marches à travers les steppes du Don, nous avons enfin atteint le fleuve. Il est possible qu'on puisse rentrer à Noël.»

12 août – «Ils ont jeté dans le combat leurs dernières forces.»

23 août – «Il ne reste aux Russes que deux issues : fuir au-delà de la Volga ou se rendre. [...] Un prisonnier [...] a déclaré que les Russes vont défendre Stalingrad jusqu'au dernier homme.»

18 septembre – «Le combat se poursuit depuis trois jours à l'intérieur d'un silo à blé. Si toutes les maisons de Stalingrad sont défendues de cette façon, aucun de nos soldats ne rentrera.»

22 octobre – «Notre régiment n'a pas réussi à pénétrer dans l'usine que nous attaquons depuis trois semaines. Nous avons perdu beaucoup d'hommes.»

27 octobre – «Nos troupes se sont enfin emparées de toute l'usine "Barricades". Les Russes, ce ne sont pas des hommes mais des automates métalliques.»

10 novembre – «En Allemagne, on est convaincu que la ville de Stalingrad est complètement entre nos mains. Quelle terrible erreur.»

29 novembre – «Nous sommes encerclés.»

28 décembre – «On a mangé tous les chevaux. Les soldats sont devenus semblables à des cadavres ou à des fous. On n'a plus la force de marcher, de se coucher. Qu'elle soit maudite, cette guerre !»

Journal d'un soldat allemand (extraits), *Paris-Match*, 23 janvier 1965.

6 La guerre totale					
		Allemagne		**États-Unis**	**U.R.S.S.**
Acier (millions de tonnes)	1940	21,5		60	18,3
	1942	32,1		76	4,8
	1944	28,5		80	10,8
Avions (unités)	1940	10 247		2 100	-
	1942	15 409		47 900	25 437
	1944	37 950		97 000	40 300
Chars (unités)	1940	2 200		350	2 794
	1942	9 395		25 000	24 668
	1944	27 300		17 500	29 000
Main-d'œuvre (millions)			dont étrangère		
	1940	34,8	1,15	45,7	30
	1942	31,3	4,12	53,7	18,4
	1944	29	7,13	54	-

■ *Le «Victory Program» est-il tenu ? Comparez les chiffres de l'Allemagne à ceux des États-Unis.*

7 Des *Liberty Ships* à la chaîne. Navires américains fabriqués en série.

Les espaces de guerre

Les puissances de l'Axe pouvaient-elles gagner la guerre à long terme, étant donné leur manque de réserves et d'espace ?

1 La guerre du désert.

2 La guerre des océans et des airs.

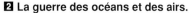

3 La guerre dans le monde

«Le planisphère fait apparaître une nette disparité entre le groupe des partenaires de l'Axe et le bloc des Nations alliées, qui couvrent de vastes étendues, dont certaines (le Canada, les États-Unis, la partie de l'U.R.S.S. à l'Est de l'Oural) développent leur potentiel industriel à l'abri des bombardements stratégiques de l'adversaire. [...] Guerre de distances, la Deuxième Guerre mondiale a donné la primauté aux problèmes de transport et rendu plus acharnées, par voie de conséquence, la lutte sous-marine et les bombardements stratégiques.»

C. Levy, *Atlas historique, histoire de l'humanité*, Hachette, 1987.

ARGENTINE

4 La guerre du Pacifique. ►

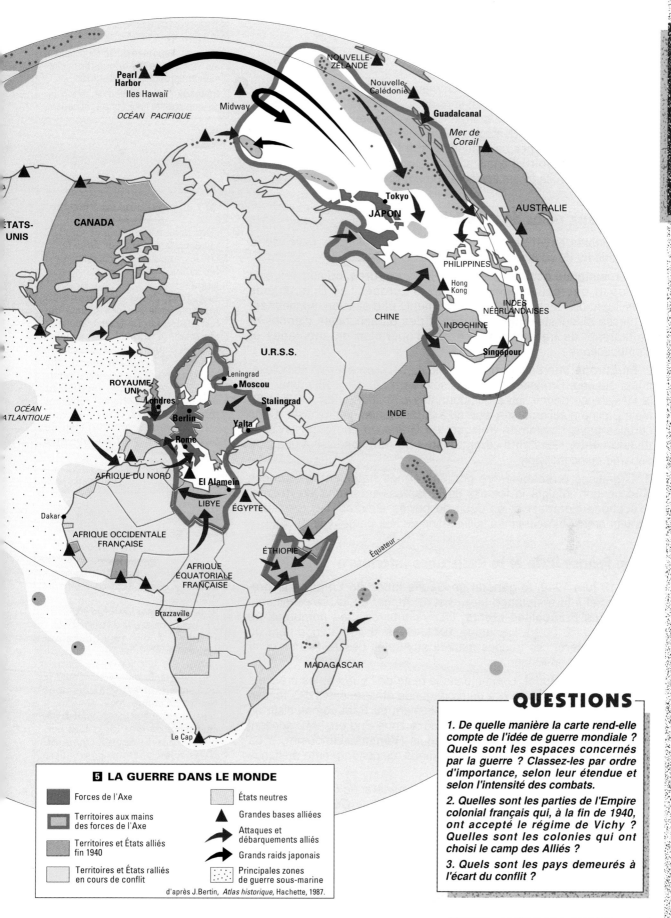

Pearl
Harbor
Iles Hawaï
OCÉAN PACIFIQUE
Midway
NOUVELLE-
ZÉLANDE
Nouvelle-
Calédonie
Guadalcanal
Mer de
Corail
Tokyo
JAPON
AUSTRALIE
PHILIPPINES
Hong
Kong
INDES
NÉERLANDAISES
INDOCHINE
CHINE
Singapour
ÉTATS-
UNIS
CANADA
U.R.S.S.
Leningrad
Moscou
Stalingrad
INDE
ROYAUME-
UNI
Londres
OCÉAN
ATLANTIQUE
Berlin
Rome
Yalta
AFRIQUE DU NORD
El Alamein
LIBYE
ÉGYPTE
Dakar
AFRIQUE OCCIDENTALE
FRANÇAISE
ÉTHIOPIE
Équateur
AFRIQUE
ÉQUATORIALE
FRANÇAISE
Brazzaville
MADAGASCAR
Le Cap

5 LA GUERRE DANS LE MONDE

- Forces de l'Axe
- Territoires aux mains des forces de l'Axe
- Territoires et États alliés fin 1940
- Territoires et États ralliés en cours de conflit
- États neutres
- ▲ Grandes bases alliées
- Attaques et débarquements alliés
- Grands raids japonais
- Principales zones de guerre sous-marine

d'après J.Bertin, *Atlas historique*, Hachette, 1987.

QUESTIONS

1. De quelle manière la carte rend-elle compte de l'idée de guerre mondiale ? Quels sont les espaces concernés par la guerre ? Classez-les par ordre d'importance, selon leur étendue et selon l'intensité des combats.

2. Quelles sont les parties de l'Empire colonial français qui, à la fin de 1940, ont accepté le régime de Vichy ? Quelles sont les colonies qui ont choisi le camp des Alliés ?

3. Quels sont les pays demeurés à l'écart du conflit ?

Les résistances en Europe

VOCABULAIRE

Maquis : lieu retiré où se réunissaient les résistants à l'occupation allemande ; groupes de résistants.

Réseaux : organisation secrète clandestine pour la lutte contre l'occupant.

Partout en Europe se lèvent des hommes qui, isolément d'abord, refusent l'humiliation de la défaite et sont décidés à lutter contre les occupants. Progressivement, ils s'organisent en **réseaux,** puis ils constituent des **maquis.** En Allemagne même, où résister veut dire trahir sa patrie, de petits groupes se forment contre Hitler (doc. 7). **Une résistance* du désespoir** vit également le jour dans les camps ; mais les tentatives de révolte furent impitoyablement liquidées.

A. Les deux pôles de la résistance

Les résistants bénéficient plus ou moins vite, selon les pays, de la sympathie ou du soutien des populations occupées.

1. La résistance occidentale s'organise à **Londres,** où sont réfugiés la plupart des gouvernements libres d'Europe. Les Britanniques constituent des réseaux de renseignements et d'évasion, soutiennent la presse clandestine, puis organisent des parachutages d'armes et de matériel de transmission, en vue d'opération de sabotages et d'embuscades.

2. En Europe orientale et méridionale, la situation est plus complexe. Il faut attendre l'invasion de l'Union soviétique, en juin 1941, pour que la Résistance donne lieu à d'importantes opérations (doc. 1, 2 et 6). Mais Staline n'accorde son aide qu'à la résistance communiste. Dans certains pays, comme en Pologne, en Grèce ou en Yougoslavie, la **division entre résistants communistes ou non** conduisit à une lutte séparée et inconciliable.

3. Organisés en maquis, les groupes armés harcèlent les armées d'occupation. Malgré la férocité de la répression allemande (torture, exécutions d'otages) et en dépit de pertes élevées, les résistants contribuèrent efficacement à la libération de leur patrie (voir p. 88).

B. La France libre et la Résistance intérieure

1. Le 18 juin 1940, le général de Gaulle lance de Londres le premier appel à la résistance (doc. 3 et 4). Autour de lui, se constituent **les Forces Françaises Libres.** Les volontaires, peu nombreux au début, sont 70 000 à l'automne 1941. Sous le commandement du général **Leclerc,** ces troupes mènent aux côtés des Alliés des combats victorieux en Afrique.

2. Sur le sol national, comme dans le reste de l'Europe, les premiers résistants font surtout œuvre de propagande et fournissent des renseignements à Londres par radio. Le ralliement du Parti communiste en 1941, le refus du S.T.O. et l'invasion de la zone Sud en 1942 gonflent les effectifs des réseaux et des maquis (Vercors, Limousin...). La diversité des courants politiques est grande, ce qui engendre méfiance et tensions.

3. Jean Moulin (voir p. 88), envoyé par le général de Gaulle, parvient en mai 1943 à **unifier** les mouvements au sein du **Conseil National de la Résistance (C.N.R.)** dont la mission est de libérer la France et de préparer des réformes politiques, économiques et sociales.

En 1944, les différents groupes armés sont assemblés dans les **Forces Françaises de l'Intérieur (F.F.I.),** commandées par le général Koenig ; elles participent à la Libération aux côtés des Alliés. Le général Eisenhower estimera leur concours égal à celui de 15 divisions.

■ Les partisans en Pologne

«Des hommes affamés et affaiblis vivaient tapis au cœur de la forêt. On les appelait "partisans" dans les villes, "verts" dans les campagnes. [...]

Les deux ponts sautèrent un matin sous le nez des soldats qui les gardaient. Le transformateur électrique d'Antokol fut partiellement détruit par une explosion, et de nouveau la rumeur courut : "Le partisan Nadejda a encore remis ça !" Les Allemands fusillèrent une douzaine d'otages, rouèrent de coups leurs informateurs, annoncèrent leur intention de brûler la forêt pour en finir avec les "verts".»

R. Gary, *Éducation européenne*, Gallimard, 1956.

■ L'insurrection du ghetto de Varsovie

Cette révolte désespérée dure un mois. Le ghetto sera rasé par les Allemands.

Appel lancé par les organisateurs de l'insurrection, le 23 avril 1943.

«Sachez donc qu'aujourd'hui comme hier, chaque seuil du ghetto sera une forteresse. Sachez que tous, nous voilà prêts à mourir au combat, et sans jamais nous rendre ! Comme vous, nous désirons la revanche, nous voulons le châtiment de tous les crimes perpétrés par l'ennemi commun. Nous nous battons pour notre liberté et pour la vôtre, pour notre honneur et pour le vôtre, pour notre dignité humaine, sociale, nationale et pour la vôtre ! Vengeons les crimes d'Auschwitz, de Treblinka, de Belzec, de Maïdanek ! Vive la fraternité d'âme et de sang de la Pologne combattante ! Mort aux bourreaux, mort aux tortionnaires !»

3 Le général de Gaulle, à Londres, au micro de la B.B.C., s'adresse aux Français de France.

66 Tout homme ou tout Etat qui se bat contre la puissance nazie aura notre aide. Tout homme ou tout Etat qui marche avec Hitler est notre ennemi **99**

CHURCHILL

5 Churchill, *Discours* du 22 juin 1941.
■ *Recherchez l'événement qui a lieu à cette date.*

6 La résistance soviétique : «L'après-midi, le fasciste dit au paysan : "Ton chapeau !" La nuit, le paysan remit aux partisans le casque et la tête.» Affiche soviétique de Kukrinski, 1941.

A TOUS LES FRANÇAIS

La France a perdu une bataille!
Mais la France n'a pas perdu la guerre!

Des gouvernants de rencontre ont pu capituler, cédant à la panique, oubliant l'honneur, livrant le pays à la servitude. Cependant, rien n'est perdu!

Rien n'est perdu, parce que cette guerre est une guerre mondiale. Dans l'univers libre, des forces immenses n'ont pas encore donné. Un jour, ces forces écraseront l'ennemi. Il faut que la France, ce jour-là, soit présente à la victoire. Alors, elle retrouvera sa liberté et sa grandeur. Tel est mon but, mon seul but!

Voila pourquoi je convie tous les Français, où qu'ils se trouvent, à s'unir à moi dans l'action, dans le sacrifice et dans l'espérance.

Notre patrie est en peril de mort.
Luttons tous pour la sauver!

VIVE LA FRANCE !

GÉNÉRAL DE GAULLE
QUARTIER-GÉNÉRAL,
4, CARLTON GARDENS,
LONDON, S.W.1

4 Affiche placardée en juin 1940.
■ *Situez la date de ce message par rapport à l'armistice. Où se trouve le général de Gaulle ?*
■ *Expliquez l'expression «gouvernants de rencontre».*
■ *Comment le général de Gaulle justifie-t-il que la France n'ait perdu qu'une bataille ?*
■ *Comparez le texte de Gaulle avec celui du maréchal Pétain, p. 75 doc. 7. Analysez le temps des verbes employés ; opposez les dernières phrases.*

---

7 ■ **Les résistants allemands**

Ce mouvement de résistance s'organise dans les rangs des étudiants de Munich. Dénoncés, ses meneurs seront exécutés à la hache.

«Allemands, voulez-vous subir, vous et vos enfants, le même sort que les Juifs ? Nous sera-t-il réservé d'être à jamais le peuple haï du monde entier et mis au ban de l'Univers ? Non ! Il faut nous désolidariser de cette humanité de bas étage créée par le national-socialisme ! Une nouvelle guerre de libération commence. Décidez-vous avant qu'il ne soit trop tard ! [...]
Toute centralisation autoritaire, semblable à celle qu'a tenté d'instaurer en Allemagne et en Europe l'État prussien, doit être étouffée dans l'œuf. L'Allemagne de demain ne peut être que fédéraliste.»

Tract du mouvement *«Rose Blanche»*, février 1943.

■ *D'après ce texte, sur quelles idées s'organise la résistance allemande à l'hitlérisme ?*
■ *Que se passe-t-il à cette date sur le front russe ?*

«Les combattants de l'ombre»

---

1 Le chant des partisans

Écrit à Londres en 1943 par Joseph Kessel et Maurice Druon, mis en musique par Anna Marly, ce chant de guerre fut publié clandestinement en octobre 1943, dans le n°1 des «Cahiers de la Libération». D'abord connu comme : «Ami entends-tu ?», le chant fut rapidement adopté comme hymne de la Résistance.

«Ami, entends-tu le vol noir
  des corbeaux sur nos plaines
Ami, entends-tu ces cris sourds
  du pays qu'on enchaîne

Ohé partisans, ouvriers et paysans,
  c'est l'alarme,
Ce soir l'ennemi connaîtra le prix
  du sang et des larmes.
Ici, chacun sait ce qu'il veut,
  ce qu'il fait, quand il passe

Ami, si tu tombes, un ami sort
  de l'ombre à ta place
Demain, du sang noir séchera
  au grand soleil sur les routes
Sifflez, compagnons, dans la nuit,
  la liberté nous écoute.»

AVIS

Par sentence rendue par le CONSEIL DE GUERRE de la Feldkommandantur d'Arras, en date du 17 Septembre 1940,

Madame Blanche Joséphine PAUGAN
a été condamnée à la

Peine de Mort

pour des actes de sabotage d'après le § 3 du Kriegssonderstrafrechtsverordnung, ayant coupé des fils téléphoniques Allemands.

Ce jugement ayant été ratifié par le Commandant Militaire de la Belgique et du Nord de la France, est maintenant devenu définitif.

Tout nouvel acte de sabotage entraînera immédiatement la même peine.

WEYLAND
Lieutenant-Colonel et Commandant

2 Affiche placardée en zone occupée, annonçant l'exécution d'une résistante.

LIBÉRATION
ORGANE DES MOUVEMENTS DE RÉSISTANCE UNIS
Un seul chef : DE GAULLE ; une seule lutte : POUR NOS LIBERTÉS

Autres Organes des Mouvements de Résistance Unis
COMBAT ————
FRANC-TIREUR

La Jeunesse française répond : Merde

le Rassemblement du Peuple

SABOTEZ LA CONSCRIPTION des esclaves au service d'Hitler

La croix gammée a d'abord été le symbole de la Résistance. A Munich en 1920 les hommes d'Hitler étaient | Des martyrs? Certes il en fallait. Pour l'Homme, pour le Monde, pour l'Histoire. Le Parti Communiste et nous... | La relève n'ayant pas donné les résultats que les Allemands en attendaient, Hitler a exigé de Vichy des mesures

3 *Libération*, journal clandestin de la Résistance, fondé en 1941.

---

4 Le programme du C.N.R.

«Les représentants des organisations de Résistance, des centrales syndicales et des partis groupés au sein du C.N.R. [...] proclament leur volonté de délivrer la patrie, en collaborant étroitement aux opérations militaires que l'armée française et les armées alliées entreprendront sur le continent, mais aussi de hâter cette libération [...] en intensifiant sans cesse et par tous les moyens la lutte contre l'envahisseur et ses agents, commencée dès 1940 [...].
Ainsi sera fondée une République nouvelle qui balaiera le régime de basse réaction instauré par Vichy.»

Le 15 mars 1944.

LES ACTEURS DE L'HISTOIRE
JEAN MOULIN   1899-1943

«L'UNIFICATEUR DE LA RÉSISTANCE»

Né à Béziers dans une famille aisée, Jean Moulin entre dans la carrière administrative. Sous le Front populaire, il fait partie du cabinet de J.-P. Cot, ministre de la Guerre. Lorsque la guerre éclate, il est à Chartres **préfet d'Eure-et-Loir**. En juin 1940, il mène ce qu'il appelle «son premier combat» : il refuse de signer une déclaration imposée par un officier allemand ; menacé, il tente de se taillader la gorge.
Révoqué par le gouvernement de Vichy, il noue des contacts avec des mouvements de résistance en formation : Combat et Libération Nord.

Il se rallie au général de Gaulle et gagne Londres. Le Général le charge de coordonner les groupements de résistance de la zone Sud. Dans la nuit du 31 décembre 1941, il est parachuté dans la région de Salon-de-Provence.
En février 1943, le Général lui confie la mission de **constituer une Armée secrète**. Il s'attache à réaliser dans la Résistance la plus large union nationale et **fonde, en mai 1943, le Conseil National de la Résistance** qu'il préside.
Sans doute trahi, **il est arrêté par la Gestapo** dans la banlieue lyonnaise, le 21 juin 1943. Torturé à mort, probablement des mains de Klaus Barbie, il **meurt le 8 juillet 1943**, au cours de son transfert en Allemagne.
Sa dépouille est déposée au Panthéon depuis 1964.

5 LES LIEUX DE MÉMOIRE DE LA GUERRE

Principaux maquis et lieux de résistance
Représailles allemandes
▲ Déportations

0   200 km

6 Un maquis en Haute-Loire.

7 Un sabotage.

8 Les maquis

«Souvent, attaqués par les Allemands, les maquis étaient obligés de refuser le combat, faute d'armes. Ils décrochaient alors, aidés par les renseignements que leur fournissaient, soit des agents des P.T.T. se téléphonant d'une cabine à l'autre les déplacements des troupes allemandes, soit ceux des Ponts et Chaussées, à qui les Allemands demandaient des camions avant d'entreprendre leurs opérations.

Quelques-uns donnèrent lieu à de véritables batailles. Ainsi à 1 400 mètres d'altitude, environ cinq cents maquisards tenaient le plateau des Glières. Ils furent attaqués en février 1944 par des forces de Vichy formées de gardes mobiles, puis par les Waffen S.S. et les miliciens. L'attaque échoua, mais le chef du maquis, le lieutenant Morel, avait été tué. Les Allemands prirent alors l'affaire en main, employant près de cinq mille hommes [...] et l'aviation. L'attaque commença le 20 mars ; la résistance des maquisards dura quatorze jours. La plupart d'entre eux furent tués, soit dans les combats, soit exécutés (près de deux cents) après avoir été pris ; quelques-uns furent déportés après avoir été torturés.»

Henri Michel, *Histoire de la Résistance en France*, P.U.F., 1969.

9 Exécution de résistants.

QUESTIONS

1. Recherchez quelques-unes des grandes figures de la Résistance. Donnez des exemples de commémoration dans le domaine de la philatélie.

2. Enquête orale : interrogez des personnes de votre famille, de votre voisinage sur la Résistance. Adressez-vous aux associations d'anciens combattants, résistants et déportés de votre département. Quels ont été les mouvements de résistance dans votre région ? Y avait-il des maquis organisés ? Y a-t-il eu des actions marquantes (sabotages, attentats, parachutages...) ?

Quelle fut la part des résistants dans la libération de votre département ?

Recherchez dans votre ville, les plaques ou les monuments commémorant des résistants ou des actes de résistance.

5 La victoire alliée

L'Allemagne hitlérienne dispose encore, en 1943, de moyens énormes. Mais la supériorité des Alliés et des Soviétiques change rapidement le cours de la guerre (doc. 1). Les bombardements massifs des villes allemandes désorganisent moins l'économie de guerre hitlérienne qu'ils ne brisent le moral des populations. L'Allemagne résiste jusqu'en mai 1945 ; le Japon jusqu'en septembre de la même année.

A. Les débarquements et les offensives alliées

1. Sur le front de l'Est, en juillet 1943, l'Armée rouge passe à l'attaque et chasse la Wehrmacht des territoires soviétiques. Le **«rouleau compresseur» russe** poursuit ensuite son avance en Pologne, dans les Balkans, en Roumanie et en Bulgarie.

2. A partir de 1943, les Alliés, qui ont repris la maîtrise de l'Atlantique, ouvrent de **nouveaux fronts.**
– **En Italie,** en juillet 1943, les Alliés **débarquent en Sicile.** Le 3 septembre, **l'Italie capitule,** mais Hitler vole au secours de Mussolini, crée une République fasciste dans le Nord de la péninsule, tandis que pendant tout l'hiver les troupes allemandes bloquent la progression des Alliés. Ceux-ci ne pénètrent dans Rome qu'en juin 1944.
– **Le 6 juin 1944, les Alliés débarquent en Normandie** (doc. 4 et 5), sous la conduite du général américain Eisenhower (doc. 2). Six semaines de combats sont nécessaires pour que les blindés américains percent le front allemand à Avranches et marchent sur Paris. **Le 25 août, la 2e D.B.* du général Leclerc entre dans la capitale** insurgée (doc. 6).
– **Le 15 août,** Français et Américains ont débarqué en Provence et progressent dans la vallée du Rhône. Avec l'aide des F.F.I., la libération de la France commence (doc. 3).

B. L'effondrement de l'Allemagne : 8 mai 1945

Hitler tente une dernière offensive dans les Ardennes, en décembre. Elle échoue. L'Allemagne est submergée à l'Ouest et à l'Est (doc. 7). Les armées américaines et soviétiques font leur jonction sur l'Elbe. Dans Berlin assiégée par les Soviétiques (doc. 8), Hitler se suicide le 30 avril. Le **7 et 8 mai,** à Reims et à Berlin, **l'Allemagne capitule* sans conditions.**

C. La capitulation japonaise : 2 septembre 1945

1. Dans le Pacifique comme en Europe, les Américains imposent à l'ennemi une **guerre de matériel :** après les grandes batailles aéronavales de 1942 menées à partir de **porte-avions,** la stratégie américaine consiste à isoler les forces japonaises dispersées dans les îles du Pacifique, à pilonner les poches de résistance et à sauter d'un archipel à l'autre. Les Japonais répliquent par les raids des **Kamikazes*,** avions-suicides bourrés d'explosifs.

2. En juin 1945, l'île d'**Okinawa** passe sous contrôle américain après de terribles combats (110 000 Japonais tués). L'aviation américaine menace directement le Japon.

3. Pour accélérer l'issue de cette guerre sanglante, le nouveau président des États-Unis, Truman, décide d'utiliser une nouvelle arme : **la bombe atomique.** La première sur **Hiroshima,** le 6 août 1945 (doc. 9), et la seconde, le 9 août, sur **Nagasaki** font 150 000 victimes. Le **2 septembre, le Japon capitule.** La Deuxième Guerre mondiale est terminée.

1 «Unis, nous sommes forts ; unis, nous vaincrons». Le drapeau français ne figure pas sur cette affiche, car les autorités de la France combattante ne sont pas encore reconnues par les États-Unis. En revanche, le drapeau de la Chine y figure.

■ *Identifiez les pays représentés.*

2 Le général Eisenhower (1890-1969).

3 LA LIBÉRATION DE LA FRANCE
↗ Débarquements alliés   0   250 km
Territoire libéré en
■ Sept. 43   ■ Août 44   □ Sept. 44   □ Mars 45

4 Le débarquement des Alliés en Normandie, juin 1944.

6 Le général de Gaulle défile sur les Champs-Élysés, le 26 août 1944.

8 Prise de Berlin par les Soviétiques, avril-mai 1945.

5 Opération Overlord

«Tout a bien commencé. Les mines, les obstacles, les batteries côtières ont été en grande partie maîtrisés. Les atterrissages ont très bien réussi […]. Vingt mille hommes de troupes aéroportées ont fait un bon atterrissage à l'arrière des flancs de la ligne ennemie et ont pu établir le contact avec les forces américaines et britanniques transportées par mer […].
Nous comptons construire de façon accélérée deux grands ports artificiels sur les plages de la large baie sablonneuse de l'estuaire de la Seine. On n'a jamais rien vu de semblable. […] Nous espérons nous emparer de Cherbourg dans la phase initiale des opérations (le 6 juin).»

Message de W. Churchill à J. Staline, in *Correspondance secrète de Staline*, Plon.

7 Dresde bombardée

«Le bombardement de Dresde, le 13 février 1945, dura 14 heures : 135 000 personnes – plus qu'à Hiroshima – y trouvèrent la mort ; des scènes atroces se produisirent ; des cadavres se carbonisaient dans une nappe de feu ; des bouillies de sang, de chairs et d'ossements témoignaient que des grappes humaines s'étaient agglutinées pour chercher un abri illusoire ; le tout pratiquement sans pertes pour les assaillants. Dresde n'était pas une ville industrielle ; elle était mal défendue.»

H. Michel, *La Seconde Guerre mondiale*, P.U.F., 1987.

9 La bombe

«Au soir d'Hiroshima, tandis que les Japonais s'interrogent sur la nature du mystérieux champignon qui vient en quelques secondes d'anéantir une ville de 350 000 habitants, les Américains sont seuls à détenir la nouvelle arme. Truman, dans son discours du 9 août 1945, exprime son orgueil : "Nous pouvons dire, déclare-t-il, que nous sortons de cette guerre la Nation la plus puissante peut-être de toute l'Histoire." »

A. Fontaine, *Histoire de la Guerre froide*, Fayard.

La Seconde Guerre mondiale

JE RETIENS

1. Les mots et notions clés

● **Blitzkrieg** ● **espaces de guerre** ● **exode** ●
● **armistice** ● **Révolution nationale** ●
● **collaboration, résistance** ● **solution finale (génocide)** ●
● **guerre totale** ● **capitulation** ●

2. Les idées essentielles

Le 1er septembre 1939, sans déclaration de guerre, les troupes allemandes envahissent la Pologne. La Grande-Bretagne, puis la France, déclarent la guerre à l'Allemagne nazie.

Le «Blitzkrieg» : 1939-1941

Jusqu'en 1941, victorieuses dans une série de guerres-éclairs, les armées allemandes déferlent sur l'Europe. **La France,** rapidement hors de combat, **capitule.**
Seule, l'Angleterre continue la guerre.
En juin 1941, l'Union soviétique est à son tour envahie.

Un ordre nouveau règne sur l'Europe

Les pays vaincus sont soumis à la domination nazie :
– vassalisation politique : **occupation, pays satellites, protectorats ;**
– **pillage économique ;**
– persécutions raciales et **«solution finale».**
Le maréchal Pétain, qui installe à **Vichy** un régime autoritaire, engage la France dans la voie de la collaboration avec l'Allemagne. La principale préoccupation des Français est de survivre.
Seule une minorité de Français est complice des Allemands.

Le conflit devient mondial à partir de 1942

Attaqués par le Japon à **Pearl Harbor,** les États-Unis entrent en guerre contre les puissances de l'Axe. Ils mobilisent aux côtés des Alliés les moyens formidables de leur économie. **La guerre devient totale.**

L'année 1942 constitue le tournant de la guerre

– Dans le Pacifique, l'avance japonaise est stoppée par un débarquement américain dans l'île de **Guadalcanal** (août).
– En Afrique du Nord, les Allemands sont contraints d'abandonner **El Alamein** et de battre en retraite (octobre).
– En Union soviétique, la Wehrmacht lutte en vain pour s'emparer de **Stalingrad** (septembre 1942-février 1943).
– Partout les **résistances** s'organisent.

L'effondrement de l'Axe : 1943-1945

Les deux dernières années de la guerre sont celles du reflux et de la défaite des puissances de l'Axe :
– enfoncées par les **débarquements ;**
– écrasées sous les **bombardements intensifs.**
■ Capitulation italienne en septembre 1943 et chute du régime fasciste.
■ Capitulation allemande les **7 et 8 mai 1945** et fin de l'Allemagne nazie.
■ Capitulation japonaise, après les bombardements atomiques d'**Hiroshima** et de Nagasaki, en **septembre 1945.**

EXERCICES

1. Repérage chronologique

■ Je bâtis une frise chronologique sur la flèche ci-dessous.

■ J'indique, avec les dates qui conviennent, les trois grandes phases de la guerre :
– les victoires de l'Axe,
– le tournant de la guerre,
– les victoires des Alliés.

■ Je rappelle les trois grandes batailles qui constituent le tournant de la guerre.

■ Je situe le débarquement de Normandie, le bombardement d'Hiroshima.

■ Je situe la capitulation allemande, la capitulation japonaise.

2. Je suis capable de faire les exercices suivants

■ J'écris le nom des puissances qui composent l'Axe.

■ Je peux expliquer les sigles suivants : S.T.O., C.N.R., F.F.I.

■ Je suis capable de préciser le sens des expressions suivantes : Révolution nationale, solution finale, guerre totale.

■ Pour chacune de ces expressions, je suis en mesure d'évoquer une image précise.

■ Je suis capable de nommer les signataires de la *Charte de l'Atlantique.*

3. Je mets en relation les personnages suivants avec l'événement ou les événements qui les concernent :

De Gaulle   Montoire
Churchill   Bataille d'Angleterre
Pétain   Appel du 18 juin 1940
Jean Moulin   Unification des mouvements de la Résistance française

■ Je suis en mesure d'écrire quelques lignes sur chacun de ces personnages.

BREVET BLANC

1. J'explique des textes

Questions texte 1 :

■ **1.** En prenant appui sur la date, précisez à quelle période de la Seconde Guerre mondiale est adressé ce message.
– Quel est ce point d'appui occupé par les Américains ? Pourquoi le président Roosevelt parle-t-il de point d'appui ?
– A quoi Roosevelt fait-il allusion dans la phrase : «Cette année, c'est la Russie qui soutient le choc le plus violent… la magnifique résistance que vous opposez à l'ennemi ?»

■ **2.** Quelle déclaration antérieure autorise Roosevelt à affirmer «Notre véritable ennemi, c'est l'Allemagne». A cette date, comment les Allemands attaquent-ils les États-Unis ?

■ **3.** Quelle demande urgente Staline a-t-il faite à Roosevelt ? Comment ce dernier y répondra-t-il ?

■ **4.** Que nous apprend ce message sur les nouvelles conditions de la guerre ?

■ **5.** Donnez un titre au texte.

---

❷ Rapport du maréchal Rommel au Grand Quartier Général allemand (15 juillet 1944)

«La situation sur le front de Normandie devient de jour en jour plus critique […]. Du fait […] de l'engagement exceptionnellement important de matériel par l'adversaire, principalement en artillerie et en blindés, et du fait de la maîtrise de l'air sans limite de l'aviation ennemie, nos pertes sont à ce point élevées que la combativité des divisions diminue rapidement. Les renforts n'arrivent que très parcimonieusement, et du fait de la situation difficile dans laquelle se trouvent les transports, ils mettent des semaines à parvenir jusqu'au front.
[…] Le ravitaillement ennemi n'est pas gêné par notre aviation. La pression ennemie devient de plus en plus forte. Dans ces conditions, il faut s'attendre à ce que dans un délai relativement court – quinze jours à trois semaines – l'ennemi réussisse à percer notre front mince […]. Les conséquences seront imprévisibles.»

---

2. Je commente une image historique

Les murs ont la parole. ▶

■ **1.** Quelles sont les inscriptions favorables aux Alliés ? Les autres ?

■ **2.** Quels enseignements peut-on tirer de leur présentation et de leur nombre respectif ?

---

3. Sujets d'examen

■ Les grandes phases de la Seconde Guerre mondiale.
■ La France et les Français pendant l'Occupation allemande.

---

❶ Texte 1

«Je suis parfaitement instruit des nécessités urgentes de la situation militaire, en particulier en ce qui concerne votre front de l'Est. Nous avons, je le crois, pris dans le Pacifique Sud-Ouest un point d'appui dont les Japonais auront beaucoup de mal à nous déloger.
Je sais fort bien que notre véritable ennemi, c'est l'Allemagne et que notre potentiel de guerre devra être employé contre Hitler aussitôt qu'il se pourra […]. Croyez-moi, quand je vous dis que nous allons arriver avec des effectifs puissants. Les Américains comprennent bien que, cette année, c'est la Russie qui soutient le choc le plus violent et nous sommes remplis d'admiration pour la magnifique résistance que vous opposez à l'ennemi.»

Roosevelt à Staline, 15 août 1942.

Questions texte 2 :

■ **1.** Situez le moment de la guerre où est écrit ce texte.
■ **2.** Quelles informations sur le déroulement de la Seconde Guerre mondiale nous apporte ce document ?
■ **3.** Que veut dire l'auteur dans la dernière phrase ?
■ **4.** Quel fut le dénouement de la guerre sur ce front ?

■ La Collaboration et la Résistance en France (1940-1945).
■ La Résistance française.
■ Les États-Unis dans la Seconde Guerre mondiale.

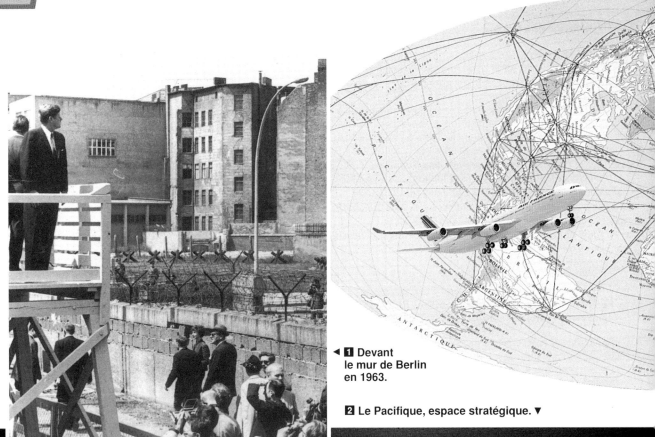

◀ **1** Devant
le mur de Berlin
en 1963.

2 Le Pacifique, espace stratégique. ▼

◄ **3** Plus vite et plus loin.

4 Sur la lune, en juillet 1969.

5 A bas le mur (novembre 1989).

6 Réalités du Tiers Monde (Éthiopie, 1993). ►

1 De l'alliance à la rupture

En 1945, les États-Unis et l'Union soviétique dominent les relations internationales.

A. L'heure du bilan

1. Jamais une guerre n'a autant tué : plus de 50 millions de morts. Les civils, victimes des bombardements, des représailles de l'occupant, des camps, ont payé un lourd tribut. Des milliers de villes ne sont que ruines. Dans de nombreuses régions d'Europe, l'équipement industriel, ferroviaire, routier, est anéanti. La pénurie sévit.

2. La découverte des crimes nazis et du génocide a mis l'humanité en état de choc et, depuis l'utilisation de la bombe A contre le Japon, le monde vit sous la **menace d'un conflit atomique.**

3. L'U.R.S.S. jouit d'un prestige considérable : Staline a incarné l'image de la résistance au nazisme. Cependant, les **États-Unis** exercent une totale suprématie, économique, financière et technologique. L'Europe, ravagée, a perdu sa prépondérance.

B. De Yalta à Potsdam

1. En février 1945, Churchill, Roosevelt et Staline se rencontrent à Yalta, en U.R.S.S. (doc. 1 et 2). Américains et Soviétiques ne se partagent pas le monde, ni l'Europe, mais ils se mettent d'accord :
– l'organisation d'«élections libres» en l'Europe ;
– le partage de l'Allemagne en quatre zones d'occupation ;
– l'attribution à l'U.R.S.S. de la moitié des réparations allemandes ;
– la création d'une organisation des Nations unies.
L'O.N.U.* est fondée par une cinquantaine d'États à la Conférence de San Francisco, en avril-juin 1945.

2. De nouvelles frontières politiques sont fixées à la Conférence de Potsdam (juillet-août 1945), puis en 1947. En Europe, l'U.R.S.S. en est la principale bénéficiaire (doc. 3 et 4). Ces changements s'accompagnent d'importants déplacements de population.

3. A Nuremberg, en 1946, les Alliés organisent ensemble le procès des criminels de guerre nazis : onze sont condamnés à mort pour **crime contre l'humanité.**

C. La rupture de 1947

1. La coopération entre les vainqueurs est de courte durée. Les Américains s'inquiètent des progrès du communisme. Ils contestent les résultats des élections dans les pays soumis à l'influence soviétique.

2. Le 12 mars 1947, le président Truman énonce une nouvelle «doctrine» (doc. 5) : les États-Unis sont prêts à endiguer, par tous les moyens, l'expansion communiste en Europe. Le 5 juin, son secrétaire d'État, **Marshall,** propose une aide financière aux pays qui acceptent de coopérer avec les Américains (doc. 6).

3. Staline accuse les États-Unis de vouloir l'hégémonie sur toute l'Europe (doc. 7). Les Soviétiques font pression sur les pays de l'Est du continent pour qu'**ils refusent,** avec eux, le **plan Marshall*.** A partir de 1947 l'Europe est **divisée en deux camps** par un **«rideau de fer».**

---

1 Yalta : février 1945

«Chacune des trois puissances occupera avec ses forces armées une zone séparée en Allemagne.
Il a été, en outre, convenu que la France serait invitée par les trois puissances, si elle le désire, à occuper également une zone.
Nous sommes déterminés à enlever ou à détruire tout le matériel militaire allemand ; à supprimer ou à contrôler l'industrie allemande qui pourrait être utilisée pour les productions de guerre ; à infliger à tous les criminels de guerre une prompte et juste punition et à exiger l'exacte réparation en nature des destructions causées par les Allemands.»

Extraits des *Accords* de Yalta.

■ *Où est situé Yalta ? Quel est le contexte historique ?*
Quel sort réserve-t-on à l'adversaire ?
Comment se manifeste la volonté de coopération entre les vainqueurs ?

2 Churchill, Roosevelt et Staline à la conférence de Yalta (Union soviétique), en février 1945.

■ *Doc. 5 : quelle est la situation de l'Europe en 1947 ? Relevez les termes qui traduisent l'inquiétude des États-Unis. Comment comptent-ils y remédier ?*

■ *Doc. 6 : à quelles conditions les États-Unis sont-ils prêts à apporter leur aide à l'Europe ?*

■ *Doc. 7 : par quels mots est défini le bloc de l'Est ?*

INTERNATIONAUX : 1945-1962

3 L'EUROPE DES BLOCS

Zone tenue par l'Armée rouge

Zones d'occupation alliée

1946 Date de création d'une démocratie populaire

Rideau de fer

0   1 000 km

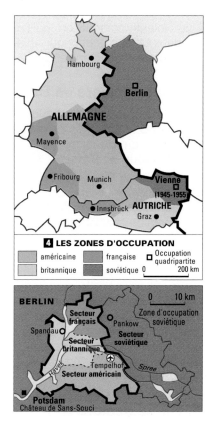

4 LES ZONES D'OCCUPATION

américaine   française   □ Occupation quadripartite

britannique   soviétique   0   200 km

■ *Quels sont les pays de l'Ouest en limite du rideau de fer ?*

5 La doctrine Truman

«Je crois que la politique des États-Unis doit être de soutenir les peuples libres qui résistent à des tentatives d'asservissement, qu'elles soient le fait de minorités armées ou de pressions étrangères. Je crois que nous devons aider les peuples libres à forger leur destin de leurs propres mains. Je crois que notre aide doit consister essentiellement en un soutien économique et financier [...].

Les semences des régimes totalitaires sont nourries par la misère et le dénuement. Elles croissent et se multiplient dans le sol aride de la pauvreté et du désordre. Elles atteignent leur développement maximal lorsque l'espoir d'un peuple en une vie meilleure est mort. Cet espoir, il faut que nous le maintenions en vie.»

Déclaration du président Truman, mars 1947.

6 Le plan Marshall

«Les besoins de l'Europe en produits alimentaires et autres produits essentiels (essentiellement de l'Amérique), au cours des 3 ou 4 années à venir, dépassent à ce point sa capacité de paiement qu'elle a besoin d'une aide supplémentaire importante, si on veut lui éviter de graves troubles économiques, sociaux et politiques. [...]
Les conséquences sur l'économie américaine seront claires pour tous. [...]
Il ne serait ni convenable ni efficace de notre part de mettre en application unilatéralement un programme destiné à remettre l'Europe sur ses pieds, économiquement. C'est l'affaire des Européens. L'initiative, à mon avis, doit en venir d'Europe. Le rôle de notre pays devrait consister à aider les Européens à élaborer un tel programme et à l'appliquer, dans la mesure où nous pourrons le faire.»

George Marshall, 5 juin 1947.

7 La doctrine Jdanov

«Plus nous nous éloignons de la fin de la guerre et plus nettement apparaissent les deux directions principales de la politique internationale de l'après-guerre, correspondant à la disposition en deux camps : le camp anti-impérialiste et démocratique, et le camp impérialiste.
Les États-Unis sont la principale force dirigeante du camp impérialiste.

L'U.R.S.S. et les pays de la démocratie nouvelle en sont le fondement. Le camp anti-impérialiste s'appuie dans tous les pays sur le mouvement ouvrier et démocratique, les partis communistes frères, sur les combattants des mouvements de libération nationale dans les pays coloniaux.»

Discours prononcé par Jdanov, dirigeant soviétique, en septembre 1947.

La guerre froide

A partir de 1948, le monde entre dans le temps de la «**guerre froide***». Une violente compétition, politique, économique, idéologique, oppose les deux camps, sans pour autant provoquer un affrontement militaire direct entre Américains et Soviétiques.

A. Elle commence en Europe (1948-1949)

1. Staline crée à l'Est un bloc de «démocraties populaires*», satellites de l'U.R.S.S. : les communistes éliminent les «partis bourgeois» et s'emparent de la totalité du pouvoir, comme en Tchécoslovaquie lors du «**coup de Prague**», en février 1948.

2. Lorsque les Occidentaux veulent unifier leurs trois zones d'occupation pour créer un état Ouest-allemand, Staline riposte par le **blocus de Berlin-Ouest,** en juin 1948. Il leur ferme les accès ferroviaires et terrestres de l'ancienne capitale. Truman trouve la parade : il organise un gigantesque **pont aérien** pour ravitailler la ville (doc. 1). Après onze mois de crise, Staline cède et lève le blocus.

3. Cette crise de Berlin est la première des grandes crises de la guerre froide. Elle achève le partage de l'Europe en provoquant, **en 1949, la coupure de l'Allemagne en deux États :** à l'Ouest, la République Fédérale d'Allemagne, à l'Est, la République Démocratique Allemande. Elle sert également d'exemple : les deux superpuissances font tout pour éviter la «guerre chaude». Staline voulait Berlin-Ouest, mais il n'a pas cherché à l'annexer par les armes ; Truman a triomphé, mais sans recourir à une riposte militaire.

B. Elle se déplace en Asie (1949-1954)

1. En Chine, une guerre civile fait rage depuis 1946. Elle se solde, **en 1949,** par **la victoire des communistes – dirigés par Mao Zedong –** sur les nationalistes de Jiang Jieshi, qui se replie sur l'île de Taiwan.

2. La guerre de Corée (1950-1953) a bien failli entraîner le monde dans un conflit général. L'ancienne colonie japonaise était, depuis 1948, divisée en deux États rivaux, de part et d'autre du 38ᵉ parallèle. **Le 25 juin 1950,** les Nord-Coréens communistes envahissent la Corée du Sud pro-américaine. A l'appel de l'O.N.U., les troupes américaines envoyées par Truman libèrent la Corée du Sud et menacent celle du Nord, sauvée de justesse par l'armée chinoise. Mais le conflit s'enlise et se termine, en 1953, par un retour des frontières le long du 38ᵉ parallèle.

C. Elle crée un monde bipolaire

1. La plupart des pays doivent choisir entre :
– **deux camps économiques,** l'un capitaliste, l'autre communiste (C.A.E.M.*) ;
– **deux blocs militaires : pactes*** signés par les États-Unis (doc. 6), Pacte de Varsovie*.

2. Le combat est aussi idéologique (doc. 4 et 5). **Les Américains** développent au cinéma, à la télévision, un anticommunisme virulent. Le sénateur McCarthy lance une véritable «chasse aux sorcières» contre les personnes soupçonnées de complicité avec Moscou (doc. 3).
Dans le bloc oriental, les purges* de 1948-1952 écartent du pouvoir les responsables suspects d'indépendance (doc. 2) ; certains sont même exécutés. Le parti communiste yougoslave, récalcitrant, est exclu du Kominform* (1948).

1 L'arrivée des avions américains à Tempelhof, aéroport de Berlin, pendant le blocus de la ville (avril 1948-mai 1949).

---

2 Procès stalinien à Prague

«Il a été démontré que ce centre de conspiration était dirigé par les impérialistes américains, et qu'il travaillait pour tous les services d'espionnage impérialistes. On a ainsi découvert le nouveau canal par lequel la trahison et l'espionnage s'introduisaient à l'intérieur du Parti communiste. C'est le sionisme.
Au cours du procès, d'aucuns s'étaient étonnés parce que, soit-disant, les accusés avouaient docilement et confessaient tout. Or ils se trompent. Au début, ils niaient tous avec entêtement.»

K. Gottwald,
Rapport devant le Parti communiste tchécoslovaque, décembre 1952.

---

3 Procès maccarthystes

«Je ne reculais devant rien. J'affirmai que, dans chaque grande Faculté des États-Unis, il y avait au moins un professeur communiste.
Comme si ce n'était pas assez, je continuai sur ce ton :
"La chaîne de radio Columbia, le Département d'État, les Boy-Scouts, les jeunes filles scoutes, l'Y.M.C.A., l'U.N.E.S.C.O., les Nations Unies, la Voix de l'Amérique, l'Association des fermiers, tous sont noyautés par les communistes."
Tout en parlant, j'imitais un des gestes familiers de McCarthy : je tendis les mains vers ma serviette : "Tenez, j'ai là-dedans des preuves indiscutables".»

Harvey Matusow (faux témoin),
J'ai choisi McCarthy, 1956.

DANSE CAUCASIENNE

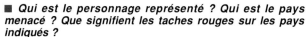

4 Caricature antisoviétique de guerre froide. Affiche française.

■ *Qui est le personnage représenté ? Qui est le pays menacé ? Que signifient les taches rouges sur les pays indiqués ?*

5 «Le paradis avec Marshall» : le clan des impérialistes chasse l'ange de la paix. Caricature soviétique (Krokodil, 1951).

■ *Comment est représenté le général Marshall ? Qui sont les alliés des Américains ? Avec quelles armes est figurée la menace impérialiste ?*

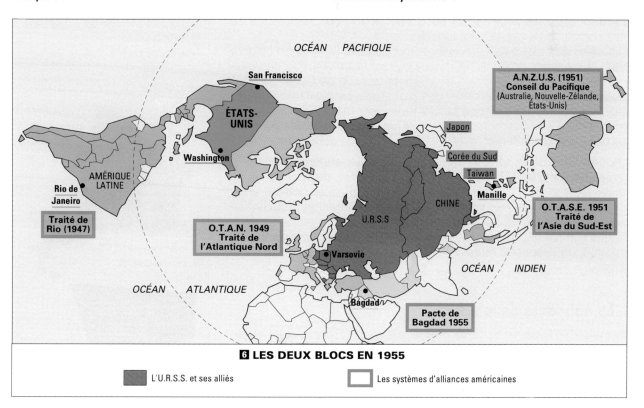

6 LES DEUX BLOCS EN 1955

L'U.R.S.S. et ses alliés   Les systèmes d'alliances américaines

Les nouveaux rapports de force : 1953-1962

A partir de 1953 les tensions internationales s'atténuent peu à peu, mais la guerre froide n'en finit pas de mourir.

A. Les craquements du bloc soviétique

1. La mort de Staline, le 5 mars 1953, marque le début du «dégel». Le nouveau dirigeant, Khrouchtchev, se réconcilie en 1955 avec le Yougoslave Tito. Au 20ᵉ Congrès du Parti communiste soviétique (février 1956), il dénonce les crimes de Staline et se déclare favorable à la **coexistence pacifique*** avec l'Occident. En Pologne, les dirigeants staliniens cèdent le pouvoir à Gomulka, qui annonce des mesures libérales (octobre 1956).

2. La déstalinisation* est stoppée en Hongrie (octobre-novembre 1956). Porté au pouvoir par une insurrection populaire, le communiste Imre Nagy promet de rétablir plusieurs partis et de retirer son pays du Pacte de Varsovie. Les Soviétiques refusent cette sécession, envahissent la Hongrie, et noient le soulèvement dans le sang (doc. 3).

3. La querelle sino-soviétique de 1960 élargit les failles du bloc oriental. Mao Zedong rompt avec Khrouchtchev à qui il reproche sa politique de déstalinisation et de coexistence pacifique.

B. Vers la coexistence pacifique

1. Entre 1957 et 1962, la détente alterne avec la peur. Le voyage de Khrouchtchev aux États-Unis, en 1959, semble marquer la fin des tensions. Mais deux crises assombrissent l'horizon.
– **La crise de Berlin** : les Allemands de l'Est construisent, en août 1961, **le «mur»** entre les deux parties de la ville, pour empêcher l'exode de leurs compatriotes vers l'Ouest (doc. 9).
– **La crise de Cuba** a failli précipiter le monde dans l'abîme. En octobre 1962, le président américain Kennedy détient la preuve que des missiles soviétiques sont en cours d'installation sur l'île de Cuba, située à quelques centaines de kilomètres des États-Unis. Le 22, il lance un ultimatum : tout navire soviétique faisant route vers Cuba sera arraisonné par la marine américaine (doc. 4 et 5). Khrouchtchev s'incline (doc. 6). Les deux Grands préfèrent revenir à une politique de détente (doc. 7).

2. L'équilibre de la terreur condamne les deux superpuissances à s'entendre. En effet, l'U.R.S.S., après les États-Unis, dispose de l'arme atomique (doc. 8). Le lancement, en 1957, du premier satellite artificiel, Spoutnik, le premier vol dans l'espace de Gagarine, prouvent sa capacité à menacer le territoire américain. Une guerre entre les deux Grands n'aurait désormais d'autre issue que leur anéantissement.
En 1963, un téléphone rouge est mis en service entre Washington et Moscou.

C. La naissance de la C.E.E.

En mars 1957, par le traité de Rome, six pays (France, République Fédérale d'Allemagne, Italie, Belgique, Pays-Bas, Luxembourg) instituent le **Marché commun** (doc. 1 et 2) : avec cette Communauté Économique Européenne (C.E.E.), naît une grande puissance économique, capable de concurrencer l'Amérique.

1 La naissance de l'Europe

«Art. Iᵉʳ – Par le présent traité, les hautes parties contractantes instituent entre elles une Communauté économique européenne.
Art. 3 – L'action de la Communauté comporte :
a. l'élimination, entre les États membres, des droits de douane et des restrictions quantitatives à l'entrée et à la sortie des marchandises ;
b. l'établissement d'un tarif douanier commun et d'une politique commerciale commune envers les États tiers ;
c. l'abolition, entre les États membres, des obstacles à la libre circulation des personnes, des services et des capitaux ;
d. l'instauration d'une politique commune dans le domaine de l'agriculture ;
e. l'instauration d'une politique commune dans le domaine des transports.»

Extraits du *Traité de Rome*, mars 1957.

2 Buvard d'écolier, 1956.

3 La déstalinisation en Hongrie : Budapest (octobre 1956).

4 Le blocus américain de Cuba (oct.-nov. 1962). Un avion et un destroyer américain surveillent un navire soviétique. ▶

---

5 La crise des fusées

«J'annonce l'institution d'une quarantaine rigoureuse sur tout équipement militaire offensif acheminé vers Cuba. La politique de notre pays sera de considérer tout lancement de missile nucléaire, à partir du sol cubain, contre toute Nation de l'hémisphère occidental, comme une attaque de l'Union soviétique contre les États-Unis, appelant en représailles une riposte complète contre l'Union soviétique. [...] Il est un chemin que nous ne suivrons jamais : celui de la capitulation et de la soumission. Notre but n'est pas la victoire de la force, mais la défense du droit. Avec l'aide de Dieu, nous atteindrons ce but.»

J. F. Kennedy, *Discours télévisé*, 22 oct. 1962.

---

6 Le recul de Khrouchtchev

«Nous sommes prêts à retirer de Cuba les armes que vous considérez comme offensives. Nous sommes prêts à prendre cette obligation devant l'O.N.U.
Ces armes sont disposées à Cuba à la demande du gouvernement de La Havane et uniquement dans un but de défense. Pour cette raison, s'il n'y a pas d'agression contre Cuba ou d'attaque contre l'U.R.S.S. et ses autres alliés, ces armes, il va de soi, ne menacent personne.»

N. Khrouchtchev, *Message* à Kennedy, 26 octobre 1962.

7 John F. Kennedy et le secrétaire du Parti communiste de l'Union soviétique, N. Khrouchtchev, à Vienne, en 1962. ▶

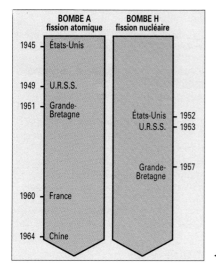

BOMBE A fission atomique	BOMBE H fission nucléaire	
1945 – États-Unis		
1949 – U.R.S.S.		
1951 – Grande-Bretagne	États-Unis – 1952	
	U.R.S.S. – 1953	
	Grande-Bretagne – 1957	
1960 – France		
1964 – Chine		

---

9 «Ich bin ein Berliner»

John Kennedy, président des États-Unis, rend visite à Berlin-Ouest, deux ans après la construction du mur par les autorités orientales.

«Il y a deux mille ans, le plus grand acte d'orgueil c'était de dire *"civis Romanus sum"*. Aujourd'hui, dans le monde de la liberté, on ne saurait se vanter davantage que de dire *"Ich bin ein Berliner"*. Il ne manque pas de gens au monde qui ne comprennent vraiment pas, ou qui prétendent ne pas comprendre quel est l'enjeu entre le communisme et le monde libre. Qu'ils viennent à Berlin. Il y en a d'autres qui affirment que l'avenir est au communisme. Ils n'ont qu'à venir à Berlin.

La liberté connaît, certes, bien des difficultés et notre démocratie n'est pas parfaite. Cependant, nous n'avons jamais eu besoin, nous, d'ériger un mur pour empêcher notre peuple de s'enfuir.»

Discours de J. F. Kennedy à l'Hôtel de ville de Berlin-Ouest, 26 juin 1963.

■ *Expliquez l'affirmation de Kennedy : «Ils n'ont qu'à venir à Berlin».*

◀ **8** Le club des puissances nucléaires : 1945-1965.

L'O.N.U.

L'expression «Nations Unies» apparaît le 1er janvier 1942 et désigne les **Nations coalisées contre l'Allemagne, l'Italie et le Japon.** Roosevelt tenait à ce que cette coalition de guerre devînt une organisation de paix. **L'Organisation des Nations Unies** voit le jour en avril-juin 1945, à la conférence de San Francisco.

Son objectif primordial est d'établir un système de sécurité international. La *Charte* de l'O.N.U., signée en 1945 par 51 États, tient compte des échecs de la S.D.N.

NATIONS UNIES

> **NOUS, PEUPLES DES NATIONS UNIES, RÉSOLUS**
> à préserver les générations futures du fléau de la guerre qui deux fois en l'espace d'une vie humaine à infligé à l'humanité d'indicibles souffrances...

1 La création de l'Organisation des Nations Unies, figurée par un arbre de la paix aux 55 feuilles représentant les États membres à la fin de 1946.

◀ **2** Le Préambule de la *Charte* des Nations Unies.

A. L'organisation de l'O.N.U.

L'O.N.U. comprend trois organes principaux :
– **l'Assemblée générale** qui fait des recommandations ;
– **le Conseil de sécurité** : 15 membres, dont cinq permanents qui ont **droit de veto*** (États-Unis, Union soviétique, Grande-Bretagne, France, Chine) **;**
– **un Secrétariat général,** administrateur permanent.

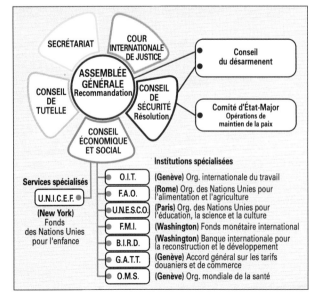

Services spécialisés
U.N.I.C.E.F.
(New York)
Fonds des Nations Unies pour l'enfance

Institutions spécialisées

O.I.T.	**(Genève)** Org. internationale du travail
F.A.O.	**(Rome)** Org. des Nations Unies pour l'alimentation et l'agriculture
U.N.E.S.C.O.	**(Paris)** Org. des Nations Unies pour l'éducation, la science et la culture
F.M.I.	**(Washington)** Fonds monétaire international
B.I.R.D.	**(Washington)** Banque internationale pour la reconstruction et le développement
G.A.T.T.	**(Genève)** Accord général sur les tarifs douaniers et de commerce
O.M.S.	**(Genève)** Org. mondiale de la santé

4 La *Charte* des Nations Unies : 1945

"Nous, Peuples des Nations Unies, sommes résolus :
– à proclamer à nouveau notre foi dans les droits fondamentaux de l'homme, dans la dignité et la valeur de la personne humaine, dans l'égalité de droits des hommes et des femmes, ainsi que des Nations, grandes et petites ;
– à créer les conditions nécessaires au maintien de la justice et du respect des obligations nées des traités et autres sources du droit international ;
– à favoriser le progrès social et instaurer de meilleures conditions de vie dans une liberté plus grande.
Et à ces fins :
– à pratiquer la tolérance, à vivre en paix l'un avec l'autre dans un esprit de bon voisinage ;
– à unir nos forces pour maintenir la paix et la sécurité internationales ;
– à accepter des principes et à instituer des méthodes garantissant qu'il ne sera pas fait usage de la force des armes, sauf dans l'intérêt commun ;
– à recourir aux institutions internationales pour favoriser le progrès économique et social de tous les peuples. Nous avons décidé d'associer nos efforts pour réaliser ces desseins.»

San Francisco, 26 juin 1945.

◀ **3** L'organisation des Nations Unies.

B. L'action de l'O.N.U.

L'efficacité de l'O.N.U. dépend de la bonne entente entre les Grands. Après la rupture de 1947, elle est paralysée et **ne peut rien contre la guerre froide**.

Pendant dix ans, l'O.N.U. ne parvient à accueillir aucun nouveau membre.

Signe de détente, la querelle des admissions cesse en 1955. L'O.N.U. élargit sa représentativité avec l'entrée des nouveaux États indépendants d'Asie et d'Afrique.

L'interdiction, proclamée par la *Charte,* d'intervenir dans les affaires intérieures des États limite, le plus souvent, le rôle de l'O.N.U. à celui d'une **tribune internationale**.

C'est sous l'égide des Nations Unies qu'est adoptée par l'Assemblée générale, **le 10 décembre 1948, la** *Déclaration Universelle des Droits de l'Homme.*

5 «Le palais de la paix» : le siège des Nations Unies à New York. ▶

6 Extraits de la *Déclaration universelle des Droits de l'Homme* : 1948

«**Art. 1er** – Tous les êtres humains naissent libres et égaux en dignité et en droits. Ils sont doués de raison et de conscience et doivent agir les uns envers les autres dans un esprit de fraternité.

Art. 2 – Chacun peut se prévaloir de tous les droits et de toutes les libertés proclamés dans la présente Déclaration, sans distinction aucune, notamment de race, de couleur, de sexe, de langue, de religion, d'opinion politique ou de toute autre opinion, d'origine nationale ou sociale, de fortune, de naissance ou de toute autre situation.

Art. 5 – Nul ne sera soumis à la torture, ni à des peines ou traitements cruels, inhumains ou dégradants.»

7 Une résolution du Conseil de sécurité

(Le délégué soviétique étant absent.)

«*Ayant constaté* que l'attaque dirigée contre la République de Corée par des forces armées venues de Corée du Nord constitue une rupture de la paix,

Ayant recommandé aux membres des Nations Unies d'apporter à la République de Corée toute l'aide nécessaire pour repousser les assaillants et rétablir dans cette région la paix et la sécurité internationales.

1. Se félicite de l'appui rapide et vigoureux que les gouvernements et les peuples des Nations Unies ont apporté à ses résolutions des 25 et 27 juin 1950, en vue d'aider la République de Corée à se défendre contre ladite attaque armée et de rétablir ainsi la paix et la sécurité internationales dans la région ; [...]

3. Recommande que tous les membres fournissant, en application des résolutions précitées du Conseil de Sécurité, des forces militaires et toute autre assistance, mettent ces forces et cette assistance à la disposition d'un commandement unifié sous l'autorité des États-Unis ;

4. Prie les États-Unis de désigner le commandant en chef de ces forces.»

7 juillet 1950.

8 Les soldats de l'O.N.U. au Congo en 1961.

QUESTIONS

1. Quel est l'organe de l'O.N.U. qui détient le véritable pouvoir ? Pourquoi ?

2. Doc. 7 : faites un schéma simple qui montre le fonctionnement de cette institution.
Situez cette résolution dans son contexte international.

Nouveaux enjeux internationaux : 1945-1962

JE RETIENS

1. Les mots et notions-clés

● guerre froide, rideau de fer ● O.N.U. ●
● Plan Marshall ● démocratie populaire ● pacte ●
● déstalinisation ● coexistence pacifique ●

2. Les idées essentielles

A. Les relations internationales de 1945 à 1962

■ Elles sont dominées par l'action des **deux puissances** victorieuses de la Seconde Guerre mondiale : les États-Unis et l'U.R.S.S.

■ A la **conférence de Yalta,** en février 1945, Américains et Soviétiques s'entendent pour prolonger leur alliance et organiser la paix. L'Allemagne est divisée en quatre **zones d'occupation ;** l'O.N.U. est fondée en avril-juin 1945.

■ **La rupture de 1947 :** la doctrine Truman lance la politique d'endiguement du communisme ; l'aide Marshall est refusée par l'U.R.S.S. ; l'Europe est divisée en deux. La **guerre froide** commence. Elle atteint son paroxysme dans les années cinquante, au moment de la guerre de Corée. Elle s'atténue entre 1953 et 1962, en dépit de la forte tension provoquée par la crise des fusées de Cuba.

B. Les caractéristiques de la guerre froide

■ Un affrontement sous forme de «bras de fer», où chacun des deux adversaires pousse le plus loin possible ses menaces contre l'autre, en évitant toutefois de déclencher le conflit armé direct ; la guerre chaude risquerait en effet d'être fatale pour tous, chacun des deux Super-grands disposant de l'arme nucléaire.

■ Elle crée un **monde «bipolaire»,** c'est-à-dire partagé en deux blocs. Les deux blocs se constituent en :

	Alliances militaires	Zones économiques
États-Unis	Pacte de Rio (1947) O.T.A.N. (1949) O.T.A.S.E. (1954)	O.E.C.E. (1948)
U.R.S.S.	Pacte de Varsovie (1955)	C.A.E.M. ou COMECON (1949)

EXERCICES

1. Je situe dans le temps et dans l'espace

Je construis un axe chronologique

■ J'utilise deux couleurs : le rose pour les périodes de détente ; le bleu pour les périodes de tension.

Je représente :
– la grande alliance (1941-1947) ;
– la guerre froide (1947-1962) ;
– le début de la détente à partir de 1962.

■ Je place sur la bande les quatre grandes crises de la guerre froide (1945-1962).

■ Je sais situer sur un planisphère ces quatre grandes crises.

■ Je suis capable de nommer les démocraties populaires et de situer la frontière politique entre le bloc occidental et l'Europe de l'Est.

2. Je suis capable de faire les exercices suivants

■ Je sais définir :
superpuissance, équilibre de la terreur, démocratie populaire.

■ Je peux expliquer les expressions suivantes :
«rideau de fer», «politique d'endiguement».

■ Je dois pouvoir identifier les sigles suivants :
R.F.A., R.D.A., O.T.A.N., C.A.E.M.

■ Je connais les grandes batailles de la «guerre froide».
– Je suis capable d'évoquer un document sur chacune d'entre elles.
– Je peux écrire quelques lignes sur chacun de ces événements.
– Je peux construire un paragraphe sur le thème de la guerre froide de 1947 à 1962.

■ Je sais nommer les institutions principales de l'O.N.U. J'écris le nombre des membres du Conseil de sécurité et je mets en schéma son fonctionnement.

3. Je commente un texte

> **La coexistence pacifique**
>
> «Parce que nous voulons préserver l'humanité de la guerre, nous appelons les puissances occidentales à la compétition pacifique et noble ; prouvons les avantages de nos systèmes non pas à coups de poing, ni par la guerre, mais par la compétition économique. L'Union soviétique et les autres pays socialistes existent, c'est un fait réel ; réel également le fait que les États-Unis d'Amérique et les autres pays capitalistes vivent sous d'autres régimes sociaux. Reconnaissons cette situation, ne cherchons pas à la changer.»
>
> N. Khrouchtchev, *La Pravda*, 6 septembre 1959.

■ 1. Quels mots Khrouchtchev emploie-t-il pour définir sa conception de la coexistence pacifique ?
■ 2. Rappelez les deux événements qui, en 1956, ont bouleversé le monde communiste.

BREVET BLANC

1. J'étudie une image

**Affiche du Parti communiste français
du début des années 1950. ▶**

■ **1.** Quel est l'éditeur de l'affiche ? A qui s'adresse-t-elle ? Par quel terme désigne-t-on ce type d'action, destiné à répandre une opinion politique ? (4 points)

■ **2.** Quel est l'État dénoncé sous les traits de la pieuvre ? Quels arguments ont été utilisés pour le montrer ? Pourquoi avoir choisi cet animal ? (4 points)

■ **3.** A quel fait historique faut-il rattacher l'inscription : «Non ! La France ne sera pas un pays colonisé !» ? Retrouvez, dans le chapitre, la phrase de la leçon et le document qui se rapportent à cet événement. (6 points)

■ **4.** Quelle période des relations internationales définit ce document ? Rappelez le contexte historique correspondant, ainsi que les principaux événements qui se sont déroulés pendant cette période. (6 points)

2. J'explique un texte

«La situation internationale était, en Europe, terriblement instable. L'Allemagne était une sorte de baromètre. Les moindres variations dans l'atmosphère de la politique mondiale s'enregistraient tout naturellement en ce point où se trouvaient rassemblées, les unes face aux autres, les forces des deux blocs opposés [...].
Un problème se posait à Berlin, ville libre, celui des gens qui passaient de l'Est à l'Ouest.
La R.D.A. devait lutter contre un adversaire que sa prospérité économique rendait très attrayant aux yeux de ses citoyens [...]. Ces difficultés furent considérablement allégées par l'établissement d'un contrôle frontalier entre Berlin-Est et Berlin-Ouest [...].
A cette époque, le président Kennedy occupait depuis peu la Maison Blanche. Il décida de faire une démonstration de force. Il consolida la garnison américaine. La presse bourgeoise déchaîna sa propagande contre nous.»

Nikita Khrouchtchev, *Souvenirs*, R. Laffont, 1970.

■ **1.** Quels sont les États concernés par cet extrait ? Classez-les en deux colonnes selon le système politique auquel ils appartiennent.
Quel est le passage qui nous permet de situer ce moment de la guerre froide ? De quelle crise s'agit-il ?

■ **2.** A quel moment fut défini le statut de Berlin ? Rappelez en quoi il consiste.
– Qui est l'adversaire dont la prospérité économique porte ombrage à la R.D.A. ? Comment s'explique cette prospérité ?
– Que désigne réellement Nikita Khrouchtchev par «établissement d'un contrôle frontalier» entre les deux Berlin ? Sous quelle appellation les Occidentaux vont-ils qualifier cette initiative ?
– Citez une phrase de Kennedy qui démontre la volonté des Américains de défendre Berlin. Datez cette prise de position.

3. Questions d'examen

■ L'Europe au lendemain de la Seconde Guerre mondiale (1945-1948).
■ La guerre froide (1947-1962).

■ La formation des blocs et la guerre froide (1945-1953).
■ Les relations internationales entre l'Est et l'Ouest de 1945 à 1962.

LA FRANCE

1 Le Gouvernement provisoire : juin 1944-janvier 1947

Après la Libération de Paris, le Gouvernement provisoire de la République française **(G.P.R.F.*),** formé à Alger et dirigé par le général de Gaulle, s'installe à Paris (doc. 1 et 2).

A. La reprise en main du pays

1. Dans une France au bord du chaos (doc. 4), le G.P.R.F. doit s'imposer. Il est reconnu officiellement le 21 septembre 1944 par les Alliés. Il lui faut se faire obéir des Résistants – surtout communistes – ainsi que des Comités de libération, maîtres du pouvoir local sur le terrain. Il lui faut organiser l'épuration des collaborateurs, pratiquée sommairement, sans jugement, depuis le printemps.

2. Fort de sa popularité et d'un gouvernement composé de toutes les tendances politiques, de Gaulle entreprend de **restaurer l'autorité de l'État.** Par ses voyages ou par les commissaires de la République qu'il nomme en province, grâce à la dissolution des milices communistes armées, de Gaulle contrôle, dès 1944, le pays. L'organisation d'élections locales, en 1945, permet aux Français de choisir leurs dirigeants locaux. Une épuration – limitée – est réalisée.

B. Les grandes mesures de la Libération

1. La situation économique est très grave : les transports sont désorganisés. Le ravitaillement demeure difficile et le rationnement est nécessaire. La pénurie provoque une forte hausse des prix. Pour redresser le pays, le G.P.R.F. entreprend les **grandes réformes prévues par le programme de la Résistance.**

2. Pour rétablir l'économie, **l'État nationalise* les secteurs clés de la vie économique** (doc. 3). Un commissariat au **Plan*,** confié à Jean Monnet, est chargé de fixer avec précisions les objectifs économiques du gouvernement (doc. 5).

3. D'autres réformes importantes sont réalisées : droit de vote pour les femmes (doc. 8) ; création d'une École nationale d'administration (E.N.A.) pour former les hauts fonctionnaires ; mise en place des Allocations familiales et de la **Sécurité sociale.**

C. La difficile naissance de la IVᵉ République

1. Élue en 1945, une Assemblée constituante choisit à l'unanimité le général de Gaulle comme chef du gouvernement. Les députés souhaitent le retour à un **régime parlementaire* ;** le général de Gaulle défend l'idée d'un pouvoir exécutif fort (doc. 7). Ce désaccord amène le général de Gaulle à démissionner le 20 janvier 1946 (doc. 6).

2. L'Assemblée constituante met au point une constitution que les Français refusent par **référendum*.** Une deuxième Assemblée constituante est élue : elle élabore un nouveau texte, très proche de celui de la IIIᵉ République. Malgré l'opposition du général de Gaulle, les Français acceptent cette constitution en octobre 1946.

VOCABULAIRE

Sécurité sociale : système de protection contre les risques (maladie, accident, etc.).

1 «Mon Grand» : caricature de Jean Effel, le 25 août 1944.

2 La France n'a jamais cessé d'être

«La France n'a jamais cessé d'être. La France libre, la France combattante, le Comité français de la Libération nationale l'ont tour à tour incarnée. Vichy fut toujours et demeure nul et non avenu. Moi-même suis le président du gouvernement de la République. Pourquoi irai-je la proclamer ?»

Charles de Gaulle,
Mémoires de guerre, t. 3, Plon, 1954.

■ *Pourquoi le général de Gaulle juge-t-il inutile de proclamer officiellement la IVᵉ République ?*

3 Les grandes nationalisations	
Déc. 1944	Charbonnages : bassin du Nord-Pas-de-Calais. Transports maritimes.
Janv. 1945	Usines Renault.
Avr. 1945	Grandes compagnies d'assurances.
Juin 1945	Transports aériens.
Déc. 1945	Banque de France et grandes banques de dépôts : Crédit lyonnais, Société générale, Banque nationale pour le commerce et l'industrie.
Avr. 1946	Électricité et gaz.

DE LA QUATRIÈME RÉPUBLIQUE

4 La France au lendemain de la Libération

«La marée, en se retirant, découvre soudain, d'un bout à l'autre, le corps bouleversé de la France [...]. Les chemins de fer sont quasi bloqués. De nos 12 000 locomotives, il nous en reste 2 800. Aucun train, partant de Paris, ne peut atteindre Lyon, Marseille, Toulouse, Bordeaux, Nantes, Lille, Nancy. Aucun ne traverse la Loire entre Nevers et l'Atlantique, ni la Seine entre Mantes et la Manche, ni le Rhône entre Lyon et la Méditerranée. Quant aux routes, 3 000 ponts ont sauté ; 300 000 véhicules, à peine, sont en état de rouler sur 3 millions que nous avions eus ; enfin, le manque d'essence fait qu'un voyage en auto est une véritable aventure. [...] Ainsi qu'on pouvait le prévoir, la Libération ne va, tout d'abord, apporter au pays, disloqué et vidé de tout, aucune aisance matérielle.»

Charles de Gaulle, *ouvr. cit.*

■ *Quelle est l'activité économique la plus touchée par la destruction ?*

■ *Quelles sont les conséquences pour la vie quotidienne des Français ?*

6 Le départ du général de Gaulle, le 20 janvier 1946. ►

5 Le plan Monnet

«Art. 1er – Il sera établi un premier plan d'ensemble pour la modernisation et l'équipement économique de la métropole et des territoires d'outre-mer.
Ce plan aura notamment pour objet :
1. D'accroître la production de la métropole et des territoires d'outre-mer et leurs échanges avec le monde.
2. De porter le rendement du travail au niveau de celui des pays où il est le plus élevé.
3. D'assurer le plein emploi de la main-d'œuvre.
4. D'élever le niveau de vie de la population et d'améliorer les conditions de l'habitat et de la vie collective.
Le plan s'étend à la reconstitution des outillages et équipements publics et privés, endommagés ou détruits du fait des événements de guerre.»

Décret du 3 janvier 1946.

■ *Relevez la phrase qui répond le mieux à la situation.*

7 Le rôle du chef de l'État

«C'est du chef de l'État, placé au-dessus des partis, [...] que doit procéder le pouvoir exécutif. Au chef de l'État la charge d'accorder l'intérêt général quant au choix des hommes avec l'orientation qui se dégage du Parlement. A lui la mission de nommer les ministres et, d'abord, bien entendu, le Premier, qui devra diriger la politique et le travail du gouvernement. Au chef de l'État la fonction de promulguer les lois, de prendre les décrets [...]. A lui l'attribution de servir d'arbitre au-dessus des contingences politiques.»

Général de Gaulle, *Discours de Bayeux*, 16 juin 1946.

■ *Quel régime politique le général de Gaulle décrit-il ? Quel est le ton de ce discours ?*

■ *Quelles doivent être selon lui les attributions du chef de l'État ? Pourquoi ces attributions sont-elles à ses yeux la garantie d'un bon fonctionnement du gouvernement ?*

8 Le référendum du 13 octobre 1946 : un des premiers votes féminins. ►

La IVᵉ République : 1947-1958

VOCABULAIRE

Scrutin proportionnel : vote dans lequel les élus sont répartis en proportion des voix obtenues.

Le régime fonctionne mal et les partis politiques en sont largement responsables. Cependant, la IVᵉ République effectue, dans un contexte international difficile, des choix décisifs pour l'avenir du pays.

A. L'impuissance à gouverner

Elle se caractérise surtout par l'**instabilité gouvernementale :** une vingtaine de gouvernements en douze ans (doc. 6) ! Cette instabilité est due :
– à l'application de la Constitution : le président de la République a peu de pouvoir en dehors du choix du président du Conseil. Élue au suffrage universel direct, l'**Assemblée nationale,** qui seule vote les lois, **est toute-puissante :** elle **investit*** le président du Conseil et peut renverser le gouvernement (doc. 3) ;
– au mode de scrutin : la **représentation proportionnelle rend plus difficile la formation d'une majorité ;**
– à l'attitude des partis politiques : nombreux, peu disciplinés, ils doivent négocier entre eux pour former des **coalitions gouvernementales** qui se brisent très vite (doc. 5).

B. La lutte des partis

1. En mai 1947, la guerre froide provoque l'**exclusion des communistes du gouvernement** (doc. 4). Désormais, la IVᵉ République se heurte à une **double opposition** venant des extrêmes :
– **celle du général de Gaulle et des gaullistes du R.P.F.,** qui critiquent avec vigueur le «régime des partis» (doc. 1) ;
– **celle des communistes,** qui entretiennent une vive agitation sociale (grèves, manifestations).

2. Les autres tendances politiques constituent une «**troisième force**» qui dirige le pays entre 1947 et 1951 (doc. 2 et 7). A partir de 1951, les gouvernements de centre droit (exemple : Pinay, voir p. 110) et de centre gauche (exemple : Mendès-France, voir p. 114) alternent au pouvoir. En 1956, Guy Mollet, socialiste, dirige le plus long gouvernement de la IVᵉ République (voir p. 114).

C. De grands débats et des décisions essentielles

En dehors des graves questions posées par la décolonisation, la IVᵉ République effectue – parfois avec douleur – des choix décisifs.

1. Face à la guerre froide, **la France adhère à l'Alliance atlantique*** en 1949 (voir carte p. 99) et entre dans l'O.T.A.N.*

2. La **question scolaire** divise les partis gouvernementaux en 1951 : la majorité décide, contre l'avis de la gauche, de voter des crédits pour l'enseignement privé.

3. La IVᵉ République engage la France dans la construction européenne. La France prend la plupart des initiatives dans ce domaine. Après l'adhésion au Conseil de l'Europe (1949), elle entre dans la **C.E.C.A.*** (Communauté européenne du Charbon et de l'Acier) en 1951. Mais elle refuse la Communauté européenne de défense (C.E.D.) en 1954, les communistes et les gaullistes y étant opposés. En 1957, la France signe le **traité de Rome** qui institue la **C.E.E.** (Communauté Économique Européenne, doc. 8 et p. 100).
Mais la IVᵉ République ne parvient pas à affronter efficacement les problèmes coloniaux.

◼ La création du R.P.F.

«Pour marcher droit vers son but, il faut que la Nation soit guidée par un État cohérent, ordonné, concentré, capable de choisir et d'appliquer impartialement les mesures commandées par le salut public. Le système actuel, suivant lequel des partis rigides et opposés se partagent tous les pouvoirs, doit donc être remplacé par un autre où le pouvoir exécutif procède du pays et non point des partis et où tout conflit insoluble soit tranché par le peuple lui-même. Cela, chaque Français le sent.
Aujourd'hui est créé le Rassemblement du peuple français. J'en prends la direction.
J'invite à se joindre à moi dans le Rassemblement toutes les Françaises et tous les Français qui veulent s'unir pour le salut commun, comme ils l'ont fait hier pour la libération et la victoire de la France.»

Général de Gaulle, *Déclaration* communiquée à la presse le 14 avril 1947.

■ *A quel document fait écho ce texte ? Le Général occupe-t-il les mêmes fonctions ?*
■ *Relevez la phrase qui critique les institutions de la IVᵉ République.*
■ *Que propose le général de Gaulle ?*

◻ Les partis

M.R.P. :	Mouvement républicain populaire, créé en 1944.
R.P.F. :	Rassemblement du peuple français, créé en 1947.
S.F.I.O. :	Section française de l'Internationale ouvrière, nom du Parti socialiste français de 1905 à 1971.
U.D.S.R. :	Union démocratique et socialiste de la Résistance, créée en 1945.

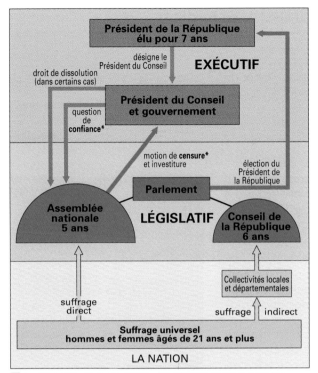

3 La Constitution de 1946 : un régime parlementaire.

■ *Qui élit le président de la République ?*

■ *Comment l'Assemblée nationale contrôle-t-elle le pouvoir exécutif ? Écrivez les termes qui conviennent.*

4 La révocation des ministres communistes, le 4 mai 1947.

■ *Mettez en relation cet événement avec le contexte international (cf. ch. 7).*

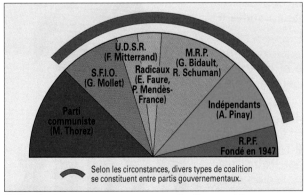

7 Partis de gouvernement et partis d'opposition.

8 La signature du traité de Rome, le 25 mars 1957. ▶

5 Une crise ministérielle

Le gouvernement de René Mayer, mis en minorité à la Chambre des Députés le 21 avril 1953, est tombé au bout de trois mois et demi. Le président de la République, Vincent Auriol, lui cherche un successeur. Sept candidats n'ont pu rallier à leur nom une majorité de députés.

«M. Vincent Auriol appelle M. Laniel au succès duquel il croit si peu qu'il lui laisse le billet sur lequel il a fait le décompte probable et insuffisant de ses voix – moins de 313. Le 26 juin, au trente-sixième jour de crise, M. Laniel en obtient 398 ! Le nouveau président du Conseil a bénéficié de la lassitude générale et de trois autres atouts : il a descendu les Champs-Élysées, le 26 août 1944, aux côtés du général de Gaulle, il n'a rien dit qui puisse le compromettre dans sa déclaration ministérielle et il s'est même dispensé de répondre aux questions qui lui ont été posées ; enfin, il est bien placé pour être élu en décembre à la présidence de la République. On est donc à peu près sûr que son ministère, de transition, ne doit pas vivre plus de six mois.»

J. Fauvet, *La IVᵉ République,* Fayard.

■ *Que faut-il comprendre par le mot «crise» ? Combien de temps a-t-elle duré ?*

6 Caricature de J. Effel, parue le 16 février 1955.

Le relèvement de l'économie française

C'est dans le domaine économique que la IVᵉ République remporte ses plus grands succès : en quelques années, elle parvient à reconstruire et à moderniser l'économie du pays.

A. Les bases de l'expansion

1. La France s'intègre progressivement dans les grands marchés mondiaux. Elle bénéficie du plan Marshall (voir p. 96) : elle adhère à l'Organisation européenne de Coopération économique (O.E.C.E.), dont le but est de répartir l'aide américaine et de favoriser le commerce entre les États membres. Avec la C.E.C.A. (1951), puis la C.E.E. (1957), elle intensifie ses échanges avec les pays voisins.

2. L'État prend en main le relèvement du pays (doc. 4 et 5). Le **secteur public** s'étend : des **sociétés d'économie mixte,** associant capitaux privés et capitaux publics, sont créées pour réaliser de grands travaux d'aménagements et d'équipements.
L'État oriente le développement de l'économie. Après un premier plan (1947-1952), qui donne la priorité aux industries de base, un deuxième plan (1954-1957) met l'accent sur les industries de transformations (doc. 3).
L'État soutient la demande en favorisant l'élévation du niveau de vie : un salaire minimum interprofessionnel garanti (le **S.M.I.G.***) est institué en 1950.

3. Le renouveau démographique est remarquable : de 1946 à 1951, le «baby boom» fait passer le nombre d'habitants de 40,5 à 42,7 millions (doc. 2 et 6). Mais l'insuffisance des adultes actifs oblige la France à faire appel à des **immigrés,** venus des pays méditerranéens (Italie, Espagne, Portugal, Afrique du Nord).

B. Du redressement à la croissance

En 1955, on peut considérer que la reconstruction de l'économie est achevée. En dix ans, le revenu national a progressé de 25% : c'est la plus forte progression mondiale, après celle du Japon.

1. L'agriculture commence sa transformation. La mécanisation progresse. Les agriculteurs achètent leurs premiers tracteurs. Mais les exploitations agricoles sont encore trop nombreuses et trop petites pour être toutes rentables : beaucoup d'enfants d'agriculteurs **quittent la campagne pour la ville.**

2. La France s'industrialise. La IVᵉ République se lance dans un vaste **programme d'équipement en matière d'énergie et de transport** (voir pp. 112-113). Les industries automobiles et aéronautiques deviennent les symboles de cet essor industriel.

3. Mais l'expansion économique connaît quelques limites (doc. 7) : le logement, entre autres, qui accuse un retard important. Le déséquilibre s'accroissant entre les régions riches de la moitié Nord-Est du pays et les autres, une politique d'**aménagement du territoire*** est mise en place, dès 1954, pour corriger les inégalités régionales. Malgré les efforts de Pinay (1952, doc. 1), les gouvernements parviennent mal à maîtriser l'**inflation*,** qui reste plus élevée que dans les autres pays industriels.

VOCABULAIRE

Société d'économie mixte : entreprise associant des capitaux publics et privés.

1 Antoine Pinay (né en 1891).
Né en 1891 dans le département du Rhône, il dirige une fabrique de chapeaux à Saint-Chamond. Député de la Loire en 1936, il se prononce pour le maréchal Pétain en 1940. Après la guerre, il devient président du groupe des Indépendants et président du Conseil en 1952. Il parvient à juguler l'inflation en bloquant les prix, ce qui lui vaut une grande popularité.

le biberon
PYREX

2 Dans le mouvement du «baby boom» : affiche publicitaire, vers 1950.

3 Objectifs, production et réalisations des plans				
	1er plan (1947-1952)			
	Production en 1929	Objectif	Production en 1953	% de réalisation
Charbon (Mt)	55	65	54,5	84
Électricité (MM de kWh)	15,5	37	41,4	112
Acier (Mt)	9,7	11	10	91
Ciment (Mt)	4,3	13,5	9	66
	2e plan (1954-1957)			
	Production en 1929	Objectif	Production en 1953	% de réalisation
Charbon (Mt)	55	61	59	96
Électricité (MM de kWh)	15,5	55	57,4	104
Acier (Mt)	9,7	14	14	100
Ciment (Mt)	4,3	12	12,4	104

4 Reconstruction d'un quartier d'Amiens. ▶

5 Le rôle pilote de l'État

«Le rôle de l'État a été double. D'une part, il a pris la responsabilité directe d'un important secteur public, il l'a modernisé et il en a accru la production ; de plus, le taux des investissements et des dépenses publiques pour les allocations familiales, le logement, l'enseignement professionnel, les constructions sco-laires et toutes les autres formes d'action économique et sociale, a été assez élevé pour encourager et accélérer la conversion économique. [...] D'autre part, l'État a fait pression sur le secteur privé de l'économie. Ici, le rôle du Commissariat au plan a été particulièrement important, puisqu'il consiste à mettre l'État en rapport avec les dirigeants de l'industrie et à transmettre l'impulsion de l'État. [...] Ainsi, la vieille pratique de l'aide de l'État a continué, mais cette aide joue désormais le rôle de béquilles plutôt que celui de fauteuil à roulettes.»

S. Hoffmann, *Sur la France,* Le Seuil, 1963.

■ *Expliquez ce que l'auteur veut dire dans la dernière phrase.*

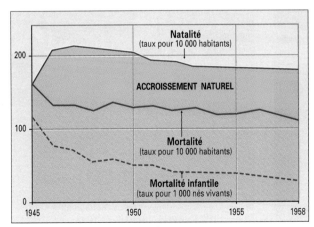

6 Le «baby boom» de 1945 à 1958.

■ *Estimez le nombre des décès d'enfants de moins de 1 an pour 1 000 nés vivants en 1958. Pourquoi lance-t-on des campagnes natalistes après 1950 ?*

7 Les limites du redressement

«L'économie remonte peu à peu la pente. Mais ce tableau comporte quelques ombres. L'inflation n'a pas été jugulée : les gouvernements ont été impuissants à briser le cycle infernal des salaires et des prix.
[Par ailleurs] en faisant de l'industrie automobile le moteur de la croissance, on compromettait l'investissement immobilier et on retardait le moment où chaque Français pourrait se loger à sa convenance ; le bâtiment est en retard. La France souffrira longtemps d'une grave crise du logement. Avec les destructions de la guerre, le déficit est de plusieurs millions de logements, et une majorité de ceux qui existent manquent du confort le plus élémentaire.
Autre poste négatif du bilan : l'agriculture qui est à la traîne. On n'en a que pour l'industrie.»

R. Rémond, *Notre Siècle,* Fayard, 1988.

Les grandes réalisations de la IVe République

La reconstruction économique achevée, la IVe République lance, à partir de 1950 environ, un vaste programme de modernisation et d'équipement. Les entreprises nationalisées y jouent un rôle fondamental ; le plan incite les entreprises privées à y participer activement.

1 Le professeur Francis Perrin et Irène Joliot-Curie devant la pile atomique Zoé, en décembre 1948.

2 Le barrage de Donzère-Mondragon, sur le Rhône, inauguré en 1952. ▶

243 km/h RECORD du MONDE

CC-7121

1956

CHACUN SA PORTE

3 La 4 CV Renault, lancée en 1946.

◀ 4 L'électrification des chemins de fer.

5 Jean Monnet et Robert Schuman.

6 Les réussites économiques de la IVe République

«La production industrielle impressionne par son ampleur (plus du double de celle de l'avant-guerre). Des branches inconnues ou presque, comme l'électroménager, la pétrochimie, la construction électronique, se développent à vive allure. Le matériel utilisé s'est renouvelé et soutient la comparaison avec celui des autres grands pays industrialisés. Dans les campagnes, la modernisation des techniques, la concentration des exploitations, le progrès des rendements préparent en profondeur la puissance agroalimentaire qui se manifestera ultérieurement.

Surtout [...] toute une population accède enfin à la consommation de masse [...]. De la Dauphine Renault au moulin à café Moulinex, tous deux sortis en 1956, des téléviseurs, dix fois plus nombreux en quatre ans, aux textiles synthétiques qui révolutionnent les habitudes vestimentaires, les symboles ne manquent pas de ce mieux-être qui tranche avec le dénuement de l'immédiat après-guerre.

Et tout cela, malgré une instabilité économique, malgré des guerres coloniales absorbant plus du quart des dépenses budgétaires et nécessitant de coûteuses importations de matériel militaire.»

J.-F. Eck,
Histoire de l'économie française depuis 1945, A. Colin, 1988.

JEAN MONNET 1888-1979

Fils d'un négociant en eau-de-vie de Cognac, Jean Monnet s'intéresse très tôt à l'économie et aux relations internationales.

■ Pendant la Première Guerre mondiale, il participe à la création d'un organisme franco-anglais de ravitaillement. En 1919, il prend part à la conférence de la paix de Paris, puis est secrétaire général adjoint de la S.D.N. Durant l'entre-deux-guerres, il fonde plusieurs affaires bancaires internationales et devient le conseiller financier de plusieurs petits pays d'Europe centrale (Pologne, Roumanie). Pendant la Seconde Guerre mondiale, il travaille dans les services diplomatiques britanniques, puis il entre dans le Comité français de Libération nationale d'Alger.

■ A la Libération, il est ministre dans le Gouvernement provisoire du général de Gaulle. Il propose la création d'un plan de modernisation et d'équipement de l'économie. Il est nommé premier commissaire général au plan et le restera jusqu'en 1952.

■ Conseiller de Robert Schuman, Jean Monnet est à l'origine de la création de la C.E.C.A. (Communauté Européenne du Charbon et de l'Acier) en 1950 : pour lui, l'Europe doit se faire progressivement, par des réalisations concrètes : la C.E.C.A., la création d'une Haute Autorité pour la diriger, la réconciliation franco-allemande sont les premiers pas vers la réalisation des États-Unis d'Europe. Jean Monnet préside la Haute Autorité de la C.E.C.A. de 1952 à 1955, puis devient le président du Comité d'action pour les États-Unis d'Europe. Ses efforts pour l'unification européenne sont récompensés par l'attribution du premier prix Robert Schuman. En 1988, ses cendres sont transférées au Panthéon.

ROBERT SCHUMAN 1886-1963

Robert Schuman est un Lorrain. Député de la Moselle de 1919 à 1940, emprisonné par les autorités hitlériennes pour résistance, il est déporté, mais s'évade en 1942.
A la Libération, il s'inscrit au M.R.P. et devient ministre des Finances. C'est lui qui fait adopter le plan Marshall.

■ Robert Schuman est, avec Jean Monnet, le grand artisan d'un rapprochement avec l'Allemagne et un des pères fondateurs de l'Europe unie. En 1950, il lance l'idée de placer les productions de charbon et d'acier sous une Haute Autorité commune. Les pays qui acceptèrent le plan Schuman constituèrent le noyau de la Communauté européenne, l'«Europe des Six».

■ Schuman voulut aller plus loin encore en proposant la formation d'une armée européenne. Mais il se heurta à une vive opposition de la part des communistes et du R.P.F.

Président du mouvement européen, il se retira de la vie politique en 1962.

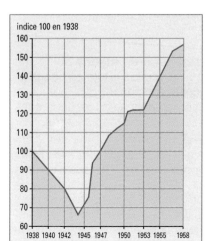

◄ **7** Croissance de la production industrielle en France (1938-1958).

QUESTIONS

1. Doc. 7 : en quelle année a-t-on rattrapé le niveau de production industrielle de 1938 ?

2. Indiquez, parmi les réalisations économiques, celles qui relèvent du secteur public.

3. Quels sont, d'après les documents de la double-page, les secteurs économiques qui ont le plus bénéficié des efforts de l'État ?

D O S S I E R

La IVᵉ République face à ses colonies

Après 1945, les colonies réclament leur indépendance. La majorité des Français – à l'exception du P.C.F. – et les gouvernements refusent cette décolonisation* : la guerre d'Indochine secoue la IVᵉ République, la guerre d'Algérie la fait tomber.

A. La guerre d'Indochine : 1946-1954

En septembre 1945, le dirigeant communiste Hô Chi Minh proclame l'indépendance de la République du Viêt-nam.

1. La France essaie d'abord de négocier. Elle envisage d'accorder l'indépendance à ses possessions d'Indochine, y compris au Viêt-nam. Mais la conférence de Fontainebleau entre Hô Chi Minh et les représentants français échoue (mars 1946). L'opinion publique française s'intéresse peu à cette question trop lointaine.

2. Dans le contexte de guerre froide, le conflit s'internationalise : les Indochinois reçoivent l'aide de l'U.R.S.S. et de la Chine. Le gouvernement français est obligé d'envoyer des troupes de plus en plus nombreuses (doc. 3) qui sont submergées : l'armée française capitule à **Diên Biên Phu,** le 7 mai 1954 (doc. 4).

3. Les accords de Genève (21 juillet 1954) règlent la question indochinoise (doc. 5). Le Viêt-nam est divisé en deux pays : le Nord devient un État communiste, le Sud conserve un gouvernement favorable à la France et soutenu par les États-Unis.

B. Les problèmes africains

1. De 1954 à 1956, la IVᵉ République :
– accorde pacifiquement l'**indépendance aux protectorats français d'Afrique du Nord,** le Maroc et la Tunisie (1956) ;
– ébauche la décolonisation de l'Afrique noire, en accordant l'autonomie interne (doc. 7).

2. Mais cette politique conciliante (doc. 6) ne s'applique pas à l'Algérie, où **la rébellion éclate en novembre 1954.** L'Algérie est la seule colonie de peuplement de la France : plus d'un million d'Européens y sont installés (les «pieds-noirs»). Son organisation en départements la rapproche de la métropole*, mais les musulmans n'ont plus les mêmes droits que les habitants d'origine européenne.

3. La première réaction du gouvernement français est de rétablir l'ordre (voir p. 124).

C. La fin de la IVᵉ République

1. L'acharnement de la France à se maintenir en Algérie nuit à son prestige. Les Français se divisent : certains veulent à tout prix conserver l'Algérie française ; d'autres, à gauche, s'indignent des méthodes brutales utilisées par l'armée. Les gouvernements se succèdent, sans trouver de solution : l'opinion publique est dans un grand désarroi.

2. La IVᵉ République ne parvient pas à surmonter toutes ses difficultés. Le 13 mai 1958, les Européens d'Alger se soulèvent avec l'aide de l'armée (doc. 8) : ils craignent que le gouvernement de Paris n'entame des négociations avec les musulmans. La France est au bord de la guerre civile. Le général de Gaulle apparaît à beaucoup comme seul capable de rétablir l'ordre : investi président du Conseil par l'Assemblée nationale, il reçoit les pleins pouvoirs pour élaborer une nouvelle constitution (juin 1958, doc. 9).

1 Pierre Mendès France (1907-1982).
Président du Conseil de juin 1954 à janvier 1955, il impose une nouvelle façon de gouverner : il dirige vraiment le gouvernement sans trop tenir compte des ministres et des députés ; il s'adresse directement à l'opinion publique par la presse et la radio.
Il règle avec courage les principaux problèmes : guerre d'Indochine, réarmement allemand, réductions des inégalités.
Il reste le symbole de l'homme de gauche dévoué, intègre, compétent.

2 Guy Mollet (1905-1975).
Secrétaire général de la S.F.I.O. à partir de 1949, Guy Mollet dirige le plus long gouvernement de la IVᵉ République. Il fait voter plusieurs mesures sociales, accorde l'indépendance au Maroc et à la Tunisie, signe le traité de Rome. Mais il est à l'origine de l'intensification des combats en Algérie. En 1958, il approuve le retour du général de Gaulle.

3 Opération de «nettoyage» dans une rizière au Tonkin (Indochine).

4 Après la chute de Diên Biên Phu.

---

5 Les accords de Genève

«La conférence déclare qu'en ce qui concerne le Viêt-nam, le règlement des problèmes politiques, sur la base des principes de l'indépendance, de l'unité et de l'intégralité territo- riales, devra permettre au peuple vietnamien de jouir de libertés fon- damentales, garanties par des insti- tutions démocratiques formées à la suite d'élections générales libres au scrutin secret. [...] Les élections générales auront lieu en juillet 1956, sous le contrôle d'une commission internationale.»

Extraits, 21 juillet 1954.

■ *Que reconnaît la France ? Quelles garanties exige-t-elle en contrepartie ? Relevez les termes par écrit.*

7 Le 13 mai 1958 à Alger. «Je viens de téléphoner à Paris. Nous avons demandé un gouvernement de Salut public», a écrit un colonel sur le tableau noir.

8 L'appel à de Gaulle

«Le Comité de Salut public supplie le général de Gaulle de bien vouloir rompre le silence en vue de la constitu- tion d'un gouvernement de Salut public, qui seul peut sauver l'Algérie de l'abandon et, ce faisant, d'un Diên Biên Phu diplomatique.»

Alger, le 14 mai 1958.

■ *Pour quelles raisons le général de Gaulle apparaît-il comme le seul homme capable de rétablir la situation ? Que signifie l'expression «Diên Biên Phu diplomatique» ?*

6 Extrait de la loi-cadre Defferre

Élaborée avec la collaboration du ministre d'État, Hou- phouët-Boigny, la **loi-cadre,** *définitivement adoptée par le Parlement le 23 juin 1956, énumérait quelques principes :*

«– Généralisation du suffrage universel et du collège unique dans les territoires d'outre-mer, en vue de donner un moyen d'expression complet à l'opinion publique. [...] – En vue d'africaniser les cadres, des facilités d'accès à tous les échelons de la fonction publique seraient don- nées aux citoyens autochtones.»

– Acceptez-vous de prendre pour mari et légitime époux...?

9 La fin de la IVe République. Dessin de Jean Effel, paru dans L'Express en 1958. De gauche à droite : le général Massu, le général de Gaulle, Félix Gaillard (président du Conseil), Marianne et Guy Mollet.

■ *Expliquez le sens de la caricature.*

La France de la Quatrième République

JE RETIENS

1. Les mots et notions clés

- instabilité, partis politiques
- investiture, censure, confiance
- nationalisation, planification ● inflation
- décolonisation ● C.E.C.A., C.E.E., S.M.I.G.

2. Les idées essentielles

■ Dès la Libération, le **Gouvernement provisoire de la République française** impose son autorité au pays. Il réalise en quelques mois d'importantes réformes de structure qui jettent les bases d'une France nouvelle : **nationalisation** des plus grandes entreprises, mise en place de la planification, vote des femmes, extension des allocations familiales et de la sécurité sociale... Mais il met deux ans pour élaborer une **nouvelle Constitution :** en effet, le

général de Gaulle et les députés ne sont pas d'accord sur le régime politique à donner à la France.

■ La IVe République ressemble à la IIIe République : **toute-puissance des partis politiques, instabilité ministérielle.** Malgré ses faiblesses et l'opposition des gaullistes et des communistes, la IVe République accomplit une œuvre importante. Elle engage la France dans la **construction européenne.** Elle parvient à reconstruire puis à développer l'appareil économique ; l'aide américaine, l'ouverture des frontières, le renouveau démographique, la hausse du niveau de vie et l'intervention de l'État sont les principaux facteurs de cette croissance économique.

■ Mais la IVe République se heurte au **problème de la décolonisation.** Deux guerres d'indépendance vont amener sa chute : la guerre d'**Indochine** et, surtout, la guerre d'**Algérie.** Devant la gravité de la situation en 1958, le général de Gaulle devient président du Conseil et obtient les pleins pouvoirs pour rédiger une nouvelle Constitution.

EXERCICES

1. Je comprends la «Une» d'un journal

■ Je relève la date du journal.

■ J'explique les informations fournies par ce titre : «majorité relative», «Assemblée nationale», «ne vote pas la confiance». Qui est M. René Coty ? A quelle fonction M. Laniel était-il candidat ?

■ Que nous indique ce titre sur le fonctionnement des institutions de la IVe République ?

La chute du cabinet Laniel, juin 1954. ▶

ONZIEME ANNÉE. — N° 2918.　　**16 PAGES – DERNIÈRE ÉDITION**　3　DIMANCHE 13 et LUNDI 14 JUIN 1954.

Le Monde

Directeur : HUBERT BEUVE-MÉRY

Par 306 voix contre 293 (majorité relative)

L'Assemblée nationale ne vote pas la confiance à M. Laniel qui a offert sa démission à M. René Coty

Fin de saison à Genève

2. Je suis capable d'indiquer en deux ou trois lignes le rôle joué par les personnages suivants dans le cours de la IVe République :

- Robert Schuman
- Guy Mollet
- Pierre Mendès France
- Jean Monnet

3. Localisation

Je suis capable de situer sur la carte de France les grandes réalisations de la IVe République représentées p. 112.

4. Je constitue un dossier, je monte une exposition

A l'aide de témoignages oraux, écrits, photographiques, je constitue un dossier ou une exposition sur :
– Les Français de 1944 à 1958 : les principaux artistes et leurs œuvres, la chanson et le cinéma.
Je dégage des conclusions.

5. J'établis une synthèse

La IVe République mérite-t-elle un jugement sévère ? Reproduisez et complétez le tableau suivant :

Depuis 1944, y compris la période du Gouvernement provisoire	Les succès	Les échecs
Politique intérieure		
Politique extérieure		
Œuvre économique et sociale		
Politique coloniale		

BREVET BLANC

1. Je commente des textes

Questions du texte 1 :

■ **1.** Quelle critique principale le général de Gaulle porte-t-il sur les institutions de la IVe République ?

Expliquez «le régime des partis flottant sur un peuple profondément divisé» ; nommez les principaux partis de la IVe République.

Dites pourquoi ce régime se montre incapable «d'assurer la conduite des affaires».

■ **2.** Quels événements de Gaulle rappelle-t-il par les mots «depuis douze ans» ?

Quels sont les «problèmes énormes» évoqués par le général de Gaulle et non résolus en 1958 ?

En vous appuyant sur la leçon précédente, dites pourquoi le Général parle d'un «univers terriblement dangereux».

■ **3.** Montrez que ce jugement est incomplet : vous relèverez les réussites des gouvernements de la IVe République ; vous expliquerez dans quel contexte est prononcée cette allocution.

Texte ❶

«Aux yeux du monde, la France paraissait sur le point de se dissoudre. C'est alors que j'ai assumé la charge de gouverner notre pays. Le drame de l'Algérie, bouleversant les populations, mettant l'armée à rude épreuve, a déclenché une crise nationale. Mais de toutes les manières celle-ci devait éclater.

Car depuis douze ans, le régime des partis, flottant sur un peuple profondément divisé, au milieu d'un univers terriblement dangereux, se montrait hors d'état d'assurer la conduite des affaires.

Non point par incapacité ni par indignité des hommes [...] mais ne représentant jamais autre chose que des fractions, ils se trouvaient condamnés à vivre pour quelques mois ou quelques semaines en face de problèmes énormes sans qu'il leur fût possible de les résoudre. J'ai dit des problèmes énormes.»

Allocution radiodiffusée
du général de Gaulle, Hôtel Matignon, 13 juin 1958.

❷ Les réalisations économiques de la IVe République

«La France a été un vaste chantier sous la IVe République. C'est finalement dans l'ordre économique et technique que le bilan est le moins contestable. La IVe République a su, à force d'imagination et d'obstination, tourner le dos à la stagnation économique, à l'insuffisance technique et au déclin démographique. Si tous les dirigeants des grandes entreprises publiques et privées, comme ceux des grands partis d'après la Libération s'y sont ralliés sans difficultés, il a fallu convaincre et même vaincre tous ceux qui, dans la politique ou le patronat, s'obstinaient à voir et à penser petit. La reconstruction et la modernisation des transports et des industries de base, puis le développement continu de la production et plus encore de la productivité sont à l'actif du régime parce qu'en dépit de l'instabilité ministérielle, il s'est trouvé dans le gouvernement, les partis, les administrations, des hommes voyant loin et grand.»

J. Fauvet, *La IVe République*,
Fayard, 1959.

Questions du texte 2 :

■ **1.** Comment la France tourne-t-elle le dos au déclin démographique ?

■ **2.** Montrez à l'aide d'exemples que la IVe République est un vaste chantier.

■ **3.** Qu'est-ce qu'une entreprise publique ? Pourquoi le texte parle-t-il, sous la IVe République, d'entreprises publiques ?

■ **4.** Quels sont les obstacles rencontrés par les hommes au pouvoir sous la IVe République ? A qui l'auteur fait-il allusion quand il cite : «tous ceux qui s'obstinaient à voir et à penser petit» ? Qu'est-ce que l'«instabilité ministérielle» et comment s'explique-t-elle ?

■ **5.** Citez le nom de deux hommes qui, dans les gouvernements, les partis, les administrations, ont vu «loin et grand».

2. Je sais placer des événements sur une frise chronologique

■ Je construis une frise chronologique de 20 ans (1940-1960) sur la flèche ci-dessous.

■ Je représente, de deux couleurs différentes, le Gouvernement provisoire et la IVe République.

■ Je hachure les périodes de guerres d'indépendance.

■ Je situe les événements suivants dans leur contexte historique :

droit de vote des femmes, traité de Rome, démission du général de Gaulle du Gouvernement provisoire, Accords de Genève, retour du général de Gaulle.

3. Question d'examen

■ La IVe République (1946-1958) : les principales réalisations économiques et sociales ; les difficultés politiques.

1 La révolte de l'Asie

En l'espace d'une génération (1945-1975), les pays colonisés accèdent à l'indépendance. L'**émancipation** est tantôt le résultat d'accords avec la métropole*, tantôt l'aboutissement d'une lutte armée.

A. Le colonialisme en question

1. La Seconde Guerre mondiale a affaibli le prestige des puissances coloniales. Les Pays-Bas, la France ont connu une rapide défaite en 1940. Elles ont alors fait appel à leurs colonies. En Asie, les victoires japonaises ont mis fin à la légende de la supériorité des Blancs.

2. Les mouvements nationalistes, apparus dans l'entre-deux-guerres, **se sont renforcés.** Ils ont profité des difficultés des métropoles pour mieux affirmer leur désir d'émancipation, en Inde et en Algérie, par exemple.

3. Le climat de l'après-guerre est à l'anti-colonialisme. La *Charte* de l'O.N.U. (1946) et la *Déclaration Universelle des Droits de l'Homme* (1948) proclament le droit des peuples à disposer d'eux-mêmes ; en France, le général de Gaulle y est favorable (doc. 1). Pour des raisons différentes, les États-Unis et l'U.R.S.S. poussent à la **décolonisation*.**

B. Les Indes indépendantes

1. Les Indes anglaises accèdent pacifiquement à l'indépendance (doc. 4 et 5). Gandhi et Nehru ont mené une action non violente contre la présence anglaise ; l'opposition irréductible entre hindous et musulmans amène la création de deux États indépendants en 1947 : l'Union indienne et le Pakistan. Les autres possessions anglaises de l'Asie du Sud, Ceylan et la Birmanie, obtiennent également leur indépendance.

2. Les Pays-Bas s'opposent, d'abord par la force, à l'émancipation de leurs territoires asiatiques ; mais ils sont finalement obligés de reconnaître l'indépendance de l'**Indonésie** en 1949.

3. L'Indochine française n'obtient son indépendance qu'après une longue guerre (1946-1954). Dès 1945, le Parti viêt-minh*, dirigé par le communiste Hô Chi Minh, proclame l'indépendance du Viêt-nam. La France s'y oppose. Le Viêt-minh conduit alors une **guérilla*** populaire contre l'occupant français (doc. 6) ; il reçoit l'aide de l'U.R.S.S. et de la Chine, et écrase finalement les troupes françaises à Diên Biên Phu, en 1954 (doc. 7). Par les **accords de Genève** (1954), la France abandonne ses possessions indochinoises : le Viêt-nam est divisé en deux États ; le Laos et le Cambodge accèdent eux aussi à l'indépendance.

C. La conférence de Bandoung : 1955

Les pays nouvellement indépendants veulent s'imposer sur la scène internationale. Une conférence les réunit en avril 1955 à Bandoung, ville d'Indonésie (doc. 2, 3 et 8).

L'accord se fait sur quelques grands principes : condamnation du colonialisme et du racisme ; mise en place d'une coopération contre le **sous-développement*.** Si la Conférence ne parvient pas à se prononcer clairement sur une totale indépendance vis-à-vis des deux blocs, une voie neutraliste apparaît entre l'Ouest et l'Est : le **non-alignement*.**

1 Le discours de Brazzaville

«En Afrique française, comme dans tous les territoires où des hommes vivent sous notre drapeau, il n'y aurait aucun progrès si les hommes, sur leur terre natale, n'en profitaient pas moralement et matériellement, s'ils ne pouvaient s'élever peu à peu jusqu'au niveau où ils seront capables de participer chez eux à la gestion de leurs propres affaires.»

Général de Gaulle, 30 janvier 1944.

■ *Quels sont les handicaps dont souffrent les colonies aux yeux du général de Gaulle ?*

2 La conférence de Bandoung (1955)

«La conférence est d'accord :
1. Pour déclarer que le colonialisme, dans toutes ses manifestations, est un mal auquel il doit être mis fin rapidement ;
2. Pour déclarer que la question des peuples soumis à l'assujettissement à l'étranger, à sa domination ou à son exploitation, constitue une négation des droits fondamentaux de l'homme, est contraire à la *Charte* des Nations Unies et empêche de favoriser la paix et la coopération mondiales ;
3. Pour appuyer la cause de la liberté et de l'indépendance de ces peuples.»

Extrait du *Communiqué final*, 24 avril 1955.

3 Soekarno, premier président de la République indonésienne, à la Conférence de Bandoung, le 18 avril 1955.

DU TIERS MONDE

4 Nehru (1889-1964).

◄ **5** Célébration de l'«Independence Day» à New Delhi, un 15 août.

7 Soldats français prisonniers du Viêt-minh, après la chute de Diên Biên Phu, en 1954. ▼

6 La résistance du Viêt-minh

«L'ennemi est-il fort, on l'évite ; est-il faible, on l'attaque ; à son armement moderne, on oppose un héroïsme sans bornes, soit en harcelant, soit en anéantissant l'ennemi et en combinant les opérations militaires avec l'action politique et économique ; pas de ligne de démarcation fixe, le front étant partout où se trouve l'adversaire.»

Général Vo Nguyên Giap, chef de l'Armée populaire de libération du Viêt-nam, *Guerre du peuple, armée du peuple*, Maspéro, 1966.

■ *Comment appelle-t-on ce type de guerre ? Que faut-il entendre par «action politique et économique» dans la bouche d'un général communiste ?*

8 La mort des colonies

«Pendant des décennies, les peuples colonisés ont essayé de faire confiance, ont cru qu'il fallait faire confiance. Leurs vainqueurs parlaient si bien ! Ils parlaient des droits de l'homme, de la liberté, de la justice, de la civilisation, que sais-je ?
Nous sommes à ce moment de l'histoire où les peuples coloniaux, forts d'une expérience douloureuse, refusent de faire confiance et disent qu'ils ne font pas confiance [...].

Si un événement mérite le nom d'historique, c'est bien la conférence de Bandoung [...]. Pour bien en comprendre la portée, je vous demande de réfléchir à ces deux dates : en 1885, l'Europe se réunissait à Berlin pour se partager le monde ; en 1955, soixante-dix ans plus tard, le monde s'est réuni à Bandoung pour signifier à l'Europe que le temps de l'empire européen est fini.»

Aimé Césaire, poète martiniquais, in *Les Temps modernes*, mars-avril 1956.

■ *Quelle est, pour l'auteur, la raison principale qui explique la révolte des colonies ?*

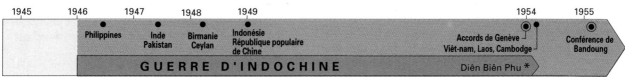

● Accession à l'indépendance

Le réveil de l'Afrique

A partir du milieu des années 50, le grand mouvement d'émancipation des peuples gagne le monde musulman et l'ensemble du continent africain.

A. La révolte du monde musulman

1. En 1956, le président égyptien Gamal Abdel **Nasser** se présente comme le **champion de la résistance à l'impérialisme occidental.** L'Égypte est indépendante depuis 1922, mais elle reste encore très soumise à la Grande-Bretagne, dont les troupes sont présentes sur le canal de Suez. En réponse au refus des Américains de financer le projet du barrage d'Assouan, Nasser nationalise le canal de Suez en 1956 (doc. 3 et 4) et s'engage dans une politique de **non-alignement** entre les deux blocs. Le prestige de l'Égypte est alors très grand dans le monde arabe.

2. En Afrique du Nord, après quelques années de troubles et de négociations, les protectorats* français de Tunisie et du Maroc accèdent à l'indépendance, en 1956. Les nationalistes tunisiens s'étaient appuyés sur le Parti néo-destour : son chef, Bourguiba, devient le président de la nouvelle République. Au Maroc, le sultan Mohammed V avait joué un rôle déterminant : il est choisi comme roi.
Les reculs de la France en Afrique du Nord encouragent les nationalistes algériens.

B. La rébellion de l'Algérie : 1954-1962

Un nouveau mouvement de libération, le **F.L.N.* (Front de Libération Nationale)**, formé d'hommes jeunes comme Ahmed Ben Bella (doc. 1), critique l'inaction des partis nationalistes nés pendant la Seconde Guerre mondiale ; il pense que le moment est venu de se soulever contre les injustices dont sont victimes les musulmans. Le 1er novembre 1954, il passe à la rébellion contre les autorités françaises (doc. 1 et 2 et pp. 124-125).

1 Ben Bella (né en 1916).
Ahmed Ben Bella est fils de paysan. Engagé dans l'armée française, il s'illustre pendant la Seconde Guerre mondiale où il est médaillé à titre militaire. Après 1945, il milite dans les mouvements indépendantistes algériens et s'illustre par des coups de main qui lui valent d'être condamné par les autorités françaises. Il s'évade et se réfugie au Caire. Il est un des neuf chefs qui fondent le F.L.N. et décident l'insurrection algérienne, en novembre 1954. En 1956, son avion est intercepté et il est interné en France. Mais son prestige est tel qu'il influe sur les négociations de paix.
Après les accords d'Évian (1962), il devient le chef du gouvernement, puis le président de la République algérienne. Il nationalise les terres et engage son pays dans la voie du socialisme. Il est au sommet de sa popularité, lorsqu'un coup d'État l'écarte du pouvoir en 1965. Il est longtemps détenu dans un lieu secret et rentre enfin d'exil en 1990.

C. L'émancipation de l'Afrique noire

1. Les colonies françaises et anglaises d'Afrique noire (à l'exception du Kenya) **accèdent pacifiquement à l'indépendance dans les années soixante.** L'émancipation de l'Afrique noire française s'effectue progressivement : **la loi-cadre Defferre** (voir p. 115) accorde une autonomie presque complète aux territoires africains (1956) ; en 1958, ils sont regroupés dans une Communauté française ; en 1960, ils deviennent totalement indépendants.
En 1965, toutes les colonies anglaises sont indépendantes (doc. 5).

2. L'émancipation des colonies belges et portugaises s'effectue difficilement. A peine indépendant en 1960, le Congo belge sombre dans une violente guerre civile qui ne se termine qu'en 1965, après l'intervention des troupes de l'O.N.U. Les territoires portugais (Angola, Mozambique) ne deviennent indépendants qu'en 1975.

---

2 Le F.L.N. passe à l'insurrection

«Au peuple algérien !
Nous retraçons ci-après les grandes lignes de notre programme politique :
– La restauration de l'État algérien souverain, démocratique et social dans le cadre des principes islamiques. [...]
– La reconnaissance de la nationalité algérienne par une déclaration officielle abrogeant les édits, décrets et lois faisant de l'Algérie une terre française en déni de l'histoire, de la géographie, de la langue, de la religion et des mœurs du peuple algérien.
– L'ouverture de négociations avec les porte-parole autorisés du peuple algérien, sur les bases de la reconnaissance de la souveraineté algérienne une et indivisible.
– Les liens avec la France et l'Algérie seront définis et feront l'objet d'un accord entre les deux puissances, sur la base de l'égalité et du respect de chacun.»

Proclamation du F.L.N., le 1er novembre 1954.

3 La nationalisation du canal de Suez (26 juillet 1956)

«Nous reprendrons tous nos droits, car tous ces fonds sont les nôtres, et ce canal est la propriété de l'Égypte. La Compagnie est une société anonyme égyptienne et le

canal a été creusé par 120 000 Égyptiens, qui ont trouvé la mort durant l'exécution des travaux.

En quatre ans, nous avons senti que nous sommes devenus plus forts et plus courageux et, comme nous avons pu détrôner le roi le 26 juillet [1952], le même jour nous nationalisons la Compagnie du canal de Suez. Nous réalisons ainsi une partie de nos aspirations et nous commençons la construction d'un pays sain et fort. [...]

Aucune souveraineté n'existera en Égypte à part celle du peuple d'Égypte. Nous sommes aujourd'hui libres et indépendants.»

Gamal Abdel Nasser, *Discours d'Alexandrie*,
in *Journal d'Égypte*, 27 juillet 1956.

■ *Relevez dans le texte les verbes et expressions qui prouvent la volonté d'indépendance du dirigeant égyptien.*

■ *Comment Nasser justifie-t-il la nationalisation du canal de Suez ?*

■ *Rappelez l'événement passé auquel il est fait allusion.*

◄ **4** **Nasser proclame la nationalisation du canal de Suez.**

5 **Le Ghana fête son indépendance, 1957.**

1954	1956	1960	1962	1965		1975
	✱ Affaire de Suez	●	● Algérie	● Dernières colonies anglaises d'Afrique noire		● Colonies portugaises d'Afrique noire (Angola, Mozambique)
	● Maroc et Tunisie	Afrique noire française et Congo				

GUERRE D'ALGÉRIE

● Accession à l'indépendance

mars 1962
Accords d'Évian

Les acteurs de l'indépendance nationale

Quelques hommes à la forte personnalité ont joué un rôle fondamental dans la conduite des mouvements d'émancipation.

Ils ont souvent été formés dans les écoles européennes, mais ils sont restés fidèles à leurs traditions nationales. Ils parviennent à rassembler autour d'eux le peuple indigène, qui souffre des injustices de la colonisation : ils prennent ainsi la tête des mouvements nationalistes.

1 Gandhi filant le coton.

LES ACTEURS DE L'HISTOIRE — GANDHI — 1869-1948

Mohandas Karamchand Gandhi, surnommé le Mahatma (la «Grande Ame»), naît au Nord-Ouest de Bombay, dans une riche famille de marchands. C'est un jeune homme timide, d'une grande honnêteté, qui manifeste un fort intérêt pour les questions de religion et de diététique. Il fait des études de Droit en Angleterre et devient avocat en Afrique du Sud, où il défend les droits de la communauté indienne immigrée.

■ De retour en Inde, après le massacre d'Amritsar (1919) où les Anglais tirent à la mitrailleuse sur une manifestation pacifique, faisant 400 morts, il dénonce l'occupation britannique. Gandhi devient alors la grande figure protestataire. Il revendique l'indépendance de l'Inde et prêche la désobéissance civile, le refus de toute collaboration avec le maître anglais et la non-violence.

■ En 1930, il lance une spectaculaire marche à la mer, où les manifestants ramassent une poignée de sel, marquant ainsi leur refus du monopole détenu par les Britanniques.

■ Les Anglais l'emprisonnent à plusieurs reprises.

■ Libéré en 1944, après deux ans de prison et une longue grève de la faim, il participe avec Nehru, son compagnon de lutte, aux négociations qui aboutissent, en 1947, à proclamer l'indépendance de l'Inde. Cependant, Gandhi ne peut empêcher la création d'un État musulman, le Pakistan.

■ Le 30 janvier 1948, il est assassiné par un fanatique hindou. Ses cendres sont dispersées dans le Gange.

2 «Quit India»

«Au lieu de reposer sur la liberté, [...] [leurs méthodes] se fondent sur la domination des pays coloniaux assujettis et sur le maintien des techniques et des traditions impérialistes. [...] L'Inde, cette victime type de l'impérialisme moderne, est devenue le nœud de l'affaire, car c'est sur la libération de l'Inde que l'on jugera l'Angleterre et les Nations Unies et que les peuples d'Asie et d'Afrique trouveront source d'enthousiasme et d'espoir.»

Extrait de la résolution du Comité du Parti du Congrès, *Quit India*, août 1942.

LES ACTEURS DE L'HISTOIRE — HO CHI MINH — 1890-1969

Nguyen Tat Thanh est le fils d'un petit fonctionnaire annamite. Après des études au lycée de Huê, il court le monde, s'installe à Paris où il assiste au Congrès de Tours (voir p. 62). Pour lui, l'indépendance politique des États doit s'accompagner de l'émancipation sociale des peuples : dès 1920, il se rallie au communisme et, en 1930, il fonde clandestinement le Parti communiste indochinois. Condamné à mort par un tribunal français, il passe en Union soviétique, puis en Chine.

■ Pour lutter contre l'occupation japonaise de son pays pendant la Seconde Guerre mondiale, il crée le Parti viêt-minh ; en septembre 1945, il proclame l'indépendance du Viêt-nam. Un compromis pour reconnaître le Viêt-nam comme «État libre dans le cadre de l'Union française» ayant échoué, Hô Chi Minh organise et dirige la guerre d'indépendance jusqu'à la retraite des troupes françaises à Diên Biên Phu (1954).

■ Président de la République du Nord Viêt-nam, Hô Chi Minh dirige la lutte contre la présence américaine dans le Sud Viêt-nam, afin d'obtenir la réunification de son pays. Vieilli, il s'efface progressivement devant des hommes plus jeunes comme Giap. Celui que ses compatriotes nomment «Oncle Hô» meurt cinq ans avant le départ des Américains.

3 Hô Chi Minh et le général Leclerc, à Hanoi, en mars 1946.

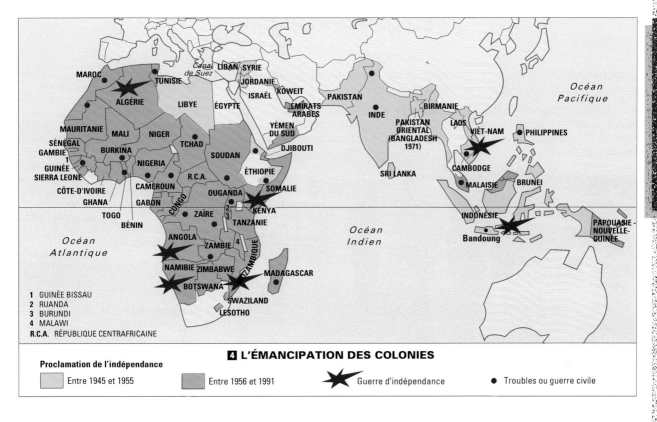

4 L'ÉMANCIPATION DES COLONIES

Proclamation de l'indépendance

☐ Entre 1945 et 1955   ☐ Entre 1956 et 1991   ★ Guerre d'indépendance   ● Troubles ou guerre civile

Légende sur la carte :
1 GUINÉE BISSAU
2 RUANDA
3 BURUNDI
4 MALAWI
R.C.A. RÉPUBLIQUE CENTRAFRICAINE

LES ACTEURS DE L'HISTOIRE

SENGHOR   né en 1906

■ Né au Sénégal, élevé dans la religion catholique, Léopold Sédar Senghor poursuit de solides études à Dakar, puis à Paris, et devient professeur agrégé de Grammaire. Dans ses poèmes, il célèbre la grandeur de la culture noire, la «négritude», et l'espoir d'une réconciliation des civilisations.

■ Imprégné de la pensée occidentale, il ne souhaite pas une rupture brutale avec la France, mais seulement plus d'égalité et de dignité pour

les Noirs. Plusieurs fois député et ministre sous la IVᵉ République, il est un de ceux qui amènent la France à accorder pacifiquement l'indépendance à ses colonies d'Afrique noire.

■ Président de la République du Sénégal jusqu'à sa démission en 1980, il évite la dictature, refuse les répressions sanglantes, dialogue avec l'opposition. Son prestige international est très grand : il est devenu le symbole du dialogue entre civilisations africaines et occidentales.

5 Senghor (à gauche) en compagnie du président de la Côte-d'Ivoire, Félix Houphouët-Boigny, en 1961. ▶

---

6 Les aspirations des «Négro-Africains»

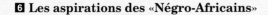

«Le "Bon Nègre" est mort ; les paternalistes doivent en faire leur deuil. C'est la poule aux œufs d'or qu'ils ont tuée. Trois siècles de traite, un siècle d'occupation n'ont pu nous avilir, n'ont pu nous faire croire à notre infériorité. Nous voulons une coopération dans la dignité et dans l'honneur, sans quoi ce ne serait que "Kollaboration", à la vichyssoise. Nous

sommes rassasiés de bonnes paroles (jusqu'à la nausée), de sympathie méprisante ; ce qu'il nous faut ce sont des actes de justice. Comme le disait un journal sénégalais : "Nous ne sommes pas des séparatistes, mais nous voulons l'égalité dans la cité". Nous disons bien : l'égalité.»

Léopold Sédar Senghor, *Défense de l'Afrique noire*, in *Esprit*, 1ᵉʳ juillet 1945.

QUESTIONS

1. Doc. 2 : relevez dans le texte les termes négatifs qui indiquent la soumission. Quels sont les termes positifs ?

2. Doc. 6 : au nom de qui s'exprime l'auteur ? A cette date, souhaite-t-il l'indépendance pour son pays ? Retrouvez, dans les pages précédentes, un document qui illustre l'idée du «Bon Nègre».

La guerre d'Algérie

L'indépendance de l'Algérie est obtenue au terme d'une guerre douloureuse, qui dura huit ans : de 1954 à 1962.

■ Le Front de Libération nationale, qui espérait le soutien de Nasser, doit agir seul. Il choisit la guérilla et le terrorisme comme moyens d'action. Il passe aux actes le 1er novembre 1954. La politique française est d'écraser la rébellion par tous les moyens.

❶ Des Flandres au Congo

«Il n'y a des Flandres au Congo que la loi, une seule Nation, un seul Parlement. [...] Tous les moyens seront réunis pour que la force de la Nation l'emporte, quelles que puissent être les difficultés et les cruautés de cette tâche. Le gouvernement veillera à ce que nos concitoyens d'Algérie sachent qu'ils ont une espérance et que cette espérance est française.»

F. Mitterrand,
ministre de l'Intérieur, novembre 1954.

◄ ❷ Un maquis du F.L.N. dans la région de Constantine, en 1957.

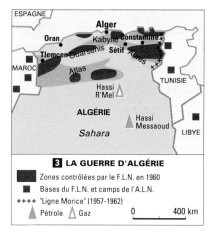

❸ LA GUERRE D'ALGÉRIE

■ Zones contrôlées par le F.L.N. en 1960
■ Bases du F.L.N. et camps de l'A.L.N.
++++ "Ligne Morice" (1957-1962)
△ Pétrole △ Gaz   0 ———— 400 km

❹ Opération de ratissage en Algérie, en 1956.

❺ Le terrorisme

«C'est le 2 mai (1957) que Reda proposa son idée à Yacef. Il s'agissait d'utiliser les pieds creux des lampadaires aux arrêts de tram, pour y introduire, à une heure calme de la journée, des bombes réglées pour éclater à une heure de presse. [...] Quatre hommes firent entre 11 heures et midi la tournée des trois arrêts de tram prévus et placèrent des bombes réglées pour 7 heures du soir. Elles furent exactes et firent 5 morts et 92 blessés.»

S. Bromberger, *Les rebelles algériens.*

❻ La répression

«Au cimetière dominant la route, une plate-forme où [...] se chauffent des soldats armés. En face, une autre plate-forme sur laquelle s'édifie lentement une maisonnette. Un homme en sort en bleu de travail ; c'est un menuisier de la ville venu prendre des mesures pour fabriquer la boiserie. Les soldats l'interpellent, il présente sa carte au plus proche : "Bon, partez". Un signe à son camarade qui fait feu. Le menuisier s'écroule. Du pied les soldats l'envoient dégringoler dans le sentier.»

Journal de Mouloud Feraoun, instituteur kabyle, assassiné par l'O.A.S. en 1962.

■ Asphyxié sur le terrain militaire, le F.L.N. va gagner sur le terrain politique. Il contrôle toujours de près les populations musulmanes et s'affirme comme le seul représentant du peuple algérien en créant le G.P.R.A. (Gouvernement provisoire de la République algérienne). Il obtient ainsi le soutien international de l'O.N.U., des États-Unis, de l'Union soviétique et du Tiers Monde.

■ Le général de Gaulle, de retour au pouvoir en 1958, propose d'abord aux fellaghas* la «paix des braves», qui reste sans écho. Il lance alors l'idée de l'autodétermination. S'estimant trahis, les pieds-noirs se révoltent lors de la «Semaine des barricades» en 1960 et, en avril 1961, ils soutiennent le «putsch* des généraux» Salan et Challe. Mais l'armée ne suit pas.

■ Les négociations entre le gouvernement français et le G.P.R.A. traînent en longueur, pour aboutir enfin aux accords d'Évian de mars 1962. Le 3 juillet 1962, malgré l'ultime sursaut extrémiste de l'O.A.S. (Organisation de l'Armée secrète des partisans de l'Algérie française), l'Algérie devient indépendante.

🟦 Le droit à l'autodétermination

«Considérant que l'émancipation des peuples est conforme, tout à la fois, au génie de notre pays, au but que nos grands colonisateurs, par exemple Gallieni, Lyautey, avaient en vue dans leur œuvre colonisatrice, conforme aussi au mouvement irrésistible qui s'est déclenché dans le monde à l'occasion de la guerre mondiale et de ce qui s'en est suivi, j'ai engagé dans cette voie-là, dans la voie de l'émancipation des peuples, la politique de la France. [...]
Il faut savoir, quand le moment est venu, et il est venu, reconnaître à tous le droit de disposer d'eux-mêmes, leur faire en principe confiance, et même attendre d'eux qu'ils apportent à leur tour leur contribution au bien de notre humanité.»

Général de Gaulle, *Conférence de presse*, 5 septembre 1960.

🟦 Les accords d'Évian

«Un cessez-le-feu est conclu. Il sera mis fin aux opérations militaires et à la lutte armée sur l'ensemble du territoire algérien le 19 mars [...].
Le gouvernement français estime, avec le F.L.N., que la solution de l'indépendance de l'Algérie en coopération avec la France est celle qui correspond à cette situation. L'Algérie garantit les intérêts de la France et les droits acquis des personnes physiques et morales. En contrepartie, la France accordera à l'Algérie son assistance technique et culturelle et apportera à son développement économique et social une aide financière privilégiée.»

Extraits, mars 1962.

🟦 L'exode de l'été 1962

«Pendant des jours et surtout des nuits, les pieds-noirs sont arrivés, incapables pour la plupart de réaliser ce qui venait de se déclencher. La rapidité du départ, de la confection de bagages improvisés pour sauver ce que l'on croit être le plus précieux et qui n'a pas forcément le plus de valeur, avait mis plus d'une femme au bord de la crise de nerfs. Les hommes qui les accompagnaient feignaient l'impassibilité, mais ils avaient les poings serrés. J'entends encore le leitmotiv de ce rapatrié qui nous répétait : "Et ma récolte ? et ma récolte ?" C'est à un moment comme celui-là que le mot "attachement à la terre" a vraiment une signification.»

J. Loiseau, *Pied-noir mon frère*, témoignage d'un «Francaoui», France-Empire, 1963.

◀ 🟦 750 000 pieds-noirs quittent l'Algérie en abandonnant leurs biens.

🟦 Le jour de l'indépendance. ▶

🟦 Un lourd bilan	
Pertes militaires françaises	Pertes militaires algériennes
25 000 tués 65 000 blessés	Entre 300 000 et 400 000

QUESTIONS

1. Organisez, sous la forme d'une frise chronologique, le déroulement des événements qui ont eu lieu au cours des huit années de guerre, de 1954 à 1962, tels qu'ils sont rapportés dans cette double page.

2. Quel est le modèle qui a servi à la création du G.P.R.A. ?

3. Doc. 8 : comment ces accords s'efforcent-ils de préserver l'influence française ? Citez la phrase qui le montre.

L'indépendance ne marque pas la fin des difficultés des nouveaux États. Avec le départ massif des Européens, de nombreux problèmes politiques et économiques se font jour. Les grandes puissances en profitent pour étendre leur influence sur les anciennes colonies.

A. Des États fragiles

1. Les nouveaux États reprennent dans leur très grande majorité les frontières des anciennes colonies. Ces **frontières** sont **artificielles** (voir doc. 8, p. 119). Elles ne correspondent pas aux limites entre les différentes langues et ethnies*. Il en résulte de **nombreuses guerres civiles :** Biafrais contre Nigérians (doc. 4), Katangais contre Congolais, par exemple ; guerres de voisinage : Maroc contre Mauritanie, Tchad contre Libye.

2. Le manque de cadres administratifs et politiques se fait cruellement sentir. La colonisation avait détruit les cadres traditionnels. L'indépendance a fait disparaître l'administration coloniale. Seule une minorité, formée dans les écoles européennes, est capable d'exercer de hautes responsabilités.
La démocratie est rarement la règle : **coup d'État et dictature** (doc. 3) sont souvent les seuls moyens utilisés par un groupe politique ou une ethnie pour gagner et conserver le pouvoir.

B. Les lendemains de l'indépendance

1. L'indépendance politique ne signifie pas l'indépendance économique. Presque toujours, l'ancienne colonie demeure dans la zone monétaire et financière de l'ex-métropole. Le néo-colonialisme* économique remplace le colonialisme politique.

2. L'économie est à reconstruire. L'industrialisation apparaît à tous les gouvernements comme la tâche prioritaire : mais les pays manquent de capitaux, de techniques et de main-d'œuvre qualifiée. Des efforts sont faits en faveur de l'agriculture : amélioration des techniques, réformes agraires* parfois. Mais l'explosion démographique empêche la majorité de la population de bénéficier de ces progrès (doc. 2).

3. Les économies nationales s'intègrent péniblement aux marchés mondiaux où les grands pays industrialisés bénéficient d'une place dominante : les nouveaux États ne peuvent exporter que leurs matières premières à des prix bas (voir doc. 2, p. 154). Indépendantes sur le plan politique, les anciennes colonies ne réussissent pas leur décollage économique : elles forment un **Tiers Monde*** sous-développé (doc. 1).

C. Un enjeu entre les blocs

Pour se défendre, **les pays du Tiers Monde utilisent la tribune de l'O.N.U.** où ils deviennent majoritaires (doc. 7). Mais ils ne sont pas membres permanents du Conseil de sécurité : ils ne participent donc pas aux grandes décisions (voir p. 102).
Les deux blocs profitent des difficultés politiques et économiques des nouveaux États pour étendre leur influence sur le Tiers Monde (doc. 4 et 6). Des luttes partisanes souvent dramatiques les déchirent.

▮ Le Tiers Monde

«Nous parlons volontiers de deux mondes en présence, de leur guerre possible, de leur coexistence [...], oubliant trop souvent qu'il en existe un troisième, le plus important et en somme le premier dans la chronologie. C'est l'ensemble de ceux que l'on appelle en style Nations Unies les pays sous-développés [...]. Ce Tiers Monde ignoré, exploité, méprisé, comme le Tiers État, veut, lui aussi, être quelque chose.»

A. Sauvy, *L'Observateur*, 16 août 1952.

■ *Notez les adjectifs qui, dans ce texte, s'appliquent au Tiers Monde. A quelle période historique fait penser la comparaison Tiers Monde/Tiers État ?*

▮ Un écart inévitable

«Le monde d'après-guerre a vu une autre révolte encore, celle des pays qui ne sont pas nantis. Tout comme les Noirs et leurs frères à peau brune avaient accepté pendant des siècles le "fardeau du Blanc", les pauvres acceptaient aussi la pauvreté comme une chose naturelle. Or, ce qui a marqué les quinze dernières années, c'est le refus catégorique d'une telle conception des choses. Si le partage du monde entre l'Est et l'Ouest est né d'un conflit idéologique, l'écart entre les pays riches et les pays pauvres a creusé une sorte de fossé entre le Nord et le Sud. L'accroissement rapide de la population et l'absence de progrès économique et technique dans les pays en voie de développement ont provoqué une situation telle que cet écart inévitable entre pays riches et pays pauvres n'a cessé de s'élargir, et c'est là, à mon avis, une situation pleine de périls.»

Extrait d'un *Discours* de U Thant, Secrétaire général de l'O.N.U., 11 novembre 1963.

■ *A cette date, comment le monde apparaît-il partagé ?*

◀ **4** **Aspects de la guerre du Biafra (Nigeria).** Après trente mois d'atroce guerre civile (mai 1967-janvier 1970), la sécession du Biafra est écrasée.

3 Des lendemains incertains

«Un jour, un ambassadeur étranger est venu me voir et m'a posé la question de savoir s'il pourrait y avoir un coup d'État au Cameroun. Je lui ai dit non. Il m'a dit : "Mais s'il y avait quand même un coup d'État, il y aurait une guerre civile ?" Je lui ai dit oui. Puis j'ai ajouté : "Voyez-vous, il ne peut peut-être pas y avoir de coup d'État, mais il peut y avoir un accident. En venant dans mon bureau, vous avez vu des gendarmes à l'entrée du bureau [...]. Un jour, un de ces gars-là peut tirer sur moi." Il m'a dit : "Mais, même en cas d'accident, est-ce qu'il y aurait toujours la guerre civile ?" Je lui ai dit oui.»

M. Ahidjo, président de la République fédérale du Cameroun, *Conférence de presse,* 8 mai 1969.

Ahidjo a été contraint à démissionner en 1982.

5 La pénétration chinoise en Afrique dans les années 1960

«Il faut faire état des très nombreux traités signés entre la Chine populaire et les États africains depuis quelques années.

Il faut également mentionner les accords culturels.

Enfin, des efforts importants ont été déployés en ce qui concerne les accords de coopération économique et technique. Mais, parallèlement aux moyens officiels, la Chine a recours à certaines méthodes non officielles, essentiellement la propagande et l'encouragement à l'agitation.

Un des moyens importants de propagande est constitué par l'envoi ou la réception de délégations. Des tournées sont organisées pour montrer des films chinois. Périodiques et livres sont vendus à des prix extrêmement bas. Enfin, certains observateurs reprochent à la Chine populaire de soutenir en Afrique un certain nombre de mouvements subversifs.»

B. Bador, *La politique chinoise dans le Tiers Monde,* mai 1967.

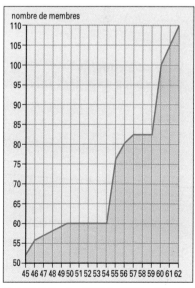

7 L'O.N.U. de 1945 à 1962 : l'évolution du nombre des membres.

«Porter, please?»

◀ **6** **Après l'indépendance du Congo...** Caricature du New York Times, 1960.
■ *Quels sont les pays représentés par les personnages de droite ?*

L'émergence du Tiers Monde

JE RETIENS

1. Les mots et notions clés

● **émancipation, décolonisation, indépendance** ●
● **guérilla, F.L.N.** ● **Tiers Monde, sous-développement,
néo-colonialisme, non-alignement** ●

2. Les idées essentielles

En moins de 30 ans, de 1945 à 1975, les grands empires disparaissent. Les États qui avaient été colonisés deviennent indépendants.

■ La Seconde Guerre mondiale a affaibli les métropoles européennes ; les mouvements nationalistes se sont renforcés et bénéficient de nombreux appuis (O.N.U., États-Unis, U.R.S.S.).

■ La décolonisation commence en Asie dès 1947 (Inde, Indochine) ; puis elle gagne l'Afrique à partir de 1954. Dans la plupart des cas, l'indépendance est obtenue pacifiquement ; l'opposition de la métropole aux mouvements d'émancipation donne lieu à des **guerres d'indépendance** difficiles (Indochine, Algérie).

■ **L'indépendance ne règle pas tous les problèmes des nouveaux États.** La vie politique est fragile : guerres civiles, guerres extérieures, coups d'État, dictatures se multiplient. La construction de l'économie est difficile ; les anciennes colonies se retrouvent dans un **Tiers Monde** sous-développé. Affaiblis politiquement et économiquement, les pays nouvellement indépendants deviennent un enjeu entre les blocs Est et Ouest.

EXERCICES

1. Je suis capable de placer des événements sur une frise chronologique

■ Je construis une frise chronologique de 30 ans (1945-1975) sur la flèche ci-dessous.
■ Je situe les événements suivants par rapport à la conférence de Bandoung : accords de Genève, accords d'Évian, indépendance de l'Inde, indépendance des colonies françaises d'Afrique noire, indépendance de la Tunisie et du Maroc, indépendance des colonies portugaises d'Afrique.

2. Je suis capable de faire les exercices suivants :

■ Je sais distinguer les termes «décolonisation» et «émancipation».

■ Quand, comment, par qui le problème algérien a-t-il été réglé ? Je suis capable de rédiger un paragraphe de 10 lignes sur ce thème.

■ Je suis capable d'écrire deux à trois lignes sur chacun des grands leaders de l'émancipation :
– Nasser   – Hô Chi Minh   – Gandhi
– Nehru   – Senghor

■ Je suis capable de citer trois pays ayant obtenu leur indépendance avant 1955 et sept pays l'ayant acquise après 1955. Je m'attribue 2 points par réponse exacte.

3. Je complète une carte

■ Dans chacun des cartouches de la carte ci-contre, j'écris le nom du pays et sa date d'accession à l'indépendance.

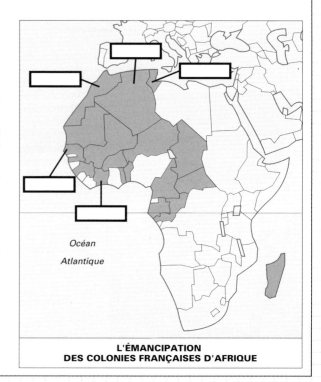

Océan
Atlantique

**L'ÉMANCIPATION
DES COLONIES FRANÇAISES D'AFRIQUE**

BREVET BLANC

1. Je commente des textes

Texte 1 :

■ **1.** Qui est l'auteur de ce discours ? A quel moment son pays a-t-il accédé à l'indépendance ? De quelle manière ?

■ **2.** Dans quel État est située la ville de Bandoung ? Citez quelques-uns des pays représentés à la conférence de Bandoung. A cette date, qu'en est-il de l'Indochine française ?

■ **3.** A quelles «forces gigantesques en mouvement» Nehru fait-il allusion ? Nommez quelques-uns des peuples en lutte pour leur indépendance en 1955.

■ **4.** Quelles ont été les principales résolutions prises lors de la conférence de Bandoung ? Les métropoles européennes sont-elles les seules visées ?

Texte 2 :

■ Quelles informations pouvons-nous en tirer ?

---

❶ *Asia and Africa awake !*

«Depuis sept jours, nous sommes dans cette belle ville de Bandoung et Bandoung a été au cours de cette semaine le point de mire, la capitale, devrais-je dire, de l'Asie et de l'Afrique.

Nous nous sommes réunis parce que des forces gigantesques sont en mouvement sur ces grands continents, remuant des millions de personnes et suscitant dans leurs esprits un désir de changement dans leur condition.

Nous avons été distancés dans la course du monde mais nous sommes résolus à rattraper notre retard.

Il y a aujourd'hui un autre esprit en Asie. Il n'y a plus d'Asie soumise. C'est pourquoi nous élevons notre voix contre l'hégémonie et le colonialisme dont beaucoup d'entre nous ont souffert. Malheureusement, même aujourd'hui, le drame de l'Afrique est plus grand que celui d'aucun autre continent. Il appartient à l'Asie d'aider l'Afrique au mieux de ses possibilités.»

Nehru, *Discours de clôture* à la conférence de Bandoung, 24 avril 1955.

---

❷ La libération nationale

«Ce que le colonisé a vu sur son sol, c'est qu'on pouvait impunément l'arrêter, le frapper, l'affamer ; et aucun professeur de morale jamais, aucun curé jamais, n'est venu pour recevoir les coups à sa place ni partager son pain avec lui. Pour le colonisé, être moraliste c'est, très concrètement, faire taire la morgue du colon, briser sa violence étalée, en un mot l'expulser carrément du panorama. Le fameux principe qui veut que tous les hommes soient égaux trouvera son illustration aux colonies dès lors que le colonisé posera qu'il est l'égal du colon. [...] Le colon, dès lors que le contexte colonial disparaît, n'a plus d'intérêt à rester, à coexister.»

Franz Fanon, *Les damnés de la terre*, Maspéro, 1961.

Henri Grimal
LA DÉCOLONISATION
de 1919 à nos jours.

ÉDITIONS COMPLEXE

---

2. Je comprends une image

◄ **Couverture d'un livre d'Histoire.**

■ Quels sont les éléments qui symbolisent les pays colonisés ? A quelle partie de l'Empire colonial français font-ils allusion ?

■ Quelles sont les armes dont dispose le colonisé ?

■ Comment est présentée la puissance dominante ? Comment faut-il interpréter le point d'interrogation ?

■ A partir de cette image, définissez le terme «décolonisation».

3. Sujets d'examen

■ **La décolonisation dans le monde de 1945 à 1962.**

– Quelles ont été les causes ?

– Quelles furent les principales luttes de libération en Asie et en Afrique ? .

■ **L'émancipation des colonies françaises de 1945 à 1962.**

– L'empire colonial français en 1945.

– Les grandes phases de la décolonisation.

– Les conséquences politiques.

1 Le bond en avant des sciences et des techniques

En moins d'un demi-siècle, les connaissances et le comportement des hommes ont été bouleversés, à l'échelle de la planète (doc. 1).

A. Des conquêtes stupéfiantes

1. L'explosion d'Hiroshima a révélé au monde la fantastique énergie libérée par l'atome. Le contrôle de cette réaction a permis l'utilisation pacifique de cette énergie. De 1945 à 1975, plusieurs types de **réacteurs nucléaires** sont mis en service. Dès 1960, l'énergie nucléaire est compétitive.

2. L'invention du **transistor,** en 1947, et son utilisation en informatique marquent un progrès décisif. De très petits cristaux de silicium ont la propriété d'amplifier les signaux électriques et de retenir en mémoire un nombre prodigieux d'informations (doc. 2). Aujourd'hui, les **microprocesseurs** effectuent des calculs très complexes à la fabuleuse vitesse du milliardième de seconde. La production industrielle est confiée à des robots commandés par ordinateur (voir. p. 136) ; de grands réseaux d'informations, les **banques de données,** se constituent.

3. La médecine sait mieux soulager les souffrances des hommes. La science combat plus efficacement la plupart des grands fléaux et espère, à terme, triompher du Sida. Le **scanner** et l'utilisation des ultrasons ont ouvert de nouvelles possibilités de diagnostic et, avec le **laser** (doc. 4), le chirurgien opère avec une précision accrue. La chirurgie des **greffes** réalise de remarquables prouesses.

B. La révolution de la communication

1. L'essor fulgurant de la **télévision,** d'abord en noir, puis en couleur, a concurrencé l'imprimerie, la radio et le cinéma. Dans les années 50, elle commence à se répandre aux États-Unis, puis en Europe. En 1970, 95% des foyers américains, en 1985 91% des foyers français possèdent au moins un récepteur de télévision.

2. Dans les années 1980, le **micro-ordinateur** a bouleversé les méthodes de travail dans toutes les entreprises ; il est en passe de modifier notre conception des loisirs, en association avec d'autres appareils tels que **magnétoscopes, vidéodisques,** etc.

3. Le développement de la **télématique,** c'est-à-dire l'ensemble des techniques qui associent l'information et les télécommunications, a transformé le globe terrestre en un «village électronique» (doc. 3). Les hommes d'aujourd'hui communiquent instantanément et économiquement avec le monde entier. Ils reçoivent des messages et des images innombrables. Ils sont avertis des événements importants. **La communication est devenue le moteur des sociétés modernes.**

VOCABULAIRE

Laser : source lumineuse puissante pouvant être dirigée avec beaucoup de précision.

Microprocesseur : ensemble de transistors câblés pour réaliser des calculs. Synonyme : puce.

Scanner : appareil de radiographie des constituants du corps.

Transistor : dispositif semi-conducteur pour amplifier, stocker ou combiner des informations.

1945	Commercialisation du nylon, suivi des autres textiles synthétiques.
1947	Transistor.
1953	Télévision en couleur aux États-Unis.
1958	Laser.
1959	Première greffe du rein.
1962	Première liaison par satellite (Telstar) entre les États-Unis et l'Europe (Pleumeur-Boudou).
1965	Lancement du satellite Intelsat I, premier satellite géostationnaire, premier service commercial de télécommunication par satellite.
1967	Début de la télévision couleur en France. Première greffe du cœur.
1969	Neil Armstrong, premier homme sur la lune.
1971	Premier microprocesseur. Scanner.
1972	Vidéodisque à lecture laser.
1977	Développement du micro-ordinateur. Premier satellite français «Symphonie».
1980	Débuts du Minitel.

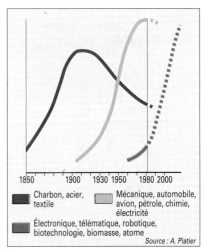

Charbon, acier, textile

Mécanique, automobile, avion, pétrole, chimie, électricité

Électronique, télématique, robotique, biotechnologie, biomasse, atome

Source : A. Piatier

1 Les trois révolutions industrielles.

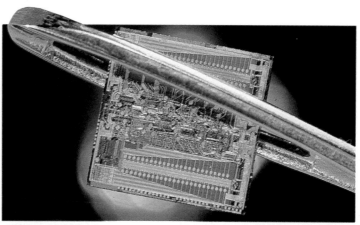

2 «**Puce**» placée dans le chas d'une aiguille : cette microplaquette de silicium, d'un volume de 6 mm^3, comprend 64 400 positions de mémoire.

3 Le satellite de radio communications T.V. S.A.T. 1, lancé en 1987 par la fusée Ariane 4 depuis la base de Kourou (Guyane).

4 Le rayonnement laser, plus de 1 000 fois supérieur à celui du soleil. ▶

5 Dans les campagnes de l'Inde.

■ *Doc. 6 : écrivez l'idée principale exprimée dans chacun des deux textes.* ▶

---

6 La planète est mon village

«Le rôle des réseaux câblés et des satellites est essentiel : à la même heure, peut être vu dans des pays différents un même spectacle en direct ; ces pratiques collectives qu'Eurovision et Mondovision réservaient aux événements importants ou exceptionnels, notamment ceux du sport-spectacle, vont investir peu à peu la vie quotidienne, en dehors même du domaine de l'information. En 1900, l'univers d'un Français se limitait souvent au canton, voire à la commune. Le rail, l'autocar, la radio, puis l'automobile et la télévision, ont élargi cet univers qui s'est dilaté aux dimensions de la planète.»

R. Rémond, *Notre Siècle*, Fayard, 1988.

«Entre les différentes langues, seule l'image fournit une médiation ouverte à tous. Pour apprendre ce qui se passe en Chine ou quelle est la vie sur la Lune, il n'est plus nécessaire de savoir le chinois ou l'astronomie : une image ou un dessin suffisent. Chacun peut comprendre l'indispensable. Les paysages et les événements que l'image évoque ont presque la vivacité des choses réelles. Ce qu'on peut voir va plus loin que le mot et touche tous les gens de la même façon.»

S. Moscovici, *La Recherche*, mai 1983.

Les Trente Glorieuses

En trente ans, entre 1945 et 1975, les pays industrialisés connaissent un développement unique dans l'histoire de l'humanité (doc. 2 et 4). Le titre du livre de Jean Fourastié, *Les Trente Glorieuses,* est entré dans le langage courant pour désigner cette période de prospérité.

A. Une forte croissance

1. Pour les pays industrialisés **le taux de croissance* du P.I.B.* atteint et même dépasse les 5% par an** (doc. 2) : avec un taux de 10% par an, le Japon devient la troisième puissance mondiale. L'Allemagne, avec plus de 5%, occupe la quatrième place derrière les États-Unis et l'Union soviétique, mais devant la France et la Grande-Bretagne.

2. L'amélioration de la productivité*, qui caractérise cette période, remonte à la prospérité américaine des années Vingt. Mais le phénomène a pris une grande ampleur : on parle de **production de masse.**
– Les entreprises s'organisent de manière à accroître la productivité. Les plus dynamiques consacrent des capitaux énormes à la **recherche. L'informatisation et la robotisation*** permettent de réaliser des machines sans cesse plus perfectionnées.
– On privilégie la matière grise : management, regroupement des travailleurs dans des **cercles de qualité** où sont encouragées les initiatives personnelles, participation des salariés aux bénéfices de l'entreprise.

3. Les activités des hommes se transforment : l'agriculture se mécanise et prend des caractères industriels (*agribusiness*). Le secteur tertiaire, les services, prennent une part prépondérante.

1 La construction de la Tour Maine-Montparnasse à Paris (achevée en 1973), symbole des années de croissance.

2 5% de croissance par an

«Quand nous avions 20 ans, 20% des familles françaises avaient une voiture ; 70% en ont une aujourd'hui. 5 à 6% avaient une machine à laver le linge, un réfrigérateur, un lave-linge et un téléphone ; aujourd'hui, 95% ont un réfrigérateur, 80% un lave-linge et 65% un téléphone. Quant à la télévision, négligée par les statistiques dans les années 50, elle habite neuf foyers sur dix aujourd'hui. [...]
Le revenu par tête dans les pays occidentaux avait presque doublé au 19e siècle. Il avait encore doublé pendant le premier tiers du 20e siècle. Et, à partir de 1950, en trente ans le revenu par tête est multiplié par quatre ! Personne n'y croyait à la fin de la guerre. [...] Pendant trente ans – ou plus précisément pendant vingt-cinq, de la fin de la reconstruction au premier choc pétrolier – cinq pour cent de croissance, chaque année, vaille que vaille, presque partout.»

J. Boissonnat,
«Deux siècles de révolution industrielle»,
L'Expansion, 1983.

B. La société d'abondance

1. Durant les Trente Glorieuses, dans les sociétés occidentales, de larges couches de la population ont accédé à la possession de **biens matériels,** considérés comme un luxe lorsqu'ils sont apparus (doc. 6) : chauffage, eau courante, salle de bains, réfrigérateur, machine à laver, transistor, télévision, voiture individuelle.

2. Dans la société de consommation, l'objet n'est pas destiné à durer. Après avoir satisfait aux besoins indispensables, les entreprises ont créé de nouveaux besoins correspondant au renouvellement rapide des biens mis sur le marché. Une foule de **besoins artificiels,** ne répondant à aucune nécessité, ont été suscités **(gadget).**
Pour y atteindre, de larges facilités ont été offertes au consommateur avec la **généralisation du crédit.** Pour susciter des besoins nouveaux, les entreprises ont fait appel à la **publicité,** à la séduction des emballages. On ne consomme plus pour satisfaire un besoin essentiel, mais pour paraître. D'où la vogue des **modes éphémères et changeantes :** mini-jupe, maxi-manteau...

3. Les magasins à grande surface, installés à la périphérie des villes, concentrent l'essentiel de la distribution. Conçus comme de grandes foires permanentes, ils proposent à leur clientèle d'énormes quantités de **produits standardisés** (doc. 7). Ainsi, la société de consommation aboutit à uniformiser les goûts et les habitudes.

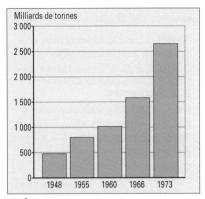

Milliards de tonnes

3 Évolution de la production mondiale de pétrole.

■ *Calculez le pourcentage d'accroissement de 1948 à 1973.*

Millions de tonnes

4 Évolution de la production mondiale de blé.

■ *Calculez le pourcentage d'accroissement de 1915 à 1975.*

METTEZ UN TIGRE DANS VOTRE MOTEUR !

" LE PLEIN EN SUPER-PUISSANCE ! "

découvrez la super-puissance d'Esso Extra Supercarburant !

Démarrages-éclair : au feu vert vous bondissez ! Chaque milligoutte d'Esso Extra Supercarburant pulvérisée dans vos cylindres se transforme en une énergie super-puissante qui vous permet de prendre de l'avance même sur des voitures plus importantes.

Dépassements irrésistibles : sur route vous roulez avec une sécurité accrue. Esso Extra Supercarburant vous donne des reprises franches et décisives. Vous doublez rapidement, sans effort, en ayant toujours de la réserve de puissance sous le pied.

Souplesse à tous les régimes : avec Esso Extra Supercarburant, votre moteur travaille sans à-coups, il a la souplesse des grands fauves... Rouler avec Esso Extra Supercarburant, c'est vraiment mettre un tigre dans votre moteur !

Vive la voiture avec Esso !...

(ESSO)

5 Publicité de la firme Esso dans les années de haute croissance (1966).

■ *Montrez que cette image correspond à une période de forte croissance.*

---

6 La révolution invisible

En une génération, le pouvoir d'achat moyen de chaque Européen a été multiplié par quatre. Aujourd'hui, nous sommes effectivement et mathématiquement quatre fois plus riches que nos parents. Le plus étrange est qu'un tel événement ait pu passer à peu près inaperçu. Lancés dans une course effrénée à la consommation, nous en venons spontanément à considérer chaque nouvel avantage acquis, chaque «confort» supplémentaire, comme naturel. Chauffage, voiture, électroménager, nourriture, habillement, etc. Nous sommes devenus riches sans nous en rendre compte.

D'après «Vive la crise»,
Libération, numéro spécial, février 1984.

◀ **7** Duane Hanson, *Supermarket Lady,* **sculpture (1969-1970),** collection Ludwig, Aix-la-Chapelle. Le style hyperréaliste se veut une confrontation violente avec la réalité.

Une économie mondiale

Au lendemain de la Seconde Guerre mondiale, les échanges internationaux de marchandises, information, capitaux, prennent une **ampleur planétaire.** Ces échanges bénéficient au groupe des pays industrialisés, en particulier aux États-Unis, détenteurs des trois quarts du stock d'or mondial.

A. Des conditions favorables

1. Les progrès des transports ont donné aux hommes un sentiment d'**abolition des distances et du temps.** En quelques heures on atteint tous les points du globe. Il n'y a guère de pays isolés, à l'écart de la vie internationale. Malgré la division du globe en blocs opposés, **le temps est à la coopération internationale et aux multinationales*** (doc. 1, 3 et 5).

2. La période des Trente Glorieuses est aussi une période d'**énergie à bon marché.** Le faible coût du pétrole à permis de baisser les tarifs des transports. Le prix du brut ne cesse de baisser entre 1950 et 1970. Il devient l'unité de référence : on parle de **Tep** et non plus de Tec (1 Tep = 1,5 Tec). Le pétrole supplante le charbon et devient la première source d'énergie (doc. 4).

B. Des facilités monétaires

L'ouverture des États aux échanges internationaux a été favorisée par la mise en place de **deux organismes de crédit** créés en 1944 à **Bretton Woods** (États-Unis) : le **F.M.I.** et la **B.I.R.D.** Rattachés à l'O.N.U., F.M.I. et B.I.R.D. sont les bases d'un **nouvel ordre économique mondial*.**

1. Le F.M.I. a pour objectif de faciliter le commerce mondial : il assure des changes stables ; il vient en aide aux États membres passagèrement en difficulté, en leur attribuant des prêts en dollars.

2. La B.I.R.D. consent des prêts remboursables à long terme pour des investissements internationaux. Elle favorise de cette manière la relance d'économies en difficulté.

C. Des accords entre États

La mondialisation des échanges s'accomplit dans le cadre d'accords entre États, qui visent à supprimer les entraves douanières.

1. En 1947, à la demande de l'O.N.U., est établie une charte de commerce international : le **G.A.T.T.** Des discussions, les *rounds,* se déroulent périodiquement. Elles permettent aux États membres de se faire des concessions réciproques en matière de tarifs.
En 1962, est créée la **C.N.U.C.E.D.,** dans le but de stabiliser le prix international des matières premières.

2. C'est dans le cadre européen que la coopération entre États est la mieux réalisée. En 1948, a été créée l'**O.E.C.E.,** regroupant les pays bénéficiaires du plan Marshall (voir p. 96). Cet organisme devient l'**O.C.D.E.*** en 1960. Son siège est à Paris. Il comprend 18 membres auxquels se joignent le Japon, les États-Unis et le Canada pour former le **club des pays riches.** L'O.C.D.E. a permis la mise en place d'accords monétaires et d'un programme d'aide aux pays en voie de développement.

3. Les États socialistes, de leur côté, sont associés dans le cadre du **C.A.E.M.,** qui entretient des liens économiques privilégiés avec certains pays du monde, comme Cuba.

■1 La puissance des multinationales en 1969
Quelques chiffres d'affaires réalisés par les plus grandes sociétés multinationales, comparés au P.N.B. de quelques pays (en milliards de dollars).

Firmes	C.A.	P.N.B.	Pays
General Motors	24,3		
		22,9	Belgique
		18,8	Suisse
Standard Oil NJ	15,0		
Ford Motor	14,8		
		14,0	Danemark
		12,8	Turquie
Royal Dutch Shell	9,7		
		9,7	Norvège
		8,5	Grèce
General Electric	8,4		
IBM	7,2		
Chrysler	7,0		
Mobil Oil	6,6		
		6,1	Colombie
		6,0	Indonésie
Unilever	6,0		

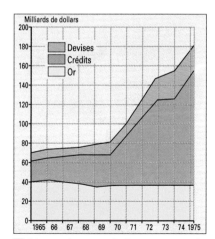

■2 L'accroissement des moyens de paiement internationaux.
■ A quel moyen de paiement recourt-on de préférence en 1975 ?

3 L'action des multinationales vue par un romancier

«Mes collaborateurs n'en revenaient pas ! Moi, Mc Ganter, j'allais en Bolivie et ce n'est pas le président que j'allais voir, mais un obscur personnage ! Pourquoi donc ? Eh bien, je vais vous dire : l'obscur personnage sera à partir de lundi prochain ministre de l'Agriculture, mon cher, comprenez-vous ? Je ne vous fais pas un dessin ? Nos ventes d'engins vont formidablement se développer en échange de quelques menus services ! Par exemple, je vais leur faire obtenir un prêt, à ces Boliviens, par la Banque Internationale de San Francisco, comme ça ils pourront payer nos engins et en même temps équiper leur armée !...»

Victor Pilhes,
L'imprécateur, Le Seuil, 1974.

■ *Comment agissent les multinationales ?*

■ *Quel est l'organisme de crédit cité dans le texte ?*

4 Un supertanker. De 1945 à 1973, on assiste à une course aux très grands tonnages. Les navires pétroliers passent de 20 000 à 500 000 tonnes. Leurs trajets sont programmés en fonction des besoins des raffineries. Ils ne peuvent accoster que dans des ports très profonds (plus de 25 m).

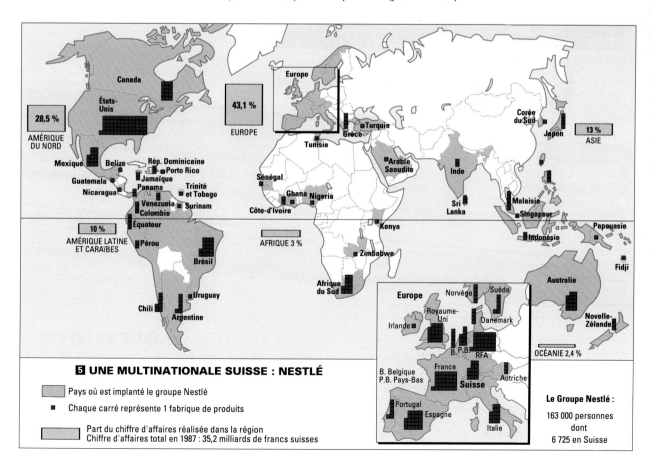

5 UNE MULTINATIONALE SUISSE : NESTLÉ

▨ Pays où est implanté le groupe Nestlé

■ Chaque carré représente 1 fabrique de produits

▭ Part du chiffre d'affaires réalisée dans la région
Chiffre d'affaires total en 1987 : 35,2 milliards de francs suisses

Le Groupe Nestlé :
163 000 personnes
dont
6 725 en Suisse

Une nouvelle civilisation

La révolution technologique a effacé l'image d'un monde traditionnel. Elle a, en peu d'années, modifié les formes de production. Elle a favorisé l'apparition d'une **culture de masse uniforme,** faite d'informations nombreuses, souvent désordonnées et peu durables.

Les formes habituelles de la connaissance, fondées sur l'écrit, l'attention, les démonstrations, l'effort, sont remises en cause.

A. Les nouvelles formes du travail

1 Chaîne de montage robotisée aux usines Opel, R.F.A.

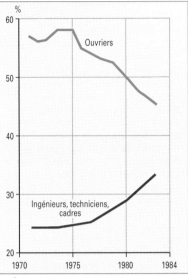

2 Évolution de l'emploi dans l'électronique (sans la construction informatique).

3 De la peine à la panne

«Les systèmes "hautement intégrés", genre atelier robotisé ou réseau de communication, sont fragiles, délicats et présentent des risques de pannes non négligeables du fait des inter-relations entre chaque composant ; en général, quand ils sont bien conçus, ces systèmes connaissent peu de pannes très importantes, mais, par contre, subissent des aléas fréquents et de nombreuses micro-pannes. [...]

Il suffit de visiter le très moderne Musée des sciences et techniques de la Villette pour constater que 30% à 40% des équipements automatisés (jeux et audiovisuels interactifs) sont en permanence "hors service" et en attente de réparation. [...]

C'est pourquoi les travaux à effectuer dans les entreprises sont en train de changer de nature : on passera, dans les prochaines années, de la civilisation de la peine (travaux physiques à effectuer) à la civilisation de la panne, où les travaux principaux seront des travaux de surveillance, de maintenance, de diagnostic et de dépannage.»

Y. Lasfargue, *Le Monde*, 22 août 1987.

4 Vers les 40 000 heures

«Pour faire le bilan de l'effort de travail que les Français ont consenti et consentent à la production de biens et de services, on peut dire qu'un homme type, supposé vivre 75 ans (ce qui est usuel aujourd'hui – et assez rare au siècle dernier, mais cependant parfaitement observable), avait travaillé ou travaillera :

– 220 000 heures dans sa vie, selon la durée du travail de 1880 ;

– 110 000 heures dans sa vie, selon la durée du travail de 1946 ;

– 82 000 heures dans sa vie, selon la durée du travail de 1975.

Enfin, nous verrons que la perspective des quarante mille heures peut être maintenue pour la fin du siècle, quoique les revendications pour la réduction de la durée du travail ne se situent plus au premier plan de l'actualité sociale.»

J. Fourastié, *Les Trente Glorieuses,* Fayard, 1979.

QUESTIONS

1. Doc. 1 : quelle observation doit-on faire sur ce document ?

2. Doc. 2 et 3 : quelles sont les idées concordantes développées dans ces documents ? Citez quelques-uns des «nouveaux métiers» apparus avec les nouvelles formes de travail.

Quelles formations exigent-ils ?

3. Doc. 4 : mettez en graphique les données fournies par le texte. Comment expliquer l'hypothèse de 40 000 heures en l'an 2000 ?

4. Pourquoi regarde-t-on la télévi-

sion au café ? Pour quelles raisons peut-on parler d'un nouveau comportement des consommateurs.

5. Doc. 8 : écrivez les mots qui sont les critiques des auteurs sur la manière dont est présentée l'Histoire à la télévision ?

B. Les mass médias

Perec
Les choses

10
18

5 «L'étrange lucarne» installée dans un café de Nîmes (1961).

◀ **6** Le livre de poche, collection 10-18, n° 1426.

7 **L'irruption des magazines :** couvertures du *Point* (juillet-septembre 1975).

8 **Télévision et information**

«Les informations parviennent [...] sans que soit donné le contexte où elles s'inscrivent. Les enfants suivent avec passion les films de guerre dont les programmes surabondent, mais sont généralement incapables de savoir de quelle guerre il s'agit, 14-18 ? 39-45 ? Les documentaires sur la guerre d'Algérie, sur la destruction du mur de Berlin [...] les mobilisent devant le petit écran. Certes, ils en ressortent sensibilisés à la lutte contre l'injustice, [...] et découvrent les valeurs des droits de l'homme, de la liberté et de la démocratie. Mais pourquoi a-t-on construit un mur à Berlin ? [...] Ils n'en savent rien. Sur de nombreux sujets, ils seront ainsi sensibilisés plutôt qu'informés. Et, paradoxalement, la télévision conduira à des réactions affectives plutôt qu'à une réflexion raisonnée.
De même, l'information fournie est généralement fragmentaire et fait rarement le tour d'une question. L'Histoire apparaît comme une succession de faits isolés que rien ne relie les uns aux autres. Les actions héroïques de tel personnage ou le roman d'amour de tel autre paraissent plus importants qu'un traité ou une bataille. [...] La télévision fournit une vision de plus en plus événementielle [de l'Histoire], quand elle ne l'aborde pas sous forme de fiction.»

M. Chalvon, P. Corset, M. Souchon,
L'Enfant devant la télévision des années 90,
Casterman, 1991.

Croissance et mondialisation de l'économie

JE RETIENS

1. Les mots et notions clés

● croissance ● productivité, robotisation ●
● multinationale ●

2. Les idées essentielles

Depuis 1945, le bond en avant des technologies a provoqué une formidable mutation dans la vie des hommes.

▪ Avec la découverte du **transistor** en 1947, et la mise au point en 1964 des **microprocesseurs,** il est désormais possible d'effectuer des calculs extrêmement complexes et de stocker les informations à l'infini. **Une société informatisée** est en train de naître.

▪ Les progrès de la science médicale ont permis un allongement d'un tiers de la durée de la vie. **La médecine** se présente aujourd'hui comme une technologie hautement spécialisée : opérations au laser, diagnostic par scanner, greffes d'organes…

▪ **Le travail** des hommes s'est profondément transformé grâce à l'automation et à la robotisation qui ont banni la peine mais font craindre la panne.

▪ **Une communication nouvelle** s'est instaurée et la planète est devenue village. L'accélération des vitesses (voitures, T.G.V., aéronautique) a donné un sentiment d'**abolition des distances.** La mobilité des hommes fait partie des comportements quotidiens.

▪ Entre 1945 et 1975, le monde traverse une période de grande prospérité caractérisée par **une forte croissance (autour de 5% par an),** le développement du secteur tertiaire et une formidable amélioration du bien-être.
Cette prospérité s'explique avant tout par des progrès techniques et des méthodes nouvelles de travail qui donnent lieu à des **gains de productivité** élevés.

▪ Parallèlement on assiste à une **mondialisation de l'économie.** Les flux d'échanges sont facilités par des prêts internationaux (F.M.I.) et par l'ouverture des frontières (G.A.T.T.). Dans ce contexte, un nouveau type d'entreprise aux dimensions planétaires apparaît : **la multinationale.**

EXERCICES

1. Je suis capable de définir les sigles suivants :

F.M.I., G.A.T.T., O.C.D.E., P.I.B.

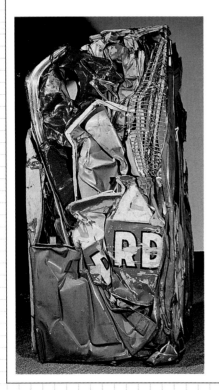

2. J'analyse une carte

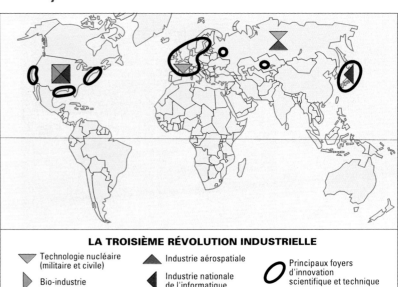

LA TROISIÈME RÉVOLUTION INDUSTRIELLE

▽ Technologie nucléaire (militaire et civile)

▷ Bio-industrie

▲ Industrie aérospatiale

◀ Industrie nationale de l'informatique

◯ Principaux foyers d'innovation scientifique et technique

▪ Je cite les principaux foyers d'innovation scientifique et technique en indiquant l'ensemble dont ils font partie.

3. Je commente un document

▪ Dégagez de cette œuvre de César certains caractères qui définissent la société de consommation.

◀ **César : automobile compressée (1963).**

BREVET BLANC

1. Je comprends une image

■ Quel est le pays mis en question dans la bulle ? De quelle manière ?

■ Que veut faire comprendre le dessinateur ? Quelles sont les conditions qui expliquent une telle situation ?

■ Quel titre pourriez-vous donner à ce dessin ?

Dessin de Piem, paru dans les *Dernières Nouvelles d'Alsace*, le 30 octobre 1980. ▶

2. J'analyse des tableaux statistiques

La société d'abondance aux États-Unis et en France (années 1950 et 1971 - Budgets moyens).

États-Unis : consommation individuelle (en %)			
1950		**1971**	
nourriture	30,4	nourriture	23,3
habitation	26,5	habitation	10,1
habillement	12,4	habillement	18
hygiène, santé	5,9	hygiène	9,3
transports	12,9	transports	12,6
culture, loisirs	5,9	culture, loisirs	6,3
divers	6	divers	9,7

France : ensemble des ménages (en %)			
1950		**1971**	
nourriture	44,9	nourriture	27,4
logement	13,6	logement	21,5
habillement	14,9	habillement	9,6
hygiène, santé	6,6	hygiène, santé	12,8
transports	5,6	transports	10,7
culture, loisirs	5,9	culture, loisirs	8,5
divers	8,5	divers	9,5

■ Quelles sont les grandes évolutions de la société de consommation indiquées par la répartition des dépenses ?

■ Quelles différences relève-t-on dans le détail des postes entre la France et les États-Unis en 1971 ?

3. J'explique un texte

> **Jérôme et Sylvie (24 ans) ou croquer la vie à pleines dents**
>
> «La vie [...] serait facile et simple. Toutes les obligations, tous les problèmes qu'implique la vie matérielle trouveraient une solution naturelle [...].
> Il leur semblerait [...] qu'une vie entière pourrait harmonieusement s'écouler entre ces murs couverts de livres, entre ces objets si parfaitement domestiqués qu'ils auraient fini par les croire de tout temps créés à leur unique usage. [...] Nul projet ne leur serait impossible [...].
> Il existait à côté d'eux, tout autour d'eux, des offres si fallacieuses, et si chaleureuses pourtant. Paris entier était une perpétuelle tentation.»
>
> G. Pérec, *Les choses*, Julliard, 1965.

■ Relevez la date du texte. Quel contexte économique et social reflète-t-il ?

■ Comment peut-on, à cette date, expliquer le passage : «tous les problèmes [...] solution naturelle» ? Citez quelques-uns de ces objets nouveaux «si parfaitement domestiqués».

■ Quels sont les mots et les phrases qui indiquent la société de consommation ? Par quel terme l'auteur met-il en cause ce type de société ?

4. Question d'examen

■ Les Trente Glorieuses (1945-1975) : les raisons qui les expliquent, leurs principaux aspects, leurs conséquences sur l'économie et la vie du monde.

CHAPITRE 11

LA FRANCE DE

1 La France du Président de Gaulle : 1958-1969

Le général de Gaulle, président du Conseil depuis le 1er juin 1958, reçoit le 2 juin, du Parlement, les pleins pouvoirs. Le rétablissement de l'autorité de l'État par un renforcement de l'exécutif lui apparaît prioritaire.

A. La nouvelle Constitution

1. Le 28 septembre 1958, les Français, qui désormais peuvent être consultés par **référendum*,** approuvent la nouvelle **Constitution*** proposée par le général de Gaulle (doc. 8). Ce texte, tout en maintenant le régime parlementaire, accorde de grands pouvoirs au président de la République (doc. 4). A la fin de l'année 1958, les gaullistes (U.N.R.*) gagnent les élections législatives et **de Gaulle est élu président de la République** (doc. 1 et p. 142).

2. En 1962, il décide de réformer la Constitution, pour que le président de la République soit élu au suffrage universel direct (doc. 2). Les Français approuvent par référendum (doc. 10).

1 Charles de Gaulle, premier président de la Ve République.

B. La décolonisation

1. Fort du soutien d'une majorité des Français, **de Gaulle s'attache à résoudre le problème algérien.** En septembre 1959, il propose aux Algériens **l'autodétermination*** (doc. 5).

Mais les partisans de l'Algérie française refusent la politique amorcée par de Gaulle et essaient de l'empêcher : des généraux tentent un putsch en avril 1961. L'O.A.S. utilise le terrorisme (voir pp. 120-121 et 122-123). Cependant, le 18 mars 1962, les **accords d'Évian** organisent un cessez-le-feu et un référendum d'autodétermination en Algérie, le 1er juillet. L'Algérie devient indépendante. Les pieds-noirs, ayant quitté leur sol natal, deviennent des déracinés, rapatriés en France.

2. En 1958, la Constitution reconnaît aux colonies d'Afrique l'autonomie et le droit à l'indépendance, dans le cadre d'une Communauté entre la France et l'Afrique noire. En 1960 et 1961, tous les États d'Afrique quittent la Communauté et signent avec la France des **accords de coopération.**

C. La France et son rang

Pour assurer l'**indépendance** de la France dans le monde (doc. 7), le général de Gaulle mène une grande politique étrangère.

1. De Gaulle refuse une Europe supranationale. Il s'oppose à l'entrée de la Grande-Bretagne dans la C.E.E. et veut une Europe bâtie autour du pilier franco-allemand (Traité de coopération signé avec Adenauer en 1963).

2. De Gaulle refuse la politique des blocs. Il reconnaît la Chine populaire. Il prend ses distances à l'égard des États-Unis : il critique leur intervention au Viêt-nam et la France, dotée de la bombe atomique depuis 1960, quitte l'O.T.A.N.* en 1966. Enfin, la France développe sa coopération avec l'Union soviétique.

2 La clé de voûte de notre régime

«La clé de voûte de notre régime, c'est l'institution nouvelle d'un Président de la République désigné par la raison et le sentiment des Français pour être le chef de l'État et le guide de la France. [...] La Constitution lui confère, à présent, la charge du destin de la France et de celui de la République. Suivant la Constitution, le Président est, en effet, garant [...] de l'indépendance et de l'intégrité du pays, ainsi que des traités qui l'engagent. Bref, il répond de la France. D'autre part, il lui appartient d'assurer la continuité de l'État et le fonctionnement des pouvoirs. Bref, il répond de la République.»

Le président de Gaulle, *Allocution radiotélévisée,* 20 septembre 1962.

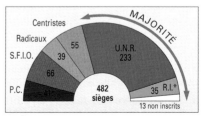

3 Élections législatives (nov. 1962).

LA CINQUIÈME RÉPUBLIQUE

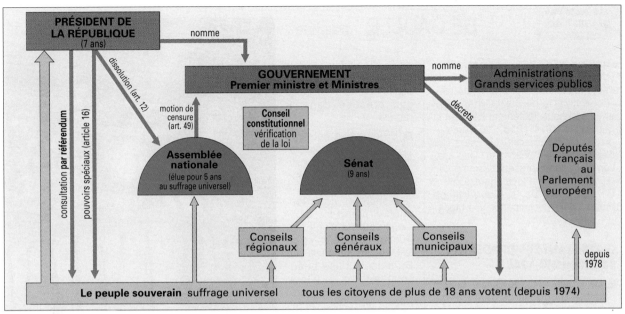

4 La Constitution de 1958, révisée en 1962.
■ *Relevez les grands changements par rapport à la Constitution de 1946 (p. 109).*

---

5 Quel destin pour l'Algérie ?

«Chacun sait que, théoriquement, il est possible d'en imaginer trois.
Ou bien : la sécession, où certains croient trouver l'indépendance. La France quitterait alors les Algériens qui exprimeraient la volonté de se séparer d'elle.
Ou bien : la francisation complète, telle qu'elle est impliquée dans l'égalité des droits.
Ou bien : le gouvernement des Algériens par les Algériens, appuyé sur l'aide de la France et en union étroite avec elle.»

Le président de Gaulle,
Discours du 16 septembre 1959.

---

7 L'indépendance nationale

«Il s'agit que, sans renier notre amitié américaine, nous nous comportions en Européens que nous sommes. Chaque Nation doit être responsable d'elle-même. De là, notre réprobation devant la guerre qui s'étend en Asie de jour en jour [...], le concours que nous apportons au développement de bon nombre de nouveaux États africains, les rapports que nous nouons avec la Chine, etc. [...]. Notre indépendance exige, à l'ère atomique où nous sommes, que nous ayons les moyens voulus pour dissuader, nous-mêmes, un éventuel agresseur.»

Le président de Gaulle,
Discours radiotélévisé du 27 avril 1965.

6 «Ambitieux, moi ? si j'avais voulu je serais maire de Colombey.» Caricature de J. Faizant (juillet 1962).

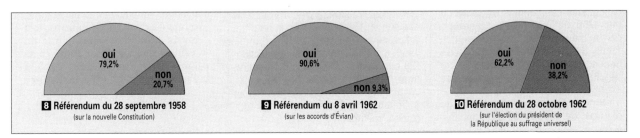

8 Référendum du 28 septembre 1958
(sur la nouvelle Constitution)

9 Référendum du 8 avril 1962
(sur les accords d'Évian)

10 Référendum du 28 octobre 1962
(sur l'élection du président de la République au suffrage universel)

De Gaulle et le gaullisme

DE GAULLE 1890-1970

Charles de Gaulle est né à Lille (Nord), en 1890, dans une famille catholique, sans fortune. Il entre à l'École militaire de Saint-Cyr en 1909 et en sort sous-lieutenant. Pendant la guerre de 1914-1918, de Gaulle – promu capitaine – est plusieurs fois blessé, puis fait prisonnier. Une citation de Pétain le présente comme «un officier hors pair à tous égards».
En mai 1940, de Gaulle participe brillamment à la campagne de France.

LE RÉSISTANT ET L'OPPOSANT : 18 JUIN 1940-1946

■ Le 17 juin 1940, de Gaulle, qui est membre du gouvernement, refuse l'idée d'armistice et quitte Bordeaux pour Londres d'où il lance, au micro de la B.B.C., **le 18 juin, un appel à la Résistance** (cf. pp. 86-87). Il organise depuis Londres, avec l'appui de la Grande-Bretagne, la France Libre. Chef du G.P.R.F. (Gouvernement provisoire de la République française), de Gaulle entre, en août 1944, dans Paris libéré et il est acclamé sur les Champs-Élysées. Il reste à la tête du G.P.R.F. jusqu'à sa démission, en janvier 1946. Son gouvernement pose les bases de la reconstruction nationale.

■ De Gaulle fait campagne – en vain – contre la Constitution de la IVe République. **En 1947, il fonde le R.P.F.** (Rassemblement du Peuple Français), qui dénonce le danger communiste et réclame une réforme des institutions. Il se retire dans sa maison de Colombey-les-deux-Églises, en Haute-Marne.

LE PRÉSIDENT DE LA RÉPUBLIQUE : 1958-1969

Rappelé au pouvoir dans le contexte difficile des événements d'Algérie de mai 1958, de Gaulle est élu président de la République, en décembre 1958. Selon l'expression du Président sortant, R. Coty, «le plus illustre des Français devient le premier des Français». Réélu en 1965, **de Gaulle incarne la France pendant plus de dix ans, de 1958 à 1969.** En dix ans,

de Gaulle renforce le rôle du président de la République et rend à la France son prestige dans le monde.

■ En plus des pouvoirs que lui donne la Constitution, de Gaulle se constitue très vite un **«domaine réservé»**, c'est-à-dire des secteurs dans lesquels il prend les décisions seul : il s'agit des Affaires étrangères et de la Défense nationale. Le Président utilise beaucoup la radio, la **télévision** (discours et conférences de presse) et les **référendums,** pour présenter aux Français ses choix. Les très nombreux déplacements qu'il effectue à travers la France lui permettent de voir et d'entendre les Français. Les véritables **«bains de foule»,** qu'il apprécie particulièrement, renforcent le lien direct entre les Français et lui.

■ Le Président voyage aussi beaucoup à travers le monde. La France apparaît ainsi comme le **défenseur des Nations contre les menaces impérialistes des superpuissances.** Pour le montrer, de Gaulle n'hésite pas à provoquer : il s'exclame «Vive le Québec libre !» en 1967, à l'occasion d'un voyage au Canada. Il n'hésite pas à prononcer quelques phrases dans la langue du pays qu'il visite : le *Marchamos la mano en la mano»* (Marchons la main dans la main), lancé aux Mexicains en 1964, est resté célèbre.

■ Enfin, une troisième grande idée était chère au général de Gaulle : la **participation.** Il s'agit d'un projet économique et social, qui se veut une troisième voie entre capitalisme et collectivisme. Mais cette idée n'a pas été réalisée en 1969. De Gaulle la relance à l'occasion du référendum d'avril 1969. L'échec provoque sa démission (28 avril 1969). Dès lors, il se retire complètement de la politique. Il voyage et écrit ses *Mémoires d'espoir* à Colombey. La mort interrompt son œuvre, le 9 novembre 1970.

1 Une attitude familière du général de Gaulle : les bras levés symbolisant le V de la victoire.

2 Une certaine idée de la France

«Toute ma vie, je me suis fait une certaine idée de la France. Le sentiment me l'inspire aussi bien que la raison. [J']imagine naturellement la France, telle la princesse des contes ou la madone aux fresques des murs, comme vouée à une destinée éminente et exceptionnelle. J'ai, d'instinct, l'impression que la Providence l'a créée pour des succès achevés ou des malheurs exemplaires. S'il advient que la médiocrité marque, pourtant, ses faits et gestes, j'en éprouve la sensation d'une absurde anomalie, imputable aux fautes des Français, non au génie de la patrie. Mais aussi, le côté positif de mon esprit me convainc que la France n'est réellement elle-même qu'au premier rang [...] ; que notre pays, tel qu'il est, parmi les autres, tels qu'ils sont, doit, sous peine de danger mortel, viser haut et se tenir droit. Bref, à mon sens, la France ne peut être la France sans la grandeur.»

Ch. de Gaulle, *Mémoires de guerre,* t. 1, Plon, 1954.

3 Un grand communicateur

«L'ancien prophète masqué des hommes de la nuit s'est mué en un vieux monsieur aux grâces un peu lourdes, à l'ironie volontiers ravageuse. Et la voix de naguère, si grave et pathétique, grimpe souvent dans un registre de fausset, comme pour bien marquer le domaine où le héros se penche sur les autres, les "petits hommes" des jours ordinaires. Ainsi l'écran de la télévision devint-il son arme de gouvernement. Le de Gaulle de la télévision, c'était un œil, un masque, des avant-bras. L'œil d'éléphant, de ruse et de rancune, fourré de sagesse énorme et de colère froide.»

Jean Lacouture, *Le Monde*,
11 novembre 1970.

4 De Gaulle à la télévision (30 janvier 1960).

5 Les «mots» du Président de Gaulle

«Le machin qu'on appelle l'O.N.U.»

Nantes, 10 sept. 1960,
à propos du Congo.

«Dante, Goethe, Chateaubriand, appartiennent à toute l'Europe dans la mesure même où ils étaient respectivement et éminemment italien, allemand et français. Ils n'auraient pas beaucoup servi l'Europe s'ils avaient été des apatrides et s'ils avaient pensé, écrit en quelque espéranto ou volapük intégrés.»

15 mai 1962.

«Et de crier : "Des sous ! Des sous !" ou bien "Des crédits ! Des crédits !" Mais les sous et les crédits ne sauraient être alloués que si nous les possédons.»

19 avril 1963.

«On dit que je suis un dictateur. Mais a-t-on jamais vu un dictateur en ballottage ?»

8 décembre 1965.

«Bien entendu, on peut sauter sur sa chaise comme un cabri en disant : "l'Europe ! l'Europe ! l'Europe !", mais cela n'aboutit à rien et cela ne signifie rien.»

14 décembre 1965.

«La réforme, oui ! la chienlit, non !»

Élysée, 19 mai 1968.

▲ 6 Un voyage du général de Gaulle en province. ▲

◀ 7 Le mémorial Charles-de-Gaulle, à Colombey-les-deux-Églises : la croix de Lorraine, symbole du gaullisme.

QUESTIONS

1. Doc. 5 : pour chacun de ces «mots», évoquez les problèmes que connaît la France sous la présidence du général de Gaulle.

2. A partir de la biographie de la page ci-contre, construisez une chronologie qui résume la vie du général de Gaulle.

Le sillage du général de Gaulle

A. L'usure du pouvoir

1. En 1965, ce fut une énorme surprise : de Gaulle est mis en **ballottage*** par François Mitterrand, soutenu par la gauche, et par Jean Lecanuet, un centriste. Cependant, après une active campagne télévisée, **il est réélu avec 55% des voix** au deuxième tour.
En 1967, après les élections législatives, le Président ne dispose plus à l'assemblée que d'une **faible majorité** (doc. 7).

2. La crise éclate en mai 1968 à Paris, par une révolte étudiante (doc. 5). Elle s'étend au monde du travail où la grève se généralise. La gauche demande le départ du Président : la crise devient politique. Mais de Gaulle, une fois encore, reprend la situation en main (doc. 6). Les élections législatives de juin, dans un climat de peur, sont un triomphe pour le Président (doc. 7).

3. Mais le pays a été secoué. Malgré quelques réformes, le mécontentement n'a pas disparu. En 1969, le référendum sur la réforme du Sénat et la régionalisation est négatif (doc. 2), et **de Gaulle démissionne le 28 avril.**

B. Pompidou : un septennat inachevé, 1969-1974

1. Un ancien Premier ministre du général de Gaulle, Georges Pompidou (doc. 3), est élu président de la République. Une partie des centristes s'est ralliée à lui. L'**élargissement de la majorité présidentielle** conduit à une politique extérieure plus européenne. La France ne s'oppose plus à l'entrée de la Grande-Bretagne dans la C.E.E.

2. Le Premier ministre, Jacques Chaban-Delmas, veut construire une «nouvelle société» (doc. 8). La création du S.M.I.C. (Salaire Minimum Interprofessionnel de Croissance), le développement de la formation professionnelle, la régionalisation en constituent une ébauche. Mais, en 1972, un désaccord entre le Président et son Premier ministre conduit au départ de Chaban-Delmas.
L'opposition politique s'organise et progresse. En 1971, Mitterrand devient le chef d'un nouveau Parti socialiste. Les forces de gauche – communistes, socialistes et radicaux – signent, en 1972, un **Programme commun de gouvernement.**
La France vient d'être touchée par la crise économique quand Pompidou, malade, meurt en avril 1974.

C. La présidence de V. Giscard d'Estaing : 1974-1981

1. Valéry Giscard d'Estaing (doc. 4) est élu président de la République avec 50,8% des voix contre 49,2% pour François Mitterrand, candidat unique de la gauche. Le nouveau Président annonce une **«ère nouvelle».**

2. Un **vaste programme de réformes** est entrepris (doc. 9). En politique extérieure, le Président contribue à la création du système monétaire européen, en 1979. Mais la crise économique provoque une forte montée du chômage et de l'inflation.

3. La France est bientôt divisée en quatre. A partir de 1976, les gaullistes sont en désaccord avec la politique du Président et la majorité présidentielle ne cesse de se déchirer jusqu'en 1981.
A gauche, les communistes et les socialistes ne s'entendent plus. En 1977, la rupture est consommée. Malgré une forte progression, la gauche perd les élections législatives de 1978 (doc. 7).

– Vous m'avez compris.

1 Le général de Gaulle menace de se retirer (1969). Caricature de J. Faizant.

2 Le référendum du 27 avril 1969.

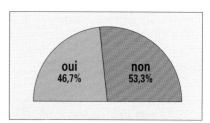

3 Georges Pompidou (1911-1974).

4 Valéry Giscard d'Estaing.

5 Barricade rue Gay-Lussac à Paris, en mai 1968.

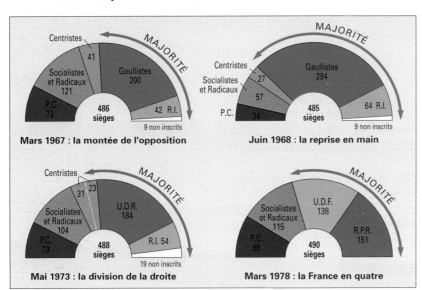

Centristes
41
Socialistes
et Radicaux
121
Gaullistes
200
P.C.
73
486 sièges
42 R.I.
9 non inscrits
MAJORITÉ

Mars 1967 : la montée de l'opposition

Centristes
Socialistes
et Radicaux
27
57
P.C.
34
Gaullistes
294
485 sièges
64 R.I.
9 non inscrits
MAJORITÉ

Juin 1968 : la reprise en main

Centristes
31 23
Socialistes
et Radicaux
104
U.D.R.
184
P.C.
73
488 sièges
R.I. 54
19 non inscrits
MAJORITÉ

Mai 1973 : la division de la droite

Socialistes
et Radicaux
115
U.D.F.
138
P.C.
86
490 sièges
R.P.R.
151
MAJORITÉ

Mars 1978 : la France en quatre

---

6 La reprise en main

«Françaises, Français,
Étant le détenteur de la légitimité nationale et républicaine [...],
J'ai pris mes résolutions. Dans les circonstances présentes, je ne me retirerai pas. J'ai un mandat du peuple. Je le remplirai. Je ne changerai pas le Premier ministre [...]. Je dissous aujourd'hui l'Assemblée nationale [...]. Des élections législatives auront lieu dans les délais prévus par la Constitution, à moins qu'on n'entende bâillonner le peuple français tout entier [...].
La France, en effet, est menacée de dictature. On veut la contraindre à se résigner à un pouvoir qui s'imposerait dans le désespoir national, lequel pouvoir serait alors évidemment essentiellement celui du vainqueur, c'est-à-dire celui du communisme totalitaire. Naturellement, on le colorerait pour commencer d'une apparence trompeuse en utilisant l'ambition et la haine de politiciens au rancart [...].
Eh bien ! non, la République n'abdiquera pas, le peuple se ressaisira.»

Le président de Gaulle,
Discours radiodiffusé, 30 mai 1968.

■ *Au nom de quoi de Gaulle est-il «le détenteur de la légitimité nationale et républicaine» ?*

■ *A-t-il le droit de dissoudre l'Assemblée nationale ?*

■ *Qui est visé par l'expression «politiciens au rancart» ?*

◄ **7** Le rapport des forces politiques à l'Assemblée, de 1967 à 1978.

---

8 Les tâches de la nouvelle société

«Nous pouvons entreprendre de construire une nouvelle société.
Il y a peu de moments dans l'existence d'un peuple où il puisse, autrement qu'en rêve, se dire : quelle est la société dans laquelle je veux vivre ? et aussi construire effectivement cette société. J'ai le sentiment que nous abordons un de ces moments.
Nous commençons en effet à nous affranchir de la pénurie et de la pauvreté qui ont pesé sur nous depuis des millénaires. Nous devons par une solidarité renforcée lutter contre toutes les formes d'inégalité des chances. Il faut à la fois l'éducation permanente et le libre accès à l'information, la transformation des rapports sociaux et l'amélioration des conditions et de l'intérêt du travail, l'aménagement des villes et la diffusion de la culture et des loisirs. Quelle exaltante entreprise !»

J. Chaban-Delmas, Premier ministre, Assemblée nationale,
séance du 16 septembre 1969.

9 Les grandes réformes de 1974-1981

	Institutions et libertés	Société
1974	– Droit de vote à 18 ans – Autonomie accordée aux chaînes de télévision – Abandon de la censure politique au cinéma	– Libération de la contraception
1975	– Réforme municipale pour Paris (la capitale aura un maire)	– Libéralisation du divorce – Libéralisation de l'avortement – Réforme Haby (collège unique) – Réglementation des licenciements
1979	– Création de la Commission informatique et libertés	

◄ ■ *Doc. 8 : vers quels domaines s'oriente le programme de la «nouvelle société» ? Comment appeler un tel programme ? Que signifie «éducation permanente» ?*

Les «années Mitterrand»

En mai 1981, avec 51,7% des voix, François Mitterrand est élu à l'Élysée (doc. 1) ; pour la première fois, sous la Ve République, la gauche accède au pouvoir.

A. 1981-1986 : l'alternance

1. Le nouveau Président dissout l'Assemblée et obtient, en juin 1981, une majorité écrasante (doc. 2). Un **gouvernement d'Union de la gauche, avec des communistes,** entame une vaste politique de réformes. En deux ans, le «socle du changement» est posé (doc. 7). Mais le **déficit budgétaire** et commercial oblige à **dévaluer** trois fois le franc en quelques mois.

2. Dès 1983 vient le temps de la «rigueur». L'austérité rend la gauche impopulaire. Un projet de loi sur l'enseignement privé divise profondément le pays. La situation économique s'améliore, mais de graves incidents éclatent en Nouvelle-Calédonie, entre partisans et adversaires de l'indépendance. L'extrême-droite progresse.

B. 1986-1988 : la cohabitation

1. Les élections législatives de 1986 constituent un échec pour la gauche (doc. 2). Le Président nomme Premier ministre le chef de la droite, Jacques Chirac. **C'est la première fois, depuis 1958, qu'un Président n'a plus de majorité.** Malgré quelques heurts, la **cohabitation*** fonctionne (doc. 4).

2. Jacques Chirac revient sur une partie des réformes de la gauche, en **privatisant** de nombreuses entreprises (doc. 5). L'impôt sur les grandes fortunes est aboli. La lutte contre le terrorisme et le maintien de l'ordre en Nouvelle-Calédonie sont des priorités.

C. 1988-1993... : un second septennat ?

1. Quand arrive l'heure de l'élection présidentielle, Jacques Chirac et François Mitterrand s'affrontent. Le Président l'emporte au deuxième tour, avec 54% des voix. Il dissout l'Assemblée et le vote de juin aboutit à une situation inédite : **aucune majorité absolue ne se dégage des urnes** (doc. 2). Le Premier ministre, Michel Rocard, ébauche une ouverture vers les centristes et vers des personnalités sans parti.

2. Les premières mesures du gouvernement vont dans le sens d'une politique plus égalitaire : les fortunes sont de nouveau taxées, comme en 1982, et un revenu minimum instauré. Le Président s'efforce de préparer la **mise en place du grand marché européen,** le 1er janvier 1993. Il souhaite voir la France jouer un rôle moteur dans l'accélération de la construction européenne. En 1989 est célébré avec éclat le bicentenaire de la Révolution française (doc. 8).

3. En 1990-1991, la France participe à la guerre du Golfe (voir p. 170), au sein de la coalition formée contre l'Irak. Mais les Français s'inquiètent. En 1992, le chômage frôle les 3 millions et l'impopularité du pouvoir grandit : lors du référendum sur l'Union européenne prévue par le traité de Maastricht, le «Oui» ne l'emporte qu'avec 51,04% des voix (voir p. 168). En mars 1993, la droite sort victorieuse des élections : une seconde cohabitation commence (doc. 2).

1 François Mitterrand.

2 Les forces politiques à l'Assemblée nationale, de 1981 à 1993.

ÇA ALORS !?? LE PRÉSIDENT EST SOCIALISTE ET LA TOUR EIFFEL EST TOUJOURS Ò SA PLACE !??

INCROYABLE !

3 **Dessin de Plantu,** paru dans *Le Monde* du 12 mai 1981.

4 **La cohabitation : Jacques Chirac et François Mitterrand au sommet franco-africain de Lomé, en novembre 1986.**

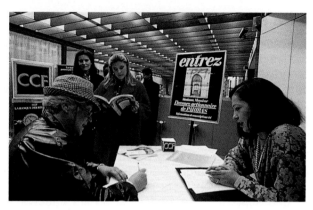

5 **La privatisation de Paribas, en février 1987.** ▶

---

6 **Discours d'investiture de F. Mitterrand (21 mai 1988)**

«Ce mois de mai 1988 n'a pas vu les bons l'emporter sur les méchants, ni le contraire. Je n'aime pas cette division sommaire [...]. Je ne sépare pas le devoir politique d'ouverture de l'obligation sociale de solidarité. [...] Démocratiser la société, refuser l'exclusion, rechercher l'égalité des chances, instruire la jeunesse, la former aux métiers et aux techniques qui lui apporteront la sécurité de l'emploi, dans des entreprises elles-mêmes modernisées ; accroître le savoir ; servir les créations de l'esprit et des mains, guérir la vie quotidienne du plus grand nombre des Français de ses multiples tares et parfois de ses intolérables servitudes ; priorité au dialogue, ici et là-bas à l'autre bout de la planète. Voilà le chemin qu'il faut prendre.»

7 **Les grandes réformes de 1981-1992**			
	Politiques	**Économiques**	**Sociales**
1981		– Nationalisations	– Suppression de la peine de mort – Radios privées autorisées
1982	– Décentralisation – Création de la Haute Autorité de l'Audiovisuel		– Loi Quilliot (logements) – Lois Auroux (droits des travailleurs dans l'entreprise) – 5e semaine de congés payés – 39 heures hebdomadaires – Retraite à 60 ans
1984			– Loi Savary (enseignement supérieur)
1986		– Privatisations	
1988			– Création du R.M.I.*
1989			– Loi d'orientation sur l'enseignement secondaire, dite loi Jospin
1991			– Création de la C.S.G.*

◀ **8** **Pour la célébration du bicentenaire de la Révolution française, le Génie de la Bastille, un des symboles de la liberté, est redoré.**

De 1958 à 1973, la France a connu la plus forte croissance de son histoire. Depuis 1974, elle s'adapte à une situation de crise et de concurrence mondiales.

A. La France dans la haute croissance

1. Grâce au faible coût du pétrole, la France a bénéficié d'une prospérité jamais vue. L'entrée dans le **Marché commun** a permis une forte progression des exportations. Les investissements accrus ont amélioré les capacités de production et modernisé l'économie. L'offre d'emploi est importante et on fait appel aux travailleurs étrangers.

2. La consommation double. Les progrès sont remarquables dans le cadre de vie et le confort matériel (doc. 4).

3. Conséquence du «baby boom», les moins de 20 ans dépassent le tiers de la population. Cette **jeunesse** se manifeste bruyamment. C'est la génération de la musique «yé-yé» et du rock (doc. 5). Elle déferle sur les bancs de l'école, où les effectifs sont multipliés par deux, et sur ceux de l'université, où ils sont multipliés par trois.
Les agriculteurs représentent moins d'un dixième des actifs. L'exode rural s'amplifie (doc. 3) et les villes s'entourent de grands ensembles : ce sont les «années de béton» (doc. 1).

1 Le développement des magasins à grande surface : la conquête de l'espace rural aux portes de la ville.

B. Les Français surpris par la crise

1. En 1974 et 1979, deux chocs pétroliers* ralentissent la croissance économique. La balance commerciale* devient déficitaire. De nombreux emplois industriels disparaissent, principalement dans le textile. Des régions entières, comme le Nord ou la Lorraine, doivent se reconvertir. **Les Français redécouvrent le chômage** (doc. 2).

2. Les gouvernements développent le **nucléaire** et les **énergies nouvelles,** tout en préconisant des économies d'énergie.
Le «modèle» de société de consommation, urbanisée et industrialisée, est contesté par les **écologistes,** dont le succès va croissant.

C. Aujourd'hui

1. Face à une crise longue et à l'aggravation du chômage, droite et gauche mettent l'accent sur l'indispensable modernisation de l'économie. Mais l'absence de véritable reprise dans le monde perturbe même les secteurs de pointe, comme l'aéronautique, l'aérospatial et l'informatique.

2. La crise révèle de nouveaux problèmes : la place des étrangers dans la société française, la place des agriculteurs dans la France de demain, le poids des inactifs. La France découvre une «nouvelle pauvreté» (doc. 6).
Ces problèmes suscitent un malaise général, visible dans la morosité du pays et dans les actes de violence, principalement dans les banlieues les plus démunies.

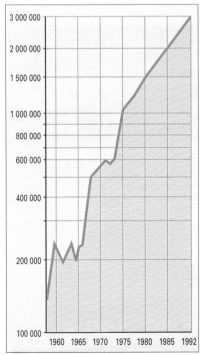

2 Le chômage, de 1958 à 1992.

3 Trente ans après

«L'espace rural a été dévoré par la ville et tous ses tentacules. La géométrie des champs a été bouleversée. Des maisons neuves ont poussé à côté des vieilles fermes et elles sont semblables aux pavillons de banlieue. Le confort domestique s'est installé. La machine est omniprésente. Les meules de foin ont disparu et parfois même les haies et les oiseaux. Les paysans sont trois fois moins nombreux, les gens des villes ont envahi les fermes, quelquefois les conseils municipaux. Les paysans sont désormais des entrepreneurs qui investissent, suivent les cours des produits, sont intégrés à l'économie marchande. Le village ne connaît plus l'animation des dimanches à la sortie de la messe, le presbytère est vide, l'école parfois désaffectée, le café fermé.

L'automobile a tout dévoré, l'espace comme le temps. Autoroutes, pompes à essence, parkings impriment leur marque sur tous les paysages. Les "grandes surfaces" encerclent les villes. Les vieilles usines du 19e siècle, leurs carcasses de briques et de poutrelles d'acier, intéressent dorénavant les archéologues. [...] La télévision est dans chaque foyer. Le latin n'est plus l'ornement indispensable d'une élite, les esprits chagrins dénoncent la mort d'une culture.»

D. Borne, *Histoire de la société française depuis 1945*, A. Colin, 1988.

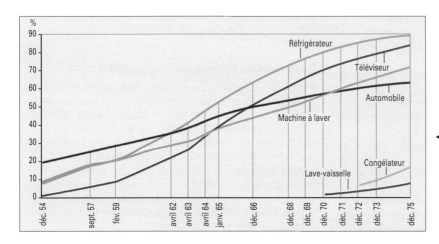

■ *Doc. 3 : dans un tableau en deux colonnes, placez face à face les mots de ce texte qui se rapportent à «Autrefois» et à «Aujourd'hui».*

◀ **4** **Évolution du taux d'équipement des ménages en France, de 1954 à 1975.**

■ *Quelle est la courbe qui indique la plus forte progression ?*

■ *Que peut-on dire de l'équipement des ménages en France en 1975 ? Comment s'explique cette évolution ?*

5 **Johnny Hallyday lors d'un concert en 1977 : une des vedettes du rock devant ses fans.**

◀ **6** La consommation : pour qui ?

La France de la Cinquième République

JE RETIENS

1. Les mots et notions clés

● **constitution, référendum** ●
● **indépendance nationale, autodétermination** ●
● **nationalisation** ● **décentralisation** ● **cohabitation** ●

2. Les idées essentielles

La Vᵉ République a été fondée en 1958 et dure encore. Son déroulement comporte trois grandes phases.

A. La présidence du général de Gaulle (1958-1969)

Elle est marquée par :

■ **un renforcement du pouvoir présidentiel** (réforme de 1962 et personnalité du général de Gaulle) ;

■ **la décolonisation** : pacifique de l'Afrique noire (1960-61), douloureuse de l'Algérie car la guerre n'y cesse qu'en 1962 (Accords d'Évian) ;

■ **une politique étrangère indépendante** : retrait de l'O.T.A.N., en 1966 ; un rapprochement avec l'Allemagne, en 1963, et la reconnaissance de la Chine populaire, en 1964 ;

■ **la prospérité économique** caractérisée par un taux de croissance jamais vu (plus de 5% par an) et une très nette élévation du niveau de vie.

Mais de Gaulle est en difficulté à partir de 1965 : ballottage aux élections présidentielles pour un second septennat. Contesté en mai 1968 et battu au référendum de 1969, de Gaulle se retire du pouvoir.

B. Les présidences de G. Pompidou (1969-1974) et de V. Giscard d'Estaing (1974-1981)

Les deux hommes ont été ministres du Président de Gaulle. Ces deux présidences sont différentes.

■ Sous Georges Pompidou, la continuité l'emporte. La prospérité économique reste très forte. Cependant, l'opposition se regroupe : c'est l'Union de la gauche (1972).

■ Sous Valéry Giscard d'Estaing, de nombreuses réformes sont accomplies, la politique extérieure est de plus en plus européenne. Après le premier choc pétrolier (1974), la France entre dans la crise économique avec inflation et chômage.

C. Les «années Mitterrand» (depuis 1981)

■ En **1981,** l'élection du socialiste François Mitterrand à la présidence de la République marque une grande rupture politique : un gouvernement de gauche dirige la France (avec les communistes jusqu'en 1984).

Ces années sont marquées par de grandes réformes de structure (**nationalisations** et **décentralisation**) ;

■ **1986** présente une situation inédite : la **cohabitation.** Un président de la République de gauche se trouve face à une majorité de droite à l'Assemblée. Jacques Chirac devient Premier ministre. La grande œuvre de son gouvernement, ce sont les privatisations.

■ En **1988, F. Mitterrand est réélu président de la République ;** il se fixe deux objectifs pour son second septennat : rassembler les Français et préparer l'entrée de la France dans le grand marché européen de 1993.

EXERCICES

1. Je suis capable de répondre à des questions simples

■ Je suis capable de nommer dans leur succession les présidents de la Vᵉ République depuis 1958.
■ Je suis capable d'écrire trois grandes réformes de la présidence de V. Giscard d'Estaing.
■ Je suis capable d'écrire trois grandes réformes de la présidence de F. Mitterrand.
■ Je suis capable de donner par écrit la définition de «référendum».

2. Je suis capable de placer des événements sur une frise chronologique

■ Construisez un axe chronologique et placez-y six des événements évoqués dans le texte ci-contre :

Vingt ans déjà !

«Vingt ans depuis qu'il avait manifesté sur les barricades dans un Paris en révolte ! Que de changements depuis ! La démission du général de Gaulle. La victoire de F. Mitterrand à l'Élysée... et puis la crise, le premier choc pétrolier. Il était loin le temps où il faisait le plein d'essence avec un billet de 50 F ! Il se rappelle sa joie lors de la signature du Programme commun de la gauche. Il revoit la joie de son jeune frère quand il a pu voter à 18 ans. Et l'Europe ! Il se demandait si la C.E.E., depuis qu'elle était composée de douze pays, pourrait avancer et réussir le grand marché européen.»

J.-J. Becker, *Histoire politique de la France depuis 1945*, A. Colin, 1988.

BREVET BLANC

1. Je connais la Constitution de la Vᵉ République

Complétez le schéma.

■ Représentez par une flèche par qui est élu le président de la République. Inscrivez la date d'adoption de cette disposition. Indiquez la durée du mandat du président de la République.

■ Marquez par une flèche la désignation du gouvernement. Colorez en rouge le cartouche qui convient.

■ Indiquez avec des flèches le fonctionnement des institutions : en rouge, la dissolution ; en bleu, la censure ; en noir, le référendum.

■ Inscrivez dans le cartouche qui convient la date d'adoption du droit de vote à 18 ans.

■ Vous montrerez en quoi la Constitution de la Vᵉ République est différente de celle de la IVᵉ République (voir p.109) et comment elle garantit la stabilité.

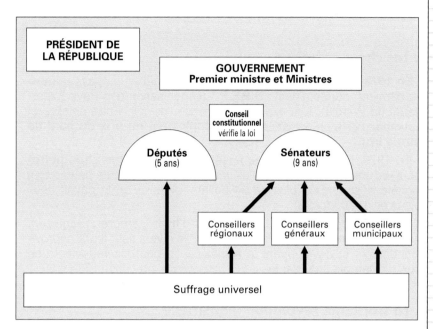

2. Je commente un document

> **Un discours du général de Gaulle**
>
> «Où allons-nous ? Cinq problèmes essentiels qu'on dissimulait jadis sont effectivement réglés :
> – les institutions, naguère faites pour l'impuissance, alors qu'il y a aujourd'hui avec un Chef de l'État, un Gouvernement qui dure et qui gouverne et un Parlement qui exerce efficacement son pouvoir législatif ;
> – la décolonisation qui divisait les Français, nous aliénait l'univers et agitait notre armée, mais est réalisée ;
> – la paix, que depuis au moins un demi-siècle nous n'avions en somme jamais connue et que nous avons retrouvée ;
> – l'inflation qui rongeait l'économie et qui est désormais jugulée ;
> – enfin l'indépendance.»
>
> Général de Gaulle, *Appel radiotélévisée,* vendredi 3 novembre 1965, précédant le premier tour des élections présidentielles.

■ **1.** Quel est la nature de ce document ? A quel moment se situe-t-il ? Qui est, en 1965, le chef de l'État ? Comment est-il élu ? Quel est son rôle ?

■ **2.** Comment peut-on qualifier le contenu de ce document ? Énumérez les 5 points essentiels contenus dans le texte.

■ **3.** A quoi le général de Gaulle fait-il allusion quand il évoque «des institutions naguère faites pour l'impuissance» ? Quand il évoque «les institutions d'aujourd'hui» ?
– Qui est, en 1965, le chef de l'État ? Comment est-il élu ? Quel est son rôle ?

– Expliquez l'expression : «un gouvernement qui dure et qui gouverne». Qui nomme le gouvernement ? Pourquoi est-il difficile de le renverser ?

■ **4.** Comment la Vᵉ République a-t-elle résolu les problèmes de décolonisation auxquels elle était confrontée ?
– A quel événement le général de Gaulle songe-t-il quand il évoque la paix retrouvée «depuis au moins un demi-siècle» ?
– Citez des décisions et des prises de position par lesquelles le général de Gaulle a manifesté une politique d'indépendance de la France.

3. Question d'examen

■ **L'œuvre du président de Gaulle de 1958 à 1969 :** aspects intérieurs et extérieurs.

La croissance en question

V O C A B U L A I R E

Conjoncturel : lié à une situation qui peut changer.

A partir de 1973, les activités économiques ralentissent puis stagnent. C'est la fin des «Trente Glorieuses».

A. Les chocs pétroliers

1. En 1973, à l'occasion de la guerre entre Israël et les pays arabes, ces derniers, qui dominent l'**O.P.E.P.*** (Organisation des Pays Exportateurs de Pétrole), font exploser le prix de l'or noir. Entre octobre et décembre 1973, on assiste à un **quintuplement du prix du baril de pétrole brut.**

2. En 1979, la guerre Iran-Irak engendre **un deuxième choc pétrolier,** avec une hausse encore plus vertigineuse. Le baril de pétrole brut s'achète désormais à plus de 34 dollars, alors qu'on le payait deux dollars en 1970 (doc. 3).

3. Les pays industrialisés importateurs d'hydrocarbures réagissent par des **économies d'énergie** (doc. 6) ; ils diversifient leurs approvisionnements et développent le nucléaire. Le charbon redevient une source d'énergie importante.

B. La troisième révolution industrielle

Mais ces mesures n'entraînent pas la reprise de la croissance. Il faut se rendre à l'évidence : la crise n'est pas seulement conjoncturelle. En réalité, **les structures de l'économie sont en train de se transformer :** le monde est entré dans la troisième révolution industrielle.

1. La révolution technologique (informatisation, robotisation) entraîne la substitution du capital au travail, c'est-à-dire le remplacement de l'homme par la machine (doc. 1 et 2).
La demande mondiale évolue : les industries textiles et sidérurgiques déclinent au profit de l'électronique, de la télématique, de la biotechnologie*. La matière grise est devenue une matière première importante.

2. Le développement industriel de certains pays du Tiers Monde, les N.P.I.* (Nouveaux pays industriels), comme le Brésil, l'Inde et les «pays ateliers» du Sud-Est asiatique, crée une concurrence dangereuse pour les anciennes puissances industrielles.

3. Le recul démographique des pays développés diminue sensiblement la demande de certains biens de consommation et de certains services.

C. La fin des années faciles

Les sociétés industrialisées se trouvent peu à peu confrontées à trois problèmes majeurs :
– **une forte progression du chômage** (doc. 5) qui entraîne une augmentation des charges sociales des entreprises, d'où une baisse de leur compétitivité ;
– **une inflation «galopante»,** qui provoque une baisse du pouvoir d'achat ;
– **une balance des paiements déficitaire** pour la plupart des pays, qui s'endettent lourdement.

1 Dessin de Plantu, paru dans *Le Monde*, 1982.

2 La substitution du capital au travail

«Au cours des dix ou douze dernières années, il s'est produit un changement fondamental dans la façon d'investir [...]. On cherche à augmenter les marges bénéficiaires par la modernisation, plutôt que par un accroissement de la production et des ventes [...].
65% du total des sommes investies par les pays occidentaux sont, dès maintenant, utilisées à l'amélioration de l'efficacité technologique ou à la suppression de la main-d'œuvre ; et 35% seulement servent à augmenter la capacité de production dont dépendent finalement l'emploi et le niveau de vie.»

C. Levinson, *L'inflation mondiale et les firmes multinationales,* Le Seuil, 1976.

■ *D'après ces documents, quelle est la cause principale du chômage ?*

ANNÉES 1970

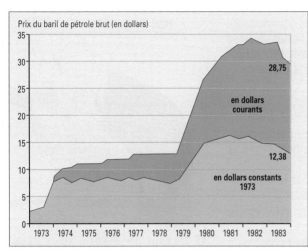

Prix du baril de pétrole brut (en dollars)

28,75 — en dollars courants

12,38 — en dollars constants 1973

3 La cavalcade du baril.

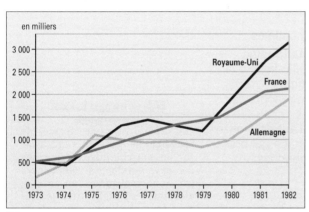

en milliers

Royaume-Uni

France

Allemagne

5 La fièvre du chômage.

■ *Doc. 3 et 5 : y a-t-il évolution parallèle entre la courbe du chômage et la montée des prix du pétrole ? Quelles sont les dates clés ?*

6 Affiche de l'Agence française pour la maîtrise de l'énergie (1979). ▶
■ *Pourquoi l'éléphant vient-il après le tigre (voir p. 133) ?*

PÉTROLE : RISQUE DE GUERRE ?

MARIN

4 **L'inquiétude des puissances occidentales.** Couverture du *Point* du 13 janvier 1975.

ECONOMISONS L'ENERGIE

---

7 Les crises

«1973-1983, dix ans de crise. Mais quelle crise ? Plusieurs crises qui se superposent et s'entrechoquent. Avec l'"explosion" de ses prix, le baril de pétrole a fait s'effondrer le système financier international.
Voici la communauté financière internationale en proie à l'angoisse, avec quelque 800 milliards de dollars de créances sur le Tiers Monde, incapable de les rembourser. A la peur de l'embargo pétrolier se substitue celle d'un krach financier.
Pendant ce temps, les progrès technologiques multiplient leur percée, en particulier grâce à l'informatique, qui vide les usines et relaie les cerveaux. Tous les processus de production sont atteints ; l'industrie régresse dans les productions nationales, comme l'agriculture il y a un siècle.

Tous les pays n'assimilent pas au même rythme cette troisième révolution industrielle.
Défiée par le Japon et les nouveaux pays industrialisés, l'humanité passe à la caisse et paie ces chocs avec des emplois, du niveau de vie et des troubles psychiques.»

Jean Boissonnat,
Les sept crises 1973-1983, enquête de *L'Expansion*, Hachette, coll. Pluriel, 1984.

■ *Quels sont les aspects de la crise évoqués par le texte ?*

Les difficultés ne cessent de s'aggraver dans les années 70 (doc. 2). **L'instabilité monétaire** accentue les inégalités entre pays riches et pays pauvres, entre **le Nord** et **le Sud.** Les **risques d'accident technologique majeur** entretiennent un sentiment d'insécurité et d'impuissance.

A. Les flottements du dollar

1. Depuis qu'en 1944 le dollar est devenu la seule monnaie convertible en or **(accords de Bretton Woods),** les échanges internationaux se font généralement en monnaie américaine.
Or, au début des années 70, le dollar est en chute libre, car la balance commerciale des États-Unis est de plus en plus déficitaire.

2. Pour assainir leur situation, les Américains prennent alors **deux mesures spectaculaires :**
– le 15 août 1971, le président Nixon annonce que le dollar n'est plus convertible en or ;
– en février 1973, le gouvernement américain décide de laisser flotter le dollar au gré de l'offre et de la demande.
La valeur du dollar n'est plus fixe par rapport aux autres monnaies.

3. Ces fluctuations désorganisent les échanges internationaux.
– Elles augmentent l'inflation des autres pays quand le dollar flotte à la hausse. Ainsi, quand le billet vert augmente de 40%, comme en 1983, il faut 140 francs pour acheter la quantité de pétrole qui correspondait à 100 francs l'année précédente (doc. 3).
– Quand le dollar flotte à la baisse, comme en 1986, d'autres monnaies fortes, comme le yen ou le Deutsche Mark, montent, ce qui provoque des remous, notamment parmi les monnaies européennes.
– Elles amplifient les dettes du Tiers Monde.

B. Le Tiers Monde déstabilisé

Les crises économiques et monétaires empêchent le démarrage du Tiers Monde, qu'on commençait à entrevoir dans les années soixante.

1. Les pays les plus pauvres doivent acheter cher leur énergie ; ils **s'endettent de façon irrémédiable** (doc. 4).
Face aux pays du Nord qui contrôlent les rouages de l'économie mondiale (doc. 1), les pays du Sud s'enfoncent dans des **difficultés insurmontables** (doc. 5 et 6).

2. En 1973, à la Conférence des pays non alignés qui se tient à Alger, **le Président algérien Boumediene** dénonce le **néocolonialisme*** des pays développés.

C. Le massacre de la planète

1. Des catastrophes de plus en plus fréquentes, marées noires (Amoco Cadiz), accidents nucléaires (Three Mile Island), pollutions chimiques (Seveso en Italie, Bhopal en Inde), pluies acides (Vosges, Forêt-Noire) montrent la vulnérabilité de notre environnement (doc. 7).

2. Comme pour les problèmes monétaires et les problèmes de développement, la solution ne peut venir que d'une **concertation** et d'une collaboration entre les États, dont les intérêts ne sont pas toujours convergents.

1 **Dessin de Plantu,** paru dans *Pauvres chéris,* Le Centurion, 1978.

---

2 L'échange inégal

«La détérioration des termes de l'échange ne cesse de s'aggraver, car les marchandises importées des pays développés voient leurs prix monter d'années en années, alors que les produits exportés des pays sous-développés voient leurs prix baisser. Le prix de l'huile d'arachide, qui constitue notre principale production, doit encore diminuer de 10%, sans doute pour que les Deux Grands puissent déverser sur le monde leurs surplus de soja et de tournesol. Les bénéfices que réalisent ainsi les pays riches sont égaux ou supérieurs aux 8 milliards de dollars que constitue le montant de l'aide consentie par eux au "Tiers Monde". Les Nations riches sont engagées les unes vis-à-vis des autres dans une compétition visant à élever à tout prix le niveau de vie de leurs habitants et cela au détriment des pays pauvres s'il le faut...»

Interview de L.S. Senghor au journal *Le Monde,* 31 janvier 1968.

■ *Qui sont les pays visés par cette critique ?*

■ *Au fur et à mesure de la lecture de ce texte, mettez en schéma la logique des arguments avancés par l'auteur.*

3 L'évolution du prix d'un dollar en francs (1972-1984).

■ *Comment peut-on expliquer qu'une monnaie possède de la valeur par rapport à une autre ?*

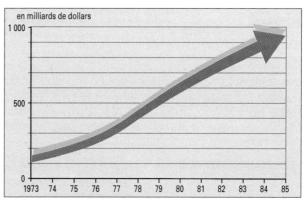

4 Dette des pays en voie de développement (1973-1985).

■ *Évaluez en pourcentage l'accroissement de l'endette-ment du Tiers Monde au cours de ces douze années.*

5 Les malheurs de l'Afrique. Dessin de Plantu, *Le Monde,* 29 août 1986.

◄ **6** A Lagos (Nigeria), une population paysanne en quête de travail s'entasse dans les bidonvilles.

7 Marée noire en Bretagne.

La contestation des années 1970

La recherche fiévreuse du profit et du bien-être se heurte à la contestation des jeunes générations qui n'ont connu que la paix et la prospérité. D'abord marginale et «souterraine», cette contestation explose avec violence en 1968, où une **véritable vague révolutionnaire** balaye le monde, de Tokyo à Mexico, en passant par l'Europe. Elle aboutit à une remise en cause, tous azimuts, des valeurs traditionnelles.

2 Le Black Power (pouvoir noir) aux États-Unis. Aux Jeux olympiques de Mexico, en 1968, les athlètes américains manifestent en levant le poing pendant l'exécution de l'hymne américain, protestant ainsi contre la discrimination raciale.

---

1 Mai 68

«Nous nous battons [...] parce que nous refusons de devenir :
– des professeurs au service de la sélection dans l'enseignement, dont les enfants de la classe ouvrière font les frais ;
– des sociologues fabricants de slogans pour les campagnes électorales gouvernementales ;
– des psychologues chargés de faire "fonctionner" des "équipes" de travailleurs "selon les meilleurs intérêts des patrons" ;
– des scientifiques dont le travail de recherche sera utilisé selon les intérêts exclusifs de l'économie de profit. Nous refusons cet avenir de "chien de garde".
Nous refusons les cours qui nous apprennent à le devenir.
Nous refusons les examens et les titres qui récompensent ceux qui ont accepté d'entrer dans le système.»

Tract étudiant du Mouvement du 22 mars, Paris, mai 1968.

3 Valerio Adami, «Intolérance» (1974). Un dessin élémentaire, où sont décomposées les forces qui assujettissent l'individu.

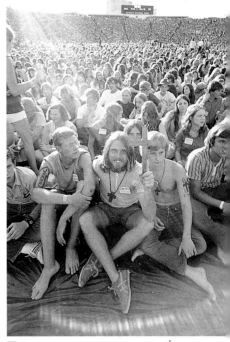

4 Le mouvement pop aux États-Unis : Woodstock, août 1969.

QUESTIONS

1. Doc. 1 : après la lecture de ce texte, vous distinguerez dans un tableau les critiques portées contre le système politique en place, contre le système capitaliste, contre le système social. Quel idéal exprime ce texte ?
2. Recherchez le sens du mot «hippy». A quel document s'applique ce terme ?
3. Doc. 2 : expliquez le sens de l'œuvre d'Adami.
4. A partir des inscriptions fournies sur les documents de la page de droite, trouvez une définition convenable pour les mots «écologiste», «féministe», «pacifiste».

5 La protestation écologiste : une manifestation aux États-Unis à la fin des années 1970.

6 La revendication féministe : une manifestation en faveur des droits de la femme au début des années 1980.

7 Rassemblement de mouvements pacifistes en Allemagne de l'Ouest, au début des années 1980.

◄ **8 Solidarité avec le Tiers Monde :** affiche du Comité catholique contre la faim et pour le développement.

3 Un monde éclaté

Au cours des décennies 1970-80, le climat international se détériore, en dépit d'un **accord sur les Droits de l'Homme signé à Helsinki, en 1975** (doc. 1). A la tension Est-Ouest s'ajoutent l'ébranlement du monde communiste et l'élargissement du fossé creusé entre le Nord et le Sud.

A. La contestation dans le bloc soviétique

Le monde communiste se lézarde et Moscou voit son autorité contestée dans les «pays frères».

1. La Chine, qui refuse la détente, **rompt avec l'U.R.S.S.** et dénonce les «nouveaux tsars». De violents incidents de frontière opposent les deux pays en 1969, tandis que la Roumanie refuse d'aligner sa politique extérieure sur celle de Moscou.

2. En Tchécoslovaquie, en 1968, le mouvement du **Printemps de Prague** s'efforce d'instaurer un «socialisme à visage humain». Brejnev, le chef de l'État soviétique, y met fin en faisant intervenir l'armée (doc. 3). Cette intervention est condamnée par la Chine et les Partis communistes français et italien.

B. La paix armée

Après l'affaire des fusées de Cuba (1962, cf. p. 100), la coexistence pacifique continue, mais prend parfois des allures de «guerre froide» : tout en recherchant un équilibre des forces par la **dissuasion*** et par des négociations sur l'armement, les deux Grands s'affrontent par États interposés (doc. 4).

1. La tension persiste

– Les États-Unis s'enlisent dans la **guerre du Viêt-nam ;** ils ne s'en dégagent qu'en 1973. Deux ans plus tard, le Viêt-nam est réunifié sous l'autorité du Nord communiste.

– Au **Moyen-Orient,** deux guerres opposent Israël et les pays arabes, **guerre des Six jours, en 1967, et guerre du Kippour, en 1973,** qui ne débouchent pas sur la paix. Elles divisent le monde arabe en rapprochant l'Égypte des États-Unis. Le Liban est mis à feu et à sang.

– En 1979, l'Union soviétique envahit l'**Afghanistan,** pour sauver un régime pro-communiste contre une insurrection des mouvements islamiques soutenus par les États-Unis.

2. Dans ce climat de tension, les **négociations sur le désarmement** échouent le plus souvent.

C. L'échec du dialogue Nord-Sud

1. De même, **les tentatives de mettre fin aux échanges inégaux échouent** (doc. 2). Ni les résolutions des différentes C.N.U.C.E.D. (voir p. 134), ni les Accords de Lomé, ni les grandes réunions internationales (Cancún en 1981, Versailles en 1982) ne réussissent à établir ce Nouvel Ordre Économique International **(N.O.E.I.),** tant souhaité par les Nations les plus démunies.

2. Le Tiers Monde éclate

– Certains pays doivent importer une énergie de plus en plus chère : ils forment le «club des sinistrés», ou **P.M.A.*** (pays les moins avancés).

– D'autres, misant sur une main-d'œuvre bon marché, se lancent dans l'aventure industrielle. Ce sont les **N.P.I.**

■ Des droits réaffirmés

«Les États participants reconnaissent l'importance universelle des Droits de l'Homme et des libertés fondamentales, dont le respect est un facteur essentiel de la paix, de la justice et du bien-être nécessaires pour assurer le développement de relations amicales et de la coopération entre eux, comme entre tous les États.

Ils respectent constamment ces droits et libertés dans leurs relations mutuelles et s'efforcent conjointement et séparément, y compris en coopération avec les États-Unis, d'en promouvoir le respect universel et effectif.

Ils confirment le droit de l'individu de connaître ses droits et devoirs dans ce domaine et d'agir en conséquence.»

Extraits de *l'Acte final* de la Conférence d'Helsinki sur la sécurité et la détente en Europe, 1er août 1975.

② Une aide alimentaire ?

«L'aide alimentaire constitue [...] un véritable fléau pour les paysans du Tiers Monde, et ce d'abord en concurrençant doublement leur production. Le volume des denrées importées diminue d'autant les possibilités de vente de produits autochtones ; de plus, les prix généralement peu élevés de ces denrées rendent la production locale difficilement compétitive. L'exode rural s'en trouve ainsi entretenu. D'ailleurs, il ne faut pas croire que l'aide alimentaire soit réservée par priorité aux paysans mal nourris ; généralement vendue, elle est inaccessible aux insolvables.»

J. Berthelot, F. de Ravignan, *Les sillons de la faim,* L'Harmattan, 1980.

3 L'échec du «Printemps de Prague», en 1968.

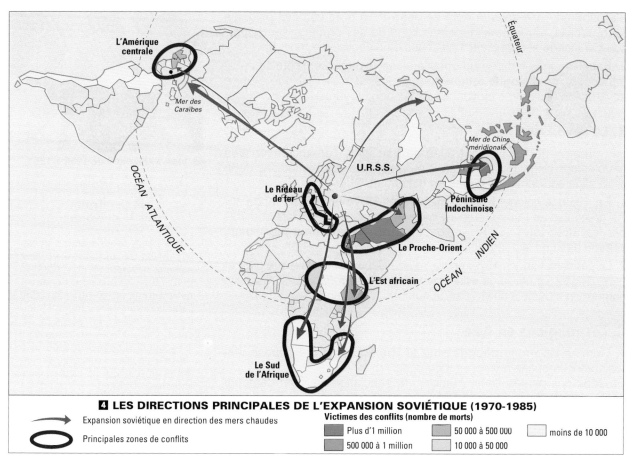

4 LES DIRECTIONS PRINCIPALES DE L'EXPANSION SOVIÉTIQUE (1970-1985)

Victimes des conflits (nombre de morts)

→ Expansion soviétique en direction des mers chaudes

◯ Principales zones de conflits

Plus d'1 million
500 000 à 1 million
50 000 à 500 000
10 000 à 50 000
moins de 10 000

■ *Quels sont les espaces stratégiques visés par l'Union soviétique ? Citez deux pays sur lesquels elle peut compter.*

Les religions et le monde moderne

Les chrétiens (1,7 milliard, dont 900 millions de catholiques baptisés) forment, devant l'Islam, le groupe religieux le plus important au monde. Le plus grand nombre appartient à l'hémisphère Nord, mais les chrétiens des pays du «Sud» prennent une place grandissante.

A. Le renouveau de l'Église catholique

Jusqu'à la fin des années 1950, l'Église catholique a maintenu un attachement fidèle aux traditions. En 1959, un nouveau pape, **Jean XXIII** (doc. 1), décide de réunir un concile qui effectue une «**mise à jour**» **du catholicisme.**

1. Le Concile de Vatican II se déroule à Rome, de 1962 à 1965, et réunit les évêques du monde entier. Ses décisions sont d'une grande portée : affirmation des droits de la personne humaine (doc. 2), de la liberté religieuse, engagement des catholiques dans la vie publique (doc. 4), rôle accru des laïcs dans l'Église elle-même.

Paul VI, successeur de Jean XXIII, complète ces décisions par des réformes qui renforcent, dans chaque pays, l'autorité des évêques avec, notamment, l'institution du synode des évêques.

2. Cette **mise à jour** ne s'est pas opérée sans résistances ou critiques : les **traditionalistes,** ou intégristes, reprochent au Concile d'être allés trop loin ; les **progressistes** souhaitent des réformes plus radicales ; en Amérique latine, le renouveau catholique se traduit par des prises de position extrêmes : des prêtres s'engagent dans les révolutions.

Élu pape en 1978 sous le nom de **Jean-Paul II,** le cardinal polonais Karol Wojtila, tout en maintenant la ligne de ses prédécesseurs, parcourt le monde et rappelle les principes du catholicisme (doc. 5).

3. Entre les trois familles du christianisme (catholique, protestante et orthodoxe), un **dialogue œcuménique** s'instaure. Le dialogue s'ouvre en direction des autres croyances et des non-croyants.

B. Le réveil de l'Islam

Les progrès de l'Islam sont allés de pair avec l'émancipation des peuples colonisés. Hostile à la fois au marxisme et aux modèles de la civilisation occidentale, il gagne en Asie et en Afrique noire.

1. En 1969, le colonel Khadafi instaure en Libye un régime fondé sur les préceptes de l'Islam. Aujourd'hui, nombreux sont les États dominés par les **intégristes** qui revendiquent la *chariah,* le droit musulman, comme base de leur législation.

2. La proclamation, en 1979, en Iran d'une République islamique pure et dure, dirigée par un clergé influent (*mollahs* et *ayatollahs*), est ressentie comme un modèle à suivre par de nombreux musulmans (doc. 6).

C. Les religions en Asie

1. Comme l'Islam, le **bouddhisme** et l'**hindouisme** ont opposé une résistance farouche aux idées modernes.
En dépit des persécutions chinoises, la population du Tibet demeure fidèle au *dalaï-lama,* considéré comme un dieu vivant.
A Bénarès, les foules hindouistes se pressent dans les eaux du Gange.

2. En Occident, les sagesses de l'Extrême-Orient sont apparues comme des refuges à de nombreux hommes coupés de leurs racines. Elles ont inspiré de nombreuses **sectes***.

VOCABULAIRE

Concile : assemblée régulière d'évêques et de théologiens qui délibèrent sur les dogmes de l'Église.

Intégrisme : attitude de certains croyants qui, au nom d'un respect intransigeant de la tradition, refusent toute ouverture.

Œcuménisme : mouvement en faveur de la réunion de toutes les Églises chrétiennes en une seule communauté.

Synode : assemblée d'évêques catholiques appelés en consultation auprès du Pape.

1 Jean XXIII, pape de 1958 à 1963.

2 Les droits de la personne

«Tout être humain a droit à la vie, à l'intégrité physique et aux moyens nécessaires et suffisants pour une existence décente, notamment en ce qui concerne l'alimentation, le vêtement, l'habitation, le repos, les soins médicaux, les services sociaux. Par conséquent, l'homme a droit à la sécurité en cas de maladie, d'invalidité, de veuvage, de vieillesse, de chômage et chaque fois qu'il est privé de ses moyens de subsistance, par suite de conséquences indépendantes de sa volonté.»

Jean XXIII,
Encyclique *Pacem in terris,* 1963.

3 Réunion œcuménique autour du pape Jean-Paul II au Vatican, décembre 1991.

4 Une Église libératrice

«Nous étions là pour prêcher la patience, l'obéissance, l'acceptation des souffrances en union avec le Christ souffrant. De grandes vertus, sans doute. Mais, dans le contexte, nous faisions le jeu des dominateurs. Alors, je dois vous dire que nous étions sûrement du côté des dominateurs [...]. Jusqu'au moment où l'Église ne s'est plus montrée disposée à continuer d'être le support des injustices établies, du colonialisme interne, où nous nous sommes vus dans l'obligation de dénoncer les injustices et d'encourager la promotion humaine des masses.»

Dom Helder Camara, *Les conversions d'un évêque*, Le Seuil, 1977.

▲ **5** Le pape Jean-Paul II, lors d'un de ses nombreux voyages en Afrique.

◄ **6** Une manifestation intégriste en Algérie, 1991.

La crise des années 1970

JE RETIENS

1. Les mots et notions clés

● O.P.E.P., choc pétrolier ●
● N.P.I. ● néocolonialisme ●
● dissuasion ● N.O.E.I. ●

2. Les idées essentielles

A partir de 1973, le monde entre dans une phase de stagnation de la croissance.

■ **Le monde connaît alors une période de difficultés économiques :**
– chocs pétroliers qui renchérissent considérablement le prix de l'énergie ;
– crise d'adaptation à une troisième révolution industrielle : remplacement de l'homme par la machine, chômage structurel ;
– incertitude monétaire : fin du système de Bretton-Woods, flottement du dollar et des autres monnaies ;
– accidents technologiques majeurs qui détériorent gravement le milieu naturel ;
– vive opposition entre pays riches du Nord et pays pauvres du Sud ;
– endettement généralisé.

■ **Parallèlement, les relations internationales se détériorent** et les efforts de détente (rencontres sur le désarmement) sont assombris par la multiplication des **conflits localisés,** où les grandes puissances s'affrontent par Nations interposées (voir carte page 159).

■ Tous ces dérèglements entraînent une «**redistribution des cartes**» à l'échelle de la planète, dont le centre économique semble se déplacer **de l'Atlantique vers le Pacifique,** avec l'essor de la côte Ouest des États-Unis, du Japon, et des «Quatre Dragons» du Sud-Est asiatique.
Les Européens tentent de faire progresser l'unité européenne.
Les pays de l'Est évoluent dans le sens d'une nouvelle politique économique pour mettre fin aux pénuries.
Les pays les moins avancés (P.M.A.) sombrent.

EXERCICES

1. Je sais faire les exercices suivants

■ Quels sont les événements qui font de l'année 1973 une année de remise en cause des Trente Glorieuses ?

■ Retrouvez dans les pages du chapitre un texte qui indique les différents aspects de la crise des années 70.

■ Définissez les sigles suivants : O.P.E.P., C.N.U.C.E.D., N.O.E.I., P.M.A., N.P.I.

■ Montrez en quoi la carte de la page 159 s'oppose à celle de la page 99.

■ Réalisez un dossier sur les grandes catastrophes écologiques des années 1970 à nos jours.

2. Je commente un dessin humoristique

■ Quel est le problème décrit par le dessinateur humoriste ?
Retrouvez dans le chapitre les paragraphes qui s'y rapportent.

■ Identifiez les différents personnages. Quels sont les pays symbolisés par l'homme à l'arrosoir ?

Plantu, in *Les cours du caoutchouc sont trop élastiques,* La Découverte, 1982.

BREVET BLANC

1. Construction graphique : je sais représenter la crise économique

1. Qu'est-ce que le «carré magique» ?

▪ Depuis le début des années 1970, les statisticiens ont pris l'habitude de représenter sous forme d'un carré, appelé «**carré magique**», les quatre manifestations majeures de la crise : le chômage, l'inflation, le solde des échanges extérieurs et la croissance.

▪ Pour réaliser cette représentation graphique, il suffit de diviser un carré en quatre parties égales en traçant deux médianes qui se coupent au point A (voir figure ci-dessous).
– Sur la droite AB, on place l'échelle du taux de chômage allant de 0 à 12% (en pourcentage de la population active) ;
– sur la droite AC, l'échelle de l'inflation de 0 à 20% ;
– sur la droite AD, l'échelle du solde

des échanges extérieurs de −3% à +3% (en pourcentage du P.N.B.) ;
– sur la droite AE, l'échelle de la croissance de 0 à 10%.

▪ **Le carré rouge tracé sur le schéma ci-dessous figure une situation qui serait parfaite :** inflation et chômage nuls, croissance forte, solde du commerce extérieur important. Une situation idéale qui n'existe jamais dans la réalité.

2. Évolution de la situation économique de la France entre 1970 et 1982

Le schéma ci-dessous représente les «carrés» de la France en 1970 (en vert) et en 1982 (en bleu).

▪ Décrivez la situation économique en 1970. Comment appelle-t-on cette époque ?

▪ Quelle a été l'évolution des quatre indicateurs économiques au cours des années 1970 ?

▪ Comment s'explique cette évolution ? Pourquoi y a-t-il eu crise ?

3. Comparaison des situations économiques de la France et de la R.F.A. en 1985

Sur du papier millimétré, je représente de la même façon les «carrés» de la France et de la R.F.A. à l'aide du tableau suivant :

1985	France	R.F.A.
Taux de chômage	10,2%	8,5%
Inflation	4,8%	1,9%
Commerce extérieur	−0,1%	+0,2%
Croissance	1,2%	2,7%

▪ Comparez la situation économique des deux pays en 1985. Lequel des deux paraît le plus atteint par la crise ?

▪ La situation de la France s'est-elle améliorée ou détériorée par rapport à l'année 1982 ?

2. Question d'examen

▪ La crise économique mondiale dans les années 1970 : ses divers aspects économiques et politiques.

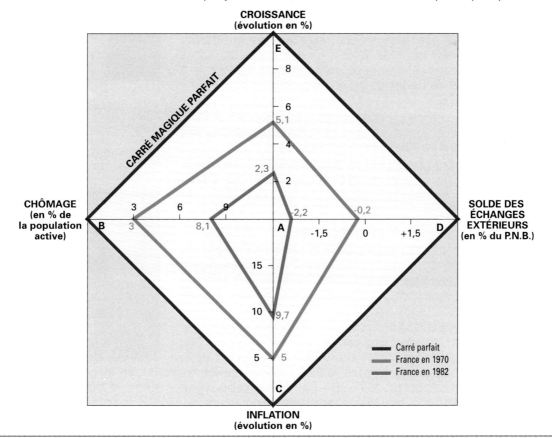

CROISSANCE (évolution en %)
CARRÉ MAGIQUE PARFAIT
CHÔMAGE (en % de la population active)
SOLDE DES ÉCHANGES EXTÉRIEURS (en % du P.N.B.)
INFLATION (évolution en %)

Carré parfait
France en 1970
France en 1982

 ## Le Bloc de l'Est se désagrège

En 1985, l'Union soviétique a pris du retard dans la troisième révolution industrielle ; des **dissidents*** (doc. 2) dénoncent une société bloquée par ses dirigeants. Désigné à la tête du Parti, **Mikhaïl Gorbatchev** (doc. 1) lance un vaste programme de «restructuration» (***Perestroïka****) et de «transparence» (***Glasnost****). Cette volonté de changement est à l'origine de l'effondrement du système communiste.

A. 1989, les démocraties populaires s'effondrent

1. Dans les pays de l'Est, les idées de Gorbatchev sont bien accueillies par les communistes réformateurs, qui critiquent les vieux dirigeants au pouvoir. De solides mouvements d'opposition, regroupant ouvriers et intellectuels, se constituent : **Solidarité** en Pologne avec **Lech Walesa** (doc. 3), **Charte des 77** en Tchécoslovaquie avec **Vaclav Havel.**

2. En Hongrie, en Pologne, en Tchécoslovaquie, les réformateurs, parvenus au pouvoir, tentent bien leur *perestroïka,* mais leur volonté d'ouverture leur vaut de lourdes défaites électorales (doc. 4). Dans ces pays, un **système pluraliste*** s'installe en douceur.

3. En Bulgarie et en Roumanie, les vieux dirigeants sont éliminés parfois tragiquement (Ceaucescu), mais, en changeant le nom du parti, les communistes réformateurs gardent une forte influence.

B. 1990, l'Allemagne se réunifie

1. Quand, en mai 1989, la Hongrie ouvre le rideau de fer vers l'Autriche, des Allemands de l'Est, par trains entiers **(les trains de la liberté),** fuient vers la R.F.A. Dans les villes de R.D.A., des foules de jeunes manifestent. Les dirigeants est-allemands sont contraints d'ouvrir, le **9 novembre 1989, le mur de Berlin** (doc. 5 et voir p. 95).

2. Les Européens stupéfaits assistent à la rapide désintégration de la R.D.A. Les membres du Parti communiste démissionnent en masse. Une union économique et monétaire avec la R.F.A. est promptement mise en place. Le **3 octobre 1990, la R.F.A. absorbe la R.D.A.**

3. Les quatre puissances occupantes renoncent aux responsabilités qu'elles détenaient depuis les accords de Potsdam (voir p. 96). **L'Allemagne est désormais souveraine.**

C. 1991, l'Union soviétique vole en éclat

1. Les innombrables peuples soviétiques, partout, s'agitent. En 1990, les Baltes (Lituaniens, Lettons, Estoniens) proclament leur indépendance (doc. 6). Dans le Caucase et en Asie centrale, **le réveil des Nations** (Géorgiens, Arméniens, Azeris, Tadjiks, Ouzbeks, etc.) s'accompagne de guerres entre ethnies.

2. Les réformes voulues par Gorbatchev se heurtent à la résistance des conservateurs ; durant l'été 1991, ces derniers tentent un coup d'État qui échoue devant la détermination de **Boris Eltsine,** président de la Russie. Alors, devant Gorbatchev dépassé, le Parti communiste est mis hors-la-loi, Leningrad débaptisé redevient **Saint-Pétersbourg** et l'ancien drapeau tsariste blanc, bleu, rouge remplace le drapeau rouge. L'Union soviétique, qui a reconnu les Pays baltes, se dissout à la fin de 1991 dans une **Communauté d'États indépendants** (C.E.I., doc. 7).

1 Mikhaïl Gorbatchev (né en 1931), le réformateur. Prix Nobel de la paix en 1990. Membre du Parti en 1952, Secrétaire général en 1985, il représente une génération de dirigeants soucieuse de rénover un parti essoufflé.

2 Sakharov (1921-1989), le dissident. Prix Nobel de la paix en 1975. Après avoir joué un rôle déterminant dans la mise au point de la bombe thermonucléaire soviétique en 1953, il crée, en 1970, le Comité des Droits de l'homme, ce qui lui vaut six ans d'exil.

3 Lech Walesa (né en 1943), l'opposant. Prix Nobel de la paix en 1983. Ouvrier électricien à Gdansk, il participe à la création, en 1980, du syndicat libre *Solidarnosc.* Il est aujourd'hui président de la République de Pologne.

NOS YEUX

4 Manifestation de masse sur la place Wenceslas à Prague, le 21 novembre 1989. ▶

5 Manifestation de jeunes pour la réunification de l'Allemagne, Leipzig, 18 décembre 1989. ▼

6 La statue de Lénine est déboulonnée à Vilnius, 24 août 1991.

7 A l'ouverture des Jeux olympiques de Barcelone, le 25 juillet 1992, le défilé des athlètes de la C.E.I.

Une Europe qui se cherche

L'idée de Communauté européenne s'est forgée par étapes, à partir de la volonté d'un petit nombre d'États de régler les problèmes par le droit et non par la guerre, puis de constituer une **grande puissance économique** (doc. 3), à l'égal du Japon et des États-Unis.

A. De Rome à Maastricht

1. Les Européens ont d'abord créé un grand marché, aujourd'hui en voie d'achèvement. La **Communauté Économique Européenne (C.E.E.),** mise en place à Six par le traité de Rome, en 1957 (voir p. 100), s'est traduite par une Politique Agricole Commune **(P.A.C.)** et par une circulation facilitée des marchandises et des hommes (doc. 2).

2. Devenue une force d'attraction pour ses voisins, l'Europe des Six s'est progressivement élargie à **douze membres,** tout en précisant ses institutions : une Commission d'experts fait des propositions, un Parlement donne des avis, un Conseil des ministres décide. En 1978 est institué un Système monétaire européen **(S.M.E.),** fondé sur l'E.C.U. (doc. 1), qui limite les écarts de valeur entre les monnaies. **L'Acte unique** de 1986 vise à supprimer tout contrôle aux frontières communes.

3. Signé en février 1992, le **traité de Maastricht** propose une étape supplémentaire, celle de la **Communauté Européenne** (C.E.) ; avec la création d'une banque centrale, d'une monnaie unique, ainsi que d'une **citoyenneté européenne** avec défense commune (voir doc. 3, p. 168).

B. Quels rivages pour la Communauté ?

1. Cette même année 1992, la Communauté (325 millions d'habitants) conclut, avec sept autres pays d'Europe, un accord de libre-échange pour un **Espace Économique Européen** (E.E.E.) de 380 millions d'habitants. Cette extension du Marché commun ouvre à d'autres partenaires la porte de la future Communauté. A condition d'accepter en bloc le traité de Maastricht, des pays comme la Suède, la Finlande, l'Autriche pourront, dès 1995, intégrer la C.E.

2. L'effondrement du communisme en Europe de l'Est pose aujourd'hui la question d'un élargissement de la C.E. à des pays comme la Hongrie, la Pologne ou la République tchèque, converties à la démocratie et à l'économie de marché.

C. Un réveil des Nations ?

1. Les parlements des États ont largement ratifié le traité de Maastricht. Il en va différemment des peuples consultés par référendum (voir p. 168). Dans un contexte de crise économique, **beaucoup d'Européens craignent de voir se dissoudre leur identité nationale.** Des **mouvements régionalistes** se renforcent : corse et basque en France, flamand en Belgique, lombard en Italie, sans parler du problème de l'Irlande du Nord.

2. A l'Est, deux États multinationaux – la **Yougoslavie** et la **Tchécoslovaquie** – éclatent. En 1991, Slovènes, Croates et Macédoniens font sécession ; la Bosnie, où cohabitaient des chrétiens serbes et croates, et des musulmans (doc. 4), sombre dans une guerre cruelle entre communautés (doc. 5). Aux premiers jours de 1993, la Slovaquie se sépare de la République tchèque.

1 L'E.C.U.
Initiales de *European Currency Unit :* Unité de compte européenne, dont la valeur dépend de celle des différentes monnaies des États de la C.E.

2 **Identité européenne et identité nationale.**

166

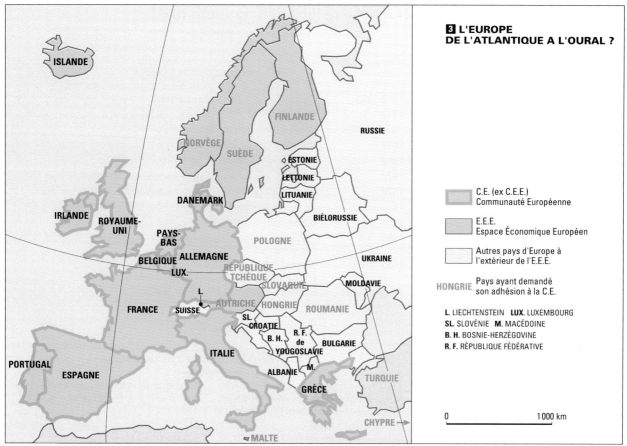

C.E. (ex C.E.E.)
Communauté Européenne

E.E.E.
Espace Économique Européen

Autres pays d'Europe à
l'extérieur de l'E.E.E.

HONGRIE Pays ayant demandé
son adhésion à la C.E.

L. LIECHTENSTEIN **LUX.** LUXEMBOURG
SL. SLOVÉNIE **M.** MACÉDOINE
B. H. BOSNIE-HERZÉGOVINE
R. F. RÉPUBLIQUE FÉDÉRATIVE

0 _____ 1 000 km

■ *Doc. 3 : identifiez les États de la C.E., les États de l'E.E.E. Quelle perspective est ouverte par le titre donné à cette carte ?*
■ *Doc. 4 : quelles sont les particularités de la Bosnie par rapport à ses voisins serbes et croates ?*

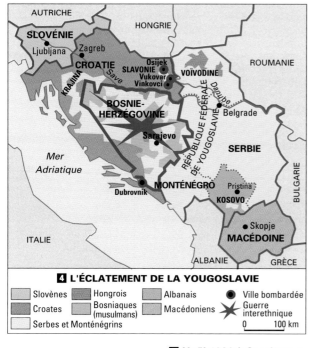

▣ **L'ÉCLATEMENT DE LA YOUGOSLAVIE**

Slovènes   Hongrois   Albanais   ● Ville bombardée
Croates   Bosniaques (musulmans)   Macédoniens   ✳ Guerre interethnique
Serbes et Monténégrins   0 _____ 100 km

▣ **Noël 1992 à Sarajevo.** ▶
■ *Doc. 5 : où sommes-nous ? Pourquoi cette image rend-elle bien compte du drame des populations de Bosnie ?*

Les Européens d'hier à demain

A. A l'Ouest, la relance européenne

1 Le drapeau européen.

2 La construction de l'Europe

1950-1951	Création de la C.E.C.A. par six États.
1957	Traité de Rome établissant pour les Six la C.E.E.
1er janv. 1959	Début du Marché commmun.
1962	Mise en place de la Politique Agricole Commune (P.A.C.).
1968	Disparition des dernières barrières douanières entre les Six.
1972	Entrée du Royaume-Uni, de l'Irlance et du Danemark.
1978	Création du Système Monétaire Européen (S.M.E.) et de l'écu.
1979	Premières élections au suffrage universel du Parlement européen.
1981	Entrée de la Grèce.
1986	Entrée de l'Espagne et du Portugal. Signature de l'Acte unique.
1992	Signature du traité de Maastricht. Création d'un Espace Économique Européen (E.E.E.).
1er janv. 1993	Entrée en vigueur du Marché unique.

Êtes-vous favorable ou défavorable à cette proposition ?
«Dans une union économique et monétaire européenne, une seule monnaie commune remplace dans cinq ou six ans les différentes monnaies des États membres.»

☐ Pour   ☐ Contre

Pays	Pour	Contre
ITALIE	69 %	12 %
FRANCE	64 %	18 %
BELGIQUE	62 %	18 %
GRÈCE	61 %	14 %
ESPAGNE	58 %	18 %
PAYS-BAS	58 %	31 %
IRLANDE	54 %	17 %
PORTUGAL	53 %	15 %
LUXEMBOURG	48 %	35 %
ALLEMAGNE	43 %	32 %
ROYAUME-UNI	40 %	42 %
DANEMARK	35 %	54 %

Sondage Eurobaromètre, 15 octobre - 8 novembre 1991

4 Les opinions publiques et le traité de Maastricht.

3 Le traité de Maastricht (extraits)

«Art. A – Le présent Traité marque une nouvelle étape [vers] une union sans cesse plus étroite entre les peuples de l'Europe.
Art. B – L'Union [a] pour objectifs :
– de promouvoir un progrès économique et social équilibré et durable, notamment par la création d'un espace sans frontières intérieures [...] et par l'établissement d'une union économique et monétaire comportant, à terme, une monnaie unique [...] ;
– d'affirmer son identité sur la scène internationale, notamment par la mise en œuvre d'une politique étrangère et de sécurité commune, y compris la définition à terme d'une politique de défense commune. [...]
Art. 8 – Il est institué une citoyenneté de l'Union. Est citoyen de l'Union toute personne ayant la nationalité d'un État membre.
Art. 8 A – Tout citoyen de l'Union a le droit de circuler et de séjourner librement sur le territoire des États membres.
Art. 8 B – Tout citoyen de l'Union résidant dans un État dont il n'est pas ressortissant a le droit de vote et d'éligibilité aux élections municipales dans l'État où il réside.
Art. 8 D – Tout citoyen de l'Union a le droit de pétition devant le Parlement européen.

5 Les Douze et le traité de Maastricht

Pays	Mode de ratification	Résultat	1992
Danemark	Référendum	non : 50,7%	2 juin
Irlande	Référendum	oui : 68,7%	18 juin
Luxembourg	Parlement	oui : 5%	1er juillet
Grèce	Parlement	oui : 95%	31 juillet
France	**Référendum**	**oui : 51,04%**	**20 septembre**
Italie	Parlement	oui : 64%	29 octobre
Belgique	Sénat	oui : 63%	4 novembre
Espagne	Parlement	oui : 63%	25 novembre
Portugal	Parlement	oui : 87%	10 décembre
Pays-Bas	Sénat	oui : 55%	15 décembre
Allemagne	Parlement	oui : 82%	18 décembre
Royaume-Uni	Parlement	–	Ratification annoncée pour l'automne 1993

B. A l'Est, les révolutions : 1989-1991

		Union soviétique	Démocraties populaires	Allemagne
1986	février avril décembre	Gorbatchev lance la perestroika. Catastrophe nucléaire de Tchernobyl (Ukraine). Libération du dissident Andreï Sakharov.	L'Europe orientale recouverte par le nuage radioactif de Tchernobyl.	
1987	juin		3ᵉ visite du pape Jean-Paul II en Pologne.	
1988	juin	Célébration du millénaire de la christianisation de la Russie.		
1989	février mars **avril** **mai** **juin** juillet **octobre** **novembre** **décembre**	Élections pluralistes.	**La Hongrie met fin au principe du parti unique.** **Légalisation du syndicat Solidarité.** **Ouverture de la frontière entre Hongrie et Autriche.** **Victoire électorale de Solidarité** (les communistes obtiennent 0,3% des voix). **Proclamation de la République de Hongrie.** Renversement du dictateur bulgare T. Jivkov. **Havel, président de la République tchécoslovaque.** **Chute du dictateur roumain Ceaucescu.**	Les réfugiés de R.D.A. envahissent les ambassades occidentales. Egon Krenz, réformateur, remplace Erich Honecker à la tête de la R.D.A. **9 nov. Ouverture du Mur de Berlin.**
1990	mars avril juin **juillet** **septembre** octobre **décembre**	Le Parlement lituanien proclame l'indépendance et la République. Abolition du rôle dirigeant du Parti communiste de l'Union soviétique (P.C.U.S.). Introduction de l'économie de marché. Loi sur la liberté religieuse.	Visite de Jean-Paul II en Tchécoslovaquie. Ouverture de la Bourse de Budapest. **L. Walesa, chef de la République de Pologne.**	Union économique, monétaire et sociale entre la R.F.A. et la R.D.A. Traité de Moscou, dit des 4 + 2 : l'Allemagne est souveraine. 3 oct. Réunification de l'Allemagne.
1991	février juin **août** décembre	**Tentative de coup d'État conservateur. Le P.C.U.S. est suspendu dans toute l'Union. L'Ukraine et la Biélorussie proclament leur indépendance. Disparition de l'Union soviétique. Démission de M. Gorbatchev.**	**Dissolution du Pacte de Varsovie.** Éclatement de la Yougoslavie : la Slovénie et la Croatie proclament leur indépendance.	

QUESTIONS

1. Constituez un dossier de presse sur les derniers développements de la construction européenne.

2. En fonction de l'évolution de l'actualité, construisez la nouvelle carte des États de l'Europe orientale.

3 Le Moyen-Orient des tempêtes

Depuis la fin de la Seconde Guerre mondiale, les pays du Moyen-Orient n'ont pas connu de paix véritable. Cette région, berceau de l'Islam, est **une des zones du monde les plus sensibles.**

A. Le problème palestinien

1. La proclamation de **l'État d'Israël** en Palestine, le 14 mai 1948, a ouvert, avec les pays arabes, un conflit qui ne s'est pas éteint. De nombreux habitants arabes de Palestine ont fui leur terre et se sont regroupés dans des camps de réfugiés en Jordanie ou au Liban. Ils ont placé leurs espoirs dans l'Organisation de Libération de la Palestine **(O.L.P.),** créée en 1964.

2. Dirigée par **Yasser Arafat,** l'O.L.P. a longtemps utilisé l'arme du terrorisme. Mais après la signature, par le président égyptien **Sadate,** d'un accord de paix (doc. 3) avec Israël (accords de Camp David en 1978), le chef de l'O.L.P. en est venu à reconnaître le droit de l'État d'Israël à l'existence.

3. Mais les Israéliens mettent en doute la sincérité d'Arafat et la résistance palestinienne se fait très dure dans les territoires occupés par Israël depuis 1967 (doc. 6). En 1988, est proclamé un **État palestinien.** L'O.L.P. n'en déclare pas moins caduque la partie de la *Charte* qui sous-entend la disparition d'Israël (doc. 2).

B. Un enjeu pour l'Occident

1. Le Moyen-Orient tient son importance de sa **position stratégique** au carrefour de trois continents et de la possession de 60% des réserves mondiales de pétrole. L'Arabie Saoudite, gardienne des lieux saints de La Mecque, en recèle, à elle seule, le quart (doc. 1).

2. Ces pays présentent donc un intérêt vital pour les économies occidentales, qui ont les yeux rivés sur les grands passages du détroit d'Ormuz et du canal de Suez (doc. 4).

3. Les **États pétroliers** – Arabie Saoudite, Émirats, Irak, Iran – ont tiré profit des chocs pétroliers de 1973 et 1979. Ils ont pu lancer des programmes de développement spectaculaires en important des technologies occidentales (doc. 5). Mais cette politique a engendré des déséquilibres et a heurté les traditions islamiques.

C. Une région déchirée

1. Les ambitions de la Syrie, la politique agressive de l'Irak, l'Islam pur et dur de l'Iran ont été à l'origine de guerres longues et effroyables : guerre du Liban entre Arabes chrétiens et Arabes musulmans (1975-1989), guerre entre l'Irak et l'Iran (1 million de morts).

2. Lorsqu'en 1991, le chef de l'Irak, **Saddam Hussein,** envahit le Koweït (doc. 7) puis l'annexe, les États-Unis, au nom du Conseil de Sécurité de l'O.N.U., déclenchent l'opération «**Tempête du désert**». Écrasées par la plus gigantesque opération aérienne de tous les temps, les forces irakiennes se rendent, sans vraiment combattre.

3. L'affaiblissement de l'Irak laisse face à face l'**Arabie Saoudite sunnite,** massivement soutenue par les États-Unis, et l'**Iran chiite** et intégriste (doc. 8 et 9), qui rejette violemment le monde occidental.

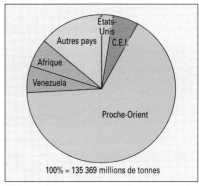

1 Les réserves mondiales de pétrole, en 1992.

2 La *Charte* de l'O.L.P.

«Art. 9 – La lutte armée est le seul moyen de libérer la Palestine.
Art. 19 – Le partage de 1947 et l'établissement d'Israël sont nuls et non avenus, et en contradiction avec la *Charte* de l'O.N.U. qui reconnaît avant tout le droit des peuples à l'autodétermination.
Art. 20 – Le judaïsme, religion révélée, n'est pas une nationalité. Pareillement, les Juifs ne constituent pas un peuple avec une citoyenneté propre ; ils sont bien plutôt les citoyens des États auxquels ils appartiennent.»

Extraits, juillet 1968.

3 Sadate à Jérusalem

«Toute vie perdue à la guerre est une vie humaine, sans restriction entre Israéliens et Arabes. Une femme qui devient veuve, qu'elle soit arabe ou israélienne, est un être humain qui avait droit à une vie familiale heureuse [...].
Vous voulez vivre avec nous dans cette partie du monde. Je vous dis, nous vous accueillons parmi nous. C'est en soi, un énorme tournant [...].
Comment pouvons-nous arriver à une paix permanente fondée sur la justice ? Il y a des faits qu'il faut affronter avec courage. Il y a des territoires arabes qu'Israël a occupés par la force armée. Nous exigeons une évacuation complète de ces territoires, y compris la Jérusalem arabe.»

Discours, 20 novembre 1977.

■ *Recherchez sur la carte (doc. 4) les territoires arabes qu'Israël a occupés par la force armée.*

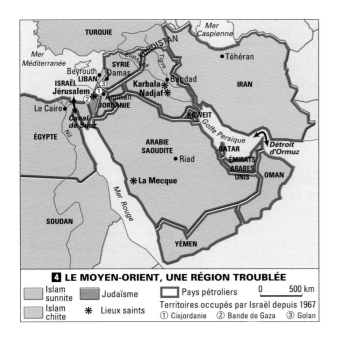

4 LE MOYEN-ORIENT, UNE RÉGION TROUBLÉE

- Islam sunnite
- Islam chiite
- Judaïsme
- * Lieux saints
- Pays pétroliers
- Territoires occupés par Israël depuis 1967
  ① Cisjordanie ② Bande de Gaza ③ Golan

0 ————— 500 km

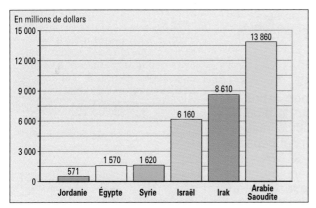

En millions de dollars

Jordanie	571
Égypte	1 570
Syrie	1 620
Israël	6 160
Irak	8 610
Arabie Saoudite	13 860

6 La guerre des pierres, ou «Intifada».

7 Le Koweït en feu après la guerre du Golfe, en 1992.

◀ **5** Les budgets militaires de quelques pays.

8 L'Iran chiite : musulmans sous le portrait de l'ayatollah Khomeiny.

9 La croisade chiite

«C'est d'abord vers l'Irak et le Liban que la propagande de Khomeiny s'est dirigée. En Irak, les chiites sont majoritaires (60%) et au Liban, ils sont la plus forte communauté musulmane avec une démographie dynamique. L'Irak a toujours été convoité par les chiites à cause des tombeaux des imams à Nadjaf, Karbala et Samarra. C'est aussi la clé d'une pénétration vers le monde arabe, du Golfe à la Syrie en passant par l'Arabie et la Jordanie.

Quant au Liban, facile d'accès en raison de sa décomposition, c'est aussi le lieu où l'on peut concrétiser le plus aisément la lutte armée contre Israël et contre l'Occident.»

A. Mabon, *Le Monde diplomatique*, avril 1984.

A l'aube du 3e millénaire

La disparition du communisme à l'Est met **fin à la Guerre froide** (doc. 1). A l'ancien partage Est-Ouest, fait suite une **division du monde entre un Nord développé et un Sud à la dérive.**

A. Les États-Unis, unique superpuissance

1. Sous les yeux du monde entier, les Américains ont fait preuve, au cours de la guerre du Golfe, d'une **supériorité militaire sans égale** (doc. 4). Ils la doivent à leur technologie de pointe. Les instituts américains attirent chercheurs et ingénieurs du monde entier.

2. Surtout, depuis 1945, l'Amérique a imposé à la planète entière ses habitudes alimentaires (Coca-Cola, *fast food*), ses modes vestimentaires, **ses modèles culturels** : séries télévisées (doc. 2 et 3), langue américaine.

3. Au cours des années 80, la puissance américaine a toutefois cédé le pas. Les États-Unis sont aujourd'hui **le pays le plus endetté du monde.** La part des États-Unis dans l'industrie mondiale est tombée de 40% en 1945 à 25% en 1990. L'image d'une Amérique prospère est sérieusement entamée par de dures réalités : misère, insécurité, Sida.

B. L'Asie du Pacifique, un géant économique

1. Sans espace et sans ressources naturelles, le **Japon** a pris sa revanche sur l'humiliation de 1945. Il inonde la planète de produits très compétitifs à haute valeur ajoutée : automobiles, motos, magnétoscopes (doc. 6), etc. En 1992, son excédent commercial dépasse 100 milliards de dollars, soit une progression annuelle de 37%. Jusqu'en 1993, le Japon est le **banquier du monde** ; le Kabuto-Cho, la bourse de Tokyo, a dépassé Wall Street pour la valeur des titres cotés. Le **yen** rivalise avec succès contre le dollar.

2. Le Japon n'est plus désormais la seule puissance asiatique. Les **«dragons» : Corée du Sud, Taiwan, Hong Kong et Singapour** ont acquis une place de premier rang dans les technologies de pointe (doc. 7). La Chine même, où la déroute du Parti communiste ne s'est pas produite (doc. 5), a ouvert ses frontières aux entreprises capitalistes... D'ici à l'an 2000, la **«nébuleuse asiatique»** constituera la première puissance industrielle de la planète.

C. Le Sud, sous le poids de sa démographie

1. La planète compte aujourd'hui plus de 5,7 milliards d'êtres humains. Elle dépassera les **6 milliards en l'an 2000** (doc. 9). Plus de 4 milliards appartiennent au Sud. Plus d'un milliard est installé à la périphérie des villes, dans des bidonvilles géants, livrés à un dénuement extrême.

2. Les pays du Sud (Amérique latine, Afrique noire, sous-continent asiatique, monde musulman) présentent une grande diversité, mais **ils ont en commun une croissance démographique qu'ils ne maîtrisent pas.** Leur population doit doubler au cours du prochain quart de siècle.

3. L'immigration déferlante du Sud vers le Nord est ressentie comme une menace en Europe et en Amérique. Réduire l'écart entre pays riches et pays pauvres est une tâche difficile (doc. 8). C'est l'urgence de demain.

1 La fin de la Guerre froide

«Nous sommes en train de faire quelque chose de terrible, nous sommes en train de vous priver d'ennemis.»

G. Arbatov (conseiller de Gorbatchev), *Time* Magazine, 23 mai 1988.

2 L'Empire américain

«Jamais Nation n'a été aussi près de dominer le monde. Les États-Unis peuvent se vanter d'en être arrivés là, par la contagion de leur modèle, autant que par l'étalage de leur force. Leur langue n'est-elle pas en train de devenir [...] le point de passage obligé de la communication à l'intérieur du village planétaire. Dès le temps de la Première Guerre mondiale, Upton Sinclair écrivait tranquillement : "Grâce au cinéma, le monde s'unifie, c'est-à-dire qu'il s'américanise". Que dirait-il aujourd'hui, alors que la terre entière s'habille de jeans, se nourrit de hot dogs et frétille au rythme du rap ?»

A. Fontaine, *L'un sans l'autre*, Fayard, 1991.

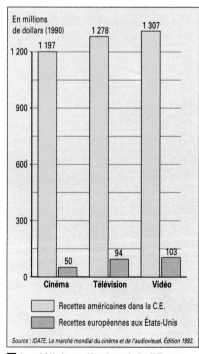

3 Le déficit audiovisuel de l'Europe.

■ *Quelle conclusion peut-on tirer de cette comparaison entre les États-Unis et l'Europe ?*

4 Le *stealth fighter*, «avion furtif» utilisé par l'armée américaine, lors de la guerre du Golfe.

5 L'échec du printemps de Pékin en 1989, symbolisé par un homme seul face aux chars.

6 L'Empire nippon

«Partout sur la planète, les Japonais achètent les immeubles les plus prestigieux, les hôtels les plus réputés, les tableaux les plus cotés. Les deux hommes les plus riches du monde sont japonais. La première entreprise du monde est japonaise. Les sept banques les plus puissantes, aussi [...]. Le monde "libre" est drogué à la technologie japonaise.»

D. Nora, *L'étreinte du Samouraï*, Calman-Lévy, 1991.

7 Les quatre «dragons *high tech*». ▶
Source : *Courrier International*, 10 décembre 1992.

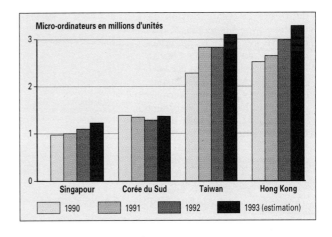

Micro-ordinateurs en millions d'unités

Singapour — Corée du Sud — Taiwan — Hong Kong

1990 — 1991 — 1992 — 1993 (estimation)

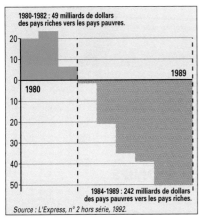

1980-1982 : 49 milliards de dollars des pays riches vers les pays pauvres.

1989
1980

1984-1989 : 242 milliards de dollars des pays pauvres vers les pays riches.

Source : *L'Express*, n° 2 hors série, 1992.

8 Le Tiers Monde : du prêt à la dette.

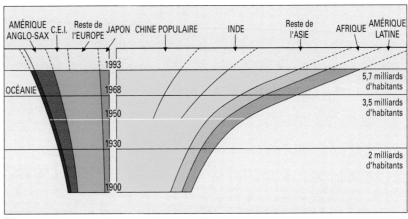

AMÉRIQUE ANGLO-SAX — C.E.I. — Reste de l'EUROPE — JAPON — CHINE POPULAIRE — INDE — Reste de l'ASIE — AFRIQUE — AMÉRIQUE LATINE

OCÉANIE

1993
1968
1950
1930
1900

5,7 milliards d'habitants
3,5 milliards d'habitants
2 milliards d'habitants

9 L'emballement démographique du Sud.

◼1 L'Histoire continue

«Le 20ᵉ siècle aura commencé en 1914 et le 21ᵉ en 1990. Qui aurait dit, il y a cinq ans, que le mur de Berlin serait effacé, l'Allemagne réunifiée, la guerre froide enterrée, la Pologne, la Hongrie, la Tchécoslovaquie, libérées de la tutelle soviétique, les pays Baltes en état de sécession d'une U.R.S.S. célébrant les mérites de l'économie libérale et du parler vrai, mais secouée par les revendications autonomistes de presque toutes ses républiques ? [...]
L'événement le plus important de ce siècle de fer aura sans doute été la réconciliation de l'Europe avec elle-même, et, au-delà de ses limites géographiques, de tout l'Occident industrialisé. [...] Qu'en sera-t-il demain de ces pays à l'économie chancelante, à la démocratie empêtrée dans des fantômes totalitaires, et surtout d'une Union soviétique en voie de dislocation, peut-être d'anarchie, mais dont la puissance militaire reste redoutable ?»

J. Lesourne, B. Lecomte,
L'après-communisme, Laffont, 1990.

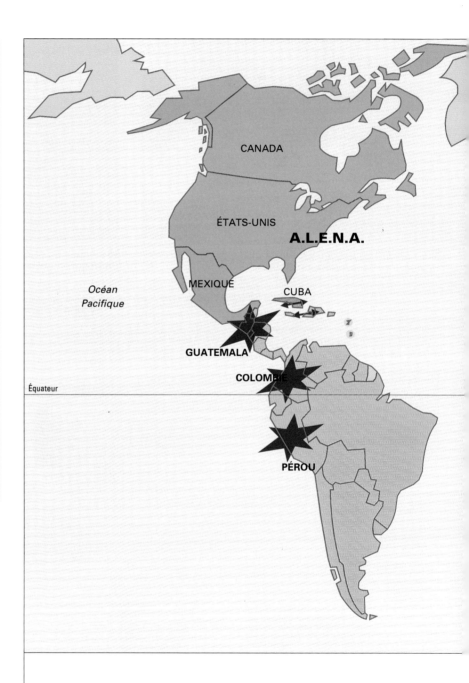

◼2 L'ÉTAT DU MONDE

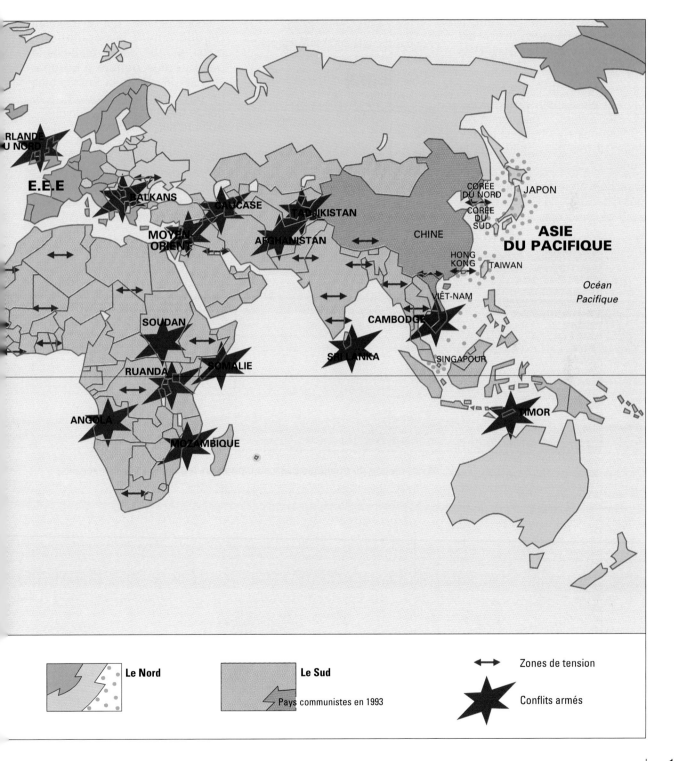

IRLANDE DU NORD

E.E.E

BALKANS

CAUCASE

MOYEN ORIENT

TADJIKISTAN

AFGHANISTAN

CHINE

CORÉE DU NORD

JAPON

CORÉE DU SUD

ASIE DU PACIFIQUE

HONG KONG

TAIWAN

Océan Pacifique

VIÊT-NAM

SOUDAN

CAMBODGE

SOMALIE

SRI LANKA

SINGAPOUR

RUANDA

ANGOLA

TIMOR

MOZAMBIQUE

Le Nord

Le Sud

Pays communistes en 1993

Zones de tension

Conflits armés

LA FRANCE,

1. UN PAYS DE TAILLE MOYENNE

La France, avec une superficie de 551 000 km², est un pays de taille moyenne, au 48e rang à l'échelle du monde : la Russie est 31 fois plus vaste, les États-Unis 17 fois plus, le Brésil 16 fois.

En revanche, la France est le pays le plus vaste de l'Europe (Russie exclue) : l'Allemagne est 1,5 fois moins étendue et la Belgique 18 fois plus petite que la France.

Avec une population de 57 millions d'habitants, la France occupe le 20e rang mondial.

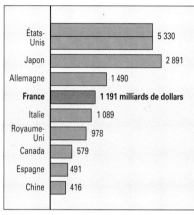

1 P.N.B. des dix premiers pays du monde en 1991 (en milliards de dollars).

2. UN PAYS RICHE

La France a été l'un des premiers pays du monde à échapper aux grandes famines qui ravageaient régulièrement la population ; aussi, au 18e siècle, était-elle le pays le plus peuplé d'Europe. Dès le 19e siècle, la France était un pays industriel, souvent à la pointe de l'innovation technique.

Aujourd'hui, la France appartient toujours au petit groupe des pays les plus riches de la planète : le niveau de vie moyen des Français, calculé en produit national brut* par habitant, est 90 fois plus élevé que celui d'un Éthiopien.

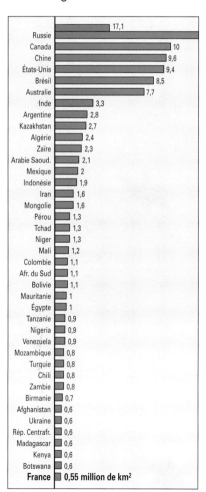

2 Superficie de quelques pays du monde (en millions de km²).

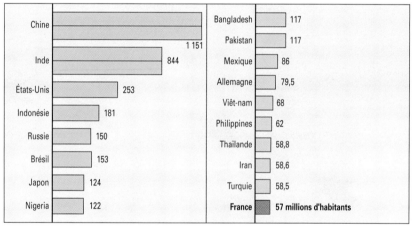

3 Population de quelques pays du monde en 1991 (en millions d'habitants).

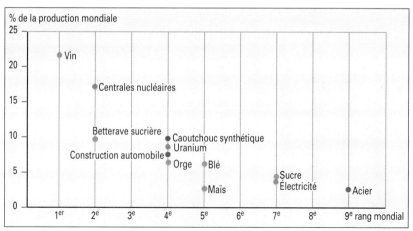

4 Quelques productions ou activités pour lesquelles la France se place dans les dix premiers rangs mondiaux.

UN PAYS RICHE

3. LA MODESTIE DES RESSOURCES NATURELLES

Cette richesse moyenne de la population française – qui n'exclut pas les îlots de pauvreté – n'est pas directement le résultat des ressources naturelles : si l'agriculture bénéficie de climats et de sols plutôt favorables, la France ne dispose pas de très grands gisements de matières premières facilement exploitables : une production de charbon qui n'a jamais suffi aux besoins de l'économie nationale, un peu de gaz naturel, très peu de pétrole ; seuls l'uranium (Massif central, Vendée), le fer (Lorraine) et la bauxite (Midi méditerranéen) se trouvent en quantités importantes dans le sous-sol français, mais l'exploitation des deux derniers est aujourd'hui en très fort recul.

Cette insuffisance des matières premières explique donc que l'industrie française repose principalement sur un fort courant d'importations.

C'est donc essentiellement le travail des Français qui est responsable de leur haut niveau de vie.

4. UN PAYS DÉMOCRATIQUE

La plupart des pays du monde subissent des dictatures qui ne tolèrent aucune opposition politique. La France appartient, elle, au petit groupe des démocraties pluralistes, c'est-à-dire des régimes politiques dans lesquels divers partis peuvent s'exprimer – notamment dans des élections libres – et où les libertés fondamentales – d'opinion, de presse, de déplacement et d'association – sont garanties par la Constitution.

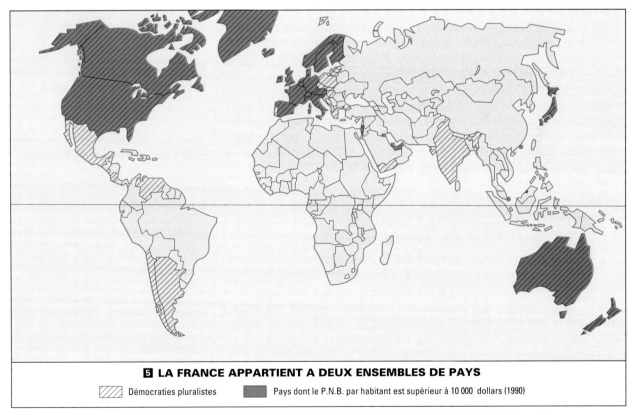

5 LA FRANCE APPARTIENT A DEUX ENSEMBLES DE PAYS

///// Démocraties pluralistes   ▓ Pays dont le P.N.B. par habitant est supérieur à 10 000 dollars (1990)

6 Quelques P.N.B./hab. en Europe occidentale en 1990 (en dollars)

Suisse	32 790	Allemagne de l'Ouest	22 730	Pays-Bas	17 330	Belgique	15 440
Suède	23 860	Danemark	22 090	Italie	16 850	Espagne	10 920
Norvège	23 120	**France**	**19 480**	Royaume-Uni	16 070	Grèce	6 000

Source : Banque mondiale.

1 Un finistère de l'Europe

V O C A B U L A I R E

Finistère : du latin *finis* (fin) et *terra* (terre), ce mot désigne l'extrémité d'un pays ou d'un continent en bordure d'un océan.

Isthme : portion d'espace terrestre resserrée entre deux mers.

A. Au cœur de la zone tempérée, à l'Ouest de l'Europe

1. L'espace français (551 000 km²) est presque situé à égale distance du Pôle et de l'Équateur (doc. 3) : Dunkerque est à 51° de latitude Nord, alors que Bonifacio est à 41° de latitude Nord.

2. L'Europe n'est qu'un prolongement occidental de l'immense continent asiatique. La France se trouve elle-même à l'Ouest de l'Europe, en situation de **finistère** : les grandes invasions venues d'Asie ou d'Afrique vinrent s'y télescoper, créant de nombreux brassages d'où est issue la population française (doc. 4).

B. L'isthme français

1. L'espace français est en situation **d'isthme** ; c'est, en effet, **le seul État d'Europe ouvert sur trois mers :** la mer du Nord, l'océan Atlantique et la mer Méditerranée (doc. 2 et 5).
Cette situation lui vaut d'avoir une plus grande longueur de frontières maritimes que de frontières terrestres (respectivement 3 100 et 2 100 km, doc. 1). Malgré cette ouverture sur la mer, la France n'a jamais été une grande puissance maritime, tournée vers le grand commerce d'exportation, comme le furent l'Angleterre ou les Pays-Bas.

2. Aujourd'hui, l'isthme français, de mieux en mieux équipé en moyens de transport, accueille des **flux importants :** par exemple, une part importante des touristes de l'Europe du Nord-Ouest emprunte la vallée du Rhône pour gagner les plages méditerranéennes ; le port de Marseille reçoit du pétrole par mer qui, ensuite, est acheminé vers la région lyonnaise, l'Alsace, mais aussi la Suisse et l'Allemagne.

C. A la charnière de l'Europe du Nord et de l'Europe du Sud

1. La France appartient à l'Europe du Nord-Ouest, celle qui entra dans la Révolution industrielle dès le 19e siècle et qui, aujourd'hui, possède les plus hauts niveaux de vie du continent.

2. Mais, par sa façade méditerranéenne, **l'espace français est largement ouvert sur l'Europe méditerranéenne,** longtemps en retard économique et aujourd'hui en plein développement.

3. A l'intérieur de la Communauté Européenne, la France est un trait d'union privilégié entre ces deux parties de l'Europe.

D. Un territoire de forme massive : l'hexagone français

La France métropolitaine a un territoire de forme massive, qu'on schématise fréquemment à l'aide d'un hexagone. Du Nord au Sud, la distance est de peu inférieure à 1 000 km ; d'Est en Ouest, dans sa plus grande largeur, elle atteint près de 950 km. Les 1 000 km ne sont dépassés que sur une diagonale Brest/Menton.

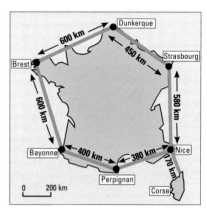

1 Les dimensions de la France.

2 La situation de la France en Europe

«Ainsi, graduellement, le continent européen s'amincit : entre Odessa et la Baltique la distance se réduit à 1 200 kilomètres ; vers Trieste, à 900. Mais pour que le rapprochement entre les deux systèmes de mers persiste [...], il faut arriver à l'intervalle compris entre le golfe du Lion et la Manche. A partir de Langres, aucun point de notre territoire n'est distant de la mer de plus de 400 kilomètres. Dans le signalement de la France, voilà un trait essentiel : c'est la contrée sise au rapprochement des deux mers.»

P. Vidal de la Blache,
Tableau de la géographie de la France,
Hachette, 1911.

■ *Doc. 3 : qu'est-ce qui définit la zone tempérée ?*

DE L'ESPACE FRANÇAIS

3 La France, un pays au cœur de la zone tempérée.

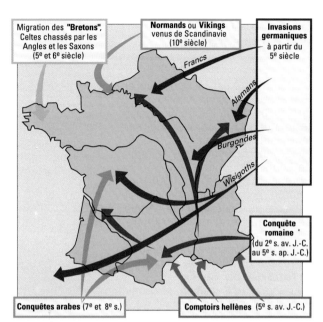

Migration des **"Bretons"**, Celtes chassés par les Angles et les Saxons (5ᵉ et 6ᵉ siècle)

Normands ou **Vikings** venus de Scandinavie (10ᵉ siècle)

Invasions germaniques à partir du 5ᵉ siècle

Francs

Alamans

Burgondes

Wisigoths

Conquête romaine (du 2ᵉ s. av. J.-C. au 5ᵉ s. ap. J.-C.)

Conquêtes arabes (7ᵉ et 8ᵉ s.)

Comptoirs hellènes (5ᵉ s. av. J.-C.)

4 Conquêtes, invasions et peuplement de la France.

5 La France vue de l'espace (image Météo-France, 1985).

La formation de l'espace français et ses prolongements

A. La construction de l'espace français

Ce territoire s'est tôt constitué en État adossé à l'océan Atlantique et à la Manche. Mais les frontières terrestres de la France ont varié, surtout jusqu'au 17e siècle. C'est, en effet, principalement sous le règne de Louis XIV, que le royaume de France a pris sa configuration actuelle, avec les rattachements de l'Alsace, du Roussillon, de l'Artois, de la Flandre et de la Franche-Comté. Ces frontières furent alors défendues et matérialisées grâce à un réseau de citadelles construites ou remaniées par Vauban.

Peu après la Révolution, le comtat Venaissin, ainsi que Montbéliard et Mulhouse, devinrent français. Sous le Second Empire, le territoire prit sa forme définitive avec le rattachement de la Savoie et du comté de Nice.

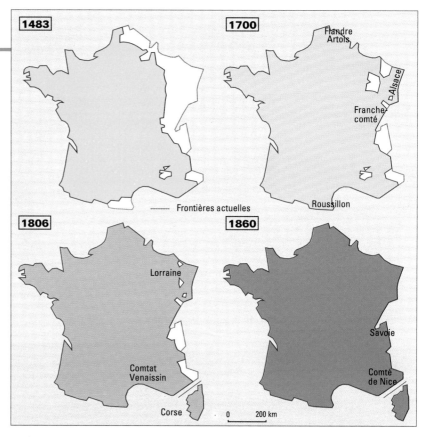

1 La formation territoriale de la France. ▶

2 Neuf-Brisach dans le Haut-Rhin ; place forte construite par Vauban en 1698.

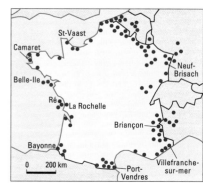

3 Les forteresses construites ou remaniées par Vauban sous le règne de Louis XIV.

QUESTIONS

1. Doc. 3 : commentez la répartition des forteresses construites par Vauban. Comment expliquer cette répartition ? Quel lien peut-on établir avec les cartes du doc. 1 ?

2. Doc. 4 : quand Nice et la Savoie sont-elles devenues françaises ?

4 La formation territoriale de la France

«A Louis XV revient l'annexion de la Lorraine, grâce à son mariage avec la fille du dernier duc, Stanislas Leczinski, mort en 1766. Deux ans plus tard, Gênes cède ses droits de souveraineté sur la Corse à la France. Le règne de Louis XVI n'amène ni perte ni annexion. Après la suppression des droits féodaux, dans la nuit du 4 août 1789, ne subsistent plus que trois enclaves étrangères : Avignon et le Comtat venaissin appartenant à la Papauté, la principauté de Montbéliard que possède le duc de Wurtemberg, et la république de Mulhouse alliée aux cantons suisses. Quant aux frontières, elles correspondent à peu près à celles de la France actuelle, moins la Savoie et le comté de Nice. En huit siècles, la monarchie a fait le territoire français, environ 530 000 km², dont les 60 000 derniers, les franges flamandes, lorraines et comtoises, n'ont été acquises qu'au prix de longues et dures guerres contre les Habsbourg.»

A. Fierro-Domenech,
Le Pré carré, géographie historique de la France,
R. Laffont, 1986.

B. La troisième puissance maritime mondiale

De l'intérêt de ses marins pour l'exploration d'autres territoires, de son passé impérial et colonial, la France a conservé des terres sous toutes les latitudes ; elles couvrent aujourd'hui 120 000 km² et expliquent que la **zone économique exclusive*** française ait une étendue de plus de 10 millions de km², soit le 3ᵉ domaine maritime du monde. Un îlot inhabité comme Clipperton, situé dans l'océan Pacifique au large des côtes du Mexique, apporte ainsi à la France une zone exclusive de 425 000 km², presque aussi vaste que l'étendue continentale de la métropole !

5 Les zones maritimes économiques exclusives

Pays		Superficies (en millions de km²)	
1. États-Unis	Métropole	7,62	Total : 15,91
	Outre-Mer	8,29	
2. Royaume-Uni	Métropole	0,94	Total : 10,86
	Outre-Mer	9,92	
3. France	Métropole	0,34	Total : 10,26
	Outre-Mer	9,92	
4. Australie		9,66	
5. Nouvelle-Zélande		6,47	
6. Indonésie		6,39	
7. Canada		4,70	
8. C.E.I.		4,48	
9. Japon		3,85	
10. Brésil		3,16	

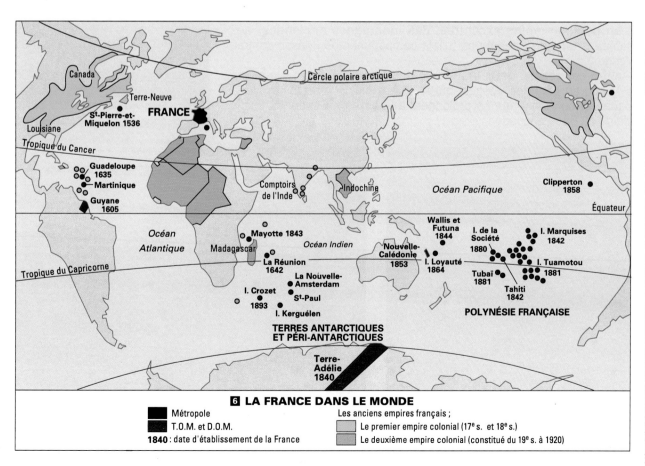

6 LA FRANCE DANS LE MONDE

■ Métropole
■ T.O.M. et D.O.M.
1840 : date d'établissement de la France

Les anciens empires français ;
▨ Le premier empire colonial (17ᵉ s. et 18ᵉ s.)
▨ Le deuxième empire colonial (constitué du 19ᵉ s. à 1920)

Un relief varié : les deux France

La France présente une très grande variété de reliefs, depuis les plaines les plus plates jusqu'aux montagnes les plus hardies portant les altitudes les plus hautes du continent (4 808 m au Mont Blanc).

Mais les grands types de relief s'ordonnent de part et d'autre d'une diagonale allant de Bayonne à Sarrebourg, permettant de distinguer entre deux France (doc. 5).

A. A l'Ouest et au Nord, un relief ouvert

Des Landes à la Flandre, c'est la France des faibles altitudes – presque toujours inférieures à 250 m, où dominent les reliefs de plaines (Landes, Sologne, Flandre), de bas-plateaux (Beauce, Berry, Pays de Caux, etc.) et de collines (Bretagne, Bocage normand, etc.).

L'ensemble constitue un domaine de communications faciles, grâce à des seuils* largement ouverts : Cambrésis entre la Flandre et le Bassin parisien, Poitou entre Bassin parisien et Bassin aquitain (doc. 1).

B. A l'Est et au Sud, un relief compartimenté

C'est la France des grands contrastes de relief qui se développe à l'Est et au Sud de la diagonale Bayonne/Sarrebourg : on y trouve, en effet, les plus hautes montagnes dominant des plaines d'effondrement qu'empruntent les grands axes de communication :
– **à la périphérie de l'espace français, les chaînes plissées jeunes** constituent une barrière franchissable par des cols ou des tunnels, des Pyrénées au Jura en passant par les Alpes (doc. 3 et 4) ;
– **en position moins excentrée, des montagnes anciennes,** aux sommets arrondis, créent des reliefs compartimentés (Massif central, Vosges) ;
– **entre ces reliefs, deux grands couloirs de circulation :** la plaine d'Alsace au pied des Vosges, où coule le Rhin, et les plaines de la Saône et du Rhône qui se prolongent au pied des Cévennes par la plaine du Bas-Languedoc.

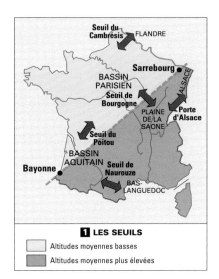

1 LES SEUILS

☐ Altitudes moyennes basses
■ Altitudes moyennes plus élevées

2 La Beauce.

3 Le rebord du plateau du Jura.

4 Le cirque de Gavarnie (Pyrénées).

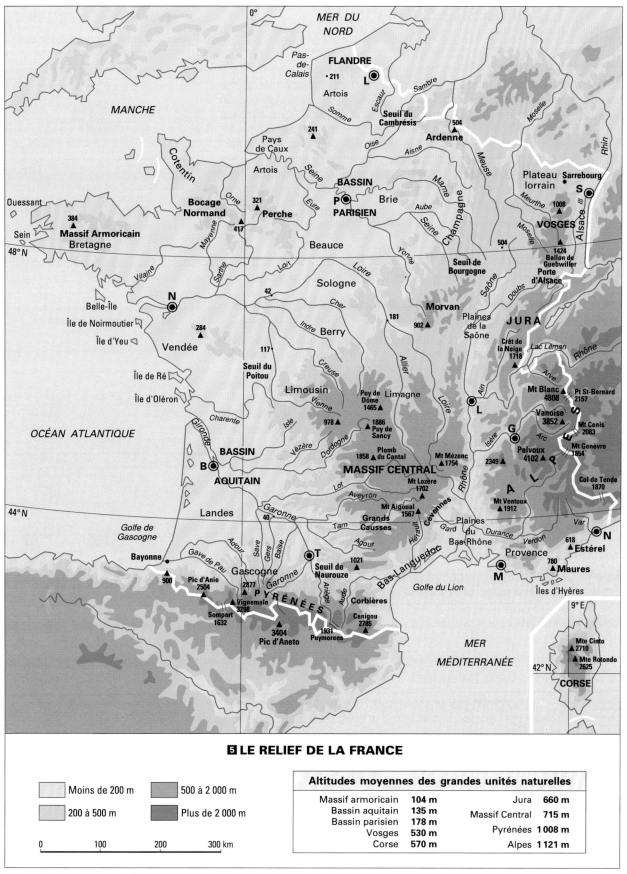

MER DU NORD

MANCHE

Pas-de-Calais

FLANDRE • 211 L⊙

Artois

Seuil du Cambrésis

Escaut   Sambre

Somme   Oise   Aisne

Ardenne 504 ▲

Meuse   Marne   Moselle

Plateau lorrain   Sarrebourg • S⊙

Rhin

Cotentin

Pays de Caux

Artois

Ouessant

Bocage Normand

Orne   321 •   Perche   417 ▲

BASSIN PARISIEN P⊙

Brie

Eure   Seine

Aube   Champagne   Meurthe   Moselle   Alsace Ill

1008 •   VOSGES   504 •

1424 ▲ Ballon de Guebwiller   Porte d'Alsace

Massif Armoricain   384 ▲   Bretagne

Sein

48° N

Belle-Île

Île de Noirmoutier

Île d'Yeu

N⊙   284 ▲   Vendée

Mayenne   Sarthe   Loir

42 •

Beauce   Loire

Seuil de Bourgogne

Saône   Doubs

Vilaine

Sologne   Cher

Berry   Indre

Morvan   902 ▲

Plaines de la Saône

JURA

Crêt de la Neige 1718 ▲   Lac Léman   Rhône

Île de Ré

Seuil du Poitou   117 •

Limousin

Creuse   Vienne

Puy de Dôme 1465 ▲   Limagne   Allier   Loire

Aïn   L⊙

Arve   Mt Blanc 4808 ▲   Pt St-Bernard 2157 ▲

Île d'Oléron

Charente

978 ▲

Isle   Vézère   Dordogne

1886 ▲ Puy de Sancy

Plomb 1858 ▲ du Cantal

Mt Mézenc ▲ 1754

Isère   G⊙   Vanoise 3852 ▲   Mt Cenis 2083 ▲

OCÉAN ATLANTIQUE

BASSIN AQUITAIN B⊙

Gironde

MASSIF CENTRAL

Mt Lozère ▲ 1702   2349 ▲   Arc

Pelvoux 4102 ▲ P⊙   Mt Genèvre 1854 ▲

44° N

Landes

Lot   Aveyron   Mt Aigoual 1567 ▲

Garonne   40 •   Tarn

Cévennes   Rhône

Col de Tende 1870

Grands Causses   Agout   Hérault   Gard

Plaines du Bas Rhône   Durance   Verdon   Var

ALPES

Mt Ventoux ▲ 1912

618 ▲   N⊙   Estérel

Golfe de Gascogne

Bayonne •   900 ▲   Pic d'Anie 2504 ▲   Adour   Save   Gers   Baïse

Gascogne   Garonne   T⊙   Seuil de Naurouze   1021 ▲

Bas-Languedoc

Provence   780 ▲ Maures

M⊙   Îles d'Hyères

Gave de Pau   2877 ▲   PYRÉNÉES

Vignemale ▲ 3298

Somport 1632

3404 ▲   Pic d'Aneto   1931 ▲   Puymorens   Ariège   Aude   Corbières   Canigou 2785 ▲

Golfe du Lion

MER MÉDITERRANÉE

9° E

42° N

Mte Cinto ▲ 2710   Mte Rotondo ▲ 2625

CORSE

⑤ LE RELIEF DE LA FRANCE

Moins de 200 m	500 à 2 000 m
200 à 500 m	Plus de 2 000 m

0   100   200   300 km

Altitudes moyennes des grandes unités naturelles

Massif armoricain	**104 m**	Jura	**660 m**
Bassin aquitain	**135 m**	Massif Central	**715 m**
Bassin parisien	**178 m**		
Vosges	**530 m**	Pyrénées	**1 008 m**
Corse	**570 m**	Alpes	**1 121 m**

■ *Identifiez les villes repérées sur la carte.*

3 La diversité climatique

VOCABULAIRE

Aléa (du latin *aléa*, coup de dés, hasard) : événement imprévisible.

Au cœur de la zone tempérée, la France n'en présente pas moins une grande diversité climatique (doc. 4) et, de temps à autre, un certain nombre d'**irrégularités** ou d'**excès** dont souffrent périodiquement les agriculteurs ou les touristes. Mais dans ces aléas climatiques (doc. 5), rien de comparable avec les caprices de la nature qui affectent certaines régions défavorisées de la terre (Sahel, par exemple). Une année de sécheresse exceptionnelle en France, cela se traduit par des difficultés financières pour certains agriculteurs, mais non par des migrations ou des famines.

A. A la charnière des trois grands domaines climatiques de l'Europe

Les trois grands domaines climatiques de l'Europe des latitudes tempérées se partagent – inégalement – l'espace français (doc. 4).

1. Le domaine océanique, caractérisé par des hivers doux, des étés frais et des précipitations assez bien réparties tout au long de l'année, **est le plus étendu.**
Bien représenté sur les côtes de la moitié Nord du pays, ce climat se dégrade à la fois vers l'intérieur et vers le Sud :
– vers l'intérieur, ce climat océanique se continentalise, avec des contrastes thermiques plus marqués entre des étés plus chauds et des hivers plus froids (Champagne ou Lorraine, par exemple) ;
– vers le Sud, les étés deviennent plus chauds et moins humides dans le Bassin aquitain.

2. Le véritable climat continental n'existe pas en France, mais on trouve, dans l'Est et dans les plaines d'effondrement situées au pied de montagnes, des éléments d'un **climat semi-continental,** marqué par des hivers froids, des étés chauds et orageux et des précipitations moins importantes (Alsace, plaines de la Saône, Lyonnais).

3. Enfin, le **climat méditerranéen** affirme son originalité dans le Sud-Est du pays, grâce à des étés chauds et secs, des hivers doux et des précipitations souvent violentes, abondantes surtout durant les saisons intermédiaires.

B. Des saisons bien marquées

Le principal point commun aux grands types de climat qui se partagent l'espace français est l'existence d'importants contrastes saisonniers.

1. Partout ou presque en France, les **hivers** sont bien marqués (doc. 1) ; aucun point du territoire n'est à l'abri des gelées et la neige peut tomber partout, de la Côte d'Azur à la Bretagne. Cependant, en hiver, on note une nette opposition entre les littoraux privilégiés de l'Ouest et du Sud, où les gelées sont rares, et l'intérieur du pays où le gel est fréquent et fort.

2. De même, **l'été est bien marqué partout,** avec des températures dépassant généralement les 20° (doc. 2). Mais, là encore, de forts contrastes régionaux s'observent, entre la France du Midi, chaude ou très chaude, et la France du Nord, moins favorisée par l'ensoleillement.

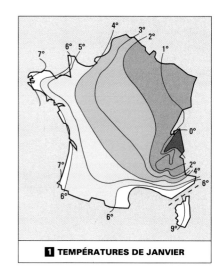

1 TEMPÉRATURES DE JANVIER

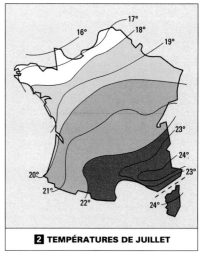

2 TEMPÉRATURES DE JUILLET

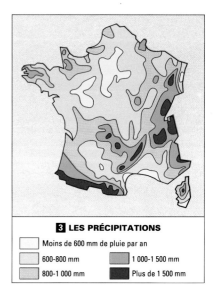

3 LES PRÉCIPITATIONS

- Moins de 600 mm de pluie par an
- 600-800 mm
- 800-1 000 mm
- 1 000-1 500 mm
- Plus de 1 500 mm

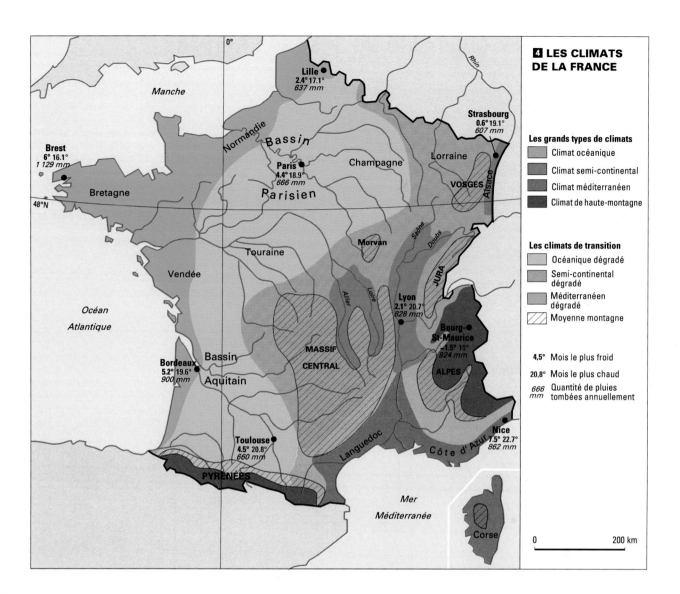

4 LES CLIMATS DE LA FRANCE

Les grands types de climats

- Climat océanique
- Climat semi-continental
- Climat méditerranéen
- Climat de haute-montagne

Les climats de transition

- Océanique dégradé
- Semi-continental dégradé
- Méditerranéen dégradé
- Moyenne montagne

4,5° Mois le plus froid

20,8° Mois le plus chaud

666 mm Quantité de pluies tombées annuellement

0   200 km

Brest
6° 16.1°
1 129 mm

Lille
2.4° 17.1°
637 mm

Strasbourg
0.6° 19.1°
607 mm

Paris
4.4° 18.9°
666 mm

Lyon
2.1° 20.7°
828 mm

Bourg-St-Maurice
-1.5° 16°
924 mm

Bordeaux
5.2° 19.6°
900 mm

Toulouse
4.5° 20.8°
660 mm

Nice
7.5° 22.7°
862 mm

Manche — Normandie — Bassin Parisien — Champagne — Lorraine — VOSGES — Alsace — Rhin — Bretagne — Vendée — Touraine — Morvan — Saône — Doubs — JURA — Océan Atlantique — Bassin Aquitain — MASSIF CENTRAL — Aller — Loire — ALPES — Languedoc — Côte d'Azur — PYRÉNÉES — Mer Méditerranée — Corse

0° — 48°N

5 Deux manifestations des caprices du climat : inondations à Nîmes en 1988 et neige sur la Côte d'Azur (Nice) en 1985.

L'originalité de l'espace français

JE RETIENS

1. Les mots et notions clés

● **isthme** ● **finistère** ● **zone économique exclusive** ●

2. Les idées essentielles

La France se situe au cœur de la zone tempérée, presque à égale distance du Pôle Nord et de l'Équateur.
Son originalité principale, sur le plan physique, tient à la grande diversité des milieux naturels par rapport à une superficie moyenne de 551 000 km².
▪ En effet, la France est le seul pays d'Europe qui s'ouvre sur trois mers différentes (mer du Nord, océan Atlantique, mer Méditerranée).

▪ C'est également le seul qui montre une aussi **grande variété de reliefs** et le seul pays qui appartienne à **trois grands domaines climatiques** différents : le domaine océanique, le domaine continental et le domaine méditerranéen.

▪ Enfin, grâce aux départements et territoires d'outre-mer, la France est présente sous toutes les latitudes et dans les deux hémisphères.
L'essentiel de ces terres étant insulaires, la France possède ainsi le troisième domaine maritime du monde (11 millions de km², soit vingt fois la surface de la France métropolitaine).

EXERCICES

1. J'identifie des milieux climatiques

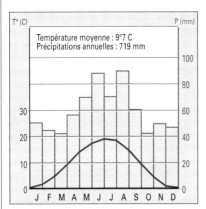

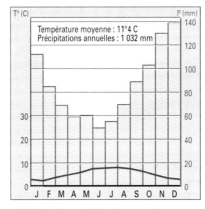

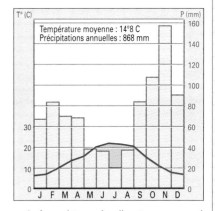

▪ **1.** Que représentent ces graphiques ?
▪ **2.** Comment les appelle-t-on ?

▪ **3.** Parmi ces trois figures, l'une correspond à Cherbourg, l'autre à Strasbourg : identifiez-les.

▪ **4.** A quel type de climat correspond la troisième figure ?

▪ **5.** Quels sont les différents éléments de cette photographie ? A quel milieu climatique correspondent-ils ?

▪ **6.** Quels sont les différents éléments de cette photographie ? A quel milieu climatique correspondent-ils ?

BREVET BLANC

1. Je localise les grandes unités du relief

■ **1.** Placez sur la carte le nom des plaines et plateaux suivants : Alsace, Ardenne, Beauce, Flandre, Landes, Limagne, Lorraine.

■ **2.** Établissez la liste des principaux massifs montagneux, puis placez-les sur la carte.

■ **3.** Nommez les fleuves (uniquement).

■ **4.** Localisez les seuils suivants : seuil de Bourgogne, seuil du Cambrésis.

■ **5.** Quel est le nom du seuil qui assure la liaison entre le Bassin parisien et le Bassin aquitain ?

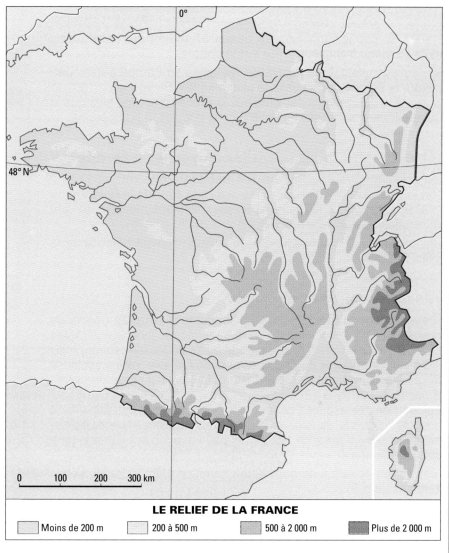

LE RELIEF DE LA FRANCE

| Moins de 200 m | 200 à 500 m | 500 à 2 000 m | Plus de 2 000 m |

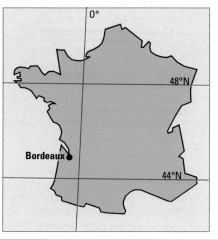

Bordeaux

2. J'utilise des coordonnées géographiques

■ 1. Quelles sont les coordonnées géographiques de Bordeaux ?

■ 2. Donnez le nom d'une ville d'Amérique du Nord qui soit à la même latitude que Bordeaux.

■ 3. A quel département français correspondent les coordonnées suivantes : 21°Sud, 55°30' Est ?

LA POPULATION

1 La répartition géographique de la population

En 1992, la population française atteint **57 millions d'habitants :
jamais l'espace français n'a été aussi peuplé.**

Mais le poids relatif de la population française en Europe a diminué :
en 1650, la France était le pays le plus peuplé d'Europe avec 16% de
la population du continent ; aujourd'hui, la France n'occupe plus que le
5e rang européen avec seulement 8% de la population européenne.

A. Une des plus faibles densités moyennes d'Europe

Avec une **densité*** moyenne de **104 habitants par km²,** la France
arrive loin derrière les fortes densités des Pays-Bas, de la Belgique ou
de l'Allemagne. Même l'Italie ou la Suisse, pays très montagneux, ont
des densités plus élevées (doc. 4).

Cette situation est la conséquence de l'affaiblissement précoce de la
natalité française, au siècle dernier.

B. De forts contrastes régionaux

1. Les espaces faiblement ou très faiblement peuplés (moins de
30 habitants par km²) occupent les 4/5 du territoire : montagnes (Alpes
du Sud, Pyrénées, Corse, la plus grande partie du Massif central), mais
aussi plateaux calcaires de Champagne et de Lorraine, plaine sableuse
des Landes, constituent le **«désert français»,** qui n'a cessé de perdre
des habitants depuis le 19e siècle.

La plupart de ces espaces désertés ne sont plus que très faiblement
productifs (souvent, élevage extensif), mais certains espaces faiblement peuplés sont aussi de riches campagnes agricoles (Champagne
sèche, par exemple).

2. Les fortes densités de population correspondent à des situations
différentes (doc. 5) :
– en général, aux grandes villes et à leur périphérie rurale ; à elle
seule, la région parisienne concentre environ 19% de la population
française ;
– aux vieux bassins industriels ;
– à une partie des littoraux ;
– aux grandes vallées, qui sont aussi les grands axes de communications.

C. L'attraction du Sud

Longtemps, la région parisienne et les grands bassins industriels de la
France du Nord-Est ont attiré de forts **courants migratoires*.** Mais,
depuis la fin des années 1960, un renversement de tendance s'observe :
les espaces naguère encore attractifs sont devenus répulsifs* :
les centres des grandes **agglomérations*,** ainsi que les vieux bassins
industriels touchés de plein fouet par le recul de l'extraction charbon-
nière et la crise de la sidérurgie ; en revanche, **les régions de l'Ouest
et, davantage encore, du Sud exercent la plus forte attraction**
(doc. 2). Certains y voient la formation d'une «ceinture du soleil», analogue à celle observée aux États-Unis (voir ch. 26).

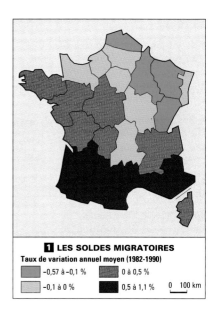

1 LES SOLDES MIGRATOIRES
Taux de variation annuel moyen (1982-1990)

-0,57 à -0,1 %	0 à 0,5 %
-0,1 à 0 %	0,5 à 1,1 %

0   100 km

D'après Noin-Chauviré, *La population de la France.*

**2 LES FLUX INTERRÉGIONAUX
ENTRE 1975 ET 1982**

----> 7 000	40 000
20 000	80 000 personnes

■ *Doc. 2 : identifiez les régions de
départ et les régions d'arrivée. Y a-t-il
un troisième type de région d'après
les flux ?*

■ *Doc. 3 : classez les espaces à fortes
densités selon les catégories distin-
guées dans la page de gauche.*
■ *Doc. 5 : situez ces départements
sur la carte. Expliquez leur densité.*

DE LA FRANCE

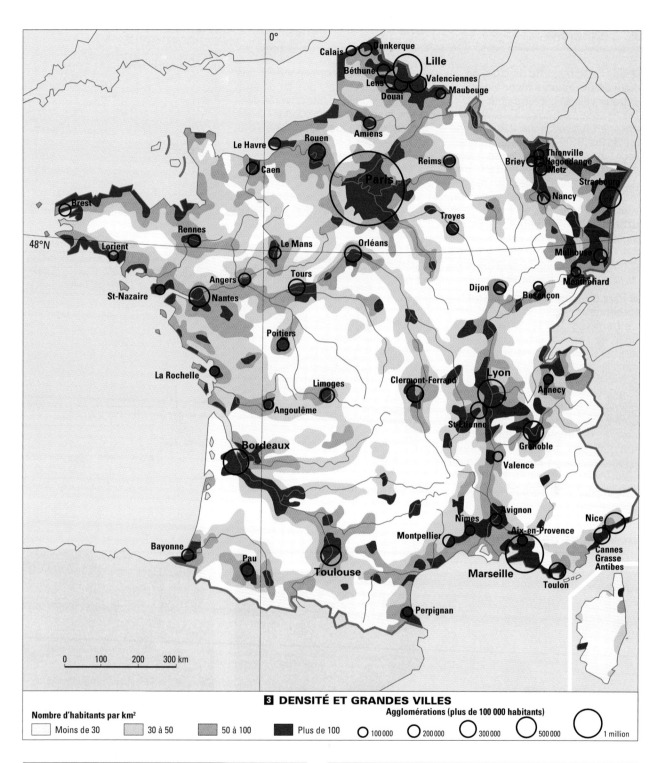

Calais · Dunkerque · Lille · Valenciennes · Béthune · Lens · Maubeuge · Douai · Amiens · Le Havre · Rouen · Reims · Briey · Thionville · Hagondange · Metz · Strasbourg · Caen · Nancy · Brest · Paris · Troyes · Rennes · Lorient · Le Mans · Orléans · Mulhouse · Angers · Tours · Dijon · Montbéliard · St-Nazaire · Nantes · Besançon · Poitiers · La Rochelle · Limoges · Clermont-Ferrand · Lyon · Annecy · Angoulême · St-Étienne · Grenoble · Bordeaux · Valence · Avignon · Nice · Nîmes · Aix-en-Provence · Montpellier · Cannes Grasse Antibes · Bayonne · Pau · Toulouse · Marseille · Toulon · Perpignan

0° · 48°N

0   100   200   300 km

3 DENSITÉ ET GRANDES VILLES

Nombre d'habitants par km²

☐ Moins de 30   ☐ 30 à 50   ☐ 50 à 100   ■ Plus de 100

Agglomérations (plus de 100 000 habitants)

○ 100 000   ○ 200 000   ○ 300 000   ○ 500 000   ○ 1 million

4 Densités moyennes de population en Europe en 1990 (hab./km²)					
Pays-Bas	448	Italie	192	Grèce	78
Belgique	328	Suisse	167	Espagne	76
Royaume-Uni	237	Moyenne C.E.	146	Irlande	50
Allemagne	226	**France**	**104**	Suède	19

5 Quelques exemples de densités de population par départements en 1990 (hab./km²)					
Paris	20 421	Alpes-Maritimes	226	Meuse	32
Yvelines	572	Finistère	125	Creuse	24
Nord	441	Marne	68	Hautes-Alpes	20
Bouches-du-Rhônes	345	Landes	34	Lozère	14

Villes et banlieues

A. Définitions

■ Une forte majorité de citadins, mais des frontières incertaines entre la ville et la campagne

En France, on considère comme urbaine une commune qui regroupe au moins 2 000 habitants au chef-lieu. Les 3/4 des Français sont ainsi des **urbains.** Mais, en fait, une partie des habitants des campagnes situées à proximité des villes travaillent en ville : ce sont des «**péri-urbains**» dont le genre de vie est semblable à celui des urbains vivant en ville. Urbains et péri-urbains constituent aujourd'hui près de 90% de la population française.

■ Plus du tiers des Français vit en banlieue

La **banlieue*** est la partie périphérique de l'espace urbain qui dépend des emplois et des services situés dans le centre : c'est donc un espace à la fois excentré et dépendant.

Il existe des proches banlieues, quartiers construits au contact de la commune centrale qui donne son nom à une **agglomération,** comme il existe des grandes banlieues : espaces urbains construits loin du centre-ville (à 30 ou 40 km dans le cas de l'agglomération parisienne).

A ces banlieues correspondent des fonctions diverses : des logements (on parle alors de «banlieue résidentielle» ou de «banlieue dortoir»), des industries ou des services (par exemple, des centres commerciaux ou des campus universitaires).

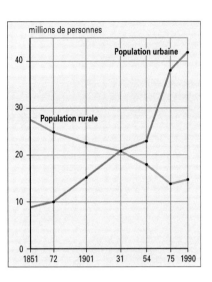

1 Population rurale et population urbaine. ▶

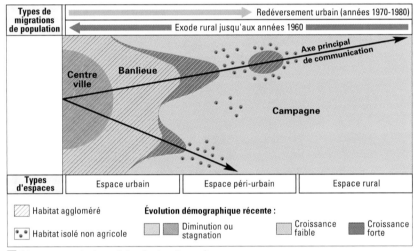

2 L'espace urbain, péri-urbain et rural.

B. Visages de l'espace urbain

3 Le centre d'une petite ville (Les Andelys, Haute Normandie).

4 Une rue piétonne à Lille.

5 Hautepierre, dans l'agglomération de Strasbourg.

1. Doc. 1 : *comment peut-on expliquer la remontée récente de la population rurale ?*

2. Doc.3 : *à quoi reconnaît-on qu'il s'agit d'un centre-ville ?*

3. Doc. 5 : *étude de Hautepierre :*

– A l'aide d'un papier calque, individualisez les diffé-rentes portions de l'espace repérables d'après la forme et la fonction. Numérotez-les.

– Confectionnez un tableau à double entrée, qui servira de légende au croquis :

• mettez d'un côté les numéros des unités repérées d'après la photographie ;
• de l'autre côté, mettez les 9 rubriques suivantes : habitat (individuel ou collectif/grand ensemble), équipement commercial, entrepôt/usine, transport, équipement sportif, champs.

– Construisez un croquis à l'aide du calque déjà utilisé en affectant une couleur au type d'espace distingué.

– Compte tenu de l'analyse précédente, quelle est la fonc-tion principale de l'espace étudié ? Quels sont les diffé-rents arguments qui permettent d'avancer qu'il s'agit d'un espace de banlieue ? De quel type de banlieue s'agit-il ?

Une évolution démographique longtemps originale

La France a été le premier pays du monde à s'engager dans une **révolution démographique*.** Aujourd'hui, le comportement de la population française ne tranche plus guère sur celui de la population du reste de l'Europe.

A. Une précoce révolution démographique, suivie d'un long affaiblissement

Dès la fin du 18e siècle, les Français commencèrent à réduire de manière significative le nombre de leurs enfants. Aussi, à la fin du 19e siècle, la France avait-elle presque achevé sa révolution démographique, avec un **taux de natalité*** et un **taux de mortalité*** parvenus à un niveau bas ne permettant plus qu'un très faible **accroissement naturel* :** 0,27% en 1870, alors qu'en Grande-Bretagne il s'élevait alors encore à 1,27%. Cet affaiblissement démographique atteignit son paroxysme entre 1935 et 1939, lorsque les décès l'emportèrent sur les naissances (doc. 4).

B. Vingt ans de redressement

Après la seconde Guerre mondiale, la population connut un exceptionnel redressement démographique, grâce à l'augmentation du nombre des naissances («**baby-boom***»). Au même moment, la forte croissance de l'économie suscita l'appel à la main-d'œuvre étrangère qui afflua à nouveau.

Grâce à la conjonction d'un **fort excédent naturel*** et d'un **solde migratoire* très excédentaire,** la population de la France progressa de 14 millions d'habitants entre 1946 et le milieu des années 1970.

C. Le recul récent

Depuis 1975, le taux de natalité est redescendu à un niveau inférieur à celui de la fin des années 1930 et, désormais, le nombre d'enfants par femme (environ 1,7) n'assure plus le renouvellement des générations : à terme, **la population française risque de diminuer,** comme le fait déjà celle de l'Allemagne de l'Ouest (doc. 5 et 7).

Le contraste est toujours net entre la France du Nord, où la natalité demeure plus élevée que la moyenne européenne, et la France du Sud, moins dynamique (doc. 1 et 2).

Parallèlement, la crise économique a provoqué la fin de l'appel à la main-d'œuvre étrangère, dont les entrées en France se sont officiellement ralenties (voir pp. 194-195).

D. Le vieillissement de la population

Comme dans les autres pays d'Europe, le **recul de la natalité** et **l'allongement de la durée de la vie** provoquent le vieillissement de la population ; jamais la part des personnes de plus de 65 ans n'a été aussi élevée en France : 14,2% en 1991 (11% en 1964). Inversement, jamais la population jeune n'a été aussi faible : 27,4% de moins de 20 ans. C'est dans la France du Sud que la part des personnes âgées est la plus importante (doc. 3, 6 et 8).

La part des personnes âgées devant encore augmenter et celle des jeunes diminuer, les démographes prévoient pour le siècle prochain une diminution de la population française, ainsi qu'une proportion insuffisante d'**actifs*** par rapport aux inactifs.

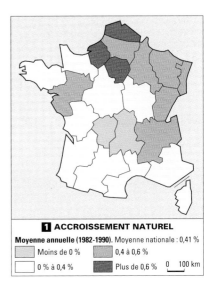

1 ACCROISSEMENT NATUREL

Moyenne annuelle (1982-1990). Moyenne nationale : 0,41 %

Moins de 0 %
0 % à 0,4 %
0,4 à 0,6 %
Plus de 0,6 %
0   100 km

2 LES MOINS DE 20 ANS

21 à 25 %
25 à 27,5 %
27,5 à 30 %
Plus de 30 %
0   100 km

3 LES PLUS DE 65 ANS

11 à 13 %
13 à 15 %
15 à 17 %
Plus de 17 %
0   100 km

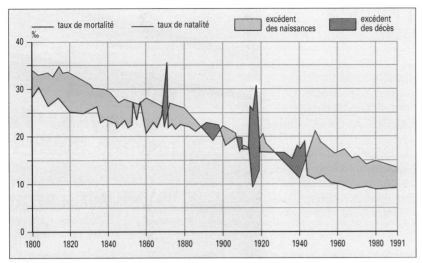

taux de mortalité — taux de natalité | excédent des naissances | excédent des décès

‰

40

30

20

10

0

1800   1820   1840   1860   1880   1900   1920   1940   1960   1980 1991

4 Évolution des taux de natalité et de mortalité depuis 1800 en France.

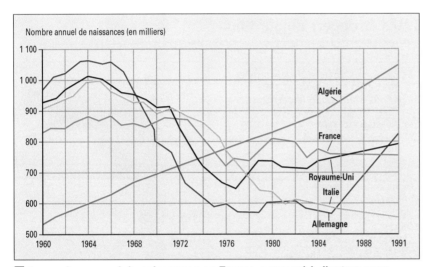

Nombre annuel de naissances (en milliers)

1 100

1 000

900

800

700

600

500

1960   1964   1968   1972   1976   1980   1984   1988   1991

Algérie

France

Royaume-Uni

Italie

Allemagne

5 Le nombre annuel de naissances en France, comparé à d'autres pays.

6 Les problèmes liés au vieillissement

Le premier concerne *l'accroissement rapide du nombre des personnes très âgées* définies comme ayant plus de 75 ans. La très forte croissance de la demande de soins depuis une vingtaine d'années concerne tout particulièrement ce groupe, désigné parfois comme celui du "quatrième âge". L'accroissement numérique de ces personnes très âgées est remarquable : leur nombre a augmenté de plus en plus vite de 1962 à 1990, au rythme moyen de 2,2% par an, alors que la croissance des plus de 60 ans a été de 1% à peine. Le groupe très âgé est ainsi pasé de 2,2 millions de personnes à plus de 4 millions. En France, il représente 7% de la population totale, avec de fortes variations dans l'espace, le maximum étant atteint dans la Creuse (13,9%). La présence de nombreux vieillards dans des communes rurales dépourvues de médecins et éloignées des centres hospitaliers est une question préoccupante.

Le second problème concerne la *solitude des personnes âgées*. Parmi les personnes de plus de 65 ans, 2,7 millions vivent seules, ce qui représente 30% de ce groupe d'âge. Les pourcentages les plus élevés s'observent en milieu urbain, Paris en tête (46%).

D'après D. Noin, Y. Chauviré, *La population de la France*, Masson, 1992.

7 La famille française type : deux enfants.

◄ **8** Affiche du Conseil régional de Loire Atlantique.

L'immigration en France

L'immigration* a joué et joue encore un rôle important dans l'évolution de la population française : depuis un siècle, on évalue à environ 5 millions le nombre des Français d'origine étrangère qui se sont totalement intégrés à la collectivité nationale.

Au recensement de 1990, les étrangers étaient officiellement 3,6 millions ; mais une partie de cette population, mobile, n'est pas comprise dans ce chiffre ; une autre partie, constituée de clandestins, a, par définition, échappé aux agents recenseurs. Il est donc probable que la population étrangère vivant en France se situe aux environs de 4 millions d'habitants.

1 Agence de voyage parisienne spécialisée dans les vols aériens pour travailleurs immigrés. ▶

A. Une tradition ancienne

2 Les causes de l'immigration en France

«La longue dénatalité dont a souffert la France est la cause fondamentale de son ouverture aux étrangers et explique que, depuis le début du 19e siècle, l'immigration l'emporte régulièrement sur l'émigration, sauf de 1851 à 1872 et de 1931 à 1936. Pourtant, d'autres causes ont pu jouer occasionnellement [...]. Quand les Russes blancs réfugiés, fuyant la Révolution communiste ou, vingt ans plus tard, quand les républicains espagnols contraints de quitter leur pays vinrent s'installer nombreux en France, ils profitaient simplement, les uns et les autres, d'un droit d'asile politique généreux et non discriminatoire.

Cependant, c'est bien le besoin de main-d'œuvre masculine qui a été et reste le grand mobile des transferts de population étrangère vers le territoire français.»

J. Beaujeu-Garnier,
La population française, A. Colin, 1976.

3 La population étrangère en France (en %)

1911	2,8
1931	7
1974	7,7
1990	environ 7

B. Les étrangers aujourd'hui

4 Catégorie socioprofessionnelle des actifs étrangers en 1991 : part (%) dans chaque catégorie

Agriculteurs exploitants	0,9
Artisans, commerçants et chefs d'entreprise	6,0
Cadres et professions intellectuelles supérieures	3,5
Professions intermédiaires	2,6
Employés	4,5
Ouvriers	11,7
Chômeurs n'ayant jamais travaillé	17,4
Militaires du contingent	1,6

5 Les chômeurs selon la nationalité. ▶

Algériens	81 603
Marocains	65 327
Portugais	37 838
Tunisiens	27 203
Italiens	10 935
Espagnols	10 250
Afrique noire	8 843
Yougoslaves	6 917

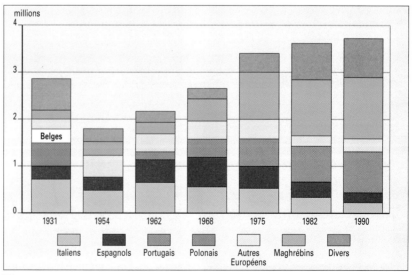

6 Les étrangers en France par nationalité, de 1931 à 1990.

7 Le nouvel an Chinois dans le 13ᵉ arrondissement de Paris.

8 L'heure de la prière à Strasbourg.

9 LES ÉTRANGERS EN FRANCE

☐ Moins de 2 %   ▨ 6 à 8 %
▨ 2 à 6 %   ▧ 8 à 13 %   0   100 km

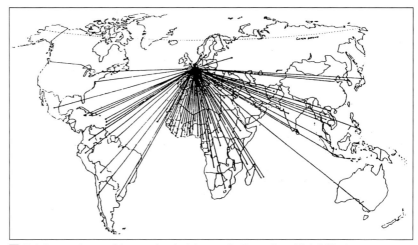

10 Origines géographiques des habitants de Sarcelles (Val-d'Oise).
Source : H. Vieillard-Baron, *Mégalopoles et villes géantes*, Éd. de l'Est, 1992.

C. L'avenir des immigrés en France

11 La nationalité française s'acquiert facilement

«Désormais stabilisée, la population étrangère actuelle va-t-elle s'intégrer dans la communauté nationale, comme ce fut le cas pour les vagues précédentes ? Juridiquement, rien ne s'y oppose. Les dispositions du *Code* à ce sujet sont très libérales. Tous les ans, près de 80 000 étrangers acquièrent la nationalité française : 35 000 par naturalisation, 20 000 conjoints étrangers de citoyens français par déclaration, enfin 25 000 jeunes nés en France de parents étrangers, qui obtiennent automatiquement la nationalité française à leur majorité. [...] Par ailleurs, naissent chaque année environ 20 000 enfants dont l'un des parents est étranger, c'est-à-dire Français dès leur naissance.»

M. Sadaoui, *L'Expansion*, 1984.

12 Réussir l'intégration des immigrés

«J'ai toujours été partisan d'une politique d'intégration sociale et culturelle des immigrés. A mon sens, la perspective doit même être de faire de leurs enfants des petits Français comme les autres. Après des années de déchirements, la France a toutes les cartes en main pour réussir cette intégration. Mais il faut agir vite.»

Harlem Désir, *Propos* recueillis par D. de Montvallon et S. Stein, *L'Express*, 2-8 octobre 1987.

13 L'immigration, thème de bataille politique.

QUESTIONS

1. A l'aide des documents 2 et 4, expliquez l'importance de la population étrangère en France.

2. Décrivez l'évolution des différentes provenances nationales de l'immigration entre 1931 et 1990 (doc. 6). Que traduit cette évolution ?

3. Décrivez et expliquez la répartition géographique des étrangers en France (doc. 9).

4. Comment peut-on acquérir la nationalité française ?

5. Rechercher au C.D.I. de l'information sur l'acquisition d'autres nationalités dans le monde : est-ce plus facile ou moins facile qu'en France ?

6. Doc. 11 et 12 : qu'est-ce que l'intégration des étrangers à la communauté nationale ? Comment peut se faire cette intégration ?

La population de la France

1. Les mots et notions clés

- **densité** • **agglomération, banlieue** •
- **révolution démographique, taux de natalité, taux de mortalité, accroissement naturel** •
- **solde migratoire** • **immigration** • **actifs** •

2. Les idées essentielles

La France n'a jamais été aussi peuplée qu'actuellement. Pourtant, la France, qui était déjà, en 1789, le pays le plus peuplé d'Europe, n'arrive plus aujourd'hui qu'en **quatrième position.**

■ Ce résultat est la conséquence d'un long et précoce **affaiblissement de la natalité.** Aujourd'hui, la natalité française n'est plus originale en Europe : elle est même légèrement supérieure à la moyenne du continent mais ne suffit pas à assurer le remplacement des générations.

■ Il en est résulté à la fois un **vieillissement** qui se poursuit actuellement et un recours à l'immigration étrangère, officiellement achevé mais qui se développe sous des formes clandestines.

■ La population française se répartit inégalement à la surface du territoire : ce sont aujourd'hui les régions du Sud, ainsi que la grande périphérie de la région parisienne, qui exercent la plus forte attraction démographique.

1. Je suis capable de répondre à des questions simples

■ Quelle est la population actuelle de la France ?

■ Quelle est la densité de population de la France ?
        a) 58 hab./km^2 b) 104   c) 172

■ Quand le «baby-boom» a-t-il été enregistré ?
        a) après la dernière Guerre mondiale
        b) à la fin des années 1960
        c) entre 1973 et 1980

■ Quelle est la part de la population étrangère dans la population française ?
        a) 82%   b) 7%   c) 20%

■ Quelle est la nationalité la plus nombreuse parmi les immigrés vivant en France ?

■ Qu'est-ce qu'une banlieue ?

2. J'étudie des données sur la démographie de quelques pays d'Europe en 1990

	France	R.F.A.	Irlande
Taux de natalité (‰)	13,5	11,4	15,1
Taux de mortalité (‰)	9,3	11,2	9,1
Taux de mortalité infantile (‰)	7,2	7,5	7,5
Taux de chômage (%)	9,4	5,5	14

■ 1. Parmi ces données, quelles sont celles qui permettent de calculer le taux d'accroissement naturel ?

■ 2. Posez l'opération qui permet de faire le calcul.

■ 3. Quel est le taux d'accroissement naturel de la population française en 1990 ?

■ 4. Quel est le taux d'accroissement naturel de la population de l'Allemagne ? Et celui de l'Irlande ?

3. J'analyse le mouvement de la population française

(chiffres arrondis, en milliers de personnes)

	Population au 1er janvier	Naissances	Décès	Solde migratoire
1960	47 600	819	521	+140
1964	48 059	878	520	+185
1968	49 723	836	554	+103
1972	51 486	878	550	+102
1976	52 810	720	557	+57
1980	53 587	800	547	+44
1984	54 946	760	542	+14
1988	55 996	771	525	+57
1990	56 893	759	526	+80

■ 1. Le taux de natalité s'obtient en rapportant le nombre de naissances à la population totale, le tout multiplié par 1 000 (car on compte le nombre de naissances pour 1 000 habitants) ; ainsi, pour 1984, on obtient :

$$\frac{760\ 000\ \text{naissances}}{54\ 946\ 000\ \text{habitants}} = 0{,}01383 \times 1\ 000 = 13{,}83‰$$

■ 2. Comment calcule-t-on le taux de mortalité (nombre de décès pour 1 000 habitants) ? Posez l'opération.

■ 3. Calculez le taux de mortalité en 1990.

■ 4. Calculez l'accroissement naturel pour les années suivantes :
        1964   1976   1990

■ 5. Calculez l'accroissement total de la population française pour les années suivantes :
        1964   1976   1990

BREVET BLANC

1. Exercice type : j'analyse une pyramide des âges

Définitions

Une pyramide des âges est un graphique qui représente la population d'un espace donné – un pays, une région, etc. – classée selon son âge et selon son sexe : les effectifs de chaque tranche d'âge sont figurés en abscisse et de part et d'autre d'un axe central ; les générations sont en ordonnée, les plus jeunes en bas et les plus vieux en haut.

■ Les effectifs peuvent être exprimés de deux manières : soit en chiffres bruts (milliers, centaines de milliers, millions), soit en pourcentage de la population totale.

■ Les années de naissance peuvent être détaillées, une par une, pour les pyramides les plus précises, ou bien regroupées en tranches de 5 ans, le plus souvent.

■ Les hommes sont figurés à gauche de l'axe central, les femmes à droite.

Interprétation

Plus la base d'un pyramide est large, plus la population jeune est importante, ce qui traduit une forte natalité. Plus le sommet de la pyramide est effilé, plus le nombre des personnes âgées est faible.

Les irrégularités du profil d'une pyramide traduisent des «accidents»

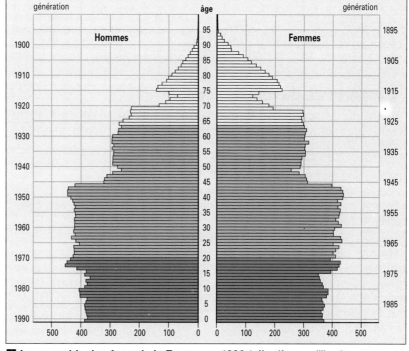

1 La pyramide des âges de la France en 1990 (effectifs en milliers).

démographiques – les effets d'une guerre, directs (les pertes militaires) ou indirects (la dénatalité qui accompagne généralement une guerre) notamment – ou des renversements de tendance : passage plus ou moins rapide d'une forte à une faible natalité. On appelle «classes pleines» les

générations correspondant à une forte natalité et «classes creuses» celles qui traduisent une dénatalité.

■ Repérez les «classes creuses» sur la pyramide. A quelles années correspondent les dernières «classes pleines» ?

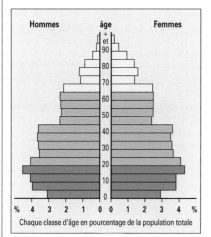

1 La pyramide des âges du Maine-et-Loire (1990).

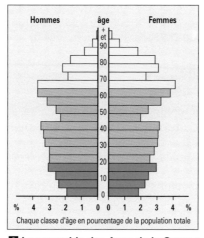

2 La pyramide des âges de la Creuse (1990).

2. Exercice d'application : j'étudie les pyramides des âges de deux départements

■ Le département du Maine-et-Loire est 5,3 fois plus peuplé que celui de la Creuse ; or, les deux pyramides des âges ont la même taille ; dites pourquoi.

■ Quel est, des deux départements, celui qui a la population la plus âgée ?

L'ÉCONOMIE

1 Une économie mixte

Deux grands secteurs coexistent au sein de l'économie française, le **secteur privé*** et le **secteur public*** (doc. 3). Il y a peu de pays d'économie «libérale*» où le rôle de l'État soit aussi important.

A. L'importance du rôle de l'État

1. Hérité de la monarchie, le rôle économique de l'État s'est accru presque constamment avec, comme points forts, **trois grandes périodes de nationalisations :**
– sous le Front populaire (1936-37), création de la Société Nationale des Chemins de Fer Français (S.N.C.F.) ;
– à la Libération (1944-46), nationalisation des charbonnages, du gaz, de l'électricité, des usines Renault, des banques de dépôt et des compagnies d'assurance ;
– en 1982, nationalisation de 9 groupes industriels et de 36 banques.

2. Malgré les privatisations de 1986-87 (retour au secteur privé d'entreprises nationalisées en 1982, doc. 4), **l'État demeure en France le premier producteur** (avec des entreprises publiques comme Elf-Aquitaine, Renault, Péchiney, Rhône-Poulenc ou Thomson), le **premier employeur** (près de 5 millions de salariés), le **premier investisseur** grâce à la gestion du budget de la France (plus de 1 000 milliards de francs).

B. Un secteur privé hétérogène

1. Le secteur privé est extrêment diversifié : il est constitué de 956 000 exploitations agricoles, 37 000 entreprises industrielles de plus de dix salariés, 543 000 entreprises commerciales, etc. ; bon nombre de ces entreprises sont des «entreprises individuelles».

2. Longtemps, les **petites et moyennes entreprises (P.M.E.*)** ont dominé les structures françaises de production (doc. 1). Aujourd'hui encore, ces P.M.E. sont les plus nombreuses ; mais, à côté et sous l'effet de la concurrence internationale, se sont développés de puissants **groupes*,** industriels ou financiers, actifs à l'échelle du monde : Michelin, Peugeot, Paribas, Saint-Gobain, Suez, etc. Chacun de ces groupes emploie plusieurs dizaines de milliers de personnes (doc. 6, 7 et 8).

C. Une économie néo-industrielle : les mutations de la population active

Sous l'effet de la concurrence internationale, l'économie française a été profondément bouleversée : **l'agriculture** qui, longtemps, employa la majorité des Français ne fournit plus que 5,6% des emplois.
L'industrie employa jusqu'à 39% des actifs (en 1975), mais recule à son tour (30,1% aujourd'hui).
C'est donc **le secteur tertiaire* (les services*)** qui a profité du déclin des deux autres secteurs et qui, aujourd'hui, emploie la majorité des Français : 64,3% (doc. 2).
Ce sont là les caractéristiques d'une économie néo-industrielle, c'est-à-dire d'une économie dans laquelle l'industrie n'est plus le principal employeur, mais qui continue de jouer un rôle important.

> **VOCABULAIRE**
>
> **Nationalisation :** passage d'une entreprise du secteur privé au secteur public.

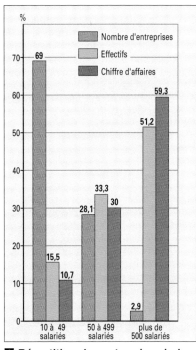

1 Répartition des entreprises industrielles par tailles (en %, 1989).

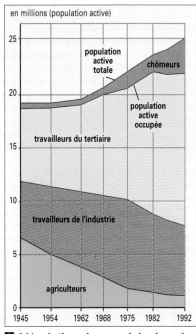

2 L'évolution des emplois dans les trois secteurs d'activité.

FRANÇAISE

3 1981, Rhône-Poulenc : l'attente de la nationalisation.

4 1987 : privatisation de Saint-Gobain.

■ *En 1981, quelles étaient les forces favorables à la nationalisation de ces deux grandes entreprises ? Au nom de quels principes ? Quel était le but recherché ? Quel était le but des privatisations de 1986-87 ?*

5 Construction d'un Airbus A 340 à l'Aérospatiale (Toulouse).

6 Les 10 premières entreprises françaises en 1990

Entreprises	Chiffre d'affaires (en milliards de F)	Effectifs (en milliers)
1. Elf Aquitaine	175,5	90
2. Renault	163,6	157
3. Peugeot S.A.	160	159
4. E.D.F.	156,5	121
5. Alcatel-Alsthom	144	208
6. Total	128,5	46
7. Générale des Eaux	116,8	173
8. France Telecom	109,7	157
9. Leclerc	100	47
10. Usinor-Sacilor	96	97

■ *Quelles sont les entreprises contrôlées par l'État ? Dans quel secteur d'activité ces entreprises travaillent-elles ?*

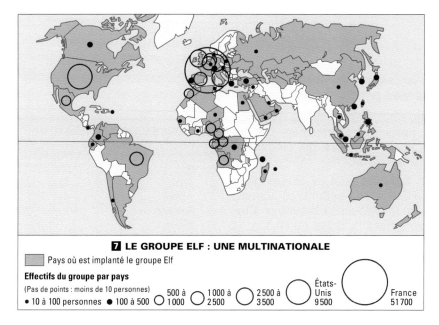

7 LE GROUPE ELF : UNE MULTINATIONALE

Pays où est implanté le groupe Elf

Effectifs du groupe par pays
(Pas de points : moins de 10 personnes)
● 10 à 100 personnes   ● 100 à 500   ○ 500 à 1000   ○ 1000 à 2500   ○ 2500 à 3500   États-Unis 9500   France 51700

8 Siège de Elf à Paris-La Défense.

Une grande agriculture modernisée

A. La première d'Europe, l'une des premières du monde

Avec seulement 0,7% des terres agricoles du monde, la France se place au 1er rang mondial pour la production de vin, au 2e pour les betteraves à sucre, au 3e pour le lait, au 5e pour la production de céréales, etc. En outre, l'agriculture française joue un rôle grandissant dans les échanges du pays : la France est aujourd'hui le **2e exportateur mondial de produits agroalimentaires*, derrière les États-Unis.**

B. Une modernisation difficile mais réussie

1. Ces résultats spectaculaires sont obtenus par **seulement 1,4 million d'agriculteurs,** qui ne représentent plus que 5,6% des actifs français, au terme d'un formidable recul des effectifs : en trente ans, ce sont 6 millions de paysans qui ont quitté la terre, par départ à la retraite et, surtout, par **exode* massif** vers les villes.

2. Parallèlement, **le nombre des exploitations a aussi beaucoup diminué** : en 1955, encore 2,3 millions d'exploitations, souvent trop petites et insuffisamment compétitives, 956 000 aujourd'hui ; mais ces exploitations sont plus grandes (31,2 ha en moyenne), mieux équipées, assurant de meilleurs revenus aux agriculteurs (doc. 1).

Car, durant cette période, les **progrès de la productivité*** ont été spectaculaires, expliquant que moins il y avait d'agriculteurs, plus la production augmentait (doc. 2).

Tous ces progrès ont été obtenus au prix de grandes difficultés pour le monde agricole : les agriculteurs ont été contraints soit à quitter la terre, soit à se moderniser, le plus souvent en s'endettant lourdement.

C. L'appartenance à une chaîne agroalimentaire

L'agriculteur d'aujourd'hui produit de moins en moins pour lui, mais de plus en plus **pour le marché** (doc. 3 et 5). Il n'est plus désormais qu'un maillon dans une chaîne qu'il ne contrôle pas :
– en amont, l'industrie lui fournit les machines, les engrais, les semences qui lui sont nécessaires ;
– en aval, des entreprises – souvent importantes – transforment et commercialisent ses productions.

D. La répartition géographique des productions

On peut distinguer, schématiquement, deux grands types d'espace agricole en France (doc. 4) : ceux qui produisent beaucoup – et qui donnent à la France sa puissance agricole – et ceux qui produisent peu mais contribuent à entretenir le paysage rural.

1. Les espaces de forte production agricole sont de plus en plus spécialisés : vers la production céréalière et les betteraves à sucre dans le Bassin parisien et dans le Nord, la production laitière en Bretagne, la production légumière et fruitière dans la vallée du Rhône, le Bas-Languedoc, la vallée de la Garonne et le Roussillon, les grands vignobles d'Alsace, de Bourgogne, du Bordelais, de Champagne, etc.

2. Les espaces à faible production agricole sont principalement constitués par des montagnes, très étendues dans la France du Sud (Alpes, Massif central, Pyrénées).

1 TAILLE DES EXPLOITATIONS
Moyenne nationale : 29 ha

15 à 25 ha	35 à 50 ha
25 à 35 ha	50 et plus

0   100 km

2 REVENU PAR EXPLOITATION
Moyenne nationale : 129,8 (en milliers de F)

50 à 100	150 à 200
100 à 150	Plus de 200

0   100 km

3 Degré d'auto-approvisionnement en 1989 (en %)

Blé	249
Sucre	217
Volaille	133
Fromage	113
Beurre	107
Vin	105
Légumes	89
Fruits frais	86
Viande porcine	84
Graisses et huiles	81

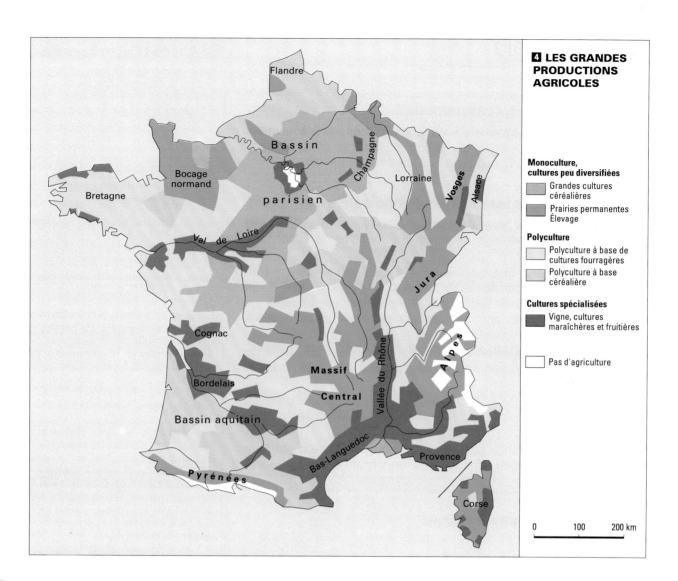

4 LES GRANDES PRODUCTIONS AGRICOLES

Flandre
Bassin parisien
Bocage normand
Bretagne
Champagne
Lorraine
Vosges
Alsace
Val de Loire
Jura
Cognac
Massif Central
Vallée du Rhône
Alpes
Bordelais
Bassin aquitain
Bas-Languedoc
Provence
Pyrénées
Corse

Monoculture, cultures peu diversifiées
- Grandes cultures céréalières
- Prairies permanentes Élevage

Polyculture
- Polyculture à base de cultures fourragères
- Polyculture à base céréalière

Cultures spécialisées
- Vigne, cultures maraîchères et fruitières

- Pas d'agriculture

0   100   200 km

5 Manifestation d'agriculteurs hostiles à la P.A.C. en 1992.
■ *Qu'est-ce que la P.A.C. ?*

◄ **6** Usine de poulets en Bretagne.

3 L'énergie

V O C A B U L A I R E

Dépendance énergétique : part de la quantité d'énergie importée dans la consommation totale d'un pays.

A. Importance de la consommation

Chaque Français consomme en moyenne 3,8 tonnes d'équivalent pétrole par an (besoins industriels et besoins domestiques), soit près de deux fois plus qu'un Espagnol et 158 fois plus qu'un Malien.

B. Insuffisance des ressources nationales

Pour faire face à ces besoins, la production nationale a toujours été insuffisante ; aujourd'hui, elle ne couvre que la moitié de la consommation.

1. Les gisements de **charbon,** exploités depuis longtemps, sont aujourd'hui épuisés et peu rentables ; la production, qui culmina à 60 Mt en 1958, n'est plus que de 10 Mt (doc. 1) ; le gisement de Lorraine est désormais le plus important ; le gisement du Nord-Pas-de-Calais a fermé en 1991.

2. La production de **pétrole** est très faible (moins de 4 Mt). Celle de **gaz naturel** est un peu plus importante, grâce au gisement de Lacq, mais les réserves s'épuisent.

3. La plupart des sites se prêtant à la production d'électricité d'origine hydraulique ont été équipés, si bien que la part de l'**hydroélectricité** plafonne.

4. En revanche, la France possède plusieurs gisements d'**uranium** importants, principalement dans le Massif armoricain et dans le Massif central.

C. Le recours aux importations

Faute de ressources nationales suffisantes, la France doit donc importer environ la moitié de ses besoins :

1. du pétrole (environ 75 Mt en 1991, soit une facture de 71 milliards de francs) en provenance principalement d'Arabie saoudite et de la mer du Nord ;

2. du gaz naturel (près de 31 milliards de m³/an) en provenance de la C.E.I., de l'Algérie, de la mer du Nord et des Pays-Bas ;

3. du charbon (22,6 Mt en 1991), en provenance des États-Unis et d'Australie ;

4. de l'uranium, provenant principalement du Niger.

D. Priorité à l'électricité d'origine nucléaire

1. Pour diminuer ces importations et donc sa **dépendance énergétique** (doc. 2 et 4), la France a défini en 1974 **une nouvelle politique énergétique,** fondée sur deux priorités : d'une part, les économies d'énergie et, d'autre part, l'électricité d'origine nucléaire.

2. C'est ainsi que la France est devenue le **deuxième producteur mondial d'électricité d'origine nucléaire,** grâce à 56 réacteurs en fonctionnement ; ces centrales thermo-nucléaires sont localisées soit en bordure des grands fleuves (Loire, Rhône, principalement), soit sur le littoral, en raison de leurs importants besoins en eau de refroidissement.

3. Aujourd'hui, du fait d'une surévaluation des besoins en 1974, la France dispose d'**excédents d'électricité** qu'elle vend à ses voisins.

---

1 L'agonie du gisement de Carmaux

«"C'est le trou le plus cher du monde et ils ne sortent que des cailloux !" Les Albigeois ont la dent dure contre les Houillères. Le trou, ici, c'est la mine de Carmaux, à moins de 15 km de la préfecture du Tarn, que les gens du pays ont toujours dénommée "la Découverte" parce que son exploitation est à ciel ouvert. Un cratère impressionnant de 95 hectares – grand comme le IIe arrondissement de Paris – 140 mètres de profondeur. [...] Avec, au fond, une tache noire : le charbon. Pour l'extraire, plus de 60 millions de mètres cubes ont déjà dû être évacués depuis le début du chantier, voilà six ans. Près de 2,5 milliards de francs ont été engloutis. [...] Le charbon du Tarn n'a jamais été compétitif : aujourd'hui, son prix de revient est supérieur à 700 francs la tonne, quand le charbon importé revient à Bordeaux à 250 francs !»

B. Abescat, *L'Express,* 25 avril 1991.

■ *Pour quelle raison continue-t-on à vouloir extraire du charbon du gisement de Carmaux, alors même que l'exploitation est fortement déficitaire ?*

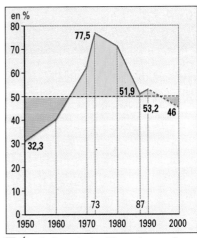

2 Évolution de la dépendance énergétique de la France.

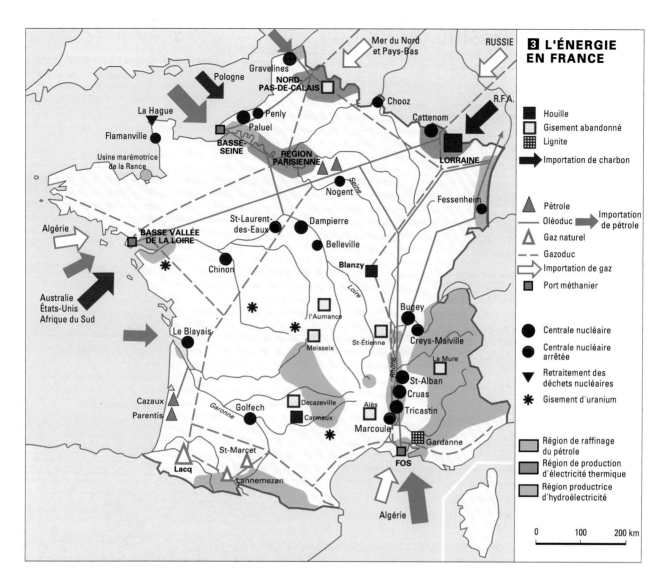

3 L'ÉNERGIE EN FRANCE

Légende :
- Houille
- Gisement abandonné
- Lignite
- Importation de charbon
- Pétrole
- Oléoduc — Importation de pétrole
- Gaz naturel
- Gazoduc
- Importation de gaz
- Port méthanier
- Centrale nucléaire
- Centrale nucléaire arrêtée
- Retraitement des déchets nucléaires
- Gisement d'uranium
- Région de raffinage du pétrole
- Région de production d'électricité thermique
- Région productrice d'hydroélectricité

0   100   200 km

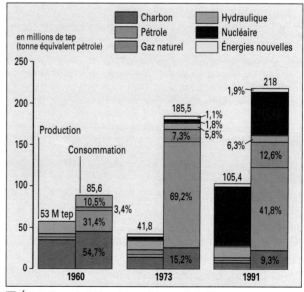

4 Évolution du bilan énergétique de la France.

en millions de tep (tonne équivalent pétrole)

Charbon — Hydraulique
Pétrole — Nucléaire
Gaz naturel — Énergies nouvelles

1960 : Production 53 M tep ; Consommation 85,6 — 10,5% — 3,4% — 31,4% — 54,7%

1973 : Production 41,8 ; Consommation 185,5 — 1,1% — 1,8% — 5,8% — 7,3% — 69,2% — 15,2%

1991 : Production 105,4 ; Consommation 218 — 1,9% — 6,3% — 12,6% — 41,8% — 9,3%

◄ **5 La centrale nucléaire de Paluel** (Seine Maritime).

La 5ᵉ industrie du monde

V O C A B U L A I R E

Technopôle : lieu où s'agglomèrent des activités scientifiques de recherche et de formation, des industries de pointe et un tertiaire de haut niveau.

A. Un secteur vital

Si l'industrie n'emploie plus que **30% des actifs** (doc. 3), elle demeure un atout essentiel dans la compétition internationale : près de **90% de la valeur des exportations** du pays reposent sur les produits de l'industrie.

B. La désindustrialisation*

La France est déjà un vieux pays industriel et nombre de ses industries sont insuffisamment modernisées et inaptes à faire face à la dure concurrence internationale.

Toute modernisation de l'appareil industriel est donc destinée à obtenir des gains de productivité, c'est-à-dire à produire plus en utilisant moins de main-d'œuvre ; d'autre part, les industries nouvelles de la troisième Révolution industrielle fournissent moins d'emplois que les industries en crise : c'est pourquoi **l'industrie française ne cesse de perdre des emplois depuis 1974,** au rythme de près de 150 000 par an !

C. Types d'industries

1. Industries en crise

Il s'agit principalement des industries de la première Révolution industrielle : la **sidérurgie** (doc. 1) qui n'emploie plus que 50 000 personnes (158 000 en 1974), le **textile ;** mais aussi, la **construction navale** dont la production a été divisée par 4 en dix ans, ou le secteur de la machine-outil.

2. Industries en restructuration

La **construction automobile** (doc. 2), traditionnellement un des points forts de l'industrie française, connaît également depuis plusieurs années des hauts et des bas et ses grandes entreprises (Renault, Peugeot) sont en restructuration afin de restaurer leur compétitivité, retrouvée en 1988.

3. Industries en développement

Pour l'essentiel, il s'agit des industries de la 3ᵉ Révolution industrielle : l'électronique, dont l'informatique, les constructions aéronautiques et spatiales, les biotechnologies*, etc.

Une partie de ces industries nouvelles tend à se regrouper dans des zones industrielles situées dans un environnement agréable, généralement dans des villes à fort dynamisme : les **technopôles*.**

D. Les deux France

Traditionnellement, la ligne Le Havre-Marseille partage la France en deux.

1. A l'Est, c'est la France industrielle des grands gisements de charbon et des vieux bassins industriels ; c'est aujourd'hui la France qui connaît la plus grave crise industrielle, où l'État doit aider les régions à faire face au départ des industries les plus touchées (Nord-Pas-de-Calais, Lorraine).

2. A l'Ouest, on trouve une France sous-industrialisée, à l'exception de quelques foyers isolés (Nantes, Bordeaux, Toulouse, etc.) : constituée principalement d'industries récentes, c'est la France qui actuellement résiste le mieux à la désindustrialisation.

1 LA SIDÉRURGIE

☐ Charbon
☐ Minerai de fer
➡ Importation de coke
➡ Importation de minerai de fer
■ Usine intégrée
● Aciérie
0 — 200 km

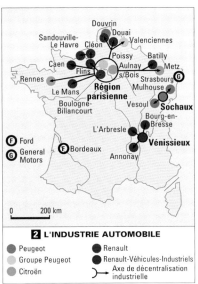

2 L'INDUSTRIE AUTOMOBILE

● Peugeot
● Groupe Peugeot
● Citroën
● Renault
● Renault-Véhicules-Industriels
⤳ Axe de décentralisation industrielle

Ⓕ Ford
Ⓖ General Motors

0 — 200 km

3 Évolution de la population active dans l'industrie (en %)

1946	29,7	1975	39,2
1954	35,7	1980	35,9
1962	38,2	1987	32
1968	38,8	1990	30

4 Le technopôle de Meylan, dans l'agglomération de Grenoble.

■ *Quels sont les éléments qui composent le technopôle de Meylan ?*

5 La disparition d'un site sidérurgique à Longwy, en Lorraine. ▶

6 Sidérurgie en Lorraine.

7 L'usine Renault de Douai (Nord-Pas-de-Calais). ▶

La dynamique
de l'espace industriel français

L'industrie évolue, dans ses structures comme dans ses localisations : c'est ainsi qu'elle s'adapte à l'évolution du marché et des techniques. Cette évolution peut s'observer à deux échelles différentes : à l'échelle locale, avec l'exemple de la reconversion des quartiers industriels de Lille, et à l'échelle nationale où les reclassements entre régions sont importants.

A. A l'échelle locale : la ville et l'industrie

1. L'exemple d'un quartier industriel à Lille

1 La réhabilitation d'usines textiles du siècle dernier à Lille.

---

2 Une stratégie nouvelle : la réhabilitation de bâtiments industriels ou d'entrepôts

Avec retard par rapport aux expériences américaines, scandinaves ou britanniques, des promoteurs se sont lancés dans la réhabilitation de bâtiments, à partir du milieu des années 70. A Lille, comme dans de nombreuses villes, se manifeste alors un regain d'intérêt pour l'usine dans la ville. La raréfaction et la hausse des prix des terrains à bâtir, bien situés en ville, rendent parfois la réhabilitation préférable à l'acquisition/démolition/reconstruction.

Mais les usines sont aussi réhabilitées sous forme de bureaux ou de commerces. Ainsi, une usine de coton de Lille, libérée avant 1960, a été utilisée successivement par de l'industrie électronique et un grossiste pharmaceutique, avant d'être réhabilitée en bureaux en 1981.

D'après P. Bruyelle, «La reconquête des espaces industriels» pp. 38-39, *Cahiers du CREPIF,* n° 20, sept. 1987.

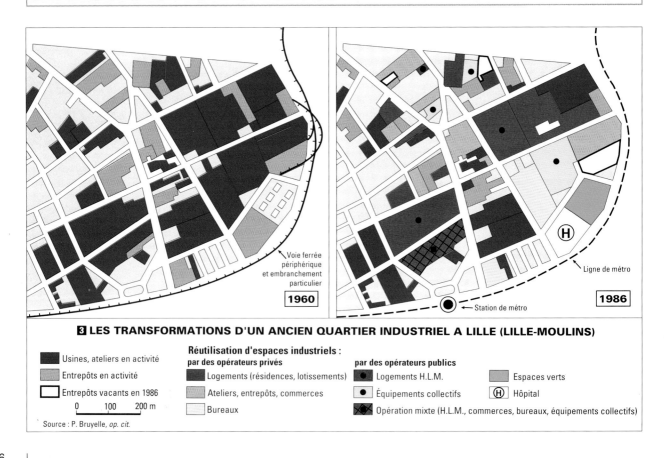

Voie ferrée périphérique et embranchement particulier

1960

1986

Ligne de métro

● ← Station de métro

3 LES TRANSFORMATIONS D'UN ANCIEN QUARTIER INDUSTRIEL A LILLE (LILLE-MOULINS)

Usines, ateliers en activité

Entrepôts en activité

Entrepôts vacants en 1986

0   100   200 m

Réutilisation d'espaces industriels :
par des opérateurs privés

Logements (résidences, lotissements)

Ateliers, entrepôts, commerces

Bureaux

par des opérateurs publics

● Logements H.L.M.

● Équipements collectifs

(H) Hôpital

Espaces verts

Opération mixte (H.L.M., commerces, bureaux, équipements collectifs)

Source : P. Bruyelle, *op. cit.*

2. L'exemple de la zone industrielle de Chartres

4 La zone industrielle de Chartres.

5 Carte I.G.N. au 1/25 000ᵉ (1990, extrait). ▶

B. A l'échelle nationale

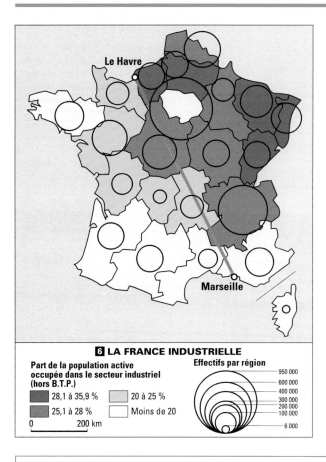

6 LA FRANCE INDUSTRIELLE

Part de la population active occupée dans le secteur industriel (hors B.T.P.)

- 28,1 à 35,9 %
- 25,1 à 28 %
- 20 à 25 %
- Moins de 20

Effectifs par région

- 950 000
- 600 000
- 400 000
- 300 000
- 200 000
- 100 000
- 6 000

0   200 km

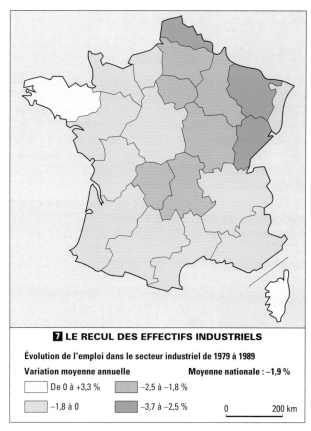

7 LE RECUL DES EFFECTIFS INDUSTRIELS

Évolution de l'emploi dans le secteur industriel de 1979 à 1989

Variation moyenne annuelle   Moyenne nationale : −1,9 %

- De 0 à +3,3 %
- −1,8 à 0
- −2,5 à −1,8 %
- −3,7 à −2,5 %

0   200 km

QUESTIONS

1. Doc. 4 et 5 : pourquoi les usines disparaissent-elles à l'intérieur des villes ? Dans quelle partie de l'agglomération se trouve la zone industrielle de Chartres ? Quelle est la localisation industrielle la plus ancienne : Chartres ou Lille ?

2. Doc. 6 : où se situent les principales régions industrielles ?

3. Doc. 7 : quelles sont les régions qui souffrent le plus de la désindustrialisation ?

Les services : deux Français sur trois

Les services emploient **64,3% des Français.** C'est désormais le seul secteur d'emploi en croissance.

A. Le monde hétérogène du tertiaire

Le secteur tertiaire regroupe les activités qui ne sont ni des activités de production primaire (agriculture, mines, forêt, pêche), ni des activités de transformation des produits primaires (l'industrie) ; il rassemble donc, pêle-mêle, toutes les autres activités qui ont en commun de ne produire aucun bien, mais de **produire des services** (doc. 1).

B. L'explosion des services

1. Face à l'agriculture et à l'industrie qui perdent des emplois, **les services n'ont cessé de se développer** pour faire face aux besoins de la société et de l'économie (doc. 2) : les services économiques (assurances, banques, commerces, gestion des entreprises, tourisme, transports, doc. 4), mais aussi, et surtout, les services administratifs et sociaux (enseignement, santé, protection sociale, etc.).

2. C'est aussi le secteur le plus féminisé : les femmes y occupent 49% des emplois : leur proportion est généralement d'autant plus élevée que la qualification des emplois est faible.

C. Des activités urbaines

1. Les activités tertiaires sont, pour l'essentiel, concentrées dans les villes et, généralement, au cœur des agglomérations où prolifèrent commerces, agences bancaires, bureaux, cabinets de médecins et d'avocats, etc. Plus une ville est importante et plus les activités tertiaires sont diversifiées. C'est dans les centres des très grandes villes qu'on trouve ce qu'on appelle le **«tertiaire supérieur»,** c'est-à-dire les activités de commandement de l'économie (sièges sociaux des grandes entreprises).

2. Récemment, on a construit de **nouveaux quartiers d'affaires en marge des centres traditionnels** : la Défense, à Paris ou Mériadeck à Bordeaux (doc. 5). En revanche, c'est à la périphérie des agglomérations qu'on trouve les nouvelles **grandes surfaces de vente,** fréquemment associées en complexes importants (doc. 3).

❶ Ni paysans, ni ouvriers : les tertiaires

«Le secteur tertiaire réunit des métiers très variés : aussi bien le poète et le musicien que le balayeur des rues. Sont associés sous une même dénomination les romanciers, les artistes, les professeurs, les femmes de ménage, les commerçants, la plupart des employés de bureau, les sociologues, les coiffeurs, les artisans, les hôteliers, les membres du clergé, les professions libérales (du médecin au notaire ou au magistrat), l'infirmière, le pâtissier ou le président de la République. On y range aussi l'armée et la police. Dans l'ensemble, le tertiaire est un secteur de haute qualification. Ainsi, les professions des enseignants, des chercheurs, des médecins, des ingénieurs demandent de nombreuses années d'études.

Le travail est dans le tertiaire plus individualisé que dans l'industrie. La valeur personnelle du travailleur compte beaucoup. La qualité du travail prime en général la quantité ; à la différence de l'industrie, on ne cherche pas à produire en grande série. Les activités tertiaires consomment peu de matières premières et d'énergie ; la plupart d'entre elles n'engendrent aucune pollution.»

J. Fourastié, *Le secteur tertiaire,* 1985.

❷ L'évolution des emplois de services (en milliers de personnes)

	1976	1990
Transports, télécommunications	1 285	1 348
Commerce, hôtellerie, restauration	3 176	3 103
Services marchands[1]	2 976	5 003
Services non marchands[2]	3 477	4 506
Banques, assurances	542	698
Total des services	**11 456**	**14 658**

1. Les services privés.
2. Les services publics (administration, enseignement, santé).

◄ ❸ Grande surface à Villeneuve d'Ascq (agglomération lilloise).

4 Le tramway de Bobigny (Seine-Saint-Denis).

5 De nouveaux paysages urbains pour le tertiaire : Bordeaux-Mériadeck (ci-contre) et Paris-La Défense (ci-dessous). Ce dernier est le premier pôle tertiaire d'Europe, avec plus de 100 000 emplois.

Le tourisme

La France est un grand pays de tourisme, au premier ou second rang mondial selon les années ou selon les critères utilisés : en 1992, c'est la France qui a reçu le plus de touristes étrangers à l'entrée de ses frontières (52 millions !), mais, en termes de recettes touristiques, elle s'est classée au deuxième rang, derrière les États-Unis, et devant l'Italie et l'Espagne. Désormais, le tourisme est le meilleur produit français à l'exportation, qui dégage plus d'excédents commerciaux que l'agro-alimentaire*, l'industrie automobile ou la construction aéronautique : le solde positif du tourisme en 1991 s'est monté à 56 milliards de francs (soit plus des 3/4 du montant de la «facture pétrolière»). Et on estime que le tourisme alimente près de 500 000 emplois permanents et presque autant d'emplois induits*.

A. Le tourisme étranger en France

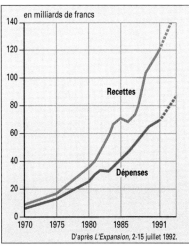

1 Recettes et dépenses de la France au titre du tourisme international.

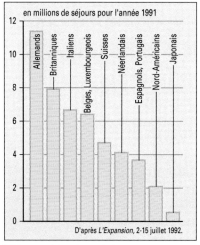

2 Les voisins immédiats de la France sont ses meilleurs clients.

> **3 Notre produit d'exportation le plus rentable**
>
> «Notre produit d'exportation le plus rentable n'est pas l'Airbus, la Renault Clio, le vin de Champagne, le blé de la Beauce ou le 5 de Chanel. Non : c'est la France. Pulvérisant une fois de plus tous ses records, le solde de notre balance touristique a atteint l'an dernier 51,3 milliards de francs, surpassant largement tous les autres excédents à l'exportation [...]. Ce solde touristique aura ainsi doublé en trois ans et sa croissance se poursuit, puisqu'on le prévoit déjà à 56 milliards pour 1992.»
>
> R. Alexandre, *L'Expansion*, 15 juillet 1992.

B. Les vacances des Français

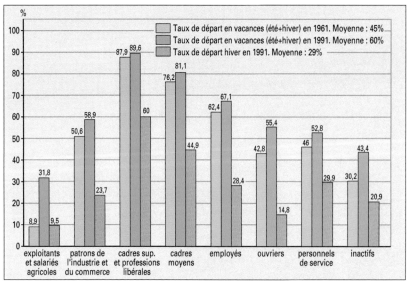

4 Les taux de départ en vacances par catégorie socioprofessionnelle.

5 LES VACANCES DES FRANÇAIS
En millions de journées, par région d'accueil

- Moins de 500
- 500 à 999
- 1 000 à 2 999
- 3 000 à 3 800
- 6 022 (Provence-Alpes-Côte d'Azur + Corse)

0   200 km

C. Des paysages spécifiques

Le tourisme nécessite généralement de nombreux équipements (voies d'accès, hébergements, équipements distractifs) qui ont transformé des régions entières, au bord de la mer comme en montagne : l'urbanisation des littoraux anciennement fréquentés, comme la Côte d'Azur ou la côte du Pays basque, parvient aujourd'hui à saturation, tandis que des aménagements nouveaux ont surgi brutalement sur la côte de Languedoc-Roussillon, jusque-là non urbanisée. En montagne, ce sont principalement les Alpes du Nord qui accueillent le plus grand nombre de touristes (près des deux tiers).

6 Le Mont-Saint-Michel, l'un des sites les plus visités de France.

◀ **7** Euro-Disney : 8 millions de visiteurs en 1992.

8 Touristes japonais au Louvre.

◀ **9** Port-Grimaud (golfe de Saint-Tropez).

QUESTIONS

Doc. 9 : décrivez le paysage de Port-Grimaud : de quels éléments se compose-t-il ?

Comment s'appelle ce type d'aménagement ?

Qu'est-ce qui fait penser qu'il s'agit d'une création récente ?

L'économie française

JE RETIENS

1. Les mots et notions clés

- secteur privé, secteur public ●
- privatisation, nationalisation ●
- industrie agro-alimentaire ●
- productivité ●
- dépendance énergétique, bilan énergétique ●
- désindustrialisation ● technopôle ●
- secteur primaire, secteur secondaire, secteur tertiaire ●

2. Les idées essentielles

L'État a joué un rôle majeur dans une économie qui s'est profondément transformée :

■ aide à la modernisation des structures agricoles, pour la première agriculture de la C.E. ;

■ aides à la conversion d'activités industrielles en crise (charbonnages, sidérurgie, constructions navales, industrie textile, etc.) ;

■ aides au développement d'activités de pointe (informatique, aéronautique, matériel militaire, etc.) ;

■ mise sur pied d'un ambitieux programme de production d'électricité d'origine nucléaire pour réduire la dépendance du pays vis-à-vis des importations d'énergie.

EXERCICES

■ **1.** Identifiez les différentes entreprises représentées par ces logos.

■ **2.** Établissez-en la liste.

■ **3.** Classez les entreprises par grand secteur d'activité : primaire, secondaire, tertiaire.

■ **4.** Classez les entreprises selon qu'elles appartiennent au secteur privé ou au secteur public.

BREVET BLANC

1. Je commente des documents : l'industrie française

❶ Évolution des effectifs dans les dix plus grandes usines françaises				
Sites	Entreprises	1974	1985	1990
Sochaux	Peugeot	37 000	27 000	22 000
Clermont-Ferrand	Michelin	28 000	22 000	19 000
Boulogne-Billancourt	Renault	27 000	15 000	9 000
Flins	Renault	20 000	15 000	10 000
Mulhouse	Peugeot	11 000	13 000	12 000
Poissy	Peugeot	17 000	13 000	9 000
Thionville	Sollac-Sacilor	17 000	12 000	8 000
Rennes	Citroën	11 000	13 000	12 000
Dunkerque	Usinor	9 000	9 000	6 000
Sandouville	Renault	9 000	9 000	8 000

❷ Prix de revient d'un cargo minéralier de 30 000 t		
Chantier	français	coréen
Coût de la main-d'œuvre (salaires, charges sociales, avantages, frais généraux)	200 F/heure soit 218 millions de F	30,3 F/heure soit 33 millions de F
Coût des matières (acier, équipements)	180 millions de F	107 millions de F
Total	398 millions de F	140 millions de F

Source : F. Grosrichard, *Le Monde,* 24 février 1984.

❸ L'évolution de la flotte de commerce et de la construction navale

«En quinze ans, les effectifs ont diminué de moitié et, au cours des six dernières années, la flotte de commerce est passée du 9e au 28e rang mondial avec 216 navires contre près de 800 en 1960. Pour sa part, la construction navale est passée du 4e rang en 1975 au 10e rang mondial, avec une production de 3% de la fabrication internationale. 75% de ses emplois ont disparu et on ne compte plus qu'un grand chantier à Saint-Nazaire (chantiers de l'Atlantique, 4 500 salariés) et un chantier moyen (celui du Havre).»

Images économiques du monde, Sedes, 1992-1993.

▪ **1.** Localisez les sites industriels cités dans les documents.

▪ **2.** Quelles sont les raisons de la crise qui touche ces industries ?

▪ **3.** Quelles sont les conséquences de cette crise ?

2. Question de cours : l'agriculture française

Sujet

L'agriculture française : après voir indiqué son importance, vous étudierez les aspects techniques et humains de sa modernisation et ses conséquences.

Il s'agit d'une question de cours classique, dont l'intitulé contient les éléments du plan à suivre. Il convient d'accorder une importance particulière au libellé du sujet : ici, c'est la modernisation de l'agriculture qui est essentielle.

Corrigé

▪ **Introduction**

Fortement et récemment modernisée, l'agriculture française est aujourd'hui la première de la C.E.

▪ **1. Aspects de la modernisation**

C'est tout l'aspect des campagnes qui a été profondément transformé :
– baisse spectaculaire de la population active agricole ;
– augmentation de la taille moyenne des exploitations ;
– transformation des paysages (recul du bocage, culture de nouvelles plantes comme le colza ou le tournesol, etc.) ;
– transformation des techniques : multiplication des moyens mécanisés, développement des coopératives, des banques en milieu rural, etc.

▪ **2. Les facteurs de la modernisation**

Comment expliquer ces transformations d'une ampleur inégalée ?
– La volonté de l'État de disposer d'une agriculture performante : c'est l'État qui a voulu et encadré cette évolution.
– Le désir des agriculteurs de vivre mieux.
– Le rôle moteur de l'«Europe verte».

▪ **3. Les conséquences de la modernisation**

– une augmentation importante du niveau de vie des agriculteurs ;
– mais de moins en moins d'agriculteurs : 5,6% seulement d'actifs dans l'agriculture ; désormais, les agriculteurs ne sont plus majoritaires dans les campagnes ;
– des agriculteurs très endettés ;
– des productions excédentaires : l'agriculture française, comme l'agriculture européenne dont elle est désormais inséparable, produit trop : trop de beurre, trop de lait, trop de pommes, etc. ;
– aussi, de moins en moins de terres agricoles : les friches s'étendent.

▪ **Conclusion**

Grâce à une profonde modernisation, l'agriculture française est devenue compétitive et contribue pour une part importante à réduire le déséquilibre de la balance commerciale française.

LES RÉGIONS :

1 | Diversité des cultures régionales

A. Diversité des héritages

A la différence d'autres pays européens dont le peuplement a été relativement homogène (les Germains en Allemagne, par exemple), la France a été occupée par des peuples multiples, venus d'horizons très différents.

Il en est résulté une grande variété de langues, de traditions culturelles, de comportements et de religions (doc. 1 et 4).

B. Persistance des cultures régionales

Malgré une longue tradition de centralisation* remontant à la monarchie, plus d'un siècle de politique administrative et scolaire uniformisatrice (la même école pour tous, dans une seule langue, le français) et trente ans d'urbanisation accélérée, **ces différences ont subsisté et sont encore bien vivantes aujourd'hui :** la France du Nord a toujours plus d'enfants que la France du Sud ; la pratique religieuse demeure plus élevée dans l'Ouest et dans l'Est ; l'alsacien, le basque, l'occitan ou le breton sont toujours parlés, ainsi que de nombreux dialectes.

C. La renaissance des régionalismes

Aujourd'hui, les diverses composantes de la population françaises sont fières de leurs différences et revendiquent la reconnaissance de ces différences, généralement à travers la reconnaissance de leur langue : c'est ainsi que les panneaux routiers deviennent souvent bilingues et que l'enseignement bilingue apparaît (doc. 2 et 3).

D. Un effort récent de décentralisation

Surtout depuis la loi de 1982, l'État s'est engagé sur la voie de la **décentralisation*,** en confiant **plus de responsabilités aux départements et aux régions** (voir ch. 29) : désormais, moins de décisions sont prises au niveau parisien, même si ce dernier demeure toujours essentiel.

2 École catalane à Perpignan (Pyr.-Orientales).

◄ **3 Panneau routier en Bretagne, dans le Finistère.**

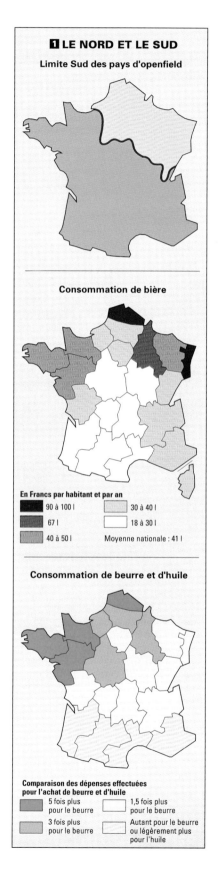

1 LE NORD ET LE SUD

Limite Sud des pays d'openfield

Consommation de bière

En Francs par habitant et par an

90 à 100 l	30 à 40 l
67 l	18 à 30 l
40 à 50 l	Moyenne nationale : 41 l

Consommation de beurre et d'huile

Comparaison des dépenses effectuées pour l'achat de beurre et d'huile

5 fois plus pour le beurre	1,5 fois plus pour le beurre
3 fois plus pour le beurre	Autant pour le beurre ou légèrement plus pour l'huile

DIVERSITÉ ET AMÉNAGEMENT

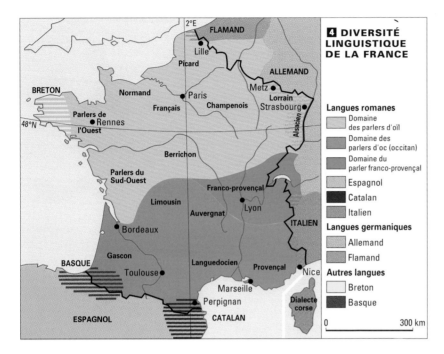

4 DIVERSITÉ LINGUISTIQUE DE LA FRANCE

Langues romanes
- Domaine des parlers d'oïl
- Domaine des parlers d'oc (occitan)
- Domaine du parler franco-provençal
- Espagnol
- Catalan
- Italien

Langues germaniques
- Allemand
- Flamand

Autres langues
- Breton
- Basque

0 ___ 300 km

5 Le cortège des géants de Lille.

6 Le vieux centre de Colmar (Alsace).

7 L'enseignement en français en Bretagne au début du siècle

«L'entrée à l'école ne se fait pas sans appréhension le premier jour. A peine la barrière franchie, nous voilà dans un autre monde. C'est un peu comme à l'église mais beaucoup plus déconcertant. [...] A l'église, on parle, on chante en breton, le caté- chisme est en breton. [...] A l'école, nous n'entendons que du français, nous devons répondre avec les mots français que nous attrapons. Sinon nous taire.»

P. Jakez-Helias, *Le cheval d'orgueil,* Plon, 1975.

8 Les produits régionaux se vendent.

9 Fête de Jeanne d'Arc à Orléans.

L'espace français n'est pas économiquement uniforme (doc. 2) : spécialisations régionales, inégalités de développement, différences de comportement des populations en font un espace complexe, dans lequel on peut reconnaître, schématiquement, quatre grands types de contrastes.

A. Paris et la province

Le poids de Paris en France s'est fortement accru depuis la Révolution industrielle et a pris des proportions inquiétantes au 20ᵉ siècle, au point qu'un géographe a pu, en 1947, intituler un livre *Paris et le désert français :* la région capitale ne cessait, alors, d'attirer à elle les populations qui cherchaient un emploi ou qui «montaient» à Paris pour réussir. Depuis le début des années 1970, cette tendance s'est affaiblie et **Paris n'a plus le monopole de la création d'activités nouvelles** en France (voir ch. 18).

B. L'Est et l'Ouest

1. Il s'agit d'un autre déséquilibre hérité de la Révolution industrielle : l'Est du territoire, mieux doté en gisements charbonniers et mieux relié au reste de l'Europe, s'industrialisa, tandis que la moitié Ouest restait à l'écart des grands courants d'échanges et des investissements dans l'industrie.

2. Encore aujourd'hui, les régions situées à l'Est d'une ligne Le Havre-Marseille concentrent près des 3/4 des emplois industriels (doc. 4). Mais c'est également la France du Nord-Est, la première industrialisée, qui ressent actuellement le plus durement les effets de la crise des activités anciennes (charbonnages, sidérurgie, textile).

C. Le Nord et le Sud

Moins industrialisée, la France du Sud est moins touchée par la crise de l'économie : ses centres industriels, moins importants, composés de secteurs industriels plus dynamiques (électronique, aéronautique, agro-alimentaire, notamment) résistent mieux, tout comme ceux de la France de l'Ouest. En revanche, cette France du Sud n'a pas le dynamisme démographique de celle du Nord (doc. 7).

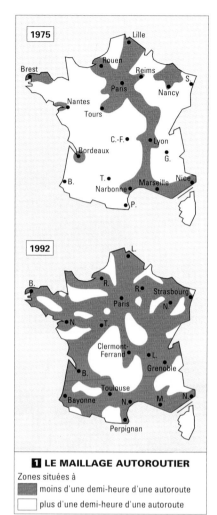

1 LE MAILLAGE AUTOROUTIER

Zones situées à

▨ moins d'une demi-heure d'une autoroute

☐ plus d'une demi-heure d'une autoroute

2 L'origine des déséquilibres régionaux

«Les régions françaises ont connu une évolution assez dissemblable depuis les débuts de l'industrialisation. Elles présentent de sérieuses différences quant à la structure et au niveau des activités, à l'importance du peuplement, à l'intensité de l'urbanisation, à la composition socio-professionnelle, à l'instruction ou encore au niveau de vie. D'une région à l'autre, il y a même de véritables déséquilibres.

Il n'en était pas de même autrefois. Dans la France de l'Ancien Régime, les disparités étaient peu marquées, la population était répartie de façon assez régulière et l'urbanisation était partout modérée. [...] Les niveaux de développement économique différaient assez peu d'une province à l'autre, car l'agriculture était partout dominante et parce que les activités artisanales et manufacturières étaient relativement bien réparties sur tout le territoire.»

D. Noin,
L'espace français, A. Colin, 1986.

3 Pont qui relie l'île de Ré au continent depuis 1988 (Charente-Maritime).

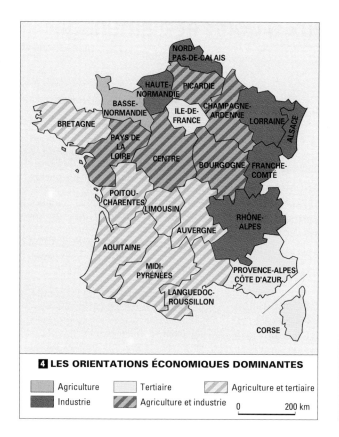

4 LES ORIENTATIONS ÉCONOMIQUES DOMINANTES

- Agriculture
- Industrie
- Tertiaire
- Agriculture et industrie
- Agriculture et tertiaire

0   200 km

5 FRANCE RURALE ET FRANCE URBAINE
Part de la population vivant dans les communes rurales (moins de 2 000 hab.)

- Moins de 15 %
- 23 à 33 %
- 33 à 43 %
- 46 à 50 %

Moyenne nationale : 26 %

0   200 km

6 REVENU PAR HABITANT

Moyenne nationale : 69 000 F (= indice 100)

- 87 à 90
- 90 à 95
- 95 à 98
- 98 à 104
- 122

0   200 km

7 TAUX DE NATALITÉ

- 9,2 à 12,2 ‰
- 12,2 à 13,2 ‰
- 13,2 à 15 ‰
- 15 à 15,7 ‰

Moyenne nationale : 13,4 ‰

0   200 km

■ *Identifiez les grands types de contrastes régionaux (Paris/province, Est/Ouest, Nord/Sud, ou autre) que représentent ces cartes.*

L'espace français : coûteux à gérer et à aménager

A. Une population très inégalement répartie

1. La France a **la plus faible densité moyenne de population** des grands pays d'Europe du Nord-Ouest. L'Allemagne ou le Royaume-Uni ont une densité plus de deux fois supérieure. Si la France était aussi densément peuplée que ses voisins du Nord-Ouest, elle accueillerait 30% de population supplémentaire.

2. En outre, **cette population est très irrégulièrement répartie :** régions urbaines très densément peuplées et espaces ruraux presque déserts voisinent dans l'espace français (doc. 5) : la densité rurale n'est, en France, que de 30 habitants par km² en moyenne, contre 100 en Allemagne et plus de 120 aux Pays-Bas.

B. Congestion et abandons

1. C'est évidemment à Paris et dans sa région que la congestion atteint le niveau le plus élevé : chaque année, les Parisiens gaspillent, dans les embouteillages, un nombre d'heures équivalent à celui que les Lyonnais passent au travail !

2. Inversement, une partie de l'espace rural, déjà très peu peuplée, est menacée d'abandons (doc. 3).
Cette menace se précise lorsque les services publics sont conduits à fermer certains centres et, donc, à agrandir les mailles de leur réseau. Lorsque l'école ou la poste ferment (doc. 1 et 4), les difficultés de la vie quotidienne, pour ceux qui restent, sont immédiatement multipliées.

C. Le coût de cette organisation de l'espace

La congestion comme la désertification coûtent cher (doc. 7). La première, parce qu'elle fait perdre du temps (difficultés de circulation) et parce qu'elle concentre pollutions et nuisances. La seconde, parce qu'elle nécessite le maintien d'un certain nombre d'infrastructures et de services : même dépeuplées, les régions gardent des routes à entretenir, des réseaux d'électricité ou d'eau potable, des services publics qu'il faut maintenir si on veut éviter de faire fuir les derniers habitants.

■ Les petits collèges d'Auvergne

Dans le contexte régional de crise démographique, c'est l'ensemble des collèges de chaque département qui est touché par les pertes d'effectifs.
Parmi les collèges publics les plus durement touchés figurent les établissements du Cantal (–13% entre 1984 et 1990) et de l'Allier (–9,1%), ainsi que les établissements de montagne du Puy-de-Dôme (–9,2%).
Mais l'évolution la plus frappante est sans conteste celle des établissements privés de montagne : les petits collèges privés de moins de cent élèves ont perdu, entre 1984 et 1990, plus de 25% de leurs effectifs.
Sur les 142 collèges publics de l'académie de Clermont-Ferrand, 21 d'entre eux comptent, dans les faits, moins de 100 élèves. Ce sont ces établissements qui sont le plus menacés.

D'après Ch. Moracchini,
Systèmes éducatifs et espaces fragiles.
Les collèges dans les montagnes
d'Auvergne, CERAMAC, 1992.

■ *Quels sont les types de collèges les plus menacés ?*

■ *Pourquoi sont-ils les plus vulnérables ?*

■ *S'ils venaient à fermer, quelles en seraient les conséquences ?*

2 Les tours du XIIIᵉ arrondissement, à Paris.

3 Un village provençal abandonné.

4 Une école menacée de disparition ▶ (région de Caen).

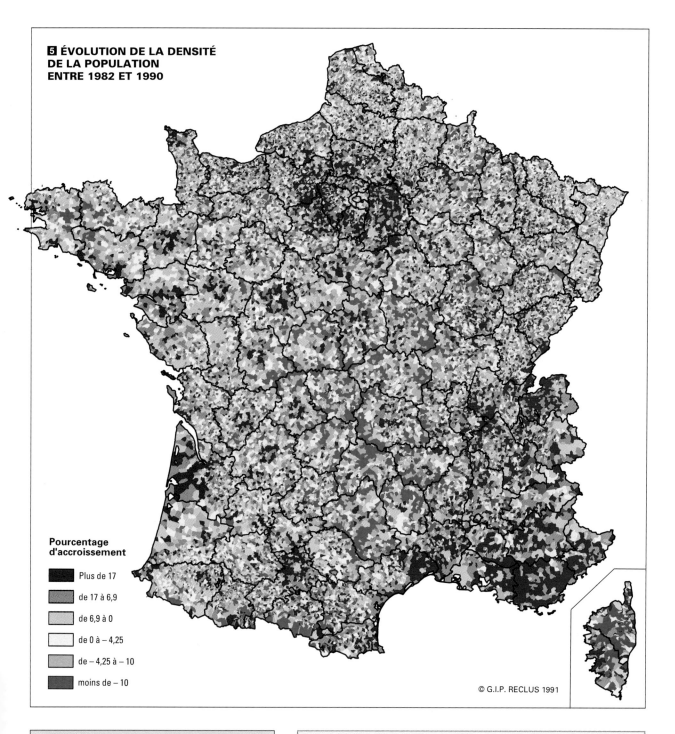

5 ÉVOLUTION DE LA DENSITÉ DE LA POPULATION ENTRE 1982 ET 1990

Pourcentage d'accroissement

- Plus de 17
- de 17 à 6,9
- de 6,9 à 0
- de 0 à – 4,25
- de – 4,25 à – 10
- moins de – 10

© G.I.P. RECLUS 1991

6 Évolution de la population de l'Auvergne entre 1975 et 1990 par type d'espace

	Population en 1990	Variation (en%)	
		1975-1982	1982-1990
Espace urbain	765 000	–1,4	–1,3
Espace rural péri-urbain	372 400	+4,5	+4,2
Espace rural profond	183 800	–10,4	–8,2

■ *Qu'est-ce qu'un espace rural «profond» ?*

7 Le coût des faibles densités

«La sous-densification du territoire entraîne un surcoût en équipements et en fonctionnement. Même si cela n'est pas exactement proportionnel, il manque 20 à 25 millions d'habitants et de contribuables pour financer nos infrastructures, par rapport à ce qui se fait dans les pays voisins. En conséquence, le risque de désertification est majoré par un maillage urbain moins dense et des densités rurales nettement plus basses. [...] Les faibles densités des U.S.A. n'ont jamais été des obstacles à leur prospérité : pour les 48 États continentaux, 29 hab./km² en 1980. »

J.-F. Drevet,
1992-2000, Les régions françaises entre l'Europe et le déclin, Souffles, 1988.

L'aménagement du territoire

A. Définition

On appelle **aménagement du territoire** une politique destinée à obtenir une **répartition plus harmonieuse des activités dans l'espace**. Il s'agit donc de chercher à éviter les concentrations excessives dans les principales agglomérations, comme les abandons complets de certains espaces ruraux.

B. Les moyens de l'État

Pour mettre en œuvre une telle politique, l'État dispose de différents moyens, inégalement efficaces, qu'on peut ranger en deux grandes catégories :

1. des **incitations financières** destinées à orienter les investissements dans tel site ou telle région, plutôt que dans d'autres : l'État peut donc prêter ou donner de l'argent aux entreprises qui sont prêtes à créer des emplois là où il souhaite les voir créer ;

2. des **interdictions** ou des **limitations,** destinées à empêcher ou à ralentir les concentrations excessives : c'est ainsi qu'en région parisienne, l'État a réussi à freiner la croissance des bureaux et des usines.

C. Les différentes politiques

1. Pour ralentir le développement de l'agglomération parisienne, l'État a mis sur pied, dès les années 1950, une **politique de décentralisation de l'industrie** (doc. 3) : il s'agissait de favoriser le transfert d'usines depuis la région parisienne, à l'époque considérée comme trop industrialisée, vers la province et surtout la France de l'Ouest, considérée comme sous-industrialisée. A partir de 1983, cette politique de l'État a été conduite par la **D.A.T.A.R.*** (doc. 1).

2. L'État a également entrepris toute une série de **grands travaux** destinés à améliorer l'équipement du territoire : développement du téléphone et du réseau autoroutier (doc. 5), modernisation des grands ports et création de nouveaux complexes industriels (Dunkerque, Fos), barrages, aménagement touristique de la côte landaise et, surtout, du Languedoc et du Roussillon, etc.

3. Depuis 1974, les interventions de l'État visent principalement à venir au secours des bassins industriels en crise, où les nombreuses fermetures d'usines posent de manière très aiguë le problème de l'emploi : détermination, en 1984, de 15 «pôles de conversion*» bénéficiant d'aides particulières (doc. 4).

4. Depuis 1990, l'État a souhaité relancer une politique de transfert d'activités parisiennes vers la province : il s'agit de la politique de délocalisation* d'emplois des administrations centrales et d'entreprises publiques (doc. 2).

2 Manifestation, à Paris, contre les mesures de «délocalisation» d'entreprises publiques et d'administrations prises par le gouvernement en 1991. ▶

---

1 Les étapes de la politique d'aménagement du territoire

Trois étapes se sont succédées.
– *D'abord une étape dirigiste,* dans les années 60. Les membres de la D.A.T.A.R., installés à Paris, sont maîtres d'une stratégie globale consistant à freiner l'expansion de la capitale, à industrialiser la France au Sud-Ouest d'une ligne Le Havre-Marseille, à inverser les migrations de la province vers Paris. La D.A.T.A.R. bénéficie alors de la faveur de l'opinion.
– *Une étape de crise,* qui se précipite après 1975. Toutes les régions sont, à des degrés divers, touchées par des difficultés économiques. Chacune se recroqueville sur elle-même, défendant jalousement ses emplois, refusant de payer pour les autres. Il n'y a plus grand-chose à distribuer ! Contrainte d'abandonner sa stratégie d'ensemble, la D.A.T.A.R. se transforme en pompier attaquant les incendies sociaux, dont les plus graves embrasent le Nord et la Lorraine, les anciens points forts de la France riche. Réduites à un rôle ponctuel, ses aides se concentrent sur quelques *pôles de conversion.*
– *Une étape européenne.* La création de grands axes de communication devient prioritaire. Jusqu'alors les principales liaisons tendaient à éviter la France de l'Est pour emprunter l'Allemagne, la Suisse et l'Italie. Avec le creusement du tunnel sous la Manche et l'entrée de l'Espagne et du Portugal dans la C.E.E., notre pays se trouve davantage placé au cœur de l'Europe.

D'après M. Baleste,
L'économie française, Masson, 1988.

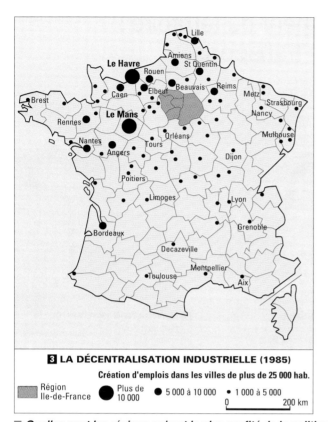

3 LA DÉCENTRALISATION INDUSTRIELLE (1985)

Création d'emplois dans les villes de plus de 25 000 hab.

Région Ile-de-France
● Plus de 10 000
● 5 000 à 10 000
• 1 000 à 5 000

0   200 km

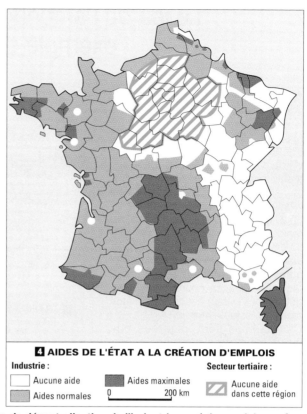

4 AIDES DE L'ÉTAT A LA CRÉATION D'EMPLOIS

Industrie :

Aucune aide

Aides normales

Aides maximales

0   200 km

Secteur tertiaire :

Aucune aide dans cette région

■ *Quelles sont les régions qui ont le plus profité de la politique de décentralisation de l'industrie en région parisienne ?*

5 Les grands travaux desservant le territoire : le viaduc autoroutier de Bellegarde, dans le Jura.

Le jeu de l'aménagement du territoire : l'exemple des transports

A. Types de transports

Les transports n'emploient qu'environ 6% des actifs, mais conditionnent la vie de chacun d'entre nous. Déplacements professionnels, déplacements touristiques, approvisionnement des villes et des industries, nous ne pourrions pas vivre sans des transports rapides et performants.

La création de réseaux de transports est **un acte essentiel d'aménagement du territoire*** car, désormais, tous les espaces économiquement développés ont un besoin vital d'être reliés au reste du monde.

Ces liaisons sont assurées par divers moyens de transports qui se livrent à une forte concurrence.

■ **Le réseau ferré** est exploité par une société publique, la Société Nationale des Chemins de Fer Français (S.N.C.F.), qui a accompli, ces dernières années, de gros efforts de modernisation avec, principalement, la mise en place du T.G.V. (train à grande vitesse) Sud-Est, réalisée en 1981. Le T.G.V. Atlantique a été mis en service en 1989 ; le T.G.V. Nord circule depuis 1993. Malgré cette modernisation, l'exploitation du réseau ferré – soumise à obligation de desserte de l'ensemble du territoire – demeure déficitaire, fortement concurrencée par la route.

■ **Les transports routiers** occupent désormais la première place, pour le transport des personnes comme pour celui des marchandises. Ils utilisent un réseau de plus d'un million de kilomètres de chaussées goudronnées, dont les axes essentiels sont constitués par 6 500 km d'autoroutes qui, désormais, irriguent presque tout le territoire.

■ **Les voies d'eau,** insuffisamment nombreuses et modernisées, sont de moins en moins utilisées et ne jouent un rôle important que dans la France du Nord-Est.

■ **L'avion,** en revanche, joue un rôle croissant, dans les liaisons intérieures comme dans les relations internationales. L'aéroport de Paris est le deuxième en Europe.

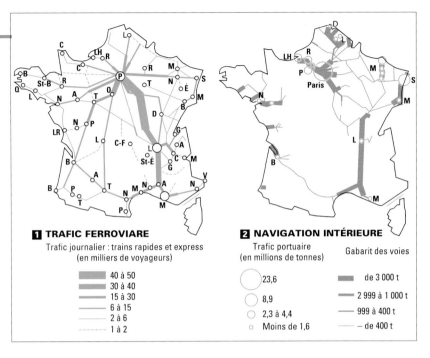

1 TRAFIC FERROVIARE
Trafic journalier : trains rapides et express (en milliers de voyageurs)

- 40 à 50
- 30 à 40
- 15 à 30
- 6 à 15
- 2 à 6
- 1 à 2

2 NAVIGATION INTÉRIEURE
Trafic portuaire (en millions de tonnes)

- 23,6
- 8,9
- 2,3 à 4,4
- Moins de 1,6

Gabarit des voies

- de 3 000 t
- 2 999 à 1 000 t
- 999 à 400 t
- – de 400 t

3 Juillet 1992 : les chauffeurs routiers bloquent les routes. Ici, le carrefour de Fontainebleau.

4 Évolution des modes de transports intérieurs des marchandises
(tonnages kilométriques, en %)

	Route	Chemin de fer	Oléoducs	Navigation intérieure
1958	27	62	1	10
1985	56,4	26,6	13,3	3,7
1989	58,3	26,6	11,5	3,6

B. Un exemple d'enjeu régional : la Picardie, l'autoroute et le T.G.V.

5 **FRANCE DU NORD ET PAYS VOISINS**

0   50   100 km

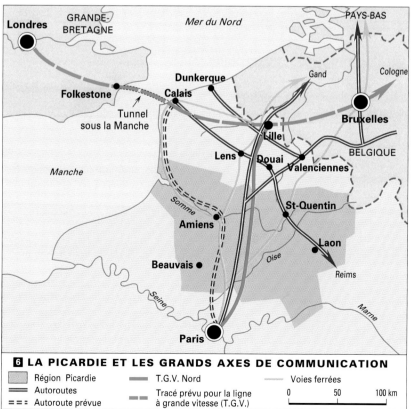

6 **LA PICARDIE ET LES GRANDS AXES DE COMMUNICATION**

Région Picardie

T.G.V. Nord

Voies ferrées

Autoroutes

Tracé prévu pour la ligne à grande vitesse (T.G.V.)

0   50   100 km

=== Autoroute prévue

7 L'opposition des Picards au T.G.V. Nord

«Les Picards ont décidé de se livrer à une guerre à retardement contre le T.G.V. Nord dont le Premier ministre a annoncé, le 9 octobre, que le tracé éviterait Amiens, leur capitale. Barrages, recours judiciaires, sonneries de sirène ou de cloche, démarches et pétitions, marqueront leur combat, ont annoncé, le 16 octobre, les responsables de l'association T.G.V.-Amiens-Picardie-Normandie. Car les Picards, toutes tendances politiques confondues, ne se satisfont pas des réponses lénifiantes des cabinets ministériels leur promettant des T.G.V. (mais pas sur une voie spéciale) et des autoroutes.»

Le Monde, 20 octobre 1987.

8 **Les Amiénois manifestent à Londres.**

QUESTIONS

Problème concret d'aménagement du territoire : il s'agit d'unir trois capitales (Paris, Londres et Bruxelles) par le T.G.V. : je trace sur le fond de carte (doc. 5) l'itinéraire le plus direct, de manière à obtenir la liaison la plus rapide entre ces capitales, en sachant que le relief ne crée pas d'obstacle majeur.

1. Quelles sont les villes qu'emprunte cet itinéraire et celles qu'il laisse à l'écart ?

2. L'itinéraire que vous avez tracé est-il identique à celui effectivement retenu (doc. 6) ?

3. Pour quelles raisons le tracé retenu diffère-t-il de l'itinéraire idéal ?

4. Quels sont les arguments des Amiénois pour refuser le tracé proposé par la S.N.C.F. ?

Les régions : diversité et aménagement

JE RETIENS

1. Les mots et notions clés

● **centralisation, décentralisation** ● **D.A.T.A.R.,**
aménagement du territoire ● **pôle de conversion** ●

2. Les idées essentielles

■ Dotée de milieux naturels variés, la France est également riche d'une **grande diversité humaine** qui apparaît dans le grand nombre de ses cultures régionales, de l'Alsace au Pays basque et de la Flandre au Portugal.

■ **Diversité signifie aussi inégalité :** toutes les régions françaises n'ont pas les mêmes productions, ne produisent pas autant de richesses et n'évoluent pas aujourd'hui au même rythme.

Au déjà vieux déséquilibre Paris/province, est venu s'ajouter l'inégal développement industriel de part et d'autre de la ligne Le Havre/Marseille ; aujourd'hui, c'est le Sud, moins industrialisé, qui profite le plus du dynamisme des services.

■ Pour atténuer ces inégalités, **l'État intervient depuis les années 1950 par le moyen de la politique d'aménagement du territoire.** C'est la **D.A.T.A.R.** (Délégation à l'aménagement du territoire et à l'action régionale), créée en 1963, qui est chargée de définir et de conduire cette politique.
Depuis les années 1970, une grande partie des efforts de l'aménagement du territoire a consisté à limiter les conséquences de la désindustrialisation.

EXERCICE

Je suis capable de répondre à des questions simples

■ **1.** La tradition centralisatrice en France remonte :
– à la monarchie
– au premier Empire
– à la IIIe République

■ **2.** La loi de décentralisation date de :
– 1958
– 1975
– 1982

■ **3.** Citez au moins trois pôles de conversion.

■ **4.** Qu'est-ce qu'une délocalisation ?

BREVET BLANC

Je commente la carte de synthèse sur l'aménagement du territoire

Une carte de synthèse n'est pas une carte encyclopédique, qui cherche à tout montrer ; mais elle met l'accent sur un certain nombre d'éléments importants en eux-mêmes et dont la combinaison dans l'espace est encore plus importante : la ligne nouvelle du T.G.V. entre Paris et Lyon constitue un élément important de la politique d'équipement du territoire, mais lorsque cette ligne vient doubler une autoroute, on a la preuve de l'existence d'un axe majeur dans l'espace français.

Pour aider à la compréhension de la carte, on remarquera que la légende n'est pas composée au hasard mais, au contraire, est classé par rubriques résumant les différentes orientations de la politique d'aménagement du territoire.

A. Politique urbaine

■ **1.** Pourquoi a-t-on cherché à contrôler la croissance de l'Ile-de-France ?

■ **2.** Qu'est-ce-qu'une «métropole d'équilibre» ?

■ **3.** Pourquoi a-t-on créé des villes nouvelles ? Où sont-elles localisées ? Comment l'expliquer ?

B. Politique des transports

■ **1.** Commentez la forme du réseau autoroutier en service.

■ **2.** Quelle est l'utilité des tunnels existants ou en construction ?

■ **3.** Pourquoi la première ligne nouvelle du T.G.V. a-t-elle été tracée entre Paris et Lyon ?

C. Politique industrielle

■ **1.** Où se situent les grands aménagements industriels des trois dernières décennies ? Justifiez les choix de ces localisations.

■ **2.** Expliquez la localisation des pôles de conversion.

D. Politique agricole

■ **1.** Identifiez et expliquez la localisation des grands aménagements agricoles.

■ **2.** Quelle est la partie du territoire qui ne bénéficie d'aucune aide agricole particulière ? Comment l'expliquer ?

E. Politique touristique

■ **1.** Où sont situés les parcs nationaux français ? Justifiez le choix de ces emplacements.

■ **2.** Identifiez les grands aménagements touristiques littoraux.

■ **3.** Quels sont les autres grands littoraux touristiques ?

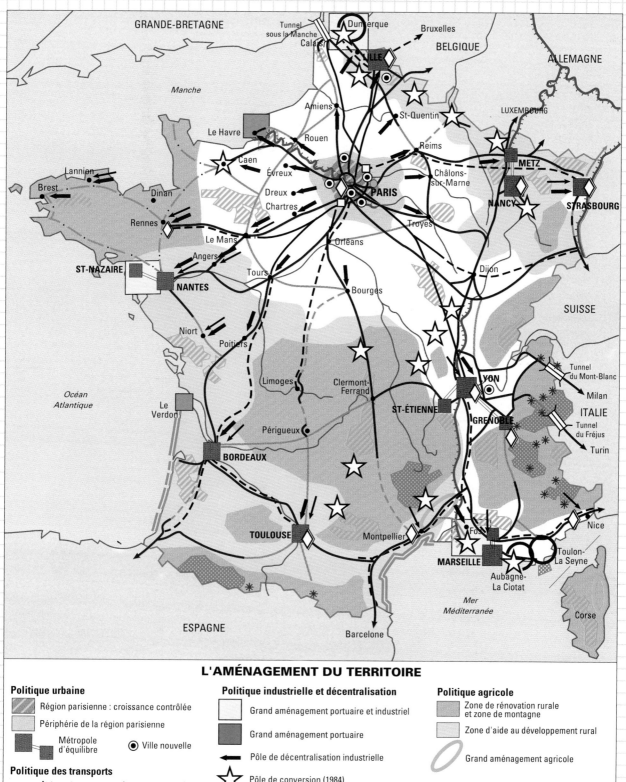

GRANDE-BRETAGNE

Manche

Océan
Atlantique

BELGIQUE

ALLEMAGNE

LUXEMBOURG

SUISSE

ITALIE

Tunnel
du Mont-Blanc

Milan

Tunnel
du Fréjus

Turin

Nice

ESPAGNE

Mer
Méditerranée

Corse

Tunnel
sous la Manche

Dunkerque
Bruxelles
Calais
LILLE
Amiens
St-Quentin
Le Havre
Rouen
Reims
Caen
Évreux
Châlons-
sur-Marne
METZ
Dreux
PARIS
NANCY
STRASBOURG
Chartres
Troyes
Lannion
Brest
Dinan
Rennes
Le Mans
Orléans
Dijon
Angers
Tours
Bourges
ST-NAZAIRE
NANTES
Niort
Poitiers
Limoges
Clermont-
Ferrand
LYON
St-Étienne
GRENOBLE
Le
Verdon
Périgueux
BORDEAUX
TOULOUSE
Montpellier
Fos
MARSEILLE
Toulon-
La Seyne
Aubagne-
La Ciotat
Barcelone

L'AMÉNAGEMENT DU TERRITOIRE

Politique urbaine

Région parisienne : croissance contrôlée

Périphérie de la région parisienne

Métropole
d'équilibre   ⊙ Ville nouvelle

Politique des transports

━━━ Autoroute   ━━━ Autoroute en projet

╌╌╌ Voie express en cours d'achèvement

╌·╌· Plan routier breton en cours d'achèvement

⊟ Tunnel existant

━━━ T.G.V. (ligne nouvelle)

╍╍╍ T.G.V. en construction ou en projet

⊏⊐ Gare d'interconnexion T.G.V.

╨ Grande voie navigable

Politique industrielle et décentralisation

Grand aménagement portuaire et industriel

Grand aménagement portuaire

◄━ Pôle de décentralisation industrielle

☆ Pôle de conversion (1984)

◯ Zone d'entreprises (oct. 86)

◄━ Pôle important de décentralisation tertiaire

◇ Technopôle important

0   200 km

Politique agricole

Zone de rénovation rurale
et zone de montagne

Zone d'aide au développement rural

◯ Grand aménagement agricole

Politique touristique

▦ Parc national

▨ Parc naturel régional

✳ Nouvelles stations de sports d'hiver

▰▰ Grand aménagement touristique littoral

◉ Parc internationnal de loisirs

LES GRANDS ENSEMBLES

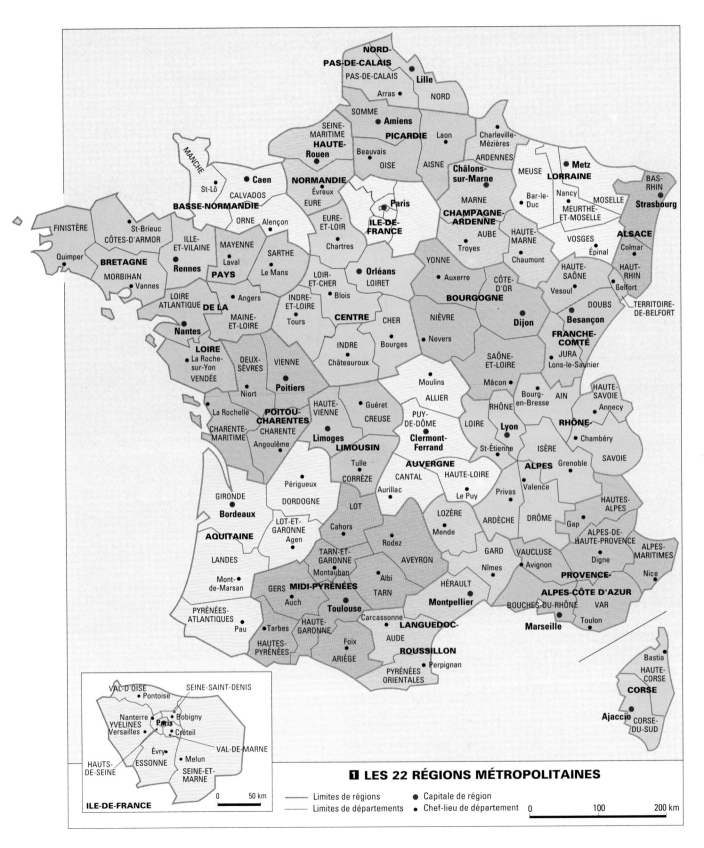

NORD-
PAS-DE-CALAIS
PAS-DE-CALAIS • Lille
Arras • NORD
SOMME
SEINE-
MARITIME • Amiens
HAUTE- PICARDIE Laon Charleville-
Rouen Beauvais Mézières
OISE ARDENNES
MANCHE Évreux AISNE
• Caen NORMANDIE Châlons- MEUSE • Metz
St-Lô CALVADOS EURE Paris sur-Marne LORRAINE BAS-
BASSE-NORMANDIE ILE-DE- CHAMPAGNE- Bar-le- Nancy RHIN
ORNE Alençon EURE- FRANCE ARDENNE Duc MEURTHE- MOSELLE • Strasbourg
FINISTÈRE • St-Brieuc ILLE- ET-LOIR MARNE AUBE ET-MOSELLE VOSGES ALSACE
CÔTES-D'ARMOR ET-VILAINE MAYENNE Chartres Troyes HAUTE- • Épinal Colmar
Quimper • Rennes SARTHE MARNE Chaumont HAUTE- HAUT-
BRETAGNE PAYS Laval Le Mans • Orléans YONNE CÔTE- SAÔNE RHIN
MORBIHAN LOIRE- LOIRET D'OR Vesoul • Belfort
• Vannes ATLANTIQUE DE LA LOIR- • Auxerre BOURGOGNE DOUBS TERRITOIRE-
Angers ET-CHER Blois • Dijon • Besançon DE-BELFORT
• Nantes MAINE- CENTRE CHER NIÈVRE SAÔNE- FRANCHE-
ET-LOIRE Tours INDRE- Bourges • Nevers ET-LOIRE JURA COMTÉ
LOIRE Châteauroux INDRE Lons-le-Saunier
• La Roche- DEUX- VIENNE Moulins Mâcon HAUTE-
sur-Yon SÈVRES ALLIER Bourg- AIN SAVOIE
VENDÉE • Niort • Poitiers HAUTE- • Guéret RHÔNE en-Bresse Annecy
La Rochelle VIENNE CREUSE PUY- LOIRE • Lyon RHÔNE- Chambéry
POITOU- DE-DÔME • Clermont- ISÈRE SAVOIE
CHARENTE- CHARENTES CHARENTE • Limoges LIMOUSIN Ferrand St-Étienne ALPES Grenoble
MARITIME Angoulême Tulle AUVERGNE Valence
Périgueux CORRÈZE CANTAL HAUTE-LOIRE Privas HAUTES-
GIRONDE DORDOGNE Aurillac Le Puy ARDÈCHE DRÔME Gap ALPES
• Bordeaux LOT LOZÈRE Digne ALPES-DE-
Cahors Mende GARD HAUTE-PROVENCE ALPES-
AQUITAINE LOT-ET- Rodez Nîmes VAUCLUSE MARITIMES
GARONNE TARN-ET- AVEYRON • Avignon • Nice
LANDES Agen GARONNE Albi HÉRAULT PROVENCE-
Montauban • TARN • Montpellier ALPES-CÔTE D'AZUR
Mont- GERS MIDI-PYRÉNÉES BOUCHES-DU-RHÔNE VAR
de-Marsan Auch • Toulouse Carcassonne LANGUEDOC- • Marseille Toulon
PYRÉNÉES- HAUTE- AUDE ROUSSILLON
ATLANTIQUES • Tarbes GARONNE
Pau HAUTES- Foix PYRÉNÉES Bastia
PYRÉNÉES ARIÈGE ORIENTALES HAUTE-
• Perpignan CORSE
CORSE
• Ajaccio CORSE-
DU-SUD

VAL-D'OISE SEINE-SAINT-DENIS
• Pontoise
Nanterre • Bobigny
YVELINES • Paris
Versailles • Créteil
Évry VAL-DE-MARNE
HAUTS- • Melun
DE-SEINE ESSONNE SEINE-ET-
MARNE
ILE-DE-FRANCE
0   50 km

1 LES 22 RÉGIONS MÉTROPOLITAINES

—— Limites de régions   • Capitale de région
—— Limites de départements • Chef-lieu de département

0   100   200 km

226

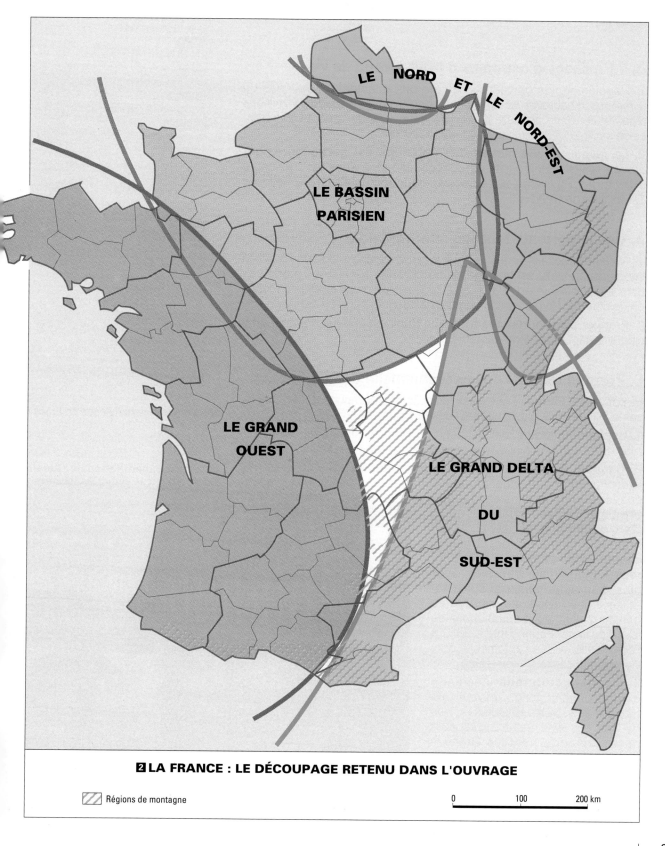

LE NORD ET LE NORD-EST

LE BASSIN PARISIEN

LE GRAND OUEST

LE GRAND DELTA DU SUD-EST

❷ LA FRANCE : LE DÉCOUPAGE RETENU DANS L'OUVRAGE

Régions de montagne

0   100   200 km

1 Une métropole mondiale

A. 11 millions d'habitants à haut niveau de vie

1. L'agglomération parisienne compte officiellement un peu plus de 9 millions d'habitants et la région Ile-de-France, près de 11 millions d'habitants. Cette dernière rassemble donc 19% de la population française sur 2,2% du territoire national.

2. Le niveau de vie moyen des Parisiens est particulièrement élevé : la richesse produite par la région Ile-de-France est supérieure à celle des Pays-Bas et seulement deux fois inférieure à celle de 1,1 milliard de Chinois !

B. Une importante fonction internationale

1. Ancienne capitale d'empire, Paris a conservé une importante fonction internationale : elle est le **siège de nombreux organismes mondiaux** dont le plus célèbre est l'U.N.E.S.C.O.* C'est, du reste, la ville du monde où se déroulent le plus grand nombre de congrès et de conférences.

2. Premier pôle touristique français, Paris est la porte d'entrée principale des touristes étrangers en France.

C. Paris en France : une exceptionnelle domination

Le pouvoir de Paris en France est particulièrement important (doc. 1 et 5), car la ville cumule plusieurs fonctions de capitale.

1. Capitale politique, avec le siège du Gouvernement, du Parlement (doc. 2) et des administrations centrales.

2. Capitale économique commandant à tout le pays grâce à une exceptionnelle concentration de sièges sociaux des grandes entreprises : la région parisienne est le **principal centre tertiaire** du pays (74% des actifs du secteur en Ile-de-France) ; malgré un récent déclin, elle demeure toujours la **première région industrielle française,** avec plus d'un actif industriel sur cinq, grâce à une importante industrie de transformation allant des produits de luxe (joaillerie, haute couture, etc.) à l'aéronautique et à l'automobile dont Paris est la capitale incontestée.

3. Capitale culturelle inégalée : c'est le premier centre universitaire français avec treize Universités, plus du tiers des étudiants français, 40% des élèves préparant les Grandes Écoles, etc.
C'est aussi le lieu où se font et se défont les modes, où la vie artistique est la plus développée (doc. 3 et 6), où presse et édition se concentrent.

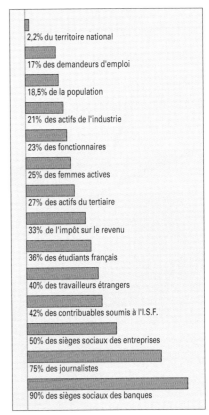

- 2,2% du territoire national
- 17% des demandeurs d'emploi
- 18,5% de la population
- 21% des actifs de l'industrie
- 23% des fonctionnaires
- 25% des femmes actives
- 27% des actifs du tertiaire
- 33% de l'impôt sur le revenu
- 36% des étudiants français
- 40% des travailleurs étrangers
- 42% des contribuables soumis à l'I.S.F.
- 50% des sièges sociaux des entreprises
- 75% des journalistes
- 90% des sièges sociaux des banques

1 La puissance parisienne en France (part de la région Ile-de-France en France, en %).

2 L'Assemblée Nationale (Palais Bourbon), où se votent les lois. ▼

D'INFLUENCE DIRECTE

3 Le Centre Georges Pompidou, le lieu de France le plus de visité.

4 Paris, vue aérienne.

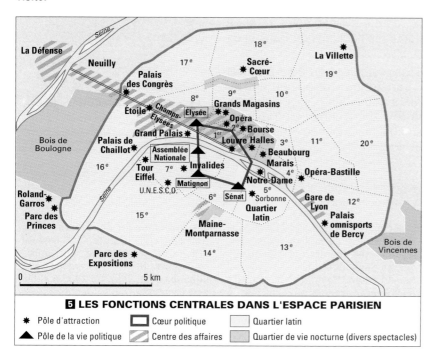

5 LES FONCTIONS CENTRALES DANS L'ESPACE PARISIEN

- ✳ Pôle d'attraction
- ▲ Pôle de la vie politique
- ☐ Cœur politique
- ▨ Centre des affaires
- ▨ Quartier latin
- ▨ Quartier de vie nocturne (divers spectacles)

La Défense · Neuilly · Palais des Congrès · 17ᵉ · 18ᵉ · Sacré-Cœur · La Villette · 19ᵉ · Étoile · Champs-Élysées · Élysée · 8ᵉ · 9ᵉ · Grands Magasins · 10ᵉ · Opéra · 2ᵉ · Bourse · Grand Palais · 1ᵉʳ · Louvre Halles · 3ᵉ · 11ᵉ · 20ᵉ · Beaubourg · Palais de Chaillot · Assemblée Nationale · Marais · Invalides · 4ᵉ · Opéra-Bastille · Tour Eiffel · 7ᵉ · Notre-Dame · Matignon · Sénat · Sorbonne · 5ᵉ · Gare de Lyon · 12ᵉ · U.N.E.S.C.O. · 6ᵉ · Quartier latin · Palais omnisports de Bercy · Roland-Garros · Parc des Princes · 15ᵉ · Maine-Montparnasse · 16ᵉ · Bois de Boulogne · Bois de Vincennes · Parc des Expositions · 14ᵉ · 13ᵉ · Seine · 0 · 5 km

6 La grande pyramide, nouvel accès au musée du «Grand Louvre» en cours de rénovation.

Le gigantisme parisien

A. La croissance

Au début du 19e siècle, Paris ne comptait encore que 630 000 habitants. C'est donc l'industrialisation et la révolution des transports – qui renforça le réseau en étoile à partir de Paris – qui furent à l'origine d'une croissance accélérée qui, jusqu'aux années 1960, monopolisa une grande partie de la croissance de la population française (doc. 1 et 2).

B. Les 3 couronnes

1. La ville elle-même de **Paris** (2,2 millions d'habitants) a connu son apogée démographique dans les années 1920 ; depuis, elle n'a cessé de perdre des habitants, au fur et à mesure que disparaissaient les îlots insalubres dans de nombreuses opérations de rénovation urbaine* (doc. 3 et 4).

2. La proche banlieue (ou petite couronne) a continué à croître jusqu'à la fin des années 1960 ; depuis, les fermetures d'usines et les restructurations* urbaines, dans un espace grandi de manière désordonnée, ont occasionné un recul de la population.

3. Aujourd'hui, ce sont donc la **grande banlieue** (ou grande couronne) et les campagnes voisines qui concentrent l'essentiel d'une croissance ralentie. Là se trouvent des paysages urbains très hétérogènes où alternent grands ensembles, quartiers pavillonnaires, «nouveaux villages», villes nouvelles et zones d'activités où l'industrie voisine avec les entrepôts et les grandes surfaces de vente.

C. Nécessité d'un aménagement

1. La croissance urbaine dans l'espace a longtemps été complètement anarchique, conduisant à d'innombrables **problèmes :** difficultés de loger 11 millions d'habitants, difficultés de circuler (doc. 5) dans un espace très souvent à la limite de la saturation (18 millions de déplacements chaque jour en Ile-de-France, dont 4 millions entre 17 et 19 heures), insuffisance d'espaces verts pour les habitants de Paris et de la petite couronne.

2. C'est pourquoi, à partir de 1963, l'État est intervenu pour à la fois **freiner et organiser la croissance parisienne :** cela s'est traduit, notamment, par la création de **cinq villes nouvelles** (Cergy-Pontoise, Évry, Melun-Sénart, Marne-la-Vallée et Saint-Quentin-en-Yvelines, doc. 6 et 7) et par la politique – aujourd'hui abandonnée – de **décentralisation des industries** vers la province.

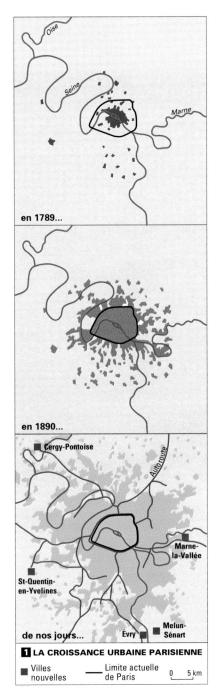

en 1789...

en 1890...

de nos jours...

1 LA CROISSANCE URBAINE PARISIENNE

■ Villes nouvelles   —— Limite actuelle de Paris   0   5 km

---

2 Une croissance qui se poursuit

«D'abord, la boulimie démographique : depuis 1982, l'Ile-de-France connaît un rythme de croissance (0,70% l'an) près de deux fois supérieurs à celui de l'Hexagone (0,40%). Soit un gain de 769 300 habitants, qui met la région parisienne très proche du cap des 11 millions. Grande bénéficiaire : la Seine-et-Marne, qui passe la barre du million. Mais aussi les Yvelines, bientôt aussi peuplées que les Hauts-de-Seine.

Second critère : le marché du travail : "Il y a une véritable ruée des jeunes actifs sur l'emploi parisien", un marché où l'on trouve près de 13% des diplômés du deuxième ou du troisième cycle. Contre 4,9% hors de l'Ile-de-France... Quant aux cadres supérieurs, ils ne résistent pas aux lumières de la ville. De 1962 à 1989, leur proportion a plus que doublé en région parisienne.»

G. Malaurie, *L'Express,* 1er nov. 1990.

■ *Qu'est-ce qui attire les cadres supérieurs dans la région Ile-de-France ?*

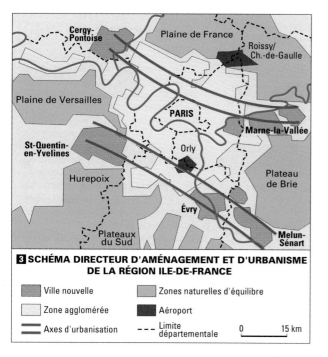

3 SCHÉMA DIRECTEUR D'AMÉNAGEMENT ET D'URBANISME DE LA RÉGION ILE-DE-FRANCE

- Ville nouvelle
- Zone agglomérée
- Axes d'urbanisation
- Zones naturelles d'équilibre
- Aéroport
- Limite départementale

0   15 km

▲ **4** Les tours du Front de Seine (Paris, XVᵉ arrondissement).

5 Embouteillages ► rue Saint-Denis, à Paris.

◄ **6** Le quartier du Val Fourré à Mantes-la-Jolie.

7 Une ville nouvelle : Marne-la-Vallée. ▼

3 Paris dans son bassin

Le Bassin parisien est constitué de plusieurs régions différentes, tant par la nature des sols ou du climat que par les anciennes divisions politiques (la Normandie, la Champagne, la Touraine ou la Picardie étaient des provinces distinctes). Leur relative unité actuelle vient de ce qu'elles appartiennent toutes à la zone d'influence directe de Paris où, en raison de la proximité de la capitale, aucune grande ville n'a pu se développer.

A. La première région agricole d'Europe

1. Les campagnes situées autour de Paris, principalement céréalières, produisent autant de blé que l'Allemagne de l'Ouest, la Grèce et le Benelux réunis. On trouve là l'agriculture la plus moderne du pays, fondée sur de **grandes exploitations** disposant de moyens techniques et financiers importants (doc. 3).

2. A côté des céréales fréquemment associées à la betterave à sucre, au colza ou au tournesol, on trouve des spécialisations tournées vers **l'élevage** (la Normandie, par exemple) ou la **vigne** (Champagne).
Au total, plus du quart de la valeur agricole nationale (doc. 4).

B. Un espace vivifié par Paris

1. Pendant longtemps, les villes du Bassin de Paris ont souffert de la proximité de Paris qui attirait les forces vives (doc. 1).

2. A partir des années 1950, la situation s'est inversée et les régions du Bassin parisien ont profité d'un redéversement des activités parisiennes, dans le cadre notamment de la politique de décentralisation industrielle (doc. 5) : des villes comme Amiens, Beauvais, Chartres, Dreux, Reims ou Rouen en furent les principales bénéficiaires. D'autres villes profitèrent de la décentralisation d'activités tertiaires : les assurances au Mans, par exemple.

C. Les régions autour de Paris

1. La **Normandie,** au milieu de riches campagnes, a vu se développer l'industrie, principalement le long de l'axe majeur de la **Basse-Seine** qui, avec les ports de Rouen et du Havre (2e port français), assure les liaisons maritimes de la région parisienne. En outre, son littoral offre les plages les plus proches de la capitale.

2. La **Picardie** et la **Champagne-Ardenne** sont de grandes régions agricoles, incomplètement dominées par Amiens et Reims (Reims est la ville principale de la région Champagne-Ardenne mais Châlons-sur-Marne en est la capitale administrative). Anciennement industrialisées, ces régions ont également profité de la décentralisation industrielle parisienne.

3. La **région «Centre»** est une autre grande région agricole sans unité, constituée autour de la Loire moyenne, où se trouvent une agriculture spécialisée (vignes, légumes) et les villes principales, Orléans et Tours.

2 Les régions du Bassin parisien			
Région	**Superficie** (km^2)	**Population** (milliers d'hab.)	**Capitale**
Centre	39 530	2 371	Orléans
Champagne-Ardenne	25 690	1 348	Châlons-sur-Marne
Ile-de-France	12 000	10 660	Paris
Haute-Normandie	12 390	1 737	Rouen
Picardie	19 400	1 811	Amiens

1 Le rôle régional de Paris

«Paris n'est pas seulement une ville mondiale et une capitale nationale. C'est aussi, on l'oublie souvent, une métropole régionale. La région est à la mesure de la ville-centre : elle a une taille énorme. Elle ne couvre pas moins de 24 départements en dehors de la petite "Ile-de-France" [...]. L'influence de Paris s'exerce si fortement et si loin alentour qu'aucune ville de niveau élevé n'apparaît avant 300 km, sauf en direction du Nord.
Tout le Bassin parisien est étroitement lié à Paris. Pendant longtemps, il a souffert d'une grande langueur, car toutes ses forces vives étaient absorbées par la capitale.
Depuis vingt-cinq ans, en revanche, il a connu des transformations très importantes, parce que la situation démographique s'est renversée et surtout parce que Paris y a diffusé son dynamisme : industrialisation, progrès des activités de commerce et de services, développement des moyens de transport, urbanisation des campagnes, réanimation des petits centres.»

D. Noin, *L'espace français,*
A. Colin, 1986.

3 Une grande ferme dans la Beauce.

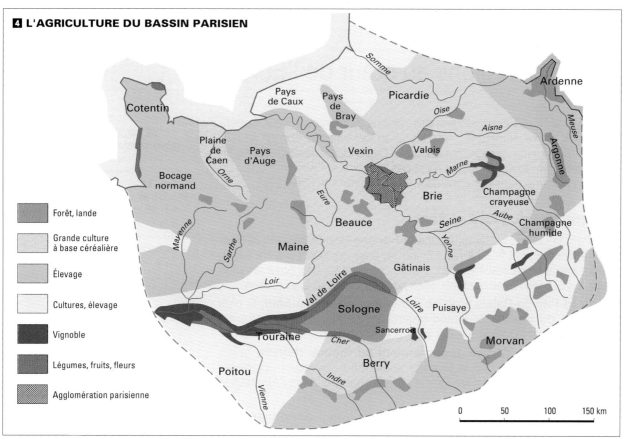

4 L'AGRICULTURE DU BASSIN PARISIEN

Cotentin

Pays de Caux

Pays de Bray

Picardie

Ardenne

Somme

Oise

Aisne

Meuse

Argonne

Plaine de Caen

Pays d'Auge

Vexin

Valois

Marne

Bocage normand

Orne

Eure

Brie

Champagne crayeuse

Mayenne

Sarthe

Maine

Beauce

Seine

Aube

Champagne humide

Loir

Val de Loire

Gâtinais

Yonne

Loire

Puisaye

Morvan

Sologne

Sancerrois

Touraine

Cher

Berry

Poitou

Vienne

Indre

Légende :
- Forêt, lande
- Grande culture à base céréalière
- Élevage
- Cultures, élevage
- Vignoble
- Légumes, fruits, fleurs
- Agglomération parisienne

0   50   100   150 km

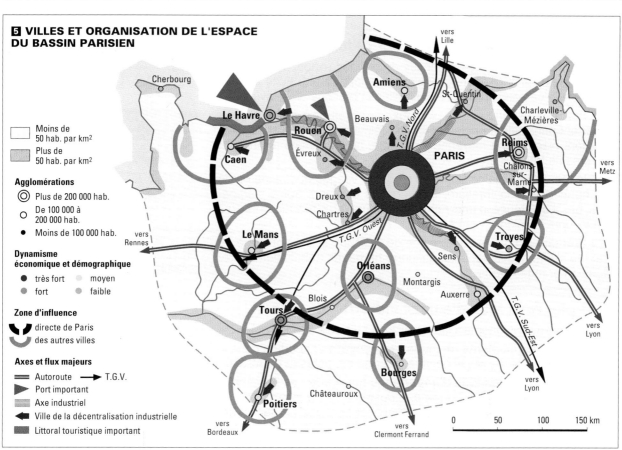

5 VILLES ET ORGANISATION DE L'ESPACE DU BASSIN PARISIEN

vers Lille

Cherbourg

Amiens

St-Quentin

Charleville-Mézières

Le Havre

Beauvais

Rouen

Évreux

PARIS

Reims

Caen

T.G.V. Nord

Châlons-sur-Marne

vers Metz

Dreux

Chartres

Le Mans

T.G.V. Ouest

Troyes

vers Rennes

Sens

Orléans

Montargis

Auxerre

Blois

Tours

T.G.V. Sud-Est

vers Lyon

Bourges

Poitiers

Châteauroux

vers Lyon

vers Bordeaux

vers Clermont Ferrand

0   50   100   150 km

Légende :
- Moins de 50 hab. par km²
- Plus de 50 hab. par km²

Agglomérations
- Plus de 200 000 hab.
- De 100 000 à 200 000 hab.
- Moins de 100 000 hab.

Dynamisme économique et démographique
- très fort
- moyen
- fort
- faible

Zone d'influence
- directe de Paris
- des autres villes

Axes et flux majeurs
- Autoroute
- T.G.V.
- Port important
- Axe industriel
- Ville de la décentralisation industrielle
- Littoral touristique important

1 Des régions au cœur de l'Europe

Le Nord et le Nord-Est constituent des régions différentes qui ont, cependant, deux points communs : une situation centrale en Europe et une importante industrie, aujourd'hui en crise. Cependant, des signes d'optimisme existent : toute l'industrie n'est pas en crise et l'Alsace montre un relatif dynamisme dans cet ensemble régional (voir pp. 236-237).

A. Entre mer du Nord et Rhin

Nord-Pas-de-Calais, Lorraine, Alsace et Franche-Comté, régions tardivement rattachées à la France (au 17e siècle, pour la plupart d'entre elles), sont en situation frontalière (doc. 1 et 2), au contact des pays les plus actifs de l'Europe, avec lesquels elles sont aujourd'hui bien reliées :

1. le Nord-Pas-de-Calais s'ouvre sur la mer du même nom, la plus fréquentée du monde, et attend beaucoup de l'ouverture du tunnel vers l'Angleterre ; Dunkerque est le 3e port français ;

2. la Lorraine et l'Alsace appartiennent au monde rhénan, grâce aux vallées du Rhin et de la Moselle aujourd'hui canalisés ; partiellement bilingues, elles entretiennent d'actifs échanges avec l'Allemagne ou la Suisse ;

3. la Franche-Comté et la Haute-Alsace regardent davantage vers la Suisse avec laquelle elles ont d'anciennes relations (la tradition horlogère).

B. Diversité des milieux et des agricultures

1. Le Nord est un bas pays, composé de collines (Artois, Boulonnais) et de plaines plates (Flandre), où s'est développée une riche agriculture qui mêle céréales, plantes industrielles et produits de l'élevage.

2. La Lorraine est un pays de plateaux, au climat déjà froid en hiver, qui portent principalement des herbages (élevage). Vers l'Est, les plateaux font place à une moyenne montagne, aux sommets arrondis et aux versants très boisés : les Vosges.

3. L'Alsace est une plaine située au pied des Vosges et drainée par le Rhin qui constitue la frontière. Étés chauds et hivers froids n'empêchent pas l'existence d'une riche agriculture aux productions très variées, dont le célèbre vin d'Alsace.

4. La Franche-Comté est une région de plateaux et de montagne (le Jura), au climat humide et froid, qui porte herbages (fabrication de fromages) et grandes forêts.

C. Les plus forts taux d'emploi industriel de France

Ces régions se sont fortement industrialisées au siècle dernier, grâce à :
1. d'importants gisements de matières premières : charbon dans le Nord et en Lorraine, fer et sel gemme en Lorraine, potasse en Alsace ;
2. quelques spécialisations d'importance nationale : textile et sidérurgie dans le Nord et en Lorraine, industries de transformation en Alsace et en Franche-Comté, où Sochaux est devenue un des foyers majeurs de l'industrie automobile française (doc. 7) et où Besançon demeure la capitale de l'horlogerie.

1 La journée type d'un travailleur frontalier alsacien

– **4 h 30** du matin : départ de Woerth en car de ramassage.
– **5 h 30 :** passage de la frontière.
– **6 h :** arrivée à l'usine Michelin de Karslruhe (Allemagne).
– **14 h 25 :** départ de l'usine.
– **15 h 30 :** retour à Woerth.

D'après *La documentation photographique*, «L'Est, région frontière».

6 000 Nombre de travailleurs passant la frontière
Principales zones de résidence des travailleurs passant la frontière quotidiennement
0   50 km

2 Les migrations quotidiennes de travailleurs à travers la frontière (1985).

3 Les taux d'emploi industriel, par région, en 1990	
Franche-Comté	35,9%
Alsace	31,7%
Lorraine	28,3%
Nord-Pas-de-Calais	26,2%

5 Strasbourg, maisons de la vieille ville.

4 L'entrée française du tunnel sous la Manche.

■ *Que voit-on de l'autre côté du détroit ?*

6 Arras, la Grand-Place.

7 Le poids de l'industrie : Sochaux, «Peugeot-Ville»

«Sur les plans de la ville affichés dans les rues de Sochaux, l'usine Peugeot est une immense tache grise. 265 hectares de bâtiments industriels plantés au bout de l'avenue du Général-Leclerc. Une ville dans la ville. Un tissu serré d'ateliers et de parkings, traversé par une large avenue bordée d'arbres que tous appellent encore "l'avenue Jean-Pierre Peugeot". Il y a une vingtaine d'années, cette route était la nationale qui reliait Sochaux à Montbéliard. Mais l'usine, ainsi partagée en deux, jugeait cette avenue bien malcommode. Elle fut déplacée. [...] L'Allan, lui-aussi, a dû déménager. Cette rivière bordée de peupliers, qui serpentait à travers l'usine il y a encore trois ans, occupait "trop d'espace". L'Allan a donc été dérivé et comblé. Peugeot, qui se sentait à l'étroit dans son site, a ainsi gagné 12 hectares.»

A. Chemin, *Le Monde*, 26 septembre 1989.

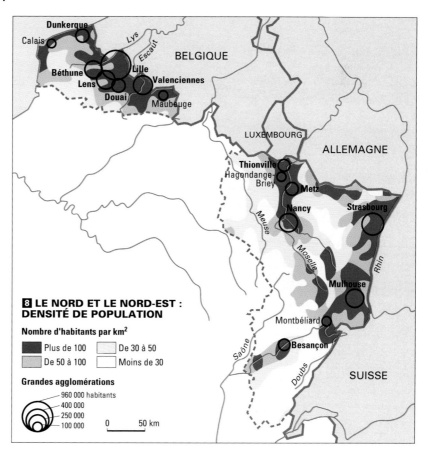

8 LE NORD ET LE NORD-EST : DENSITÉ DE POPULATION

Nombre d'habitants par km²

■ Plus de 100	▨ De 30 à 50
▨ De 50 à 100	□ Moins de 30

Grandes agglomérations

- 960 000 habitants
- 400 000
- 250 000
- 100 000

0   50 km

Atlas du Nord et du Nord-Est

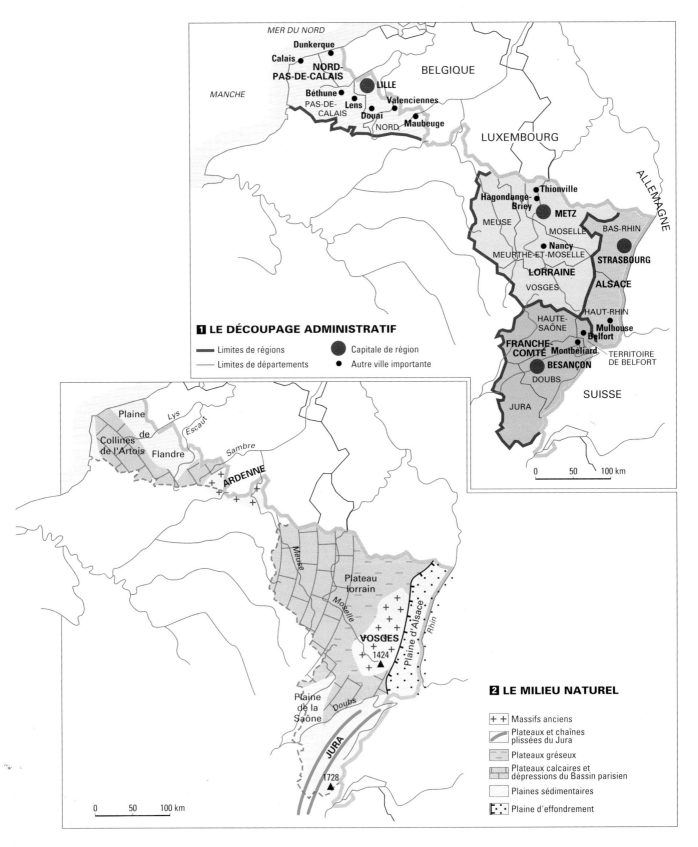

MER DU NORD

Dunkerque

Calais

NORD-PAS-DE-CALAIS

LILLE

BELGIQUE

MANCHE

Béthune

PAS-DE-CALAIS

Lens

Valenciennes

Douai

NORD

Maubeuge

LUXEMBOURG

ALLEMAGNE

Thionville

Hagondange-Briey

METZ

MEUSE

MOSELLE

BAS-RHIN

Nancy

MEURTHE-ET-MOSELLE

STRASBOURG

LORRAINE

ALSACE

VOSGES

HAUT-RHIN

1 LE DÉCOUPAGE ADMINISTRATIF

━━ Limites de régions ● Capitale de région

── Limites de départements ● Autre ville importante

HAUTE-SAÔNE

Mulhouse

Belfort

FRANCHE-COMTÉ

Montbéliard

TERRITOIRE DE BELFORT

BESANÇON

DOUBS

SUISSE

JURA

0 50 100 km

Plaine de Flandre

Lys

Escaut

Collines de l'Artois

Sambre

ARDENNE

Meuse

Moselle

Plateau lorrain

Plaine d'Alsace

Rhin

VOSGES

1424 ▲

Plaine de la Saône

Doubs

JURA

1728 ▲

2 LE MILIEU NATUREL

+ + Massifs anciens

Plateaux et chaînes plissées du Jura

Plateaux gréseux

Plateaux calcaires et dépressions du Bassin parisien

Plaines sédimentaires

Plaine d'effondrement

0 50 100 km

236

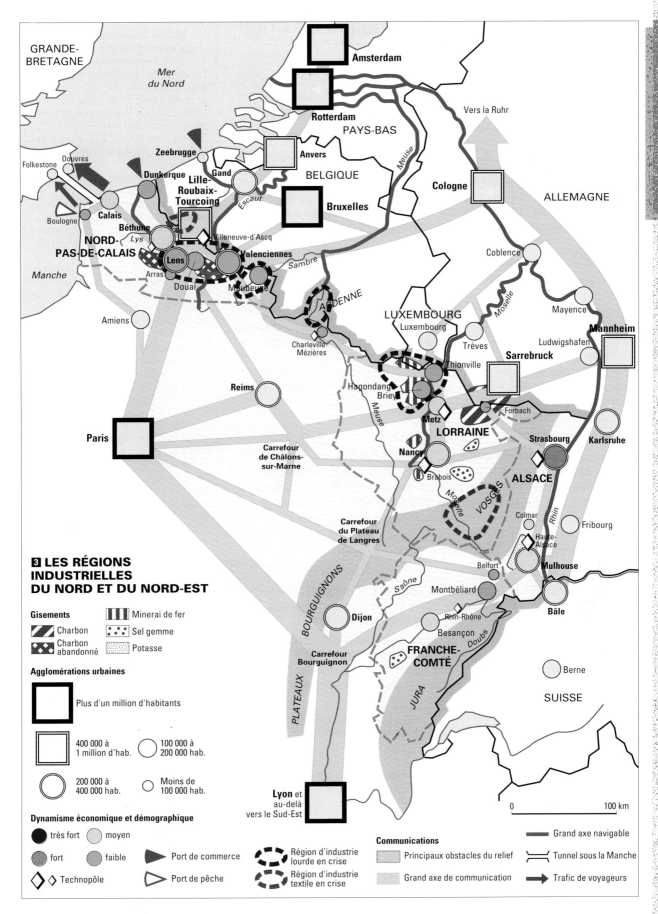

GRANDE-
BRETAGNE

Mer
du Nord

PAYS-BAS

Folkestone
Douvres

Zeebrugge

Anvers

BELGIQUE

Calais
Dunkerque
Gand

Boulogne

Lille-
Roubaix-
Tourcoing

Bruxelles

Cologne

ALLEMAGNE

Vers la Ruhr

Meuse

Béthune
Lys

NORD-
PAS-DE-CALAIS

Villeneuve-d'Ascq

Coblence

Manche

Lens
Arras

Valenciennes

Douai
Maubeuge

Sambre

Mayence

Amiens

ARDENNE

LUXEMBOURG

Moselle

Mannheim

Ludwigshafen

Charleville-
Mézières

Luxembourg

Trèves

Sarrebruck

Reims

Meuse

Thionville

Hagondange
Briey

Forbach

Paris

Carrefour
de Châlons-
sur-Marne

Metz

LORRAINE

Nancy

Strasbourg

Karlsruhe

Brabois

ALSACE

Carrefour
du Plateau
de Langres

Moselle

VOSGES

Rhin

Colmar

Fribourg

Haute-
Alsace

BOURGUIGNONS

Saône

Belfort

Mulhouse

Montbéliard

Bâle

⊟ LES RÉGIONS
INDUSTRIELLES
DU NORD ET DU NORD-EST

Dijon

Rhin-Rhône

Besançon

Doubs

Carrefour
Bourguignon

FRANCHE-
COMTÉ

Berne

Gisements

▨ Minerai de fer

JURA

SUISSE

▨ Charbon

⁚⁚ Sel gemme

▨ Charbon
abandonné

∴ Potasse

Agglomérations urbaines

☐ Plus d'un million d'habitants

☐ 400 000 à
1 million d'hab.

○ 100 000 à
200 000 hab.

○ 200 000 à
400 000 hab.

○ Moins de
100 000 hab.

PLATEAUX

Lyon et
au-delà
vers le Sud-Est

0   100 km

Dynamisme économique et démographique

● très fort   ● moyen

● fort   ● faible

◆ ◇ Technopôle

▶ Port de commerce

▷ Port de pêche

Communications

⬭ Région d'industrie
lourde en crise

⬭ Région d'industrie
textile en crise

Principaux obstacles du relief

Grand axe de communication

━ Grand axe navigable

⊢ Tunnel sous la Manche

➤ Trafic de voyageurs

Des régions industrielles en crise

Aujourd'hui, une grande partie des industries du Nord et du Nord-Est sont en crise aiguë : le Nord-Pas-de-Calais et, surtout, la Lorraine sont les plus touchés par les suppressions d'emplois et les départs de populations actives vers d'autres régions (doc. 2 et 3).

A. Des gisements épuisés ou peu rentables

Les gisements de matières premières s'épuisent (l'exploitation houillère dans le Nord-Pas-de-Calais a cessé en 1991) ou sont d'exploitation peu rentable* (fer de Lorraine ou potasse d'Alsace) ; seuls les gisements de sel gemme de Lorraine maintiennent leur activité.

B. La difficile restructuration de la sidérurgie

Initialement fondée sur des gisements de charbon (dans le Nord-Pas-de-Calais) ou de fer (en Lorraine), cette sidérurgie vient de traverser de graves crises :
– **dans le Nord,** elle a disparu du bassin houiller pour se replier à Dunkerque, premier pôle sidérurgique français, qui reçoit ses approvisionnements (fer et charbon) par la mer ;
– **en Lorraine,** la plupart des usines – inadaptées – ont fermé et, désormais, la sidérurgie moderne n'est plus présente que dans la vallée de la Moselle (doc. 1).

C. La longue crise de l'industrie textile

Concurrencée par l'industrie des pays à main-d'œuvre bon marché et à outillage souvent plus moderne, les industries textiles du Nord et de Lorraine (vallées vosgiennes) sont en crise depuis une trentaine d'années. Mais, aujourd'hui, les usines les plus petites et les moins modernes ont fermé et cette industrie peut à nouveau affronter la concurrence.

D. Les difficultés de l'industrie automobile et de l'industrie horlogère

1. Même l'**industrie automobile de Sochaux (Peugeot),** longtemps prospère, soumise à une forte concurrence internationale, est contrainte de supprimer des emplois pour se moderniser (doc. 6).

2. L'industrie horlogère de Besançon et du Jura du Nord a connu une grave crise, du fait de n'avoir pas su prévoir et participer à la révolution de la montre à quartz. Mais, récemment, elle a réussi une reconversion dans l'électronique et la production de disquettes informatiques.

■ Les causes du recul de la sidérurgie lorraine

Le recul de la sidérurgie provient d'un ensemble de causes, dont plusieurs sont mondiales.
La production lorraine de minerai de fer, qui était encore de 54 millions de tonnes en 1974, s'est complètement effondrée depuis cette date[1].
Beaucoup de pays neufs, importants consommateurs d'acier, se sont équipés depuis 1960 d'outils de production très modernes. Plusieurs éléments aggravants expliquent que la crise ait été particulièrement néfaste à la France et en particulier à la Lorraine : endettement excessif des entreprises, en raison du blocage des prix de l'acier entre 1953 et 1962 ; insuffisance de productivité, liée à des investissements trop faibles et qu'il aurait fallu pouvoir compenser par des licenciements moins étalés dans le temps ; concurrence enfin des nouvelles aciéries sur l'eau, et notamment de Fos-sur-mer, dont les 7 milliards d'investissements ont tragiquement manqué à la Lorraine, dont la sidérurgie aurait pu être modernisée à un prix moindre. Il faut ajouter que la production lorraine est surtout orientée vers des produits longs (fil machine, ronds à béton, poutrelles, matériel de voie) ; or, ce sont précisément ceux qui souffrent le plus de la crise et de la concurrence étrangère.

D'après J.-Cl. Bonnefont, *La Lorraine,* P.U.F., 1984.

1. 9 Mt en 1991.

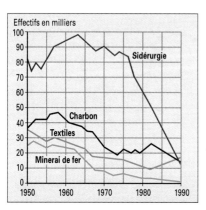

■ La chute des emplois industriels dans le Nord-Pas-de-Calais	1954	1991
Charbonnages	144 000	3 307
Textile-habillement	205 000	44 309
Sidérurgie	30 000	13 743
Total industrie	730 000	299 736

◄ ■ Évolution des emplois en Lorraine.

■ 1986 : destruction des installations de surface d'une mine de fer en Lorraine. ►

Graphique : Effectifs en milliers. Sidérurgie, Charbon, Textiles, Minerai de fer, 1950-1990.

5 Paysage minier en voie de réaménagement dans le Nord-Pas-de-Calais.
■ *De quelle exploitation minière s'agit-il ? Comment s'appelle le relief qui domine cette plaine ?*

6 Les usines Peugeot à Sochaux (Franche-Comté). Elles emploient 21 300 salariés (au 1er janvier 1992).

7 Manifestation contre la fermeture de mines de fer en Lorraine.

8 Les difficultés de la reconversion

«Les sidérurgistes ne sont pas facilement reclassables. Ils sont peu mobiles et n'ont pas le goût du risque. [...] A cela s'ajoutent les difficultés du recyclage. La compétence des ouvriers, c'est de reconnaître la température du métal en fusion "à l'œil", sinon... la formation est à faire. C'est pourquoi l'installation récente d'une usine Thomson, qui demandait aux candidats à l'embauche le niveau du baccalauréat, n'a pas, ici, créé beaucoup de débouchés. Sauf peut-être parmi les cadres.»

D. Barouch,
Le Monde, 13 septembre 1985.

Des signes de renouveau

Rendues fragiles par la crise de certaines branches industrielles, les régions du Nord et du Nord-Est ont entrepris, depuis déjà plus de 15 ans, une politique de restructuration qui commence à porter ses premiers fruits.

A. Des atouts

Nord-Pas-de-Calais, Lorraine et Franche-Comté disposent effectivement de nombreux atouts pour rénover leur économie :
– **une population nombreuse** (le Nord-Pas-de-Calais a les densités les plus fortes de France après l'Ile-de-France) ;
– **une population active** dont l'expérience dans l'industrie est recherchée, notamment par les entreprises étrangères ;
– de bonnes **liaisons** avec les pays voisins et un **réseau urbain de qualité.**

B. Des politiques de reconversion* industrielle

Depuis la fin des années 1960, l'État est souvent intervenu pour favoriser l'arrivée d'**activités nouvelles** destinées à prendre la relève de la sidérurgie, des charbonnages ou du textile ; c'est ainsi que l'industrie automobile s'est largement implantée dans le Nord-Pas-de-Calais et en Lorraine, au début des années 1970, à l'époque où elle était encore créatrice d'emplois : 20 000 emplois ont été créés.
Les charbonnages eux-mêmes ont entrepris de diversifier leurs activités dans la **chimie,** les **plastiques** ou l'**informatique.** Récemment, un pôle national de l'industrie de l'aluminium a été créé à Dunkerque.

C. De nouveaux pôles d'activités

Mais ces régions cherchent aussi à diversifier leurs activités, en modifiant leur image, de manière à ne plus apparaître comme des régions d'anciennes industries : elles se tournent donc vers les **activités tertiaires,** souvent encore insuffisamment développées, vers les **industries de pointe** et vers l'alliance des deux ; ainsi, cette alliance est réalisée dans des «**technopôles**» comme Villeneuve-d'Ascq, dans la banlieue de Lille, ou Brabois dans celle de Nancy (doc. 1, 2 et 3).

D. Les capitales régionales se modernisent et s'équipent

1. Lille, capitale du Nord-Pas-de-Calais, est à la tête d'une vaste agglomération de 960 000 habitants (doc. 6). Des grandes capitales régionales, c'est la plus proche de Paris.

2. La Lorraine dispose de deux capitales, **Nancy** (330 000 hab.) et **Metz** (190 000 hab., doc. 7) : distantes de seulement 60 km l'une de l'autre, elles n'atteignent pas l'importance de Lille ou, même, de Strasbourg, la principale ville de la France du Nord-Est.

3. Strasbourg (390 000 habitants) est la capitale de l'Alsace, la plus dynamique des régions du Nord-Est ; Strasbourg est aussi l'une des capitales de l'Europe : située à la frontière allemande, elle accueille le siège du Conseil de l'Europe et du Parlement européen (doc. 5).

4. Besançon, à la tête d'une région plus petite, tente de jouer la carte des nouvelles technologies adaptées à sa tradition, avec, en particulier, la micromécanique.

1 Plaquette de présentation du pôle technologique de Nancy-Brabois.

2 Le technopôle de Nancy-Brabois

a. Les débuts
En quelques mois, le pôle technologique de Nancy-Brabois vient de réussir un spectaculaire décollage. Une lancée qui est due à l'installation des firmes *Computervision* et *C.G.E.-Alsthom,* mais également à l'ouverture du plus grand chantier universitaire de France, avec la reconstruction de l'Institut National Polytechnique de Lorraine et la création d'un grand centre national inter-universitaire.
"Il s'agit de créer un lieu d'osmose entre l'industrie et l'université lorraines", expliquait-on au district de Nancy, qui a eu la responsabilité du projet.

D'après J.-L. Bemer, *Le Monde,* 5 janvier 1983.

b. Un bilan flatteur
«Le technopôle de Nancy-Brabois est considéré, par son importance, comme le troisième de France, après ceux de Sophia-Antipolis à Nice et de Grenoble, et toute l'agglomération reconnaît que son propre développement est en partie lié à l'évolution de la zone de Brabois.»

B. Maillard, *Le Monde,* 9 mars 1990.

■ *Définissez un technopôle d'après l'exemple de Nancy-Brabois.*

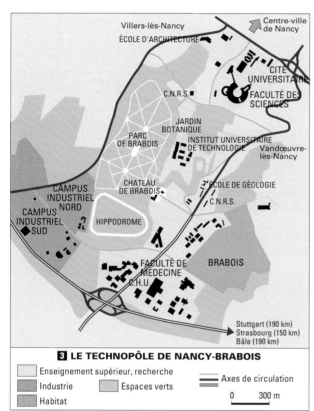

3 LE TECHNOPÔLE DE NANCY-BRABOIS

- Enseignement supérieur, recherche
- Industrie
- Habitat
- Espaces verts
- Axes de circulation

0   300 m

Le technopôle de Nancy-Brabois : sur 500 ha aux portes de Nancy, il rassemble deux universités (30 000 étudiants), 300 laboratoires de recherche (3 000 chercheurs), 73 entreprises industrielles de pointe, 1 500 logements déjà réalisés et de nombreux services.

5 Le Parlement européen à Strasbourg. ▶
■ *Le rôle de capitale européenne de Strasbourg est contesté : pour quelles raisons ?*

4 Le Nord s'est spécialisé dans la vente par correspondance : la Redoute, à Roubaix.

6 Lille : un métro tout neuf et maintenant le T.G.V.

7 Le centre de Metz.

1 Le «Grand Delta»

Le couloir de la Saône et du Rhône constitue le grand axe de circulation Nord-Sud, commandé par Lyon, deuxième agglomération française. Cet axe débouche sur le Midi méditerranéen français, qui s'étend de la frontière espagnole à la frontière italienne.

L'ensemble constitue le «Grand Delta», qui regroupe **quelques-unes des régions les plus attractives du pays :** région Rhône-Alpes, Provence-Alpes-Côte d'Azur et Languedoc-Roussillon.

Le couloir Saône-Rhône et le littoral méditerranéen concentrent l'essentiel de la population et des activités ; le reste du territoire, montagneux, est faiblement peuplé et mis en valeur.

A. Un grand couloir entre des montagnes

1. Le couloir de la Saône et du Rhône constitue le principal axe Nord-Sud dans l'espace français. Creusé entre des montagnes (le Jura et les Alpes à l'Est, le Massif central à l'Ouest), il assure des liaisons essentielles entre la côte méditerranéenne et Paris, d'une part, et l'axe rhénan, d'autre part (doc. 2).

2. Cet axe est emprunté par des millions de **touristes** de l'Europe du Nord-Ouest se dirigeant vers les plages de la Méditerranée (doc. 5) ; il reçoit également un important trafic de marchandises (dont les produits méditerranéens à destination des marchés du Nord).

B. Un axe aménagé pour la circulation

Cet axe naturel a fait l'objet d'importants équipements (doc. 3) qui, jusqu'à une date récente, ont privilégié la liaison avec Paris, plutôt qu'avec le monde rhénan :

– **l'autoroute Paris-Lyon-Marseille** a été la première grande voie achevée en France ; c'est entre Paris et Lyon qu'a été mise en service la première ligne nouvelle du **T.G.V.** ;

– en revanche, il a fallu attendre 1980 pour que soit achevée la liaison autoroutière entre la vallée du Rhin et la vallée de la Saône.

C. Les plus grands aménagements hydrauliques français

1. Grâce à de très importants aménagements, **le Rhône** est aujourd'hui une grande voie navigable entre Lyon et la mer, mais le trafic y demeure très modeste.

2. En revanche, la vallée du Rhône est devenue **la grande vallée de l'énergie électrique en France,** grâce aux centrales hydroélectriques sur le Rhône et à plusieurs grandes centrales nucléaires.

Les Alpes ont également fait l'objet de grands aménagements hydroélectriques avec, notamment, la construction de barrages-réservoirs.

3. Vers le Sud, en raison du caractère méditerranéen du climat (doc. 1), l'eau manque en été, au moment où les touristes sont les plus nombreux et où les plantes disposent de la chaleur la plus forte pour pousser. D'où de très **importants aménagements destinés à fournir de l'eau en été,** grâce à de nombreux barrages sur les cours d'eau des montagnes voisines (Durance, Verdon, etc.) : toutes les plaines disposent ainsi de périmètres irrigués.

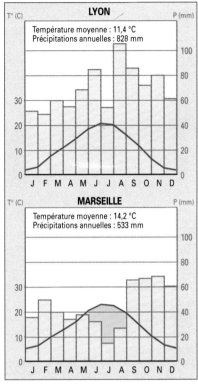

1 **Températures et précipitations à Lyon et à Marseille.**

2 L'ouverture sur l'Europe

Dans les bureaux, il faut maintenant avoir sur les murs une représentation géographique des régions étrangères voisines. Comment les économistes et les fonctionnaires de Provence-Alpes-Côte d'Azur pourraient-ils oublier le Piémont, la Ligurie et, surtout, la puissante Lombardie avec ses neuf millions d'habitants, le tiers de la valeur industrielle italienne, avec Milan, dont le volume de capitalisation des actions en bourse dépasse 900 milliards (contre 25 milliards à Lyon et 3 milliards à la Bourse de Marseille) ? Devant la carte, le rêve des Marseillais est simple : voir creuser un tunnel au Montgenèvre et devenir le port de Milan !

Les Niçois, eux, bénéficient déjà du "miracle italien" : la moitié des villas vendues entre Nice et Menton sont achetées par des familles milanaises.

D'après C. Haquet,
Le Figaro, 17 février 1989.

▲ **3 Les axes de communication et l'industrie :** dans le Sud de l'agglomération lyonnaise, la raffinerie de Feyzin, entre Rhône, autoroute et voie ferrée.

◄ **4 L'autoroute «la Languedocienne»** traverse le vignoble du Bas-Languedoc.

5 Vue partielle du port de Marseille/Fos. ▼

Atlas du Sud-Est

① LE DÉCOUPAGE ADMINISTRATIF

— Limites de régions ● Capitale de région
— Limites de départements • Autre grande ville

CÔTE-D'OR
DIJON
BOURGOGNE
SAÔNE-ET-LOIRE

SUISSE

HAUTE-SAVOIE
AIN
Annecy
RHÔNE
RHÔNE-ALPES
LYON Chambéry
LOIRE SAVOIE
St-Étienne
ISÈRE
Grenoble
ITALIE
Valence
ARDÈCHE HAUTES-ALPES
DRÔME
LOZÈRE

VAUCLUSE
GARD Avignon ALPES-MARITIMES
Nîmes PROVENCE-ALPES - CÔTE D'AZUR
MONTPELLIER Nice
BOUCHES-DU-RHÔNE
Aix-en-Provence Cannes-Antibes
LANGUEDOC-ROUSSILLON VAR
Toulon
AUDE MARSEILLE
PYRÉNÉES-ORIENTALES Perpignan

MER MÉDITERRANÉE

0 50 100 km

Bastia
HAUTE-CORSE
CORSE
AJACCIO
CORSE DU SUD

② LE MILIEU NATUREL

+ + Massifs anciens
Plateaux et chaînes plissées du Jura
Chaînes plissées alpines
Plateaux calcaires
Plaines sédimentaires

Plateaux de Haute-Bourgogne

Saône
Plaines de la Saône
JURA
1718

MASSIF CENTRAL
Rhône
Mont-Blanc
4808

ALPES
Isère
4102

1700 m

Plaines du Rhône

Durance

Estérel

Plaine du Bas-Languedoc
Maures

Seuil du Lauragais
Aude

0 50 100 km

PYRÉNÉES

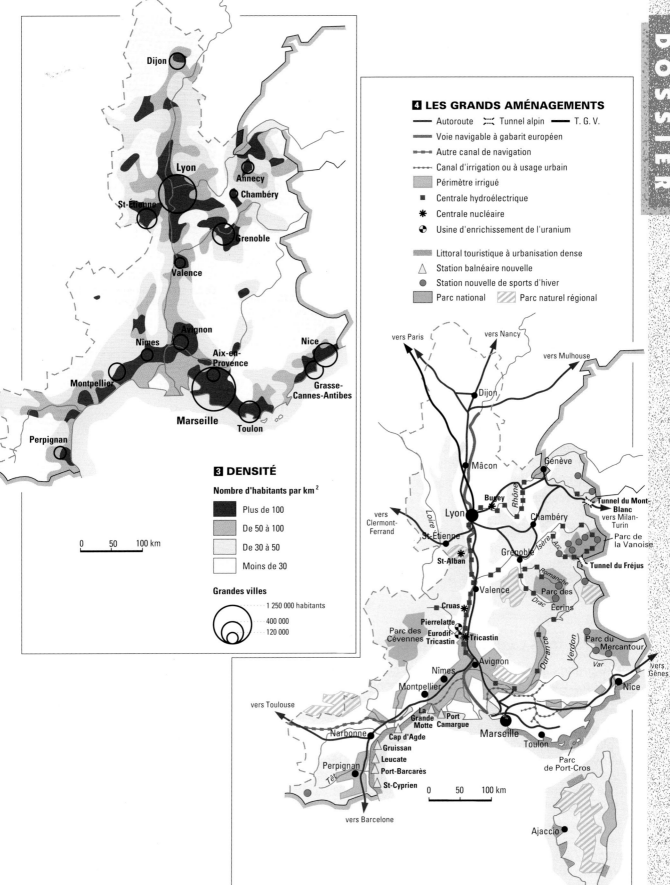

3 DENSITÉ

Nombre d'habitants par km²

- Plus de 100
- De 50 à 100
- De 30 à 50
- Moins de 30

0   50   100 km

Grandes villes

- 1 250 000 habitants
- 400 000
- 120 000

4 LES GRANDS AMÉNAGEMENTS

- Autoroute
- Tunnel alpin
- T. G. V.
- Voie navigable à gabarit européen
- Autre canal de navigation
- Canal d'irrigation ou à usage urbain
- Périmètre irrigué
- ■ Centrale hydroélectrique
- ✳ Centrale nucléaire
- ◓ Usine d'enrichissement de l'uranium
- Littoral touristique à urbanisation dense
- △ Station balnéaire nouvelle
- ● Station nouvelle de sports d'hiver
- Parc national
- Parc naturel régional

La France qui attire

A. Les premières régions touristiques de France

1. L'été, plus de 10 millions de vacanciers, Français et étrangers, envahissent les plages du **Midi méditerranéen** (doc. 2).

Né au siècle dernier, sur la Côte d'Azur, le tourisme touche aujourd'hui pratiquement tout le littoral méditerranéen, de la frontière italienne à la frontière espagnole, où on trouve désormais **tous les types de stations** : de la plus grande (Nice) à la plus petite, de la station à la mode (toujours Saint-Tropez) à la station familiale ou populaire, de la station ancienne (Monaco ou Cannes, doc. 6) aux stations les plus nouvelles (La Grande Motte, Cap d'Agde, etc.).

D'innombrables festivals animent ce vaste espace qui vit au rythme des vacances de l'Europe entière : théâtre à Avignon, cinéma à Cannes, cirque à Monaco, etc.

2. L'hiver, les Alpes du Nord sont – de très loin – la première région française pour les sports d'hiver, avec **75% des skieurs** qui fréquentent les pistes françaises (doc. 1). Avec environ 220 000 lits, la Tarentaise (haute vallée de l'Isère) est la première concentration touristique de toutes les Alpes.

B. Un dynamisme démographique dû aux migrations

Mais il n'y a pas que les touristes que le Grand Sud-Est attire : la région possède un grand dynamisme démographique, dû uniquement à un solde migratoire très excédentaire (doc. 3 et 4).

1. Les **retraités** apprécient beaucoup la douceur des hivers en bordure de la Méditerranée, ce qui vaut à Menton et à Nice d'être les villes les plus âgées de France (doc. 7).

2. Les **actifs** apprécient également la qualité de la vie dans des villes où la montagne ou la mer ne sont jamais très loin : Grenoble, Annecy, Aix-en-Provence ou Montpellier sont ainsi parmi les villes les plus dynamiques de France, grâce à l'attraction qu'elles exercent sur les populations d'autres régions.

C. De très forts contrastes de peuplement et d'activités

1. Les grands axes de communication concentrent populations et activités : vallées de la Saône et du Rhône, vallées des Alpes du Nord, littoral méditerranéen sont les mieux équipés (autoroutes, T.G.V., liaisons avec l'Italie et l'Espagne).

Là se situent toutes les villes importantes, ainsi que les campagnes les plus productives, tournées vers des productions spécialisées à haute valeur : vignobles de qualité de Bourgogne, du Beaujolais, des Côtes du Rhône ou de Provence, vignoble de masse du Bas-Languedoc (le plus grand du monde), fruits et légumes de la vallée du Rhône ou du Roussillon, fleurs de Provence, etc.

2. En revanche, **les montagnes** qui encadrent ces axes sont généralement peu ou très peu peuplées et faiblement mises en valeur (forêts, élevage). Ce sont les montagnes les plus méridionales (Alpes du Sud, Cévennes, Causses, montagne corse) qui sont les plus dépeuplées (doc. 8).

1 La station de sports d'hiver d'Avoriaz (Alpes du Nord).

2 Nombre de séjours estivaux des Français en Languedoc-Roussillon	
1961	300 000
1965	525 000
1974	1 400 000
1982	3 200 000
1990	5 031 000

3 L'évolution de la population du Midi méditerranéen			
	1851	1986	1990
Nombre d'hab. (en milliers)	2 986	6 319	6 623
Part de la pop. française (en %)	8,2	11,4	11,7

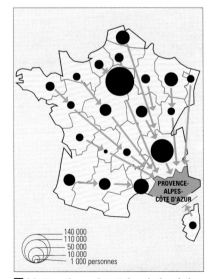

4 L'attraction migratoire de la région Provence-Alpes-Côte d'Azur.

5 Grenoble, au pied de la chaîne de Belledonne.

6 Le nouveau port de plaisance de Cannes. ▶

7 Nice, la promenade des Anglais, en hiver.
■ *Qu'est-ce qui permet d'identifier la saison ?*
■ *Doc. 6 et 7 : à quelle côte appartiennent ces deux stations touristiques ?*

◀ **8** Le Parc national des Cévennes.

Le Sud-Est rassemble de grandes régions urbaines, le plus souvent en fort développement (doc. 3). Ce dynamisme est, pour partie, fondé sur l'industrie (région Rhône-Alpes), alors que le Midi méditerranéen apparaît toujours sous-industrialisé. En revanche, partout, le secteur tertiaire est facteur de dynamisme.

A. Lyon, la deuxième agglomération française

1. Fondée à l'époque romaine, ancienne capitale des Gaules, la ville occupe une **importante situation de carrefour,** au confluent du Rhône et de la Saône, sur l'itinéraire entre Paris et la Méditerranée.

2. Aujourd'hui deuxième agglomération française (1,3 million d'habitants), c'est aussi le second pôle économique, grâce à une puissante industrie (chimie en tête) et à un important secteur tertiaire (doc. 1). Grande métropole régionale, elle étend son influence sur la plus grande partie de la région Rhône-Alpes.

3. A 60 km seulement de Lyon, **Saint-Étienne** (313 338 habitants) est à la tête d'une région industrielle en crise (abandon de l'exploitation houillère).

B. Grenoble, la plus grande ville des Alpes

Avec 404 733 habitants, c'est la plus grande ville de toutes les Alpes, au terme d'une **croissance très rapide depuis 30 ans.**

C'est un **centre tertiaire** (universités) **et industriel** (plusieurs industries de pointe) à grand dynamisme.

C. Marseille, la plus grande ville du Midi méditerranéen

1 Lyon, le centre de la Part-Dieu.

Marseille (1,2 million d'habitants) est la plus grande ville du Midi méditerranéen français. Elle tire sa fortune du **port, premier en France et deuxième en Europe** (89 Mt), récemment étoffé par la création de la nouvelle zone industrialo-portuaire de Fos (port + sidérurgie + raffinage du pétrole) ; ce développement en fait le premier pôle industriel d'un littoral méditerranéen par ailleurs peu industrialisé.

Aix-en-Provence complète l'équipement tertiaire (universités, Cour d'appel) de la région marseillaise.

D. Nice, capitale de la Côte d'Azur

Nice est aujourd'hui à la tête d'une agglomération de 516 740 habitants, qui attire actifs et retraités de la France entière. C'est aussi un grand centre de tourisme, au cœur d'une riviera mondialement connue. Son aéroport est le troisième de France.

E. Montpellier, capitale du Languedoc-Roussillon

Malgré l'existence d'autres villes importantes comme Nîmes ou Perpignan, Montpellier s'est récemment affirmée comme la capitale de sa région : c'est le résultat d'un fort dynamisme démographique et économique, qui se marque par le développement de quelques industries et, surtout, par le poids de ses activités tertiaires (doc. 2).

2 Montpellier : le nouveau quartier «Antigone».

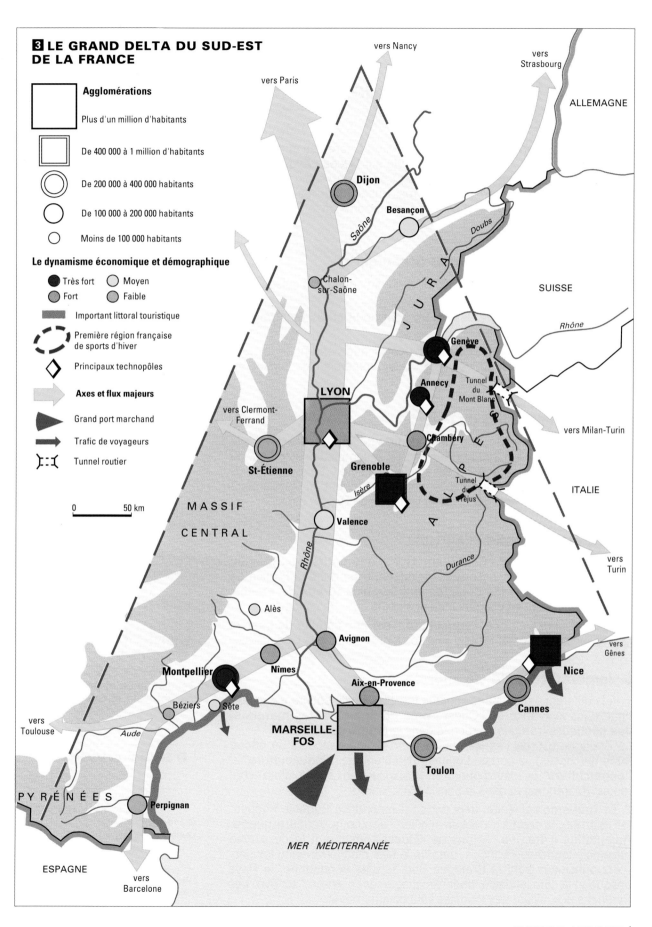

❸ LE GRAND DELTA DU SUD-EST DE LA FRANCE

Agglomérations

Plus d'un million d'habitants

De 400 000 à 1 million d'habitants

De 200 000 à 400 000 habitants

De 100 000 à 200 000 habitants

Moins de 100 000 habitants

Le dynamisme économique et démographique

Très fort   Moyen

Fort   Faible

Important littoral touristique

Première région française de sports d'hiver

Principaux technopôles

Axes et flux majeurs

Grand port marchand

Trafic de voyageurs

Tunnel routier

0   50 km

vers Nancy

vers Paris

vers Strasbourg

ALLEMAGNE

Dijon

Besançon

Saône

Doubs

SUISSE

Chalon-sur-Saône

JURA

Rhône

Genève

Annecy

Tunnel du Mont Blanc

vers Milan-Turin

LYON

vers Clermont-Ferrand

Chambéry

St-Étienne

Grenoble

ITALIE

Isère

Tunnel du Fréjus

MASSIF

Valence

CENTRAL

Rhône

Durance

vers Turin

Alès

vers Gênes

Avignon

Nice

Montpellier

Nîmes

Aix-en-Provence

Béziers   Sète

Cannes

vers Toulouse

Aude

MARSEILLE-FOS

Toulon

PYRÉNÉES

Perpignan

MER MÉDITERRANÉE

ESPAGNE

vers Barcelone

1 La façade océanique de la France

Les régions Bretagne, Pays de la Loire, Poitou-Charentes et Aquitaine ont en commun une longue façade ouverte sur l'Océan et des climats plus ou moins influencés par ce dernier ; seule, la région Midi-Pyrénées est enclavée à l'intérieur des terres. Ensemble, elles constituent le «Grand Ouest», marqué encore par la prédominance des activités agricoles.

A. Des climats plus ou moins océaniques

L'influence du climat océanique, doux et humide en toutes saisons, est presque partout perceptible (doc. 1).

1. Au Nord, en Bretagne, les hivers sont doux et les étés frais, le climat humide toute l'année.

2. Vers le Sud, les températures estivales augmentent et le Sud-Ouest aquitain constitue un véritable «Midi», toutefois plus humide en été que le Midi méditerranéen.

B. Les grandes unités du relief

Au Sud, la chaîne pyrénéenne s'individualise nettement : massive, elle culmine en France à 3 298 m (Vignemale). A son pied, s'étendent, du Pays basque à la Bretagne, un ensemble de plaines (Landes) ou, surtout, de bas-plateaux et de collines, qui appartiennent au Bassin aquitain, au Massif armoricain et, secondairement, au Bassin parisien.

C. Une France rurale et agricole

1. Les agriculteurs y constituent 11,7% des actifs, soit près du double de la moyenne nationale. De même, c'est dans la France de l'Ouest qu'on trouve les départements les plus ruraux de France, comme le Gers ou le Lot qui comptent à peine 35% de citadins.

2. Aujourd'hui modernisée, **l'agriculture y est une activité de base** et les industries agroalimentaires y sont souvent la branche la plus active.

D. Importance de la vie littorale

1. A la différence des autres littoraux français, la vie côtière est importante dans la France de l'Ouest : **près de la moitié des marins et des pêcheurs français** se recrute dans la France de l'Ouest.
La Bretagne est, de très loin, la première région française de **pêche** (45% des prises), le port de Lorient arrivant en tête. **L'aquaculture*** et **l'ostréiculture*** se développent en Bretagne Sud, sur le littoral charentais (Marennes) et dans le bassin d'Arcachon.

2. Le tourisme balnéaire, déjà ancien (l'impératrice Eugénie fréquentait Biarritz), a connu un essor accéléré depuis la dernière guerre. Aujourd'hui, l'été, les régions de l'Ouest constituent le deuxième ensemble touristique français, derrière le Midi méditerranéen ; les secteurs principaux sont la Bretagne Sud, la côte vendéenne, le Pays basque et la côte landaise, dont l'aménagement n'est pas achevé. Les Pyrénées accueillent des touristes l'été comme l'hiver.

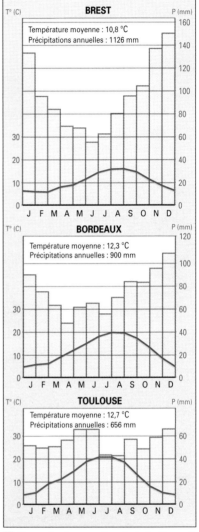

1 Températures et précipitations à Brest, Bordeaux et Toulouse.

	2 Évolution de la population		
		1851	**1990**
Grand Ouest	Nombre d'habitants (en millions)	12,4	12,67
	Part dans la population française (%)	34	22,4
France entière	Millions d'habitants	36,5	56,6

3 Biarritz, la grande plage (Pyrénées-Atlantiques).

4 Le chantier naval de Saint-Nazaire (Loire-Atlantique).

5 Campagne bocagère près de La Roche-sur-Yon, en Vendée.

6 Ostréiculture près de Marennes (Charente-Maritime).

7 La côte bretonne, dans le Finistère Sud.

Atlas du Grand Ouest

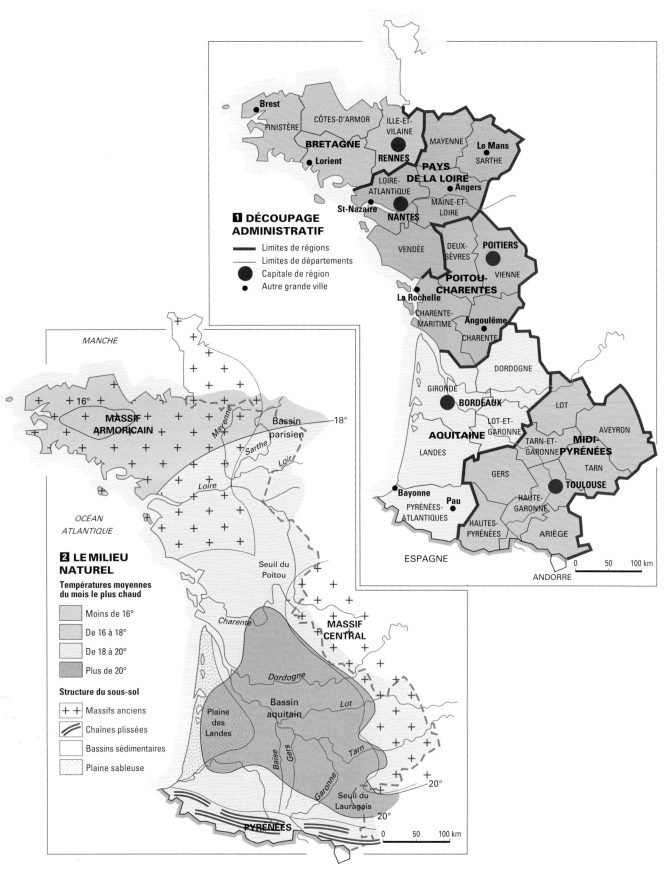

1 DÉCOUPAGE ADMINISTRATIF

━━━ Limites de régions

── Limites de départements

⬤ Capitale de région

• Autre grande ville

2 LE MILIEU NATUREL

Températures moyennes du mois le plus chaud

Moins de 16°

De 16 à 18°

De 18 à 20°

Plus de 20°

Structure du sous-sol

++ Massifs anciens

Chaînes plissées

Bassins sédimentaires

Plaine sableuse

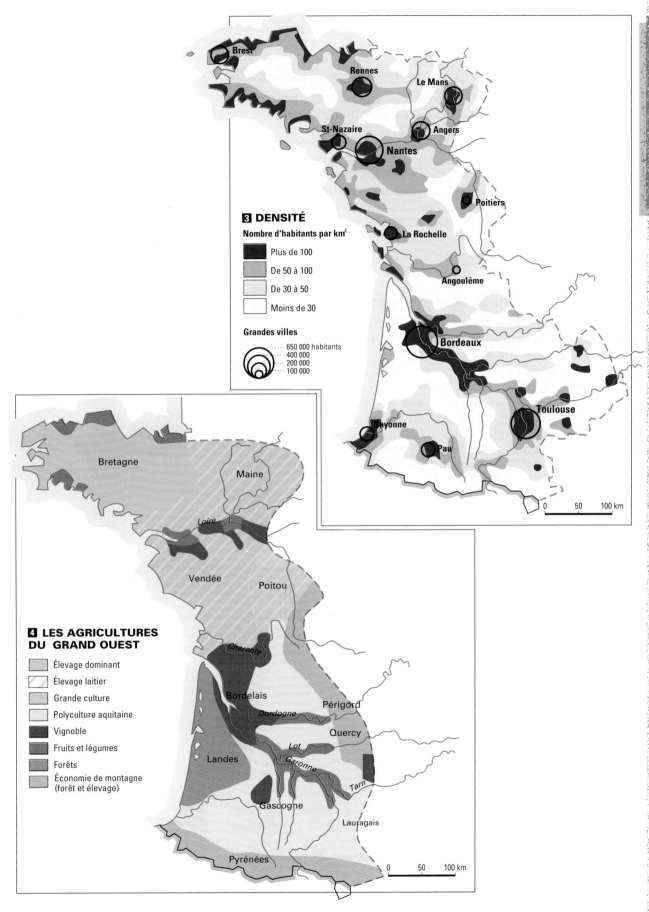

3 DENSITÉ

Nombre d'habitants par km²

- Plus de 100
- De 50 à 100
- De 30 à 50
- Moins de 30

Grandes villes

650 000 habitants
400 000
200 000
100 000

Brest

Rennes

Le Mans

St-Nazaire

Angers

Nantes

Poitiers

La Rochelle

Angoulême

Bordeaux

Toulouse

Bayonne

Pau

0   50   100 km

4 LES AGRICULTURES DU GRAND OUEST

- Élevage dominant
- Élevage laitier
- Grande culture
- Polyculture aquitaine
- Vignoble
- Fruits et légumes
- Forêts
- Économie de montagne (forêt et élevage)

Bretagne

Maine

Loire

Vendée

Poitou

Charente

Bordelais

Périgord

Dordogne

Quercy

Lot

Garonne

Landes

Tarn

Gascogne

Lauragais

Pyrénées

0   50   100 km

A. Hors des grands axes, et de la révolution industrielle

1. Le relief du Grand Ouest ne constitue généralement pas de gros obstacles à la circulation, en dehors de la barrière pyrénéenne. Toutefois, les régions de l'Ouest ont souffert de se trouver, surtout depuis le 19ᵉ siècle, **à l'écart des grands courants d'échanges de l'Europe,** qui animaient certains itinéraires de la France de l'Est. En position de «finistère», la Bretagne a particulièrement souffert de cet isolement relatif.

2. C'est ainsi que **l'Ouest s'est trouvé à l'écart de la Révolution industrielle** qui affectait la France du Nord et de l'Est. Mais d'autres facteurs ont joué : l'absence de grands gisements de matières premières et, comme dans le Midi méditerranéen, l'absence d'esprit d'entreprise industrielle des bourgeoisies régionales, plus tournées vers la terre et l'agriculture.

B. Un des succès de la décentralisation industrielle

La France de l'Ouest a profité, à deux reprises, de décentralisations industrielles venues de Paris ou du Nord-Est de la France.

1. Entre les deux guerres, le Sud-Ouest profita de son éloignement de la frontière allemande pour recevoir des usines stratégiques, d'armement et d'aéronautique (doc. 2).

2. A partir de la fin des années 1950, la France de l'Ouest et, surtout, la Bretagne reçurent une nouvelle génération d'industries, décentralisées de la région parisienne : Citroën à Rennes, de nombreuses usines de construction électrique et électronique, d'Angers à Brest.

Le Sud-Ouest profita également de la découverte du plus important gisement de gaz naturel français, à **Lacq,** près de Pau.

3. Cependant, malgré les apports de ces décentralisations, **la France de l'Ouest est restée peu industrielle** (doc. 1), à l'exception de quelques foyers principaux qui correspondent aux villes majeures (Nantes-Saint-Nazaire, Rennes, Bordeaux et Toulouse).

C. Des révolutions agricoles tardives

Les régions de l'Ouest furent longtemps des **pays de polyculture* familiale,** tournée vers l'autoconsommation* (doc. 5). **L'État** a beaucoup aidé à la transformation de ces campagnes, en favorisant l'agrandissement des exploitations (doc. 4). De leur côté, les paysans ont su participer à de puissantes **coopératives*,** qui ont souvent été les instruments de la diffusion des progrès agricoles dans le monde rural (développement de la mécanisation et meilleure commercialisation).

D. Variété des spécialisations régionales

1. L'Ouest, et surtout **la Bretagne,** est devenu **la première région d'élevage de la C.E.E.** Au total, les pays de l'Ouest élèvent plus du tiers de la population animale française : plus d'un porc sur deux, plus de 60% des volailles, près de la moitié de la production laitière bovine, etc.

2. La région **Poitou-Charentes** est une autre grande terre d'élevage dont les productions de beurre sont réputées. On y trouve aussi un vignoble de renommée mondiale, celui de Cognac.

3. Le **Bassin aquitain** offre une grande diversité de productions : maïs, vergers, légumes et des vignobles de grande réputation, principalement en Bordelais.

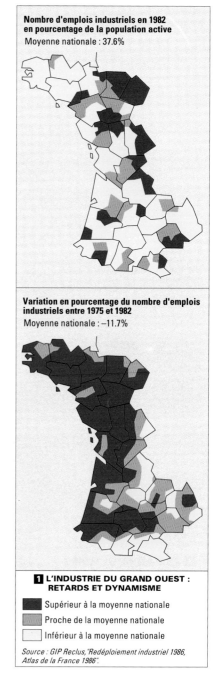

Nombre d'emplois industriels en 1982 en pourcentage de la population active
Moyenne nationale : 37.6%

Variation en pourcentage du nombre d'emplois industriels entre 1975 et 1982
Moyenne nationale : –11.7%

1 L'INDUSTRIE DU GRAND OUEST : RETARDS ET DYNAMISME

■ Supérieur à la moyenne nationale
■ Proche de la moyenne nationale
□ Inférieur à la moyenne nationale

Source : GIP Reclus,"Redéploiement industriel 1986, Atlas de la France 1986".

2 Plaquette de présentation de la région Midi-Pyrénées, publiée par le Conseil Régional de Midi-Pyrénées. ▶

■ *Décrivez-en le contenu : identifiez lieux et activités.*

■ *Quelle est la vision de la région que cette plaquette veut mettre en valeur ?*

3 Le Futuroscope, parc d'activités et d'attractions scientifiques, dans la périphérie de Poitiers. ▶

4 L'arrachage de haies, dans les campagnes de l'Ouest. ▼

■ *Quel est le but de l'opération ? Est-elle sans inconvénient pour l'environnement ?*

5 Labour traditionnel dans les Pyrénées.

Les régions du Grand Ouest

A. L'Ouest : la Bretagne et les Pays de la Loire

1. Nantes et la Basse-Loire constituent la plus grande concentration urbaine et industrielle de la France de l'Ouest : près de 650 000 habitants dans cette région urbaine grandie autour de l'estuaire de la Loire. L'industrie est en crise à Saint-Nazaire, qui possède encore les plus grands chantiers navals de France. Métropole régionale, Nantes étoffe son secteur tertiaire et ses industries de pointe.

2. La Bretagne est sous l'influence de deux villes principales : à l'Est, **Rennes** profite des meilleures relations avec Paris, tandis que, face à l'Atlantique, **Brest** souffre d'une situation périphérique.

B. Le Sud-Ouest

Le Sud-Ouest se partage entre deux régions marquées par le rôle essentiel qu'y jouent les deux capitales :

1. Bordeaux est une grande ville (700 000 habitants), capitale de l'Aquitaine, aux fonctions variées (industrie, secteur tertiaire : port, commerce du vin, etc.). Son influence s'étend sur une vaste région dont la partie dynamique est au pied des Pyrénées (Pau, Bayonne).

2. Toulouse (650 000 habitants), grand centre de l'industrie aéronautique et grand pôle tertiaire, est l'active capitale d'une région – Midi-Pyrénées – vaste, peu peuplée et peu dynamique.

C. Le Centre-Ouest

Entre Ouest et Sud-Ouest, le Centre-Ouest (la région **Poitou-Charentes**) a un certain mal à affirmer son originalité : c'est un ensemble de campagnes actives, commandées par des villes moyennes.

1 Le centre de Nantes.

2 Toulouse : la place du Capitole.

◄**3** Bordeaux s'ouvre sur son port.

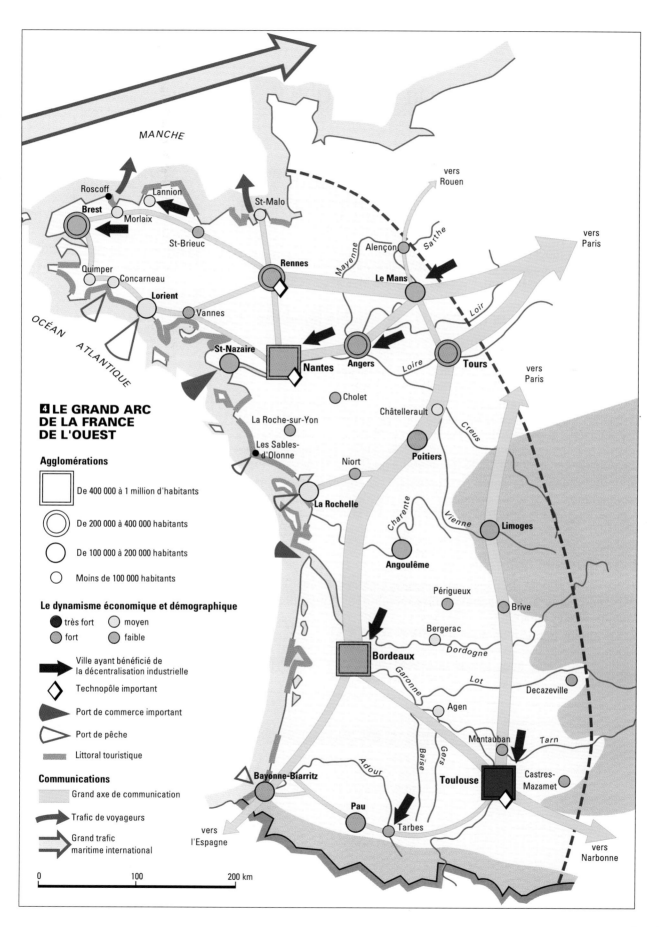

MANCHE

vers
Rouen

vers
Paris

OCÉAN ATLANTIQUE

Roscoff
Lannion
Brest
Morlaix
St-Malo
St-Brieuc
Quimper
Concarneau
Lorient
Vannes
Rennes
Alençon
Mayenne
Sarthe
Le Mans
Loir
St-Nazaire
Nantes
Angers
Loire
Tours
Cholet
vers
Paris
La Roche-sur-Yon
Châtellerault
Creus
Les Sables-
d'Olonne
Poitiers
Niort
La Rochelle
Charente
Vienne
Limoges
Angoulême
Périgueux
Brive
Bergerac
Dordogne
Bordeaux
Garonne
Lot
Decazeville
Agen
Baïse
Gers
Montauban
Tarn
Bayonne-Biarritz
Adour
Toulouse
Castres-
Mazamet
Pau
Tarbes
vers
l'Espagne
vers
Narbonne

**▲ LE GRAND ARC
DE LA FRANCE
DE L'OUEST**

Agglomérations

☐ De 400 000 à 1 million d'habitants

◎ De 200 000 à 400 000 habitants

○ De 100 000 à 200 000 habitants

○ Moins de 100 000 habitants

Le dynamisme économique et démographique
● très fort   ○ moyen
● fort   ● faible

➡ Ville ayant bénéficié de
la décentralisation industrielle

◇ Technopôle important

◣ Port de commerce important

◁ Port de pêche

▬ Littoral touristique

Communications

▬ Grand axe de communication

➡ Trafic de voyageurs

⇨ Grand trafic
maritime international

0   100   200 km

LA MISE EN VALEUR

 ## Qu'est-ce que la montagne ?

A. De grands espaces peu peuplés

1. Les montagnes françaises sont étendues mais, dans l'ensemble, peu peuplées : elles occupent **21% du territoire,** mais elles n'abritent que 3 millions d'habitants, soit seulement **5,5% de la population française.** La densité moyenne des montagnes est donc très inférieure à la moyenne nationale : 26 habitants par km^2.

2. Mais cette moyenne dissimule de fortes différences, entre des montagnes encore peuplées (Vosges, Jura) et des montagnes très dépeuplées (Corse, Alpes du Sud, Pyrénées, Sud du Massif central, doc. 2).

B. La définition de la montagne : un double handicap

La montagne se définit par la combinaison de l'altitude, de la dénivellation et de la pente : généralement plus de 600 m d'altitude et une dénivellation de plus de 400 m (doc. 3 et 4). Altitude et pente créent un milieu difficile qui souffre d'un double handicap.

1. Le handicap de l'altitude est à l'origine d'une double dégradation du climat : plus on monte et plus les températures diminuent et les précipitations augmentent. L'agriculture n'y trouve donc généralement pas de bonnes conditions climatiques : étés courts, nombre important de jours de gel, persistance du manteau neigeux.

2. Le handicap de la pente est également durement ressenti par les montagnards : il rend les communications plus lentes et plus difficiles, il gêne les travaux agricoles et, en particulier, la mécanisation qui a besoin d'espaces plats.

C. La diversité naturelle des montagnes françaises

1. Le relief permet de distinguer entre des hautes montagnes accidentées (Alpes et Pyrénées) et des moyennes montagnes (Jura, Vosges, Massif central).

2. Le climat oppose les montagnes à étés humides (Vosges, Jura, Alpes du Nord, Massif central du Nord, Pyrénées occidentales) aux montagnes à étés secs (Alpes et Massif central du Sud, Pyrénées orientales).

2 Densités moyennes de population en 1982 (habitants/km^2, par massifs)	
Vosges	74
Jura	43
Nord du Massif central	31
Alpes du Nord	27
Sud du Massif central	25
Pyrénées	20
Alpes du Sud	15
Corse intérieure	13
Moyenne nationale de la zone de montagne[1]	**26**

1. Ne sont prises ici en compte que les communes situées entièrement à l'intérieur de la zone de montagne (total : 3 millions d'habitants), ce qui revient à en éliminer une partie de l'agglomération de St-Étienne ou de Grenoble, qui ne se situent pas véritablement en montagne, même si celle-ci est toute proche.

3 Comment définir la montagne ?

La Directive du Conseil des Communautés Européennes du 28 avril 1975 définit ainsi les zones de montagnes :
«Les zones de montagne sont composées des communes ou parties de communes qui doivent être caractérisées par une limitation considérable des possibilités d'utilisation des terres et un accroissement important des coûts des travaux dus :
– soit à l'existence, en raison de l'altitude, de conditions climatiques très difficiles se traduisant par une période de végétation sensiblement raccourcie,
– soit à la présence à une altitude moindre, sur la majeure partie du territoire, de fortes pentes, telles que la mécanisation ne soit pas possible ou bien nécessite l'utilisation d'un matériel particulier très onéreux,
– soit la combinaison de ces deux facteurs lorsque l'importance du handicap résultant de chacun d'eux pris séparément est moins accentuée.»

1 La montagne française en chiffres

– 3 000 000 d'habitants en 1982, soit 5,3% de la population française.

– 21% du territoire national.

– 20% des actifs sont agriculteurs, près de 40% travaillent dans l'industrie.

– 3,7 millions d'ha de surface agricole utile* et 2 millions d'ha de domaine pastoral.

– 4,3 millions d'ha de forêts.

– 82% du fromage de brebis.

– 30% de la viande de mouton.

– 14% du fromage de vache.

– 12% du lait de vache.

– 10,5% de la viande de bœuf.

– 15 fromages d'appellation contrôlée sur les 30 que compte la France.

– En 1992, une capacité d'hébergement de 4,9 M de lits (en été) et de 1,5 M en hiver, toutes stations confondues.

– En 1992, 105 M de journées de vacances d'hiver et 48 M de journées en été (dont 50% d'étrangers).

DES RÉGIONS DE MONTAGNE

4 LES ZONES DE MONTAGNE
EN FRANCE

▨ Espaces classés « Zone de montagne »

5 Fenaison dans les Hautes-Pyrénées.

6 Le pont Séjourné, dans les Pyrénées-Orientales.

7 Les plateaux du Sud du Massif central en hiver.

8 Construction d'une remontée mécanique à l'Alpe d'Huez. ▶

Un siècle de transformations

A. Le déclin de l'économie traditionnelle : le poids des handicaps

1. La plupart des montagnes françaises étaient fortement peuplées au début du 19ᵉ siècle, au prix d'un travail acharné de leurs habitants : culture des fonds de vallées, ramassage du foin sur les pentes, envoi du troupeau sur les pâturages d'altitude (les alpages), activités artisanales pratiquées surtout en hiver.

Le trop-plein d'actifs entraînait **l'émigration saisonnière** de la main-d'œuvre inoccupée du fait de l'enneigement : par exemple, les ramoneurs de Savoie ou les colporteurs de l'Oisans.

2. C'est à partir de la deuxième moitié du 19ᵉ siècle que cet équilibre relatif s'est rompu : la révolution des transports a permis aux produits de la plaine, obtenus à bien meilleur compte, de concurrencer victorieusement les produits de la montagne, handicapés par l'altitude et la pente. Il en est résulté un intense exode rural, l'émigration saisonnière se transformant en émigration définitive.

3. C'est ainsi qu'**une grande partie de la montagne française a été désertée :** alpages abandonnés, fin des cultures de fonds de vallée, disparition de l'artisanat ; seules, les vallées industrialisées (Alpes du Nord, Vosges, Jura) ont pu conserver une partie de leur population.

B. Le renouveau par le tourisme : le retournement des handicaps

Victimes de leurs handicaps (l'altitude et la pente), les montagnes ont pu, grâce à un spectaculaire retournement de situation, développer de **nouvelles activités :** en effet, l'altitude, qui favorise l'enneigement, et la pente sont devenues une source d'enrichissement grâce au succès de la pratique du ski.

C'est ainsi que, surtout depuis 1945, se sont développées de nombreuses **stations de sports d'hiver,** qui accueillent aujourd'hui, en hiver, 5,5 millions de skieurs (doc. 7).

C. Un renouveau sélectif : abandons et reconquêtes

1. Mais si, l'été, la plus grande partie de la montagne française accueille des touristes, il n'en est pas de même l'hiver. Les stations de sports d'hiver ne se sont développées que dans les sites les plus favorisés par la conjonction d'un bon enneigement et de pentes adaptées à la pratique du ski. **C'est donc, essentiellement, la haute montagne qui a profité de cette révolution des sports d'hiver :** pour le ski alpin, une petite partie des Pyrénées, quelques hautes vallées des Alpes du Sud et, surtout, les Alpes du Nord (doc. 1, 2 et 3). Les autres massifs accueillent principalement des adeptes du ski de fond.

2. Mais la plus grande partie de la moyenne montagne française ne vit pas du tourisme et son agriculture est en fort recul ; en outre, l'industrie, qui souffre d'un manque de place et d'approvisionnement difficile, recule également. Aussi, à l'exception de quelques vallées encore industrielles (Vosges, Jura, basses vallées des Alpes du Nord), les phénomènes d'abandon l'emportent-ils ; les densités de population peuvent tomber au-dessous de 15 habitants par km² dans les montagnes les plus méridionales.

1 Ski alpin : les remontées mécaniques

4 063 remontées mécaniques en 1992 (premier parc du monde), totalisant 3 080 km de longueur et un débit total de 3 294 000 personnes à l'heure (l'équivalent de la population de Rome).

Nombre d'appareils	
1945	50
1960	400
1970	1 809
1980	3 270
1990	4 052
1992	4 063

Répartition par massifs des remontées mécaniques (en %)	
Alpes du Nord	66,2
Alpes du Sud	17
Pyrénées	10,1
Jura	2,6
Massif central	2,1
Vosges	2

2 Capacité d'hébergement[1] (en nombre de lits, 1992-1993)	
Alpes du Nord	802 052
Alpes du Sud	187 903
Pyrénées	102 125
Jura	37 170
Massif central	28 200
Vosges	13 560
Total	**1 171 010**

1. Uniquement dans les stations adhérant à l'Association des maires des stations françaises de sports d'hiver.

3 Les 10 premières stations françaises (nombre de lits en 1992)	
1. Chamonix	56 000
2. La Plagne	45 000
3. Megève	42 896
4. Courchevel	32 435
5. L'Alpe d'Huez	32 000
6. Serre-Chevalier	30 000
7. Tignes	30 000
8. Les Deux-Alpes	30 000
9. Les Arcs	28 000
10. Méribel	28 000

■ *A quels massifs appartiennent les stations citées dans ce tableau ?*

4 La nouvelle autoroute de Tarentaise.

5 Barrage
de Roselend
(Alpes du Nord). ▲

6 Voie ferrée
désaffectée
dans les Pyrénées. ▶

7 La station nouvelle des Ménuires (1 800 m), dans les Alpes du Nord.

Chamonix : les transformations d'une vallée alpine

Chamonix se trouve dans la haute vallée de l'Arve, à 1 040 m d'altitude, au pied du Mont Blanc, le plus haut sommet des Alpes (4 808 m), dans les Alpes du Nord.

C'est dans cette vallée qu'est né le tourisme alpin, d'abord tourisme estival avec le développement de l'alpinisme et du goût pour la haute montagne glaciaire, au début du siècle dernier.

Aujourd'hui encore, malgré un important équipement destiné aux skieurs, l'été demeure la première saison touristique dans la vallée de Chamonix, qui attire par centaines de milliers les visiteurs venus admirer des panoramas célèbres dans le monde entier.

1 La deuxième ascension du Mont Blanc par une femme, Mademoiselle d'Angeville, en 1838.

---

2 Quelques dates importantes dans le développement du tourisme

1786	Première ascension du Mont Blanc Napoléon III visite la mer de Glace
1908	Inauguration du chemin de fer du Montenvers (accès à la mer de Glace)
1921	Inauguration de téléphérique du Brévent
1955	Inauguration du téléphérique de l'Aiguille du Midi
1957	Inauguration de la télécabine de la Vallée Blanche Inauguration du téléphérique des Grands Montets
1986	Fêtes du bicentenaire de la première ascension du Mont Blanc

Source : B. Debarbieux, *Territoires de haute montagne*, Institut de Géographie Alpine, Université Joseph Fourier (Grenoble I), mai 1988. ▶

---

3 Agriculture et tourisme

«Avant la naissance du tourisme, l'homme gagnait péniblement chaque année des arpents de terre sur la forêt, sur le torrent, il défrichait. Maintenant que les champs retournent en friche, la forêt étend son domaine [...], le visiteur traverse une sorte de réserve touristique, un parc locatif, avec de loin en loin une ferme témoin qui subsiste mêlée aux nouvelles constructions. Tout a été modifié en vue d'un gain substantiel ; chaque vieille maison, qu'elle soit vendue ou louée, a été de ce fait agrandie, transformée, embellie ou dénaturée selon le goût de ses occupants ; quant aux propriétés morcelées, elles ne justifient plus la garde et l'élevage d'un troupeau, les champs ne sont plus fauchés !»

R. Frison-Roche, P. Tairraz, *Mont Blanc aux sept vallées,* Arthaud, 1960.

---

4 Évolution de la fréquentation touristique

1850	5 000	1901	50 000
1865	12 000	1904	130 000
1892	24 000	1907	170 000
1898	35 000	1938	500 000

---

5 Évolution du nombre de lits

1942	7 000	1968	30 000
1954	10 000	1992	42 000

---

7 Évolution du nombre des remontées mécaniques

1940	4	1969	27
1954	9	1987	36
1960	18	1992	45

---

8 Évolution de la composition de la population active (1890-1990, en %)

	secteur primaire	secteur secondaire	secteur tertiaire
1890	91,4	2,5	6,1
1914	54,6	15,8	29,6
1921	47,6	17	35,4
1936	31	23,6	45,4
1954	11,3	24,3	64,4
1962	2,3	33,4	64,3
1982	0,4	15,7	83,9
1990	0,5	12,8	86,7

Habitants

10 000
9 000
8 000
7 000
6 000
5 000
4 000
3 000
2 000
1 000
0

1841 1861 1876 1896 1901 1911 1921 1936 1946 1954 1962 1968 1975 1982 1990

6 Évolution de la population de Chamonix-Mont Blanc.

9 Le recul accéléré des activités agro-pastorales

«Ces quarante dernières années sont celles de la liquidation presque totale de l'agriculture et de l'inalpage[1] des bestiaux dans la vallée. Le recul du nombre d'exploitations est un des plus rapides que l'on puisse rencontrer dans toutes les Alpes : on en dénombre 217 en 1954, 120 en 1961 et 35 en 1970.

[...] Les enquêtes ont montré une considérable réduction des surfaces d'alpages exploitables : 10 000 hectares autour de 1860 et 1845 ha en 1968. Cette contraction résulte entre autres de la progression des rhododendrons et des aulnes sauvages aux dépens de l'herbe. On assiste aussi dans le même laps de temps à une réduction radicale du nombre d'alpages en fonctionnement (2 en 1968 et en 1987) et du nombre de bêtes inalpées (115 en 1968, entre 60 et 90 depuis cette date).»

B. Debarbieux, *ouvr. cit.*

1. Montée des troupeaux aux alpages.

10 Chamonix, une ville au pied du Mont Blanc. ▶

11 Balme, un des deux derniers alpages encore en activité.

12 Près du centre, le chemin de fer du Montenvers et la piste de luge d'été des Planards.

13 Le tourisme est né de l'alpinisme : au sommet du Mont Blanc du Tacul (4 248 m).

QUESTIONS

Construisez un graphique à l'aide des données contenues dans le tableau 8.

Commentez l'évolution ainsi illustrée.

Comment expliquez-vous le recul de l'agriculture dans la vallée de Chamonix ?

DOSSIER

Les grands ensembles régionaux de la France

JE RETIENS

Les idées essentielles

■ La France peut être découpée en quelques grands ensembles régionaux. Cinq ont été retenus ici :
– Paris et le Bassin parisien ;
– le Nord et le Nord-Est ;
– le «Grand Sud-Est» ;
– le «Grand Ouest» ;
– les régions de montagne.

■ Tous ces ensembles régionaux sont composés d'un assemblage de plusieurs régions distinctes, regroupées par commodité : ainsi, le «Grand Ouest» regroupe la Bretagne, les Pays de la Loire, Poitou-Charentes, l'Aquitaine et Midi-Pyrénées.

■ Si ces grands ensembles régionaux montrent des dynamismes différents (le «Grand Sud-Est» est, dans l'ensemble, plus dynamique que le Nord et le Nord-Est), tous présentent des espaces en crise et des espaces en développement : ainsi, le moins dynamique des ensembles considérés – le Nord et le Nord-Est – présente, lui-aussi, des régions dynamiques, telle l'Alsace.
Les montagnes elles-mêmes sont composées d'espaces en fort développement – ceux qui reposent sur l'économie des sports d'hiver, principalement – et d'espaces en voie d'abandon, lorsque l'agriculture est demeurée la seule activité.

EXERCICE

1. Je réponds à des questions simples

■ **L'agglomération parisienne compte :**
– 5 millions d'habitants
– 9 millions d'habitants
– 15 millions d'habitants

■ **L'agglomération parisienne rassemble :**
– 1 étudiant français sur 10
– 1 étudiant français sur 4
– 1 étudiant français sur 3

■ **A l'intérieur de l'agglomération parisienne :**
– c'est la ville de Paris qui s'accroît le plus rapidement   vrai / faux

– c'est la grande banlieue qui s'accroît le plus rapidement   vrai / faux

■ **La région «Centre» se situe :**
– dans le Massif Central
– au centre du Bassin parisien
– au Sud du Bassin parisien

■ **Les plus forts taux d'emploi industriels s'observent dans :**
– Nord-Pas-de-Calais
– Provence-Alpes-Côte d'Azur
– Franche-Comté

■ **La deuxième ville de France est :**
– Lyon
– Marseille
– Lille

■ **Le premier port de France est :**
– Dunkerque
– Marseille-Fos
– Le Havre

■ **La plus grande ville des Alpes est :**
– Saint-Étienne
– Montpellier
– Grenoble

■ **Où se trouve le premier bassin houiller français ?**
– en Alsace
– en Lorraine
– dans le Nord-Pas-de-Calais

BREVET BLANC

Je suis capable de localiser sur la carte de France

■ **1.** Repérez sur la carte ci-contre le numéro correspondant à chacune des villes de la liste ci-dessous. Inscrire ce numéro dans le carré correspondant :

Bordeaux	❑	Lille	❑
Lyon	❑	Nantes	❑
Marseille	❑	Nice	❑
Paris	❑	Montpellier	❑
Orléans	❑	Strasbourg	❑
Grenoble	❑	Toulouse	❑

■ **2.** Toutes ces villes sont des capitales régionales, à deux exceptions : lesquelles ?

■ **3.** Dessinez les grands massifs montagneux. Nommez-les.

■ **4.** Localisez les vieilles régions industrielles développées sur un bassin houiller ou un gisement de fer. Nommez-les.

■ **5.** Tracez sur la carte les axes de communications majeurs, ainsi que les cinq premiers ports français.

■ **6.** Localisez la Côte d'Azur.

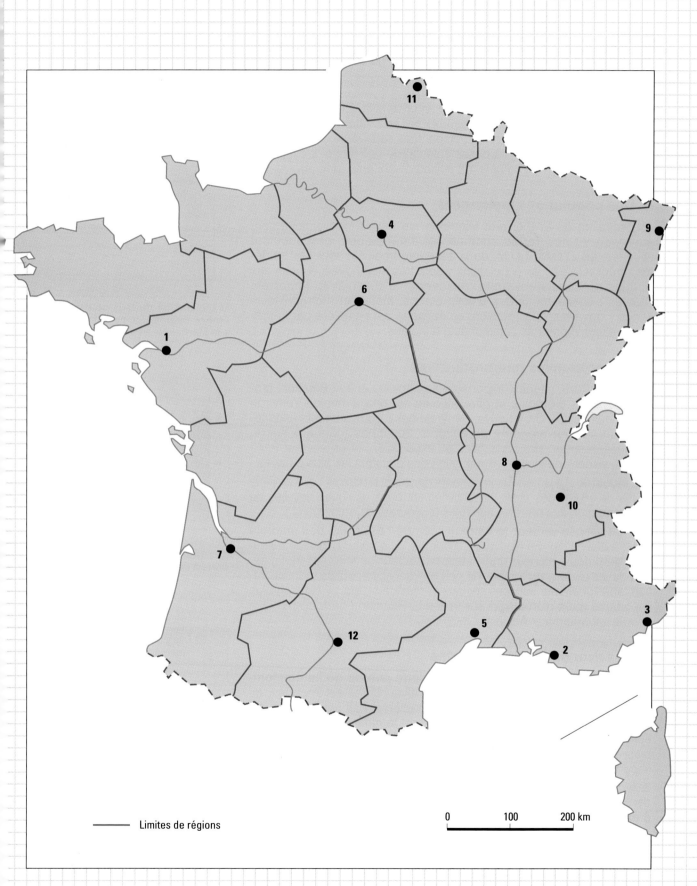

Limites de régions

0   100   200 km

1 Une France d'outre-mer

La France d'outre-mer est composée d'un ensemble d'îles, à l'exception de la Guyane, éparpillées dans les trois océans, Atlantique, Pacifique et Indien (voir p. 181). Ces terres, dispersées sous toutes les latitudes, constituent l'ultime reste du passé colonial de la France. L'ensemble couvre 120 000 km² et compte 1,9 million d'habitants (doc. 9).

A. Des populations mélangées

A l'exception de St-Pierre-et-Miquelon, de peuplement uniquement européen, et des Terres australes et antarctiques, pratiquement désertes, les D.O.M.-T.O.M. de la zone intertropicale sont des **sociétés multiraciales :** les populations y sont très mélangées, comme aux Antilles où coexistent Noirs, descendants d'esclaves importés, Créoles*, descendants des colons blancs, Métis* et métropolitains venus y travailler. A la Réunion, ce mélange est complété par la présence d'une importante communauté d'Indiens.

B. Des économies peu productives

1. L'agriculture, naguère importante aux Antilles et à la Réunion, produit de moins en moins et offre aujourd'hui peu d'emplois (environ 10,5% des actifs). On y trouve, généralement, deux secteurs juxtaposés : un secteur moderne de cultures tropicales (canne à sucre, bananes, ananas, etc.), destinées à l'exportation, et un secteur traditionnel, vivrier*, destiné à l'alimentation des paysans les plus pauvres.

2. L'industrie n'a jamais été importante dans ces territoires : elle emploie moins de 18,6% des actifs, essentiellement dans quelques activités de transformation des produits agricoles (sucreries, rhumeries, etc.).

3. C'est donc **le secteur tertiaire** qui **assure l'essentiel des emplois** (70,9% des actifs). En Nouvelle-Calédonie, ce secteur constitue même 60% du produit intérieur brut ! Mais ce secteur tertiaire est très différent de celui de la métropole : la part des services publics (administration, enseignement, services sociaux et médicaux, etc.) y est bien plus importante (près d'un emploi sur trois à la Réunion). Le tourisme joue un rôle important aux Antilles.

C. Des économies dépendantes

1. Les D.O.M.-T.O.M. ne produisent donc pas ce qu'ils consomment : une part croissante des produits alimentaires est importée, de même que l'essentiel des produits manufacturés. Fait préoccupant, en raison de l'élévation du niveau de vie et de la diminution des productions locales, les échanges entre les D.O.M. et la métropole sont de plus en plus déséquilibrés. La Guyane détient le record, avec des importations 10 fois plus importantes que ses exportations !

2. Il en résulte, surtout dans les îles les plus peuplées, **de forts taux de chômage** (un actif sur trois est chômeur) et un **important courant d'émigration** vers la métropole (un quart des Antillais y vivent).

3. Cependant, les D.O.M.-T.O.M. apparaissent, grâce à la solidarité nationale, comme des îlots de prospérité relative dans leur environnement régional.

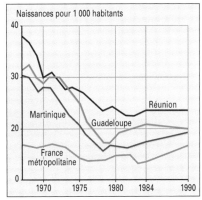

1 L'évolution du taux de natalité en France métropolitaine, à la Réunion, à la Martinique et à la Guadeloupe.

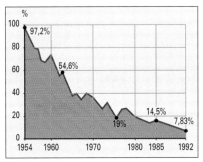

2 L'évolution du taux de couverture des importations par les exportations à la Réunion.

3 Évolution de la population par secteur d'activité

Réunion

	1974	1982	1990
Primaire	21,2	14,7	7,6
Secondaire dont bâtiment et T.P.	19,6 (11,1)	16,5	19 (11,3)
Tertiaire	59,2	68,8	73,4

Guadeloupe

	1961	1974	1990
Primaire	32,4	22,2	7,1
Secondaire	26,2	22,8	20,1
Tertiaire	41,4	55	72,8

4 La récolte de la canne à sucre à la Réunion.

5 En Polynésie française, l'île de Moorea ; au loin, Tahiti.

6 Le port de la Réunion.

7 Un marché en Polynésie française.

8 A l'école en Guadeloupe.

9 Les D.O.M.-T.O.M.				
(en 1992)	Superficie (km²)	Population	Densité (hab./km²)	Distance de Paris (km)
Départements				
Guadeloupe	1 780	397 000	227	6 700
Guyane	87 000	115 000	1,4	7 100
Martinique	1 091	360 000	327	7 000
Réunion	2 510	598 000	238	9 500
Territoires				
Nouvelle-Calédonie	19 058	160 000	8	16 700
Polynésie française	3 521	210 000	60	15 700
Wallis et Futuna	220	15 000	68	16 000
Collectivités territoriales				
Mayotte	374	94 000	251	8 000
St-Pierre-et-Miquelon	242	6 000	25	4 300

Trois îles tropicales

La Guadeloupe, la Martinique et la Réunion sont trois petites îles d'origine volcanique, au climat tropical ; **elles concentrent les 3/4 de la population française d'outre-mer.**

A. La Réunion est la plus peuplée

Située dans l'océan Indien (hémisphère Sud), elle était déserte lorsque les colons de la *Compagnie des Indes* y abordèrent au 17e siècle. Elle compte aujourd'hui 598 000 habitants : environ 50% d'origine africaine et métisse, un quart de créoles, ainsi que des métropolitains, des Chinois, des Indiens.

L'essentiel de cette population vit dans la zone littorale qui s'oppose vigoureusement à l'intérieur montagneux (le plus haut sommet atteint 3 069 m), forestier et très peu peuplé. Les basses terres cultivent principalement la canne à sucre et les plantes à parfum. La capitale, **Saint-Denis,** concentre 122 000 habitants. L'industrie y est peu développée (sucre, rhum) ; le tourisme, surtout tourné vers l'intérieur (la montagne volcanique), y est naissant. Plus du tiers de la population est au chômage.

B. La Guadeloupe

C'est la plus grande île des Antilles françaises, peuplée de 397 000 habitants. Elle se compose de deux îles principales – Grande-Terre et Basse-Terre – accolées, dont l'intérieur est peu mis en valeur. La zone littorale rassemble ainsi agriculture (canne à sucre, bananes), tourisme et villes, dont **Pointe-à-Pitre** qui concentre l'essentiel des activités (aéroport, université, quelques industries).

C. La Martinique

Autre ancienne «île à sucre», située à 150 km au Sud de la Guadeloupe, la Martinique cultive pour les exporter canne à sucre, bananes, ananas, avocats, etc. Le tourisme est en plein développement.

La capitale, **Fort-de-France,** concentre l'essentiel de l'industrie, l'aéroport, le port, l'université et près de la moitié de la population de l'île.

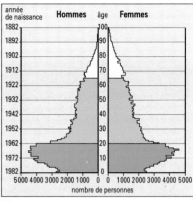

1 La pyramide des âges de la Martinique.

■ *Décrivez et expliquez la forme de la pyramide des âges.*

2 La case antillaise

«La case antillaise, qu'elle soit martiniquaise ou guadeloupéenne, correspond fort peu à celle qu'on imaginerait habiter dans les rêves de vie simple sous les tropiques [...]. En planche ou béton, ou composite, la case est le plus souvent recouverte de tôle ; pas de fenêtre, mais de simples ouvertures au travers desquelles flotte un bout de tissu en guise de rideau. Loin d'être coquette, cette petite maison donne presque toujours l'impression d'être inachevée. Il y a à cet état de fait plusieurs raisons. D'abord, l'Antillais n'est souvent pas propriétaire, ni même locataire du terrain qu'il occupe. Il s'y est installé, parfois depuis longtemps, mais toujours de façon précaire. Il est toujours prêt à déménager en emportant sa case sur un camion, ou sur un *cabrouet* (charrette).»

Guide Jet Tours, *Caraïbes, Bahamas,* Hachette-Guides bleus, 1988.

3 Hangar d'emballage de bananes en Martinique.

◀ **4** Vue aérienne de Pointe-à-Pitre (Guadeloupe).

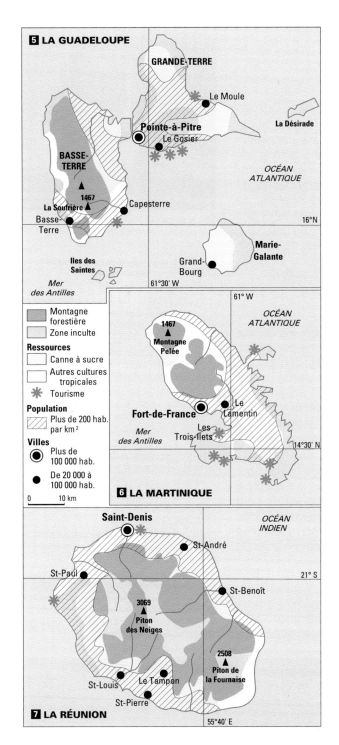

5 LA GUADELOUPE

GRANDE-TERRE

Le Moule

La Désirade

Pointe-à-Pitre
Le Gosier

BASSE-
TERRE

OCÉAN
ATLANTIQUE

1467
La Soufrière ▲
▲ Capesterre

Basse-
Terre

16°N

Marie-
Galante

Iles des
Saintes

Grand-
Bourg

Mer
des Antilles

61°30' W

61° W

OCÉAN
ATLANTIQUE

1467
▲
Montagne
Pelée

Fort-de-France
Le
Lamentin

Les
Trois-Ilets

Mer
des Antilles

14°30' N

6 LA MARTINIQUE

Montagne
forestière
Zone inculte

Ressources
Canne à sucre
Autres cultures
tropicales
✳ Tourisme

Population
Plus de 200 hab.
par km²

Villes
◉ Plus de
100 000 hab.
● De 20 000 à
100 000 hab.

0   10 km

Saint-Denis

OCÉAN
INDIEN

St-André

St-Paul

21° S

St-Benoît

3069
▲
Piton
des Neiges

2508
▲
Piton de
la Fournaise

St-Louis
Le Tampon

St-Pierre

7 LA RÉUNION

55°40' E

9 Entrée du cirque de Salazie (île de la Réunion).

10 Un hôtel dans le Sud de la Martinique.

11 Récolte mécanisée de la canne à sucre en Martinique.

---

8 Le succès du R.M.I. à la Réunion

«Bien que son montant soit dans les départements
d'outre-mer réduit de 20%, le revenu minimum d'insertion (R.M.I.) a connu à la Réunion un succès foudroyant.
Au point que le gouvernement s'inquiète aujourd'hui de
son coût. En effet, au 15 mars, 75 000 demandes avaient
été déposées dans les mairies (pour 350 000 dossiers en
métropole !). 67 000 étant jugées recevables, le coût est
évalué à quelque 800 millions de francs par an.»

A. Dijoux, *Le Monde*, 30 mars 1989.

3 Les autres D.O.M.-T.O.M.

A. La Guyane

La Guyane française est un vaste morceau de forêt équatoriale (87 000 km²), situé entre le Brésil et le Surinam (doc. 6). Seul le littoral est peuplé par endroits. 115 000 habitants, au total, d'une population très diverse : quelques tribus d'Indiens vivent encore dans la forêt, de même que des descendants d'esclaves noirs et des réfugiés d'Indochine, installés récemment ; le littoral concentre les deux espaces importants du département : **Kourou, qui abrite la base spatiale de l'Europe** (doc. 1 et 2) et qui distribue à des Européens l'essentiel des salaires importants, dépensés principalement à **Cayenne** (53 000 habitants), grand centre de consommation à défaut d'être un lieu de production. La prospérité de la Guyane attire de nombreux immigrés clandestins, en provenance principalement du Surinam, de Haïti et du Brésil.

B. Les archipels du Pacifique

1. A 1 500 km à l'Est de l'Australie, **la Nouvelle-Calédonie** est la plus grande des îles françaises du Pacifique (doc. 5 et 7). La population (160 000 habitants) est divisée en deux communautés principales : les Mélanésiens* canaques, occupants d'origine, dont une partie revendique l'indépendance, et les Caldoches, européens, qui vivent principalement dans la capitale, **Nouméa.** La présence d'importantes minorités venues d'Océanie et d'Asie complique encore le problème politique de cet archipel, dont le **nickel** constitue la principale ressource.

2. La Polynésie française est un ensemble d'îles, souvent très petites, éparpillées dans l'océan Pacifique : 3 521 km² de terres pour un domaine océanique de 4,5 millions de km² (neuf fois la superficie de la France). Les ressources locales des 170 000 habitants sont faibles et l'économie est dépendante des apports extérieurs : le tourisme et, surtout, l'armée qui y trouve ses sites d'essais nucléaires (Mururoa). La ville de **Papeete,** dans l'île de Tahiti, concentre près de la moitié de la population.

C. Saint-Pierre-et-Miquelon

Ce très petit archipel (242 km², 6 000 habitants), situé à 200 kilomètres des côtes du Canada, est l'ultime reste des possessions françaises en Amérique du Nord. C'est aujourd'hui une base de pêche dans les eaux riches en morue de Terre-Neuve.

D. Les Terres australes et antarctiques françaises

Il s'agit d'un fragment du continent antarctique, la **terre Adélie,** qui abrite une base scientifique et de **nombreuses îles éparpillées dans le Sud de l'océan Indien,** le plus souvent inhabitées, en dehors de quelques bases météorologiques et de points d'appui pour quelques navires de pêche.

1 La base de Kourou, en Guyane.

2 Kourou, base spatiale

«L'ouverture, dès 1965, à Kourou, de la "Porte de la France sur l'espace" allait-elle inaugurer enfin l'ère d'un développement équilibré ? Pour remplacer le champ de tir du Sahara, Kourou a été choisie pour sa latitude équatoriale, son climat sans tempête, l'orientation de la côte qui permet les tirs vers l'Est, exploitant la vitesse de rotation terrestre et sans risque jusqu'à 3 800 km en mer, en cas de retombée accidentelle. Sur 30 km de long et 10 km de profondeur à partir du littoral, l'espace aménagé comprend une ville, un port et sa zone industrielle [...], un "centre technique", le cerveau de la base [...]. Les îles du Salut et les mornes avoisinant l'embouchure du Kourou portent les installations de télémesure.»

M. Boyé, *Découvrir la France,* Larousse.

■ *Pour quelles raisons la France at-elle choisi Kourou comme base de lancement de fusées ?*

3 Saint-Pierre-et-Miquelon. ▶

4 Moorea (Polynésie française), dans le Pacifique. ▲

5 Mine de nickel à ciel ouvert, en Nouvelle-Calédonie. ▶

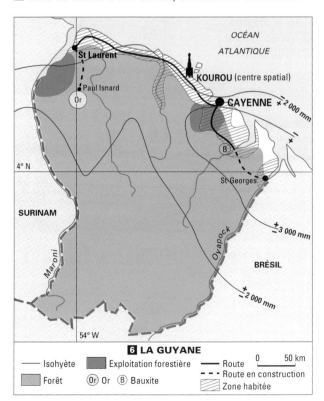

OCÉAN
ATLANTIQUE

St Laurent

• Paul Isnard

Ⓞ⎯

KOUROU (centre spatial)

CAYENNE +_2 000 mm

4° N

Ⓑ

St-Georges

SURINAM

Maroni

Oyapock

BRÉSIL

+_3 000 mm

+_2 000 mm

54° W

6 LA GUYANE

0   50 km

— Isohyète   ▨ Exploitation forestière   — Route

▨ Forêt   Ⓞⓡ Or   Ⓑ Bauxite   --- Route en construction

▨ Zone habitée

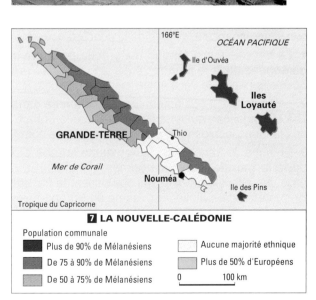

166°E   OCÉAN PACIFIQUE

Ile d'Ouvéa

Iles Loyauté

GRANDE-TERRE

Thio

Mer de Corail

Nouméa

Ile des Pins

Tropique du Capricorne

7 LA NOUVELLE-CALÉDONIE

Population communale

■ Plus de 90% de Mélanésiens   □ Aucune majorité ethnique

▨ De 75 à 90% de Mélanésiens   ▨ Plus de 50% d'Européens

▨ De 50 à 75% de Mélanésiens   0   100 km

1 Un rayonnement international

Après avoir été une grande puissance, la France est aujourd'hui une puissance moyenne, mais une puissance moyenne qui conserve un rôle à l'échelle mondiale.

A. Une puissance moyenne

1. En effet, avec une superficie de 550 000 km², la France n'occupe que le 48ᵉ rang mondial. Et avec une population de 56 millions d'habitants, elle n'arrive qu'au 20ᵉ rang mondial.

2. Mais la puissance d'un pays ne se mesure pas seulement à sa superficie ou à son nombre d'habitants : elle dépend aussi et surtout de l'importance de son économie et de son rayonnement international. Or, la France possède la **cinquième économie du monde** et continue d'avoir d'importantes **responsabilités internationales,** ainsi qu'une influence non négligeable dans une partie du monde (doc. 5).

B. Innovation et technologies de pointe

Grande puissance industrielle, la France fait toujours partie du petit groupe de pays où s'imaginent et se développent les **technologies de pointe :** ainsi, la France joue un rôle important dans la mise au point du lanceur européen de satellites, la **fusée «Ariane»,** ou dans la conception d'avions aux qualités techniques reconnues tels que le «Concorde» ou les «Airbus».

La France est le deuxième producteur mondial d'**électricité d'origine nucléaire** et demeure présente dans les techniques nouvelles de la **bio-industrie** ou de la **recherche médicale et pharmaceutique,** etc.

C. La francophonie dans le monde

La langue française est parlée sur les cinq continents (doc. 3), mais son influence recule, victime de la concurrence victorieuse de l'anglais.

1. Le français est la **langue maternelle pour environ 80 millions de personnes dans le monde :** outre la France, la Wallonie et Bruxelles, la Suisse romande, le Val d'Aoste italien, le Québec, Haïti, l'île Maurice, etc.

2. Le français est également **langue officielle dans 17 États** africains et à Madagascar, qui furent colonisés par la France et où la multiplicité des langues locales rend pratique une langue commune.

3. En outre, le français est **la deuxième langue étrangère enseignée dans le monde,** mais loin derrière l'anglais. Et, dans de nombreux pays, les effectifs de ceux qui choisissent le français comme première langue étrangère diminuent, même en Europe : ainsi, en Italie, le français a, depuis peu, été dépassé par l'anglais ; en Allemagne, l'anglais est trois fois plus enseigné que le français.

Néanmoins, grâce à sa langue et la culture que cette dernière véhicule, la France conserve un pouvoir d'influence dans le monde : cela se voit, notamment, dans l'accueil de très nombreux étudiants étrangers : 137 278 en 1991 (doc. 4).

1 École communale au Bénin.
■ *En quelle langue se fait l'enseignement ?*

2 Quelques journaux francophones.
De haut en bas : Maroc, Algérie, Belgique, Suisse.

3 LA LANGUE FRANÇAISE DANS LE MONDE

- ● Pays où le français est la langue maternelle
- Pays où le français est la langue officielle
- ▲ Minorité francophone
- □ Créole à base de français
- Pays où l'enseignement général est partiellement dispensé en français

4 Étudiants étrangers en France nationalités les plus représentées en 1991-92	
Maroc	24 036
Algérie	16 311
Tunisie	6 753
Allemagne	5 682
Cameroun	5 027
Liban	4 653
États-Unis	3 482
Portugal	3 349
Grande-Bretagne	3 146
Espagne	2 963
Madagascar	2 927
Sénégal	2 922
Iran	2 831
Syrie	2 825
Congo	2 699
Grèce	2 631
Côte-d'Ivoire	2 442
Zaïre	1 665

◄ **5 Présence française à l'étranger :** un magasin «Printemps» au Japon.

2 Influence économique et puissance militaire

A. Des responsabilités internationales

La France occupe toujours une place importante dans les instances internationales :
– **aux Nations Unies** (O.N.U.), elle est membre permanent du Conseil de Sécurité et dispose, comme les quatre autres «Grands» (États-Unis, Russie, Chine et Royaume-Uni) d'un droit de veto ;
– elle nomme un des cinq administrateurs du **Conseil du Fonds Monétaire International** (F.M.I.), organisme chargé de surveillance financière à l'échelle mondiale ;
– elle accueille à Paris le siège de l'**U.N.E.S.C.O.,** l'Organisation des Nations Unies pour l'éducation, la science et la culture.

B. La coopération

1. La France, ancienne puissance coloniale présente sur tous les continents, a, dans l'ensemble, conservé de bons rapports avec les pays qui constituent aujourd'hui le Tiers Monde. A l'intérieur de la C.E., la France a toujours été à la pointe du dialogue avec les pays en développement. Mais, indépendamment de la politique d'assistance ou de coopération économique de la C.E., la France entretient des rapports privilégiés avec 26 États, issus principalement de l'ancien Empire français.

2. Cette politique dite de «**coopération**», comprend des aides financières aux pays en difficultés (doc. 7), des aides techniques (mise à disposition des pays concernés d'administrateurs, de professeurs ou d'ingénieurs), ainsi qu'une assistance militaire (doc. 3, 4, 5 et 6).

C. Une défense indépendante

1. Indépendante politiquement, la France a décidé d'assurer sa propre défense militaire, en donnant la priorité à la conception et à la possession de l'**arme nucléaire** : elle est donc membre du petit groupe des puissances nucléaires (officiellement, 6 pays) et dispose ainsi de missiles à longue portée, basés au plateau d'Albion, en Provence, de six sous-marins nucléaires lanceurs d'engins et de bombardiers capables de transporter des bombes atomiques.

2. Cette situation de la France est unique en Europe : c'est, en effet, à la fois, le seul pays qui dispose de l'arme nucléaire et qui n'appartienne pas à un commandement militaire intégré (le Royaume-Uni possède aussi l'arme nucléaire, mais est membre de l'Organisation militaire de l'Atlantique Nord – l'O.T.A.N.). Néanmoins, la France est alliée aux pays de l'O.T.A.N. (États-Unis, Canada, Europe occidentale).

1 La France dans le Pacifique Sud : une présence contestée

«Plus indépendante, plus unitaire et plus antinucléaire que jamais, malgré bien des différences et contradictions, c'est une région où la France, devenue en quelque sorte "facteur d'union", fait souvent l'unanimité contre elle. Elle s'y trouve :
1. de plus en plus isolée […] ;
2. perçue comme le danger numéro un (nucléaire et Nouvelle-Calédonie) ;
3. de plus en plus mal aimée. […]
D'autant plus que le cap des cent tirs atomiques a, dit-on, été atteint. C'est, en tout cas, l'impression dominante qui se dégage d'un voyage à travers la région, chez les voisins anglo-saxons, mélanésiens, polynésiens. Des gens et des gouvernements pourtant réputés modérés. […]
Au cœur du débat nucléaire qui agite le Pacifique Sud, ou du moins ses élites, on trouve invariablement Mururoa. Sur ce point, il y a consensus. Quels que soient, par ailleurs, les arguments – d'ordre éthique, écologique, stratégique, etc. – avancés avec plus ou moins de passion par les intéressés, l'accord contre les Français est presque parfait.»

R.-P. Paringaux,
«Les atolls contre l'atome.
La France, mal aimée du Pacifique»,
Le Monde, 3 avril 1986.

2 LA PRÉSENCE MILITAIRE FRANÇAISE
Troupes basées outre-mer ou dans les pays ayant des accords militaires avec la France
Casques bleus dans le cadre d'une mission de l'O.N.U.

3 **Assistance technique française :** un central téléphonique au Zaïre.

4 **Assistance médicale française en Afrique noire.**

5 **Le riz des enfants français pour la Somalie (1992).**

6 **Présence française dans l'ex-Yougoslavie, sous l'égide des Nations Unies (1992).**

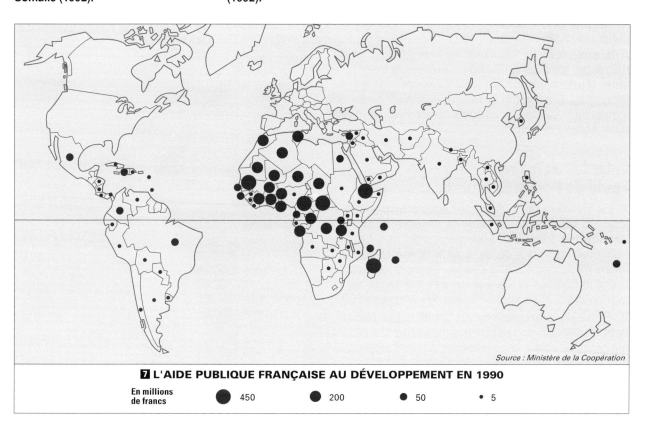

Source : Ministère de la Coopération

7 L'AIDE PUBLIQUE FRANÇAISE AU DÉVELOPPEMENT EN 1990

En millions de francs   ● 450   ● 200   ● 50   • 5

Un des piliers de la C.E.

A. Un rôle moteur dans la construction européenne

1. C'est la France qui a eu l'initiative d'une politique de coopération en Europe. **Jean Monnet,** le premier, lança l'idée d'une coopération économique entre la France et l'Allemagne afin d'éviter le retour de la guerre en Europe. Cette idée fut reprise par un autre français, **Robert Schuman,** alors ministre des Affaires étrangères, qui proposa la création d'une coopération dans les domaines alors très importants du charbon et de l'acier.

2. Il en sortit le **traité de Paris** (18 avril 1951) qui mettait sur pied la Communauté européenne du charbon et de l'acier **(C.E.C.A.)** en supprimant les droits de douane sur les échanges de ces produits. La C.E.C.A. regroupait, outre la France et l'Allemagne fédérale, l'Italie et les trois pays du Benelux.

3. Le succès de la C.E.C.A. fut à l'origine de la création, six ans plus tard, de la Communauté économique européenne **(C.E.E.),** qui regroupait les mêmes six pays.

B. Le poids de la France dans la C.E.

1. La France joue un rôle important dans la Communauté ainsi créée (doc. 2) : **deuxième puissance économique derrière l'Allemagne,** première puissance agricole, elle devrait être, à la fin du siècle, le pays le plus peuplé. En outre, la France est, avec le Royaume-Uni, une puissance à rayonnement mondial dotée de l'arme atomique.

2. Du fait de l'élargissement à de nouveaux pays, la France se retrouve **en position centrale au sein de l'Europe** communautaire (doc. 5) : en 1973, la C.E.E. s'est d'abord élargie à des pays de l'Europe du Nord (Royaume-Uni, Irlande et Danemark), puis elle a accueilli des pays méditerranéens : Grèce en 1981, Espagne et Portugal en 1986. **A la charnière de l'Europe du Nord-Ouest et de l'Europe méditerranéenne,** la France bénéficie ainsi d'une situation de trait d'union, comme en témoigne, par exemple, la création annoncée de lignes de T.G.V. vers Londres, Bruxelles, Amsterdam, Madrid et Barcelone.

C. La C.E. et la France : l'outil de l'ouverture sur l'extérieur

1. La création de la Communauté européenne a joué un rôle essentiel dans la modernisation de l'économie française : longtemps à l'abri de ses frontières, celle-ci a dû alors faire face à la concurrence étrangère et faire preuve, ainsi, d'une capacité d'innovation qui a été un des éléments de la grande croissance économiques des années 1960.

2. En 1992, le peuple français a ratifié, par référendum, l'adhésion de la France au traité de Maastricht qui ouvre la voie à la construction d'une Europe politique de type fédéral (doc. 3). Depuis le 1er janvier 1993, **le marché unique européen est achevé :** hommes et produits y circulent librement dans le cadre d'une concurrence accrue.

◼ L'aménagement de l'espace français : d'une vision hexagonale à une vision communautaire

«On a longtemps considéré le problème régional comme évoluant en fonction d'une dynamique presque exclusivement hexagonale. Jusqu'à une date assez récente, il était généralement admis, et pas seulement en France, que la politique d'aménagement du territoire n'avait pas de rapport direct avec le monde extérieur, et qu'il appartenait à chaque pays de mener en ce domaine les interventions qu'il souhaitait.

[...] S'ils peuvent encore se considérer comme capables de réduire leurs propres disparités régionales, les gouvernements nationaux sont déjà dépassés par les problèmes d'équipement des grandes infrastructures. T.G.V., autoroutes, doivent êtres construits en fonction de critères internationaux pour ne pas déboucher dans le vide.»

J.-F. Drevet, 1192-2000. *Les régions françaises entre l'Europe et le déclin,* Souffles, 1988.

◼ *Que signifie, pour des équipements de transport, «déboucher dans le vide» ?*

◻ La place de la France dans la C.E. (en %). ▼

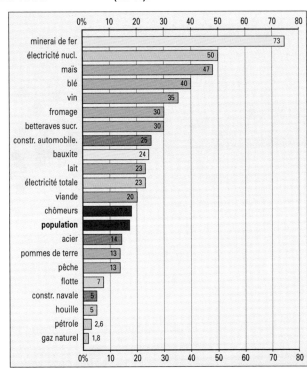

3 Affiche en faveur du «oui» au référendum sur le Traité de Maastricht (1992). ▶

■ *Quels sont les arguments mis en avant ?*

4 Caricature de Plantu parue dans *Le Monde*, décembre 1989. ▼

HELMUT ! ON PEUT COMMENCER ?

J'ARRIVE, J'ARRIVE !

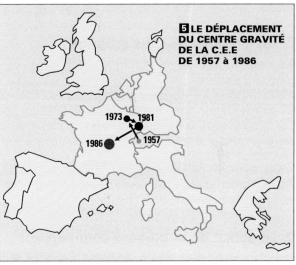

5 LE DÉPLACEMENT DU CENTRE GRAVITÉ DE LA C.E.E DE 1957 à 1986

1973 · 1981
1986 ·   · 1957

■ *A quelles grandes phases d'évolution de la C.E.E. correspondent ces différentes dates ?*

---

6 Le programme ERASMUS

«En adoptant ERASMUS, programme destiné à favoriser la mobilité des étudiants, la Communauté européenne a posé une pierre angulaire de la construction de l'Europe des citoyens. ERASMUS *(European Community Action Scheme for the Mobility of University Students)* concerne 3 600 établissements d'enseignement supérieur et quelque six millions d'étudiants. Il donne la possibilité à certains d'entre eux d'effectuer une partie de leurs études dans une université d'un autre pays membre.

Au sein d'une communauté de plus en plus interdépendante, il est plus que jamais nécessaire de former des citoyens non seulement compétents dans une autre langue que la leur, mais également capables de communiquer et de coopérer avec des partenaires d'autres pays grâce à une meilleure connaissance des structures économiques et sociales de leurs voisins. En outre, dans un monde toujours plus compétitif, il est vital de se rendre compte de la nécessité d'une coopération accrue avec des partenaires européens. Encourager un tel esprit parmi les étudiants est l'un des meilleurs moyens de s'assurer que les générations futures de décideurs considèrent les alliances avec des entreprises d'autres pays de la Communauté comme une ligne d'action naturelle et positive, au lieu d'y voir une source potentielle de risques et de dangers.»

Le Dossier de l'Europe,
Commission des Communautés Européennes, avril 1988.

4 Un commerce extérieur fragile

Longtemps repliée sur elle-même, l'économie française a su s'ouvrir sur l'extérieur, pour devenir depuis 1973 la quatrième puissance exportatrice du monde.

A. La quatrième puissance commerciale du monde

Avec environ **6% du commerce international en 1991,** la France n'est devancée que par l'Allemagne, les États-Unis et le Japon. Elle réussit donc la performance de précéder des puissances comme la C.E.I., le Royaume-Uni ou l'Italie.
C'est approximativement le quart de la production nationale qui est exporté chaque année (doc. 6).

B. Les partenaires commerciaux

C'est avec les autres pays industriels que la France échange le plus de produits et, particulièrement, avec ses associés de la **C.E.** qui lui fournissent près de 60% de ses importations et de ses exportations.
Les **États-Unis** demeurent un partenaire important, avec lequel, traditionnellement, les importations l'emportent sur les exportations. Ce déséquilibre est encore plus accentué avec le Japon.

C. Les produits les plus échangés

Pour fonctionner, l'économie française a désormais besoin d'importer comme d'exporter :
– **elle importe** les matières premières qui lui font défaut (énergétiques en premier lieu), ainsi que des biens industriels pour lesquels elle est mal placée (machines-outils, nombreux biens de consommation tels, par exemple, que les matériels hi-fi, les appareils photographiques ou les motocyclettes) ;
– **elle exporte** de nombreuses matières premières agricoles plus ou moins transformées (blé, vins, alcools, etc.), ainsi que beaucoup de biens produits par l'industrie (automobiles, matériel militaire, avions, etc.).

D. Le déficit de la balance commerciale

La balance commerciale est traditionnellement déficitaire : 14 années excédentaires seulement entre 1945 et 1991, soit moins d'une année sur trois. Si certains déficits sont dus à la nature (la faiblesse des gisements de matières premières énergétiques, par exemple, ou l'impossibilité de cultiver des plantes tropicales), d'autres sont dus à une mauvaise orientation économique et à une insuffisante modernisation face à la concurrence étrangère (doc. 1) : ainsi, grande puissance agricole, la France enregistre un déficit dans les échanges de viande ; avec la première forêt d'Europe, la France importe plus de bois qu'elle n'en exporte.

E. L'excédent de la balance des services

En revanche, la France est mieux placée dans le secteur des services grâce, principalement, à **deux secteurs dynamiques :**
– **le tourisme** (les dépenses des étrangers en France sont beaucoup plus élevées que celles des Français en vacances à l'étranger) ;
– **l'exportation de savoir-faire dans le domaine de technologies très modernes** (grands travaux du bâtiment, livraison d'usines clés en main, etc.).

1 Les plus gros excédents et déficits par produits en 1991 (en milliards de francs)	
Principaux excédents	
Céréales	+33
Équipements automobiles	+24,1
Aéronautique civile	+23,2
Produits de la parapharmacie et de la pharmacie	+22,6
Vins et spiritueux	+17,4
Matériel militaire	+14,7
Voitures automobiles	+11,8
Lait et produits laitiers	+11,5
Matériel électrique	+9,7
Principaux déficits	
Énergie	−94,7
Machines de bureau et matériel électronique professionnel	−26,5
Textile et habillement	−23,8
Papier et carton	−13,3
Machines et appareils mécaniques	−12,2
Bois, meubles	−10,7
Métaux non ferreux	−10,7
Matériel électronique ménager	−10,4
Cuirs et chaussures	−9,6
Matières premières minérales	−6,9

■ *Classez les déficits par produits en deux catégories : ceux qui sont dus à la nature et ceux qui ne le sont pas.*

2 Le Beaujolais nouveau s'exporte bien, tout particulièrement au Japon.

3 Matra construit le métro de Taipei (Taiwan).

◄ **5** Peugeot à Canton (Chine).

4 Bouygues construit une ville nouvelle près de Bangkok (Thaïlande).

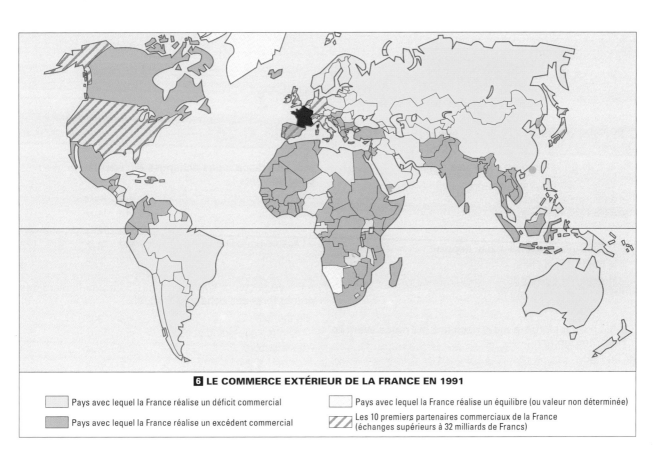

6 LE COMMERCE EXTÉRIEUR DE LA FRANCE EN 1991

Pays avec lequel la France réalise un déficit commercial

Pays avec lequel la France réalise un excédent commercial

Pays avec lequel la France réalise un équilibre (ou valeur non déterminée)

Les 10 premiers partenaires commerciaux de la France (échanges supérieurs à 32 milliards de Francs)

La France
en Europe et dans le Monde

JE RETIENS

Les idées essentielles

▪ C'est l'histoire de la France dans le monde qui est largement responsable du rôle que la France joue encore aujourd'hui dans le monde.

En effet, **la France a été une grande puissance jusqu'au 19e siècle,** à l'époque où elle était encore le pays le plus peuplé d'Europe et un pays présent sur tous les continents. Après un premier empire colonial constitué aux 16e et 17e siècle et démantelé au début du 18e siècle, la France a recréé un deuxième empire colonial, principalement en Afrique et secondairement en Asie.

De ces deux empires, il ne reste plus aujourd'hui que des départements et territoires d'outre-mer, ainsi qu'une tradition francophone dans de très nombreux pays, majoritairement situés en Afrique.

▪ C'est également de ce rôle important dans le passé que la France tire une grande partis de ses **responsabilités internationales** actuelles (en particulier de sa présence au sein du Conseil de Sécurité des Nations-Unies, composé seulement de cinq pays).

▪ **La France tire également parti de l'importance de son rôle économique actuel :** 5e puissance économique du monde, elle possède aujourd'hui le 4e commerce extérieur du monde.

▪ **Le commerce extérieur de la France**
L'adhésion à la C.E.E. a fortement développé ce commerce extérieur : en 1957, la France a été l'un des six pays fondateurs du Marché Commun.

Le commerce extérieur de la France demeure cependant déficitaire, principalement avec la plupart des pays riches ainsi qu'avec les pays exportateurs de pétrole. En revanche, il est excédentaire avec une grande partie du Tiers Monde.

La construction automobile et l'agroalimentaire demeurent parmi les points forts du commerce extérieur français. De même, la balance touristique française est fortement excédentaire.

Ce sont les achats de sources d'énergie (pétrole, gaz naturel, charbon) qui alimentent le déficit le plus important.

EXERCICE

Je réponds à des questions simples

▪ **1. L'île de la Réunion est située :**
– dans l'océan Atlantique
– dans l'océan Indien
– dans l'océan Pacifique

▪ **2. La Guyane est française depuis :**
– le règne d'Henri IV
– le règne de Louis XVI
– le règne de Napoléon III

▪ **3. La Guadeloupe a été rattachée à la France avant la Franche-Comté :**
vrai / faux

▪ **4. La France possède un commerce extérieur plus important que celui de la Russie :**
vrai / faux

▪ **5. La France a des échanges excédentaires avec les pays suivants :**
– les États-Unis   vrai / faux
– la Suisse   vrai / faux
– la R.F.A.   vrai / faux
– l'Arabie Saoudite   vrai / faux
– le Japon   vrai / faux

▪ **6. Les secteurs suivants sont traditionnellement des points forts des échanges français :**
– le tourisme   vrai / faux
– l'électronique grand public vrai / faux
– les meubles   vrai / faux
– les céréales   vrai / faux
– les automobiles   vrai / faux
– les produits laitiers   vrai / faux
– les produits de la pêche vrai / faux
– les fruits tropicaux   vrai / faux

BREVET BLANC

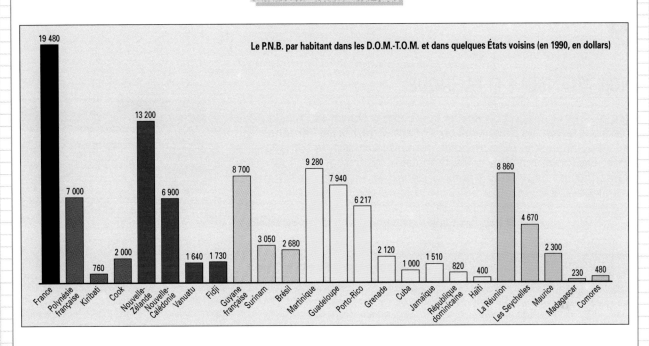

Le P.N.B. par habitant dans les D.O.M.-T.O.M. et dans quelques États voisins (en 1990, en dollars)

* RÉPUBLIQUE FÉDÉRALE DE YOUGOSLAVIE

▲ **1. J'analyse un graphique**

■ **1.** Identifiez les départements et territoires d'outre-mer français.

■ **2.** A l'aide d'un atlas, situez les différents États comparés aux départements et territoires d'outre-mer français.

■ **3.** Identifiez les regroupements géographiques par région (Caraïbes, Amérique latine continentale, océan Indien, océan Pacifique).

■ **4.** Comparez les niveaux de vie entre les D.O.M.-T.O.M. et les États indépendants les plus proches.

◄ **2. Je suis capable de repérer sur une carte**

■ **1.** Sur la carte politique de l'Europe, soulignez les noms des pays membres de la C.E.E. aux côtés de la France.

■ **2.** Indiquez leur date d'entrée dans la C.E.E.

LES ÉTATS-UNIS

La première

ENTRE ATLANTIQUE ET PACIFIQUE

Avec plus de 9 millions de km^2 si l'on compte Hawaï et l'Alaska, soit 17 fois la France, les États-Unis possèdent un **territoire immense,** les plaçant au quatrième rang mondial, derrière la Russie, le Canada et la Chine. De forme massive et rectangulaire, ils ont le privilège d'être bordés par les deux plus grands océans : le Pacifique à l'Ouest et l'Atlantique à l'Est (doc. 3).

1 Part des États-Unis dans la production mondiale. ▶

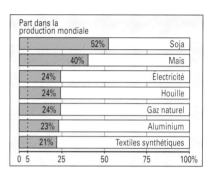

Part dans la production mondiale

52%	Soja
40%	Maïs
24%	Électricité
24%	Houille
24%	Gaz naturel
23%	Aluminium
21%	Textiles synthétiques

0 5   25   50   75   100%

2 Les États-Unis en chiffres

Population	255 millions d'habitants	Densité	27 hab/km^2	Industrie	26,5% des actifs
Superficie	9,3 millions de km^2 (7,8 millions sans l'Alaska et Hawaï)	Capitale	Washington	Services	71% des actifs
		Agriculture	2,5% des actifs	P.N.B./hab./an	21 700 $ (France : 19 480 $)

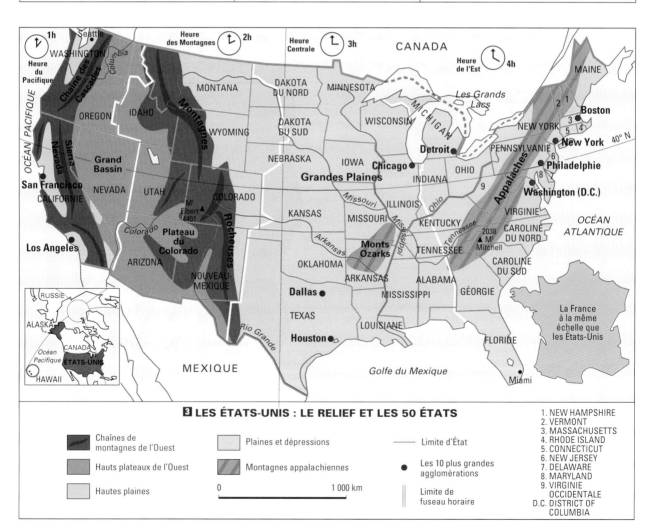

3 LES ÉTATS-UNIS : LE RELIEF ET LES 50 ÉTATS

Chaînes de montagnes de l'Ouest

Hauts plateaux de l'Ouest

Hautes plaines

Plaines et dépressions

Montagnes appalachiennes

0   1 000 km

Limite d'État

● Les 10 plus grandes agglomérations

Limite de fuseau horaire

1. NEW HAMPSHIRE
2. VERMONT
3. MASSACHUSETTS
4. RHODE ISLAND
5. CONNECTICUT
6. NEW JERSEY
7. DELAWARE
8. MARYLAND
9. VIRGINIE OCCIDENTALE
D.C. DISTRICT OF COLUMBIA

D'AMÉRIQUE

puissance mondiale

UNE TERRE DE PROSPÉRITÉ

Alors que la population des États-Unis est de 255 millions d'habitants, soit à peine 5% de la population mondiale, leur part dans la production mondiale de biens et de services est de 20%. Une telle puissance provient d'abord de la mise en valeur des terres agricoles et des **ressources naturelles très importantes** (pétrole, charbon...).

UNE DOMINATION REMISE EN QUESTION

Si la disparition de l'U.R.S.S. et la victoire dans la guerre du Golfe en 1991 (doc. 4) leur assurent une très large **supériorité militaire,** il n'en va pas de même dans les domaines industriels et financiers. **La suprématie mondiale des États-Unis est aujourd'hui remise en question** par la Communauté Européenne et le Japon.

Alors que la concurrence avec les pays étrangers s'amplifie et a accéléré la signature d'un accord économique avec le Canada et le Mexique, ses deux pays limitrophes, les problèmes intérieurs s'accumulent. La violence, la drogue, la pauvreté des minorités, le S.I.D.A. sont des maux qui déstabilisent la société américaine.

4 Le retour de l'armée américaine victorieuse de la guerre du Golfe en 1991 : «l'ordre américain sur le monde».

5 «Nous avons détruit leurs routes, leurs ponts, leurs infrastructures, et leur économie est sur les genoux...
... comme ça nous sommes à égalité.»
Caricature publiée dans le *Washington Post,* avril 1991.

6 La fin de la puissance des États-Unis ?

La situation de ce grand pays est, en cette fin de siècle, paradoxale. On évoque son apparent affaiblissement alors qu'il vient de sortir vainqueur, par K.O. absolu, de l'affrontement avec l'Union Soviétique, qui aura duré de très longues décennies. Il s'impose par ailleurs sur la scène internationale comme l'unique superpuissance et a pu faire étalage, notamment lors de la guerre du Golfe, d'une suprématie militaire écrasante et impressionnante. Mais les États-Unis n'ont plus les moyens économiques de leur diplomatie. Ils avaient déjà constaté lors de la guerre du Golfe, qu'ils n'avaient pas davantage les moyens de leur ambition militaire, et ils avaient dû faire financer le conflit par leurs principaux partenaires.

D'après I. Ramonet, *Le monde diplomatique,* n° 16, octobre 1992.

◀ ■ *Doc. 3 : calculez les distances entre Los Angeles et New York ; entre Seattle et Miami. Quand il est midi à New York, quelle heure est-il à Los Angeles ?*

■ *Pourquoi la situation des États-Unis est-elle paradoxale ?*
■ *Comment les États-Unis supportèrent-ils le coût très élevé de la guerre du Golfe ?*

25 LES AMÉRICAINS

1 Une rapide mise en place des hommes

L'Amérique a été très tardivement occupée à l'échelle de l'histoire de l'humanité.

A. Le «Nouveau Monde»

Habité depuis une vingtaine de milliers d'années seulement, ce continent n'a été découvert par les Européens que depuis quelques siècles. Ce «Nouveau Monde», vieux de cinq cents ans, fut l'objet d'un **peuplement européen** qui se fit aux dépens des tribus amérindiennes divisées. Au cours du seul 19e siècle, 35 millions d'Européens traversèrent l'océan Atlantique et s'installèrent aux États-Unis. Ces immigrants, d'origine différente, formèrent rapidement une Nation car ils étaient tous à la recherche d'une vie meilleure (doc. 1).

B. La colonisation des terres

1. En face de l'Europe, le **Nord-Est** fut la première région occupée dès le début du 17e siècle. Les ports, lieu d'accueil des immigrants, prirent une grande importance alors qu'autour, les campagnes furent mises en valeur sur le modèle européen.

2. La colonisation américaine consista en une **conquête des terres de l'Ouest,** jusqu'à l'océan Pacifique (doc. 2). Afin de les mettre en valeur, sur le plan agricole d'abord, ces territoires furent quadrillés. L'unité de base était le *township,* carré de 6 miles de côté, subdivisé en 36 sections de 1 mile de côté (doc. 4). Ces terres furent vendues et même données gratuitement dans l'Ouest, à partir de la loi de 1862 *(Homestead Act*).* Les paysages américains actuels, notamment dans les Grandes Plaines, sont marqués par ce découpage géométrique (doc. 5).

C. La victoire sur l'immensité

Pour exploiter ce vaste territoire, il a fallu mettre en place un réseau de transport dense et varié. Avec la voie d'eau, les **chemins de fer** jouèrent un rôle essentiel dans cette nouvelle occupation humaine (doc. 3). Dès **1869,** une ligne traversa le pays d'Est en Ouest.

◼ *Où se trouve le premier foyer de peuplement ? Pourquoi ?* ▶
◼ *Expliquez ce qu'est la «conquête de l'Ouest». Qu'est-ce qui a organisé ce mouvement ?* ▶

V O C A B U L A I R E

Immigrant : individu enregistré à l'entrée d'un pays.

Mile : 1 mile = 1,6 km.

Nation : population unie par une même histoire et une même culture sur un territoire commun.

---

1 **La création d'une Nation**

«L'embarquement pour la longue traversée océanique était signe de rupture avec le passé. L'Océan constituait une barrière contre la corruption et la tyrannie européenne, limite entre la "liberté" de l'Amérique et la "violence" européenne. L'Atlantique procurait un sentiment d'isolement, de séparation et de différence.»

E. Marienstras, *Les mythes fondateurs de la Nation américaine,* Éd. Complexe, 1992.

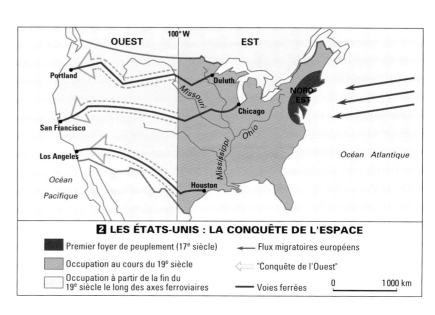

2 LES ÉTATS-UNIS : LA CONQUÊTE DE L'ESPACE

■ Premier foyer de peuplement (17e siècle)
▨ Occupation au cours du 19e siècle
☐ Occupation à partir de la fin du 19e siècle le long des axes ferroviaires
◀— Flux migratoires européens
⇐ "Conquête de l'Ouest"
— Voies ferrées

0   1 000 km

3 Le chemin de fer et la colonisation

«Les gouvernements américain et canadien firent des compagnies ferroviaires de véritables agences de colonisation de l'Ouest, en leur donnant des terres comme moyens de financement des lignes. Ainsi furent d'abord mises en valeur les zones situées le long des axes ferroviaires. Mais il fallait auparavant trouver des colons. Des campagnes d'information furent menées, à cet effet, en Europe et dans l'Est des États-Unis. On installa les colons gratuitement et on leur fournit les outils, les semences et des réserves en cas de mauvaise récolte.»

J. H. Paterson,
North America, Oxford University Press, 1984.

■ *Comment les compagnies ferroviaires furent-elles payées ?*

■ *Par quel moyen et où les colons furent-ils recrutés ?*

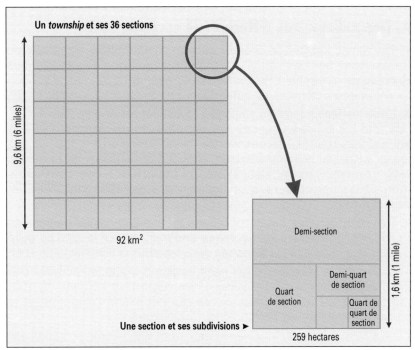

4 L'ordre spatial : *township* et sections.

5 Un parcellaire caractéristique de la mise en valeur des plaines.

Une nature riche et variée

V O C A B U L A I R E

Oléoduc : canalisation acheminant le pétrole.

A. Des milieux très différents et contraignants

1. Du climat tropical de Floride au climat continental rigoureux du Centre-Nord, on trouve toute une **gamme climatique.** Les Montagnes Rocheuses empêchent l'influence adoucissante de l'océan Pacifique de pénétrer à l'intérieur des terres (doc. 2).

2. Entre les Montagnes Rocheuses à l'Ouest et les Appalaches à l'Est, l'énorme couloir des Grandes Plaines permet aux masses d'air arctiques, très froides, de descendre l'hiver jusqu'en Floride, et aux masses d'air du golfe du Mexique, chaudes et humides, de remonter, l'été, jusqu'au Canada. Ceci explique **l'importance des contrastes thermiques saisonniers,** avec des périodes estivales caniculaires et des vagues de froid hivernal sévères (doc. 4).

3. Des **phénomènes catastrophiques** touchent certaines parties des États-Unis, notamment les **cyclones** en Floride et sur la côte du golfe du Mexique, ainsi que les **tornades** dans les régions intérieures de l'Est.

4. Mais c'est la sécheresse qui gêne le plus la vie et les activités des hommes. Hormis la côte Pacifique, **les régions à l'Ouest du 100ᵉ méridien sont arides** (doc. 3), ce qui nécessite l'irrigation et la construction de grands barrages pour les cultures.

B. Un territoire richement doté...

Le sous-sol contient à la fois des ressources naturelles, énergétiques et minérales, en grandes quantités.

1. Les ressources énergétiques (doc. 5) :
– le **pétrole** est une des bases de la puissance du pays. Même si aujourd'hui les États-Unis ne sont plus que le troisième producteur mondial, leurs réserves sont encore importantes, d'autant que, depuis les années 70, de vastes gisements sont exploités en Alaska grâce à la mise en place de vastes réseaux d'oléoducs ;
– près du quart du **gaz naturel** produit dans le monde provient des États-Unis et d'importantes réserves ne sont pas encore exploitées dans le golfe du Mexique ;
– la richesse en **charbon** est telle que les États-Unis ont des ressources assurées pour plusieurs siècles, au rythme actuel de production (doc. 1).

2. Les ressources métalliques :
les États-Unis sont parmi les premiers producteurs mondiaux de **cuivre**, de **plomb**, de **zinc** et de **minerai de fer.**

C. ... mais aujourd'hui insuffisant

Les Américains ont longtemps cru que leurs ressources étaient inépuisables. Une **consommation et un gaspillage gigantesques,** ainsi que la volonté de conserver en réserve des richesses stratégiques sur leur sol, ont contraint le pays à importer en quantité de plus en plus importante du pétrole, par exemple.

1 Les mines de charbon de l'Ouest

«Les privilèges géologiques des mines de charbon de l'Ouest sont tout à fait exceptionnels : les couches sont très épaisses, parfois de plusieurs dizaines de mètres, pratiquement subhorizontales et séparées de la surface par une faible épaisseur de morts-terrains. Des pelleteuses géantes, après avoir évacué ceux-ci, s'attaquent aux veines, extrayant d'un coup de godet une centaine de tonnes de charbon. Certaines mines de l'Ouest peuvent ainsi produire annuellement une vingtaine de millions de tonnes de charbon, volume très supérieur à la totalité de la production française.»

A. Bailly et G. Dorel, «États-Unis, Canada», *Géographie Universelle,* Tome IV, Hachette-Reclus, 1992.

■ *Pourquoi les mines de l'Ouest sont-elles exceptionnelles ?*

■ *De quelle manière exploite-t-on les gisements ? Quelle est la différence majeure avec les mines classiques européennes ? Que pouvez-vous en conclure sur les coûts d'exploitation ?*

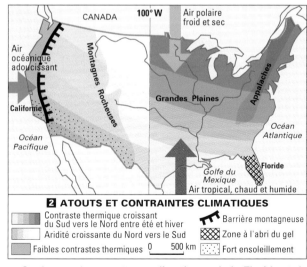

2 ATOUTS ET CONTRAINTES CLIMATIQUES

Contraste thermique croissant du Sud vers le Nord entre été et hiver
Aridité croissante du Nord vers le Sud
Faibles contrastes thermiques
0   500 km
Barrière montagneuse
Zone à l'abri du gel
Fort ensoleillement

■ *Quels sont les avantages climatiques de la Floride et du Sud-Ouest des États-Unis ?*

3 Le désert de la «Vallée de la mort», à la limite de la Californie et du Nevada.

◄ **4** «New York qui grelotte et qui suffoque».

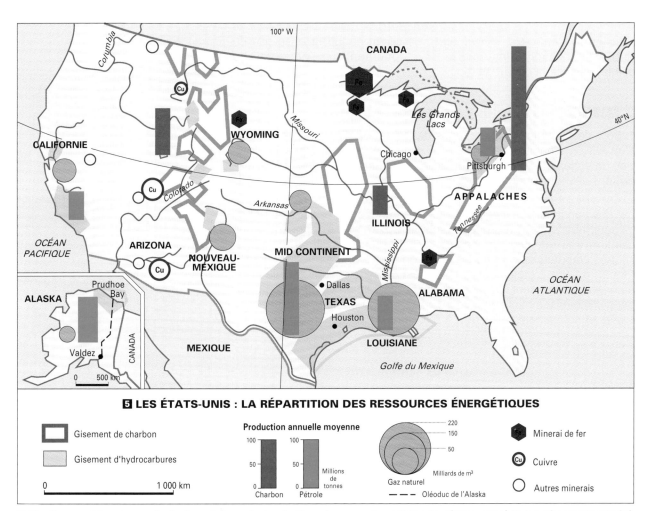

5 LES ÉTATS-UNIS : LA RÉPARTITION DES RESSOURCES ÉNERGÉTIQUES

Gisement de charbon

Gisement d'hydrocarbures

0 ————————— 1 000 km

Production annuelle moyenne

Charbon   Pétrole

Millions de tonnes

220
150
50

Gaz naturel
Milliards de m³
- - - - Oléoduc de l'Alaska

⬡ Minerai de fer

Ⓒⓤ Cuivre

◯ Autres minerais

■ *Quelles sont les deux principales régions de production du gaz naturel ? Quelle région possède les gisements produisant le plus de charbon ? Où produit-on le plus de pétrole ? Où se trouve le plus grand gisement de fer ?*

3 Une population citadine et très mobile

Sur les 255 millions d'Étatsuniens, près de 200 millions habitent dans des villes, ce qui en fait un des pays les plus urbanisés du monde.

A. Une population très inégalement répartie

Le peuplement s'est fait d'Est en Ouest, ce qui explique la **concentration de la population dans le Nord-Est** qui regroupe les deux tiers des Américains (doc. 4), avec des densités souvent supérieures à 50 hab./km², alors que la moyenne nationale n'est que de 27 hab./km². Les autres ensembles très peuplés sont plus ponctuels et correspondent à la présence de grandes métropoles* (Los Angeles, Houston, Dallas...) ou à un domaine dont le climat est très apprécié (Floride). A l'Ouest du Mississippi, les densités sont très faibles, dépassant rarement les 10 hab./km².

B. Une redistribution au profit du Sud et de l'Ouest

La **mobilité de la population** est un héritage de la période de colonisation de l'Ouest. Près d'un Américain sur cinq change de logement chaque année. Ces mouvements de population opposent les régions attractives du Sud et de l'Ouest *(Sun Belt),* à celles, répulsives, du Nord et du Centre-Est *(Frost Belt).* Le climat chaud et ensoleillé du Sud et de l'Ouest, ainsi que le développement des industries de pointe, expliquent cet attrait (doc. 3).

C. Des citadins de plus en plus banlieusards

1. 80% des Américains vivent dans des villes. 32 d'entre elles ont plus d'un million d'habitants et douze plus de 2,5 millions. Dans le Nord-Est, un ensemble urbain de plus de 40 millions d'habitants, la **Mégalopolis,** s'allonge sur un millier de kilomètres.

2. Les villes américaines sont caractéristiques. Les gratte-ciel, occupés par des banques, des sièges sociaux de grandes entreprises ou par de luxueux hôtels, sont regroupés dans le **C.B.D.*** Ils s'opposent à une ceinture très étendue de constructions basses : pavillons, usines et centres commerciaux. Entre les deux, on trouve une auréole dégradée (doc. 1, p. 290). L'étalement des villes est permis par l'automobile et les autoroutes organisent l'espace urbain. La population vit de plus en plus dans d'immenses banlieues (doc. 1). Les agglomérations continuent de croître et notamment celles de 1 à 5 millions d'habitants (doc. 2).

❶ Une nation de banlieusards

«C'est officiel, depuis le recensement de 1990 : les centres-villes n'abritent plus qu'une minorité d'Américains. Le mouvement date de l'après-guerre et n'a cessé de s'accélérer depuis, pour culminer dans les années 80. Un quart des Américains étaient banlieusards en 1950, un tiers en 1960 et plus de la moitié aujourd'hui. Lorsque les entreprises ont suivi, des villes nouvelles ont poussé en bordure des anciennes. Les classes moyennes et supérieures ont fui les villes en quête de rues et d'écoles sûres.»

A. Frachon, *Le Monde,* 22 octobre 1992.

■ *Doc. 1 : calculez le nombre de banlieusards aujourd'hui. Quelles sont les classes sociales qui ont quitté les centres-villes ? Pourquoi ?*

> **VOCABULAIRE**
>
> **Étatsuniens :** nom parfois donné – faute de mieux – aux Américains des États-Unis ; en effet, les «Américains» désignent, à la fois, les habitants des États-Unis et les habitants de tout le continent américain.
>
> ***Frost Belt :*** la «ceinture du gel», régions du Nord-Est au climat très rigoureux en hiver.
>
> **Mégalopolis :** nom donné à la grande région du du Nord-Est, de Boston à Baltimore.
>
> ***Sun Belt :*** la «ceinture du soleil», de la Floride au littoral du Pacifique.

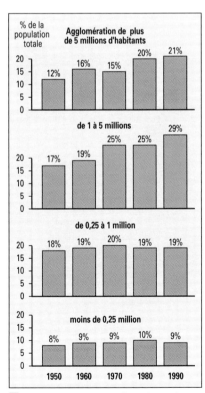

❷ **La population américaine vivant dans les agglomérations urbaines, selon leur taille.**

■ *Quelles sont les agglomérations qui regroupent le plus de monde ? Depuis quelle date ?*

■ *Où habitent les Américains ne figurant pas sur ce document ?*

3 Los Angeles : l'un des centres de l'immense agglomération.

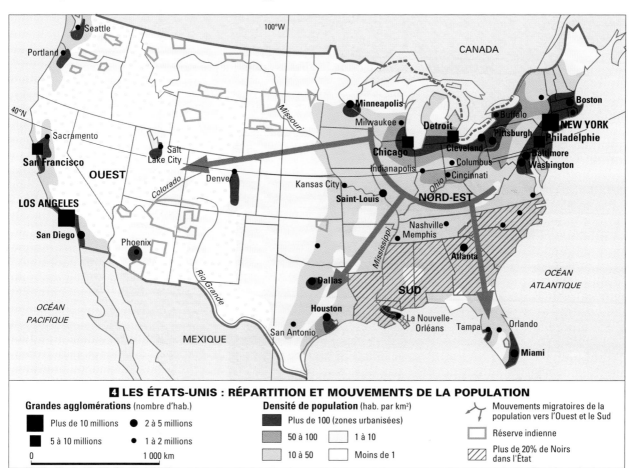

4 LES ÉTATS-UNIS : RÉPARTITION ET MOUVEMENTS DE LA POPULATION

Grandes agglomérations (nombre d'hab.)

■ Plus de 10 millions ● 2 à 5 millions

■ 5 à 10 millions ● 1 à 2 millions

0 _____ 1 000 km

Densité de population (hab. par km²)

Plus de 100 (zones urbanisées)

50 à 100 ☐ 1 à 10

10 à 50 ☐ Moins de 1

Mouvements migratoires de la population vers l'Ouest et le Sud

☐ Réserve indienne

▨ Plus de 20% de Noirs dans l'État

■ *Quelles sont les cinq grandes agglomérations composant la Mégalopolis ? Citez les noms des six agglomérations de plus de 5 millions d'habitants. Où trouve-t-on les densités les plus fortes ? Pourquoi ? Où trouve-t-on une forte minorité noire ?*

Des villes en crise

La violence et l'insécurité ne cessent d'augmenter dans les villes. Les **C.B.D.** sont livrés la nuit à des bandes armées venant des **ghettos*** voisins.

Cette **ceinture résidentielle délabrée** a été désertée par les classes moyennes qui se sont installées en banlieue et qui ont été remplacées par les catégories les plus pauvres, Noirs et Hispaniques. Même la police ne pénètre plus dans certains quartiers, se contentant de les surveiller par hélicoptère. Régulièrement, des émeutes très violentes se produisent, comme celles qui, en 1965, puis en mai 1992 à Los Angeles, ont fait plus de cent morts.

En **périphérie,** les classes aisées se protègent en créant de véritables ensembles résidentiels fortifiés.

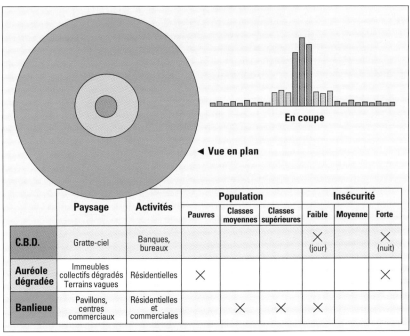

En coupe

◀ Vue en plan

	Paysage	Activités	Population			Insécurité		
			Pauvres	Classes moyennes	Classes supérieures	Faible	Moyenne	Forte
C.B.D.	Gratte-ciel	Banques, bureaux				X (jour)		X (nuit)
Auréole dégradée	Immeubles collectifs dégradés Terrains vagues	Résidentielles	X					X
Banlieue	Pavillons, centres commerciaux	Résidentielles et commerciales		X	X	X		

■ Le modèle urbain Nord-américain.

■ La vie quotidienne dans le ghetto : une guerre sans nom

Pour l'année 1990, on a enregistré 849 meurtres à Chicago, dont 602 par balles, soit un toutes les 10 heures et 45 attaques à main armée par jour. En 1984, on comptait déjà 400 arrestations pour crimes graves, par tranche de 100 000 habitants ; on en dénombre 4 fois plus aujourd'hui. L'homicide volontaire est devenu la première cause de mortalité masculine parmi la population noire urbaine. Les jeunes Noirs de Harlem ont aujourd'hui plus de chances de mourir de mort violente, du simple fait de résider dans ce quartier, qu'ils n'en avaient en partant au front au plus fort de la guerre du Viêt-nam. Au cœur du ghetto de Chicago, on atteint un taux d'homicide de 1 pour 1 000 habitants.

Les jeunes criminels ont de plus en plus recours à des armes de grande puissance, tels que les pistolets automatiques et les mitrailleuses. Dans certains grands ensembles du ghetto, les fusillades sont si fréquentes que les enfants apprennent tout petit à se jeter par terre et à se protéger des balles dès qu'ils entendent tirer. La première réaction des habitants du ghetto victimes de violences est de fuir, quand ils le peuvent, ou de se barricader chez eux et de se replier sur la cellule familiale, quand ce n'est pas de se venger soi-même.

D'après L. J. D. Wacquant, *Dé-civilisation et diabolisation : la mutation du ghetto noir américain*, F. Bourin, 1992.

◀ ■ Émeutes de South Central à Los Angeles en 1992 : «le désordre social sur son territoire».

4 Le ghetto noir de Chicago : un territoire à l'abandon

Tous les bâtiments ont les coursives grillagées et sont recouverts de graffiti. Les ouvertures du rez-de-chaussée sont condamnées (soit murées, soit obstruées par des panneaux de bois), tandis qu'aux autres étages, des draps, des couvertures déchirées, des morceaux de carton servent de rideau à bien des fenêtres. Çà et là, un encadrement noirci trahit un incendie récent. Les logements publics de l'office H.L.M. de Chicago sont truffés de rats, de vers, de cancrelats. Ils sont insalubres et n'ont pas été repeints depuis 25 ans.

Entre les squatters, les familles expulsées qui s'installent dans un appartement voisin abandonné, les sous-locataires et les hommes et les enfants qui vont et viennent d'un ménage à l'autre, certains ensembles abritent une population qui dépasserait le double du nombre d'occupants officiellement enregistrés. Sous les entrées défoncées, sans lumière ni porte, des groupes de jeunes désœuvrés discutent. La musique rap résonne partout. Des terrains vagues jonchés de détritus succèdent aux bâtiments délabrés. Il n'y a que de rares magasins d'alimentation, en revanche on trouve de nombreux débits de boisson, sortes de cubes de briques aux étroites vitrines grillagées.

D'après L. J. D. Wacquant, «The Zone», *Actes de la recherche en sciences sociales*, n°93, 1992.

5 Le délabrement urbain dans le Bronx (New York).

▲ 6 Banlieue résidentielle riche en Arizona.

7 La fortification de Los Angeles

Les lotissements luxueux qui se développent actuellement dans la grande banlieue de Los Angeles sont totalement protégés par des murs de sécurité, des entrées gardées, une police et des routes privées. Certains quartiers plus anciens, et dont la population est aisée, ont fermé des rues à l'aide de barrières très perfectionnées qui ne s'ouvrent que grâce à un code secret, délivré à chaque habitant du quartier. Un tel équipement a entraîné une augmentation de 20% des prix des logements ainsi protégés. Dans ce contexte de peur, le secteur du gardiennage et de la surveillance est en pleine expansion. Entre 1980 et 1990, le nombre de policiers privés est passé de 24 000 à 75 000, soit presque 1% de la population totale de l'agglomération !

D'après M. Davis, *Variation on a Theme Park,* Noonday Press, 1992.

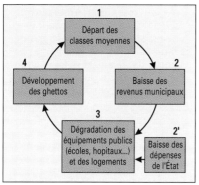

8 L'abandon et la dégradation des centres-villes.

1 Départ des classes moyennes
2 Baisse des revenus municipaux
2' Baisse des dépenses de l'État
3 Dégradation des équipements publics (écoles, hopitaux...) et des logements
4 Développement des ghettos

QUESTIONS

1. Doc. 2 : recherchez dans le dictionnaire le sens du mot «homicide». Quelles armes utilisent les jeunes criminels ? Expliquez le titre. Quelles scènes vous rappellent la guerre ?

2. Doc. 4 : décrivez l'état des logements municipaux. Citez les mots du texte qui donnent l'impression d'une ville bombardée. En vous aidant du doc. 8, expliquez pourquoi ces immeubles ne sont plus entretenus.

3. Doc. 6 : quel est le climat de l'Arizona ?

4. Doc. 7 : pourquoi les lotissements luxueux sont-ils si bien protégés ? Par combien le nombre de policiers privés a-t-il été multiplié entre 1980 et 1990 ?

Une société contrastée

Les États-Unis ont été peuplés grâce à des vagues migratoires successives. L'origine de plus en plus variée des nouveaux arrivants ne facilite pas leur insertion dans la société, ce qui explique la place croissante des minorités.

A. De nouveaux immigrants

Les Amérindiens, premiers occupants du territoire, ne sont aujourd'hui qu'à peine plus d'un million. Tous les autres Américains sont descendants des 55 millions d'immigrants, ou immigrants eux-mêmes (voir p. 294). Jusque dans les années 60, les Européens étaient majoritaires. **Actuellement, les personnes les plus nombreuses s'installant aux États-Unis sont originaires des pays du Tiers Monde ou de pays d'Asie en développement** (doc. 1 et 2). Entre 1981 et 1990, chaque année, 600 000 personnes se sont établies aux États-Unis, en réalité bien plus, si l'on tient compte de l'importante immigration clandestine.

B. Des comportements démographiques liés à l'origine ethnique

1. L'accroissement naturel* de la population a tendance à se réduire, mais moins fortement qu'en Europe (7,7‰ contre 2 à 3‰, doc. 4). Le **taux de natalité*** reste supérieur à 15‰, mais il varie en fonction du groupe ethnique. Les *W.A.S.P.* (Anglo-Saxons blancs protestants), groupe dominant démographiquement et économiquement, sont moins féconds que les **Noirs** ou les **Hispaniques*,** ce qui, avec l'aide de l'immigration d'Amérique latine, provoque l'**augmentation de la part de ces minorités*** dans la population américaine (doc. 5).

2. En 1991, les Noirs sont plus de 31 millions et représentent 12,3% de la population totale, contre 9,9% en 1950. Cet accroissement est plus marqué encore pour les Hispaniques, essentiellement Mexicains (9% de la population), mais il est difficile à mesurer en raison de l'importance du nombre de clandestins (plusieurs millions).

3. La **population vieillit,** plus particulièrement les Blancs. Les moins de 18 ans ne forment plus que 25% de la population totale, en 1990, contre 36% en 1960, alors que les plus de 65 ans sont passés, au cours de la même période, de 9 à 12%.

4. La pauvreté des minorités apparaît, en ce qui concerne la **mortalité infantile*,** deux fois plus élevée chez les Noirs que chez les Blancs (18‰ contre 8,9‰).

C. Une misère de plus en plus visible

Les inégalités sociales et raciales sont très marquées. Alors qu'une majorité de Blancs vit très confortablement, on compte plus de 35 millions de pauvres (14% de la population totale). Ce sont les Noirs et les Hispaniques qui sont les plus concernés avec, respectivement, 31 et 27% d'entre eux au-dessous du seuil de pauvreté (doc. 3). Ces exclus de la société sont les plus touchés par la violence, la drogue, la prostitution et le S.I.D.A. Le **retrait de l'État-providence*** n'a fait qu'amplifier le phénomène (doc. 6).

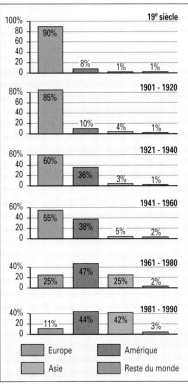

1 La modification des sources d'immigration.

■ *Décrivez l'évolution de la part des immigrants venant d'Europe et d'Asie. A partir de quelle période les Européens ont-ils été dépassés ? A partir de quelle période les Asiatiques ont-ils dépassé les Européens ?*

2 Les Coréens de Californie

«Les États-Unis comptaient à peine 100 000 Coréens en 1970, 350 000 en 1980, mais 800 000 au dernier recensement de 1990. Après avoir atteint 36 000 émigrants par an en 1986 et 1987, le flot a ensuite baissé. Cet exode, le premier dans l'histoire de la Corée du Sud, a été motivé par l'attrait de la prospérité des États-Unis et leur système d'éducation.
Près du tiers des Américains-Coréens vivent en Californie : ils y forment la cinquième communauté asiatique, après les Philippins, les Chinois, les Japonais et les Vietnamiens. Commerce de détail, artisanat et services constituent l'activité de ces immigrants que leur faible connaissance de l'anglais empêche de rejoindre le marché du travail.»

C. Mulard,
Le Monde, 22 septembre 1992.

■ *Qu'est-ce qui a attiré les Coréens du Sud aux États-Unis ? Quels métiers exercent-ils ?*

3 Exclusion et misère des minorités

«Les minorités ethniques sont particulièrement touchées par la pauvreté. Aujourd'hui, le taux de chômage est double pour les Noirs, et triple pour les jeunes hommes noirs, de celui observé pour l'ensemble de la population (7,5% au printemps 1992). Le taux de pauvreté des Noirs et des Hispaniques est également triple de celui des Blancs. La proportion des naissances hors mariage était de 62% en 1987 pour les Noirs, contre 16% pour les Blancs, et près de 50% des enfants noirs de moins de 6 ans vivent aujourd'hui dans la pauvreté. Un Noir avait, en 1987, 6,5 fois plus de chances d'être victime d'un homicide, et une probabilité 8 fois plus forte d'en commettre un, qu'un Blanc. Les écarts de rémunérations salariales avec l'ensemble de la population se sont accrus, au détriment des jeunes hommes noirs et hispaniques, au cours des années 80.»

F. Hatem, «États-Unis : l'underclass au cœur de la crise urbaine», *Futuribles,* n° 169, 1992.

■ *Calculez le taux de chômage des jeunes hommes noirs au printemps 1992. Relevez dans le texte ce qui distingue les Noirs des Blancs.*

5 Le métro de New York. ▶
■ *Quelles sont les langues qui sont employées ?*

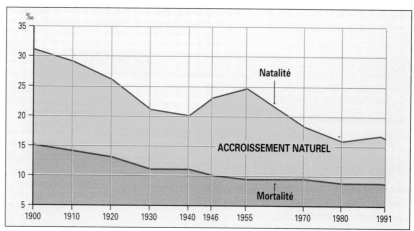

4 L'évolution de l'accroissement naturel.
■ *Décrivez l'évolution de l'accroissement naturel.*
■ *Que s'est-il passé entre 1945 et 1970 ? Comment s'appelle ce phénomène ?*

7 Un quartier résidentiel de Palm Beach, en Floride.

6 Le désengagement social de l'État

«La politique fédérale de désengagement de la ville est allée s'accélérant pour atteindre son summum sous les présidences successives de Reagan. Entre 1980 et 1988, les fonds alloués au logement social ont été réduits de 70%. Il en est allé de même pour l'aide sociale. Dans l'État de l'Illinois, par exemple, la valeur de l'allocation de base (pension pour mère seule avec enfants à charge) a diminué de moitié entre 1977 et 1988.»

L. J. D. Wacquant, F. Bourin, *op. cit.,* 1992.

■ *Quelle catégorie sociale a été touchée par cette politique ? Sous quel président, et quand, cette politique a-t-elle été la plus vigoureuse ?*

Les Américains

JE RETIENS

1. Les mots et notions clés
● **richesse naturelle** ● **C.B.D.** ● *Sun belt* ● **Mégalopolis** ●
● **ghetto, minorité ethnique** ● **État-providence** ●

2. Les idées essentielles
▪ Les États-Unis sont **la première puissance mondiale,** bien que leur domination soit remise en question dans les domaines industriels et financiers.

▪ **La mise en valeur du territoire t**ardivement occupé par les hommes **a été rapide.** C'est au 19ᵉ siècle et jusque dans les années 20, que des immigrants, essentiellement européens, colonisèrent, aux dépens des Amérindiens, cet immense pays d'Est en Ouest. On appelle ce mouvement la **«conquête de l'Ouest».**

▪ **Les ressources naturelles sont importantes.** Exploitées rapidement, elles ont permis le développement du pays. Parmi elles, les sources d'énergie (pétrole, char-

bon...) sont particulièrement, abondantes mais leur énorme consommation oblige les États-Unis à en importer.

▪ **La répartition de la population est très inégale.** Le Nord-Est reste la région la plus peuplée, malgré une redistribution en cours de la population au profit du Sud et de l'Ouest. **Quatre Américains sur cinq habitent dans des villes.** Les États-Unis sont un des pays du monde les plus urbanisés. De plus en plus, les citadins vivent dans d'immenses banlieues, alors que les centres-villes connaissent une crise grave. La **population vieillit,** mais moins fortement qu'en Europe.

▪ L'origine des immigrants s'est modifiée. Les immigrants européens, dépassés par les Asiatiques et les Américains hispanophones, ne sont plus majoritaires.

▪ **La société américaine est très inégalitaire.** Les minorités noire et hispanique, de plus en plus importantes, sont les plus touchées par la pauvreté, la violence et la drogue, alors que les *W.A.S.P.* ont un niveau de vie très supérieur.

EXERCICES

1. Je vérifie mes connaissances

▪ La superficie des États-Unis est de :
- 6,3 millions de km²
- 7,7 millions de km²
- 9,3 millions de km²

▪ La population des États-Unis est de :
- 255 millions d'hab.
- 310 millions d'hab.
- 420 millions d'hab.

▪ Les Noirs sont plus nombreux que les Blancs :
vrai/faux

▪ Le Nord-Ouest des États-Unis est la région la plus peuplée :
vrai/faux

2. Je commente et j'explique un document

L'immigration aux États-Unis depuis 1820. ▶

▪ Décrivez l'évolution du nombre d'immigrants aux États-Unis. Quelle est la décennie où ce phénomène a été le plus fort ?

▪ Quel est le seul facteur qui s'étend de 1820 à 1990 ?

▪ Citez les facteurs expliquant l'augmentation du mouvement migratoire de 1820 à 1920.

▪ Expliquez la baisse brutale, à partir de 1930, du nombre d'immigrants.

▪ Pourquoi les Européens, à partir de 1960, sont moins nombreux à s'installer aux États-Unis ? Qui les a remplacés comme immigrants ?

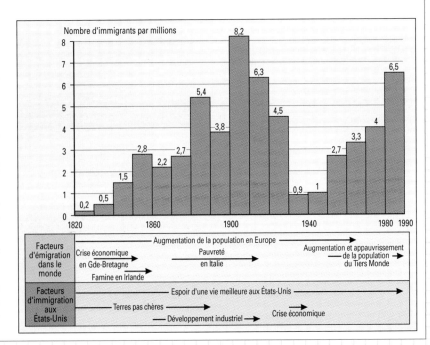

BREVET BLANC

1. Je suis capable de localiser des noms sur un fond de carte

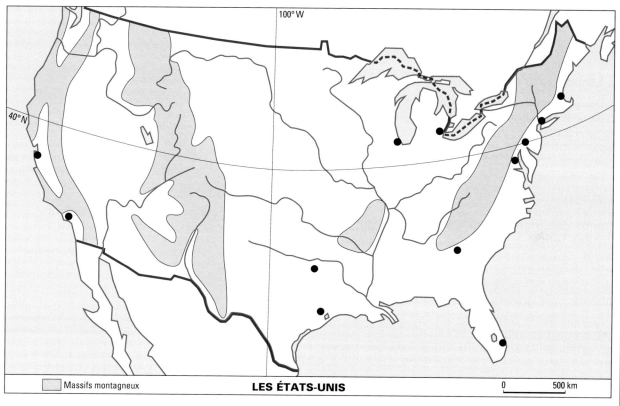

100° W

40° N

Massifs montagneux

LES ÉTATS-UNIS

0   500 km

■ Je décalque ce fond de carte et j'y reporte les noms :
– des pays limitrophes
– des deux océans
– des deux principaux massifs montagneux

– du fleuve principal
– des villes représentées par un point
– de la capitale que je souligne
– de la Californie et de la Floride

2. J'explique un texte

■ Les Hispaniques sont-ils en réalité plus ou moins de 19 millions ?

■ De combien ont augmenté les effectifs en trente ans ? Calculez le nombre d'Hispaniques en 1960.

■ Construisez un tableau dans lequel vous indiquerez pour les trois principaux groupes hispaniques établis aux États-Unis leur nombre et leur localisation.

■ Expliquez la localisation des Mexicains.

■ Quels sont les Hispaniques les mieux intégrés à la société américaine ?

■ Quelles sont les conséquences culturelles de cette immigration ?

La montée des Hispaniques

«Faute de prendre en compte les clandestins, le décompte des Hispaniques pèche par défaut, en limitant leur nombre à 19 millions de personnes. La montée en puissance du groupe depuis les années 60 constitue l'un des traits majeurs de l'histoire récente des États-Unis puisque ses effectifs ont au minimum quadruplé en trente ans. Les Mexicains sont de très loin les plus nombreux, environ 60% de l'effectif total, ils sont également les plus gros fournisseurs de clandestins. La main-d'œuvre mexicaine est implantée du Texas à la Californie. Les Portoricains, dont le nombre est évalué à 2,5 millions, peuvent migrer librement aux États-Unis. Ils connaissent de grosses difficultés d'adaptation dans la Mégalopolis où ils sont concentrés. Les Cubains, au nombre d'un million, se considèrent comme des réfugiés. En Floride, où ils sont particulièrement nombreux, ils s'intègrent à la classe moyenne. Cette augmentation des effectifs hispaniques implique, au plan culturel, l'usage de l'espagnol qui transforme de vastes secteurs des États-Unis en zones bilingues.»

J. Bethemont et J.-M. Breuil,
Les États-Unis : une géographie thématique,
Masson, 1991.

1 La structure économique

La société américaine vante la réussite matérielle et l'enrichissement individuel. Le **capitalisme*** est le fondement de l'économie, malgré l'importance de l'État.

A. Le pays du capitalisme

1. Les principes du **libéralisme*** expliquent la brutalité des conflits sociaux et des adaptations industrielles. La recherche du profit est cause d'un pillage et d'un gaspillage des ressources naturelles, mais aussi d'une intense émulation à l'origine de nombreux progrès ou découvertes.

2. Les moyens de production (usines, commerces, terres agricoles) appartiennent à des individus ou à des sociétés concurrentes. La sélection est impitoyable parmi ceux qui créent des entreprises. La **plupart des branches de l'économie sont dominées par de très grandes firmes,** les *Majors,* qui ont absorbé les petites sociétés. Aux formes classiques de concentration horizontale* et verticale* (doc. 1 et 2), se sont ajoutés les conglomérats* regroupant des entreprises aux activités différentes (doc. 5). Près de la moitié des cent premières sociétés mondiales sont américaines (doc. 4).

3. La déréglementation* des années 80, si elle a fait baisser certains prix, a eu d'importants effets négatifs comme dans le transport aérien par exemple, avec l'augmentation des encombrements des grands aéroports et la faillite de grandes compagnies (Pan Am).

B. Le rôle de l'État

Depuis la grande dépression et la politique du *New Deal* (voir ch. 3), **l'État fédéral joue un rôle croissant dans l'économie,** puisqu'en 1990 ses dépenses représentent près du quart du P.I.B. Le budget de la Défense représente, à lui seul, plus du quart du budget global. De nombreuses entreprises ont pour seul client l'État et des régions entières se sont développées grâce à lui (Texas, Californie). L'État aide aussi l'agriculture : soutien des prix, aide aux exportations, subventions aux agriculteurs en échange du «gel» des terres... Dans le domaine financier, l'État assure aussi une certaine sécurité, en injectant de l'argent sous contrôle pour sauver des entreprises ou des banques, surtout depuis 1987 (doc. 3).

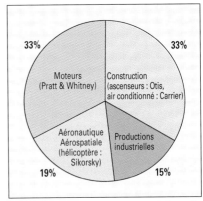

1 Répartition du chiffre d'affaires de *United Technologies Corporation.*

2 L'exemple d'une concentration verticale : *United Technologies Corporation*

«U.T.C. est un groupe industriel qui est le plus gros employeur de l'État du Connecticut. Avec près de 20 000 salariés, il produit des moteurs d'avion, des hélicoptères, des missiles, des ascenseurs, du matériel de conditionnement d'air. Toutes les parties de ce groupe peuvent fonctionner ensemble, susciter des transferts de technologie. Les spécialistes des hélices d'aviation n'ont pas hésité dernièrement à mettre leur savoir-faire au service de la conception de ventilateurs moins bruyants, pour la filiale air conditionné Carrier. Mais le domaine dans lequel ces relations sont les plus spectaculaires, reste celui de l'espace. Pour les stations spatiales, le transport spatial et la défense stratégique, toutes les ressources disponibles sont à l'intérieur du groupe. Les ingénieurs de Sikorsky sont des experts en matériaux composites, ceux de Norden en radars ; il suffit simplement de faire travailler ces gens ensemble.»

G. Dorel, *Les États-Unis des années 80,* La documentation photographique, n° 7005, 1991.

■ *Quels sont les secteurs les plus importants de ce groupe ?*

■ *Citez un exemple de transfert de technologie entre les différentes firmes.*

■ *Quel est le plus grand projet commun de ce groupe ?*

3 L'État sauveteur

«La faillite en chaîne des caisses d'épargne à la fin des années 80 est la catastrophe financière la plus importante que les États-Unis ont dû affronter depuis la grande crise de 1929. Le désastre a été révélé dans toute son ampleur en 1989 alors que les faillites commençaient à se multiplier. Dernier garant de la solidité du système, l'État fédéral s'est retrouvé condamné à assurer le sauvetage des caisses d'épargne en prenant le contrôle de plusieurs centaines d'établissements, qu'il a dû fermer ou restructurer. Le coût final de l'opération est aujourd'hui évalué à prés de 500 milliards de dollars !»

E. Leser, *Le Monde,* 10 novembre 1992.

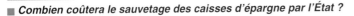

■ *Combien coûtera le sauvetage des caisses d'épargne par l'État ?*

ÉCONOMIE ET RÉGIONS

4 **Les 20 premiers groupes industriels mondiaux en 1990** (en milliards de francs)

		Nationalité	Activité	Chiffre d'affaires
1	General Motors	É.-U.	Automobile	679
2	Exxon	É.-U.	Pétrole	577
3	Royal Dutch/Shell Group	G.-B./P.-B.	Pétrole	576
4	Ford Motor	É.-U.	Automobile	532
5	I.B.M.	É.-U.	Informatique	376
6	Toyota Motor	Japon	Automobile	372
7	I.R.I.	Italie	Métallurgie	334
8	British Petroleum	G.-B.	Pétrole	320
9	Mobil	É.-U.	Pétrole	320
10	General Electric	É.-U.	Électronique	318
11	Hitachi	Japon	Électronique	292
12	Daimler-Benz	Allemagne	Automobile	288
13	FIAT	Italie	Automobile	260
14	Samsung Group	Japon	Électronique	250
15	Matsushita Electric Industrial	Japon	Électronique	249
16	Philip Morris	É.-U.	Alimentation	241
17	Volkswagen	Allemagne	Automobile	229
18	E.N.I.	Italie	Pétrole	227
19	Nissan Motor	Japon	Automobile	225
20	Texaco	É.-U.	Pétrole	223

5 **La remise en cause des conglomérats : les cas d'I.T.T. et de *General Electric***

«Si la taille des entreprises s'est accrue au cours des années 80, on observe tout de même une différence importante avec ce qui se passait dans les décennies précédentes, durant lesquelles se sont formés des conglomérats hétéroclites. Le principe était alors que la diversité était gage de sûreté et I.T.T. fut longtemps le champion de ces regroupements flous, au terme desquels une même équipe gérait avec d'inégales compétences des produits alimentaires, des mines, des assurances et du matériel électronique. A la suite de difficultés importantes, I.T.T. s'est recentré sur l'électronique, les communications et l'armement. *General Electric* a choisi une stratégie analogue avec le passage, entre 1980 et 1989, de 100 à 14 métiers avec des dominantes (électronique, énergie) et de 400 000 à 300 000 emplois.»

J. Béthemont et J.-M. Breuil,
Les États-Unis : une géographie thématique, Masson, 1991.

■ *Quel était le but des conglomérats ? Dans quels secteurs I.T.T. était-il présent ? Dans quels secteurs I.T.T. s'est-il recentré dans les années 80 ? Dans quels secteurs General Electric s'est-il recentré dans les années 80 ?*

6 **Deux lieux de pouvoir : Washington,** le Pentagone (ministère de la Défense, plus de 300 milliards de dollars de budget annuel, ci dessus) et **New York** (dans le quartier des affaires, à Manhattan, ci-contre).

La première agriculture du monde

Sur un territoire agricole immense, de plus de 4 millions de km², sont produites une masse et une variété de denrées agricoles sans égales. Mais l'importance de cette activité ne s'arrête pas aux frontières du pays. Les États-Unis imposent au reste du monde leurs modèles agricole et alimentaire. Leurs exportations dominent le marché mondial des produits alimentaires (doc. 3).

A. Une agriculture performante...

1. Les *belts,* ceintures agricoles spécialisées depuis le 19ᵉ siècle, se sont diversifiées. Ainsi, dans le Sud-Est, le coton a été remplacé par les céréales, le soja et l'élevage avicole. Dans le Nord-Est, l'élevage laitier, le maraîchage et l'horticulture sont devenus complémentaires. Dans les Grandes Plaines, le maïs et le blé sont cultivés avec le soja, le sorgho, la luzerne et le trèfle. Ces productions servent à l'engraissement sur place des bovins et des porcs (doc. 6).

2. Les États-Unis sont le grenier du monde. Leur domination s'exerce, notamment, sur les céréales et le soja. Les cultures tropicales, provenant des îles Hawaii et de Floride, tels que les agrumes, ainsi que les productions animales, assurent aussi la prédominance agricole des États-Unis.

3. Les agriculteurs sont de moins en moins nombreux (2,7 millions en 1990 contre 8,6 millions en 1945), alors que la production n'a pas cessé d'augmenter. Ce **gain de productivité*** est dû à une qualification plus grande du personnel employé, à une mécanisation très importante, et à l'emploi d'engrais chimiques, de pesticides et d'insecticides.

4. La production est de plus en plus concentrée entre quelques dizaines de milliers d'exploitations capitalistes, détenues par de grandes sociétés. Coca-Cola, par exemple, produit du vin et des agrumes, la société Boeing élève des bovins. La superficie moyenne des exploitations est passée de 67 hectares en 1940 à plus de 180 actuellement (doc. 4).

B. ...totalement intégrée à l'économie nationale et mondiale

1. Le plus grand marché de consommation du monde, que sont les États-Unis, a influé sur l'agriculture. La forte demande en viande et en produits frais a provoqué le développement de l'élevage et la culture des fruits et légumes.

2. L'agriculture est au centre du **complexe agro-industriel*** qui emploie près de 10 millions de personnes. En amont, on trouve les fabricants d'engrais ou de semences, de matériel agricole ainsi que les chercheurs en agronomie. En aval, il y a les transporteurs, les industries transformant ou commercialisant les produits agricoles, ainsi que tous les services, depuis la restauration jusqu'à la publicité (doc. 1).

3. Les mutations récentes de l'agriculture américaine s'expliquent aussi par l'évolution du marché mondial. L'adoption, par de nombreux pays, de la filière soja pour l'alimentation du bétail explique l'importance et la stabilité de cette culture. La réduction des capacités d'achat des pays du Tiers Monde et la concurrence d'autres pays, au cours des années 80, expliquent la baisse des revenus des agriculteurs et l'aide accrue qui leur est apportée par l'État fédéral (doc. 2).

---

1 *Castle and Cooke :* une multinationale de l'agroalimentaire

«*Castle and Cooke* est devenue une des grandes sociétés de l'agroalimentaire, un terme qui évoque la filière complète allant de la fourniture de biens et de services à l'agriculture jusqu'au conditionnement, la transformation et la commercialisation des produits agricoles. Partant d'Hawaii, où elle a fait sa fortune grâce à ses plantations de canne à sucre et d'ananas, la société s'est développée dans tout le bassin pacifique. Ses plantations hawaïennes n'ont plus qu'un rôle touristique. Sur ses immenses domaines fonciers, elle construit des golfs et des hôtels pour héberger les visiteurs. Elle a même aménagé en parc d'attractions ses vieilles installations. La firme hawaïenne est aussi rentrée dans le circuit des légumes frais et utilise les circuits commerciaux de l'ananas pour les bananes et les agrumes.»

G. Dorel, *Les États-Unis des années quatre-vingts,* La documentation photographique, 1991.

2 La mutation récente de l'agriculture

«La dernière décennie marque un changement radical dans l'agriculture américaine. Jusqu'alors, la régulation du système était assurée, au niveau fédéral, par des programmes de préfinancement des récoltes, de stockage momentané des excédents et de mise en jachère provisoire d'une partie des terres. La trop forte demande des années 71-82 a aveuglé les agriculteurs, qui ont répondu par la remise en culture des jachères, mais aussi se sont lancés dans la spirale de l'intensification. L'agriculture américaine a perdu ce qui faisait sa force décisive, à savoir la souplesse productive qui lui conférait des possibilités de mise en valeur plus ou moins intensive de ses grands espaces. L'administration dut s'engager dans un processus de réduction drastique des surfaces cultivées accompagné, comme en Europe, d'une garantie de revenu minimal.»

A. Bailly et G. Dorel, «États-Unis, Canada», *Géographie Universelle,* Hachette-Reclus, 1992.

3 L'agriculture américaine dans le monde en 1991

Produits	Tonnages (Mt)	Part mondiale (%)	Rang mondial	1er produc. mondial
Soja	54	52	1er	États-Unis
Maïs	190	40,1	1er	États-Unis
Blé	54	9,8	4e	Chine
Arachides	2,2	9,2	3e	Inde
Agrumes	18,6	25,6	1er	États-Unis
Betterave à sucre	25,6	8,5	4e	C.E.I.
Viande	26	16	2e	C.E.E.

4 Les exploitations agricoles

Types d'exploitation	Nombre (en milliers)	% du total	% des ventes totales	% du revenu tiré d'autres activités
Fermes marginales (moins de 40 000 $ par an de vente)	1 637	70,4	14,5	98,4
Exploitations familiales (de 40 000 à 250 000 $)	582	25,1	39,6	40,6
Entreprises agricoles (plus de 250 000 $)	108	4,5	45,9	15,2
TOTAL	2 327	100	100	–

5 Champs irrigués en plein cœur du désert de l'Arizona.

■ *Doc. 5 : comment expliquer la forme des champs ?*

◄ ■ *Doc. 4 : quelles sont les exploitations vendant le plus ? Qu'est-ce qui fait vivre les fermiers marginaux ?*

■ *Doc. 6 : où sont consommés les produits de la zone péri-urbaine ? Quel est le facteur favorable aux agricultures de Floride et de l'Ouest, hormis leur climat ?* ▼

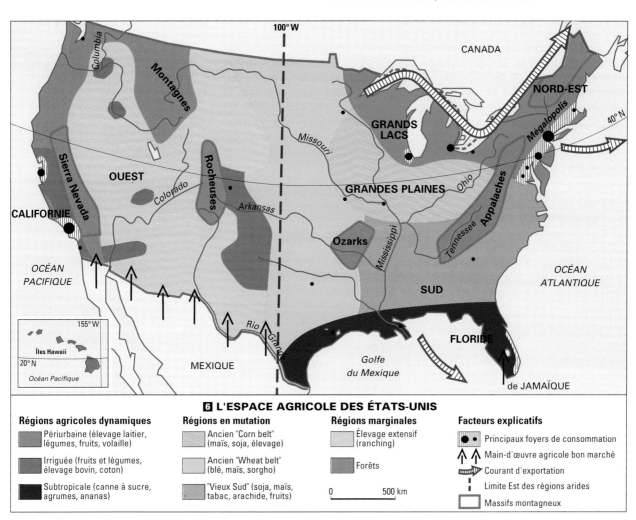

6 L'ESPACE AGRICOLE DES ÉTATS-UNIS

Régions agricoles dynamiques
- Périurbaine (élevage laitier, légumes, fruits, volaille)
- Irriguée (fruits et légumes, élevage bovin, coton)
- Subtropicale (canne à sucre, agrumes, ananas)

Régions en mutation
- Ancien "Corn belt" (maïs, soja, élevage)
- Ancien "Wheat belt" (blé, maïs, sorgho)
- "Vieux Sud" (soja, maïs, tabac, arachide, fruits)

Régions marginales
- Élevage extensif (ranching)
- Forêts

Facteurs explicatifs
- Principaux foyers de consommation
- Main-d'œuvre agricole bon marché
- Courant d'exportation
- Limite Est des régions arides
- Massifs montagneux

0   500 km

Une industrie en pleine mutation

Malgré une forte concurrence du Japon, des nouveaux pays industriels asiatiques et de la Communauté européenne, les États-Unis sont encore les premiers producteurs et consommateurs dans la plupart des secteurs industriels (doc. 1).

A. Des secteurs aux évolutions opposées

1. Certains secteurs industriels ont particulièrement souffert de la concurrence étrangère et de la stagnation de la consommation. Leur déclin est d'autant plus sensible qu'ils ont fait, par le passé, la force du pays. C'est le cas de l'**industrie textile** qui a perdu près du tiers de ses emplois entre 1973 et 1990, incapable de rivaliser avec les pays asiatiques où le coût de la main-d'œuvre est plus bas. La **sidérurgie** américaine n'est plus qu'au troisième rang mondial. Sa production a beaucoup baissé (132 millions de tonnes en 1974, 79 millions en 1991).

2. Des secteurs sont concurrencés mais restent très puissants, comme la chimie ou l'automobile. Les États-Unis restent le plus grand marché automobile, avec plus du tiers des véhicules en circulation dans le monde.

3. Les industries de haute technologie* sont largement dominées par les États-Unis, qui contrôlent 75% du marché de l'**électronique professionnelle** et 40% du marché de l'**informatique** (I.B.M., par exemple). Mais c'est dans l'**aéronautique et l'aérospatiale** que la suprématie est la plus visible. Ce secteur emploie près d'un million de personnes et représente les deux tiers de l'ensemble mondial. Hormis la société européenne Airbus, Boeing, Mac Donnell Douglas et Lockheed n'ont pas de concurrents. Les contrats militaires jouent un très grand rôle dans ce secteur.

B. Permanence du Nord-Est et émergence de nouvelles régions industrielles

1. Les facteurs expliquant la localisation des industries ont changé (doc. 6). De plus en plus, on privilégie, dans le choix d'une implantation industrielle, la qualité de la vie et le coût de la main-d'œuvre.

2. Le Nord-Est *(Manufacturing belt*)* a vu son importance décroître (doc. 7) en raison de la crise des industries lourdes*. Malgré ses vieilles usines abandonnées à la rouille (doc. 5), il reste la première région industrielle du pays, avec une gamme complète, allant de la sidérurgie aux industries de pointe.

3. L'essor industriel du Sud et de l'Ouest s'explique autant par son climat *(Sun belt)* que par ses salaires plus faibles (doc. 2) et sa main-d'œuvre plus docile. Le Texas, la Californie, le Nevada, l'Utah ou le Nouveau-Mexique ont accueilli de multiples activités liées aux industries de pointe (doc. 3 et 4) et, notamment, aux programmes militaires, ce qui va poser de sérieux problèmes lorsque le budget militaire sera réduit, en raison de la fin de la Guerre froide.

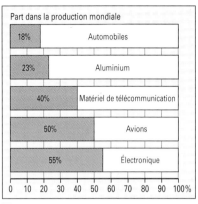

1 La puissance industrielle des États-Unis.

2 A la recherche des salaires les plus bas... de l'autre côté de la frontière

«Au voisinage des États-Unis, détenteurs de capitaux importants et de technologies de pointe, mais où les coûts de la main-d'œuvre sont élevés, l'économie mexicaine offre une main-d'œuvre avide d'emplois. Grâce à un accord entre les deux pays, les entrepreneurs américains peuvent produire au Mexique, sur la bande frontalière les séparant, tous biens nécessitant une main-d'œuvre importante. Le produit fabriqué au Mexique reste américain et n'a pas à payer de droits de douane. Ces industries, appelées "maquiladoras", se consacrent surtout à l'assemblage électronique, à la confection, aux meubles et aux jouets. Les salaires, sept fois moins élevés qu'à Chicago par exemple, permettent une économie des coûts de production et donc des prix plus bas pour le consommateur.»

P. Maccioni,
Problèmes économiques, n° 2011, 1987.

■ *Quel est le principal avantage des «maquiladoras» ?*

■ *Quels sont leurs secteurs d'activités ? Pourquoi ?*

■ *Doc. 6 : expliquez le développement industriel récent du Sud-Est des États-Unis.* ►

⓷ La Silicon Valley, technopôle modèle

«La Silicon Valley, au Sud-Est de San Francisco, est l'image de la haute technologie triomphante. En 1940, le comté de Santa Clara ne comptait que 175 000 habitants. Il en a 1,4 million aujourd'hui. Pendant la Deuxième Guerre mondiale, la région était déjà tournée vers la haute technologie, grâce à l'université Stanford à Palo Alto. Après la guerre, se tissèrent des liens entre université, haute technologie et industrie. I.B.M. s'y installa en 1952, Lockheed en 1956. Le parc industriel est à côté du campus dans un cadre agréable. De petites sociétés naissantes (Apple par exemple) attiraient les ingénieurs des grandes firmes pour lancer de nouveaux produits demandés dans l'armement ou l'aéronautique. Une ambiance de concurrence entraîna de nombreuses découvertes. Aujourd'hui, même si la Silicon Valley est l'exemple d'un technopôle réussi, de nombreuses sociétés préfèrent décentraliser leur production vers des régions à faibles salaires, ne laissant sur place que leur siège social et leur centre de recherche.»

A. Bailly et G. Dorel, «États-Unis, Canada», *Géographie Universelle*, Hachette-Reclus, 1992.

■ *De quand date la naissance de la Silicon Valley ? Quelles sont les firmes connues qui s'y installèrent par la suite ? Pourquoi ? Pour quelle raison de nombreuses sociétés décentralisent-elles actuellement leur production ?*

⓸ Silicon Valley.

◀ ⓹ Friche industrielle dans la *Manufacturing belt.*

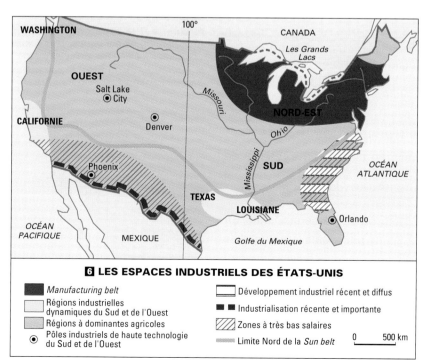

⓺ LES ESPACES INDUSTRIELS DES ÉTATS-UNIS

■ Manufacturing belt
☐ Régions industrielles dynamiques du Sud et de l'Ouest
☐ Régions à dominantes agricoles
⊙ Pôles industriels de haute technologie du Sud et de l'Ouest
☐ Développement industriel récent et diffus
■ ■ Industrialisation récente et importante
▨ Zones à très bas salaires
▬▬ Limite Nord de la *Sun belt*

0   500 km

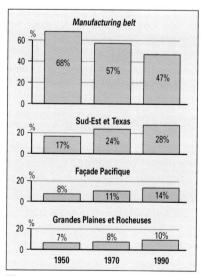

⓻ Part des grands ensembles régionaux dans l'industrie du pays.

■ *Qu'est-ce qui distingue l'évolution de la* Manufacturing belt *des trois autres grands ensembles régionaux, de 1950 à 1990 ?*

4 La domination des services

L'importance des services ne cesse de croître. Près de trois Américains sur quatre aujourd'hui travaillent dans ce secteur.

A. Le poids des services sociaux et de l'administration

Avec 30 millions d'emplois, cet ensemble regroupe plus du quart de toute la population active, une des plus fortes valeurs parmi les pays occidentaux développés.

B. La prolifération des services liés à l'industrie

Les entreprises industrielles créent, actuellement, plus d'emplois de services que d'emplois industriels. Les chercheurs, les juristes, les spécialistes de la commercialisation des produits ou des relations publiques sont indispensables pour conquérir des marchés et vendre plus.

Le système bancaire, bien que puissant, est en crise aujourd'hui (voir doc. 3, p. 296).

C. Une société du tourisme et des loisirs

1. Les loisirs ont pris une place considérable. **Le secteur touristique emploie trois fois plus de personnes que l'agriculture,** soit plus de 8 millions, dont 5 millions dans la restauration et 1,3 million dans l'hôtellerie. Développés dès la fin du 19e siècle, les **parcs nationaux** (doc. 3) reçoivent maintenant plus de 70 millions de visiteurs par an, c'est-à-dire plus que le nombre de touristes étrangers visitant la France chaque année. Les **parcs d'attractions,** dont les plus célèbres sont ceux du groupe Disney (Disneyland en Californie, Disneyworld en Floride), accueillent plus de 100 millions de personnes par an et ont des effets considérables sur l'économie (doc. 4).

2. Les **îles Hawaii,** le **Nevada** et surtout la **Floride** sont des États où cette activité est très importante. Ils bénéficient d'un climat chaud et bien ensoleillé. La Floride est particulièrement bien située, à trois heures d'avion seulement du Nord-Est, très peuplé et au climat hivernal froid et enneigé.

D. Le plus puissant système de transport du monde

1. La taille du pays a nécessité la mise en place d'**un système de transport très efficace,** mais le territoire est inégalement desservi : le réseau est plus lâche à l'Ouest du 100e méridien (doc. 1 et 5).

2. Le **chemin de fer,** après avoir été l'outil de la conquête de l'Ouest, ne joue plus un rôle important que pour le transport de pondéreux* (doc. 6).

3. La **route** domine largement le transport de passagers. L'automobile fait partie du mode de vie Nord-américain.

4. L'**avion,** en raison de l'immensité du territoire, est très utilisé. Le trafic aérien américain représente 40% du trafic mondial (doc. 2).

5. Les **transports fluviaux,** qui ne concernent que l'Est du pays avec le Mississippi et les Grands Lacs, ont un rôle relativement modeste.

6. Le **réseau de conduites** (oléoducs, gazoducs) est unique par son ampleur.

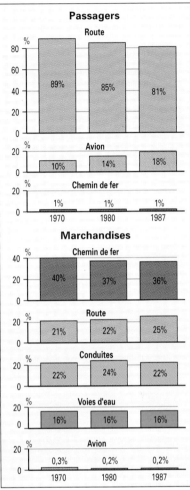

1 Évolution de la répartition du trafic passagers et marchandises.

■ *Commentez l'évolution des trafics de passagers par route et par avion.*

■ *Quel est le mode de transport dominant en ce qui concerne les marchandises ? Décrivez son évolution.*

■ *Pourquoi l'avion est-il si peu utilisé pour le transport de marchandises ?*

2 Les dix principaux aéroports mondiaux en 1991	
Aéroports	**Nombre de passagers (en millions)**
1 New York	68,3
2 Chicago	67,1
3 Tokyo	62,7
4 Londres	60,8
5 Dallas	53,8
6 Los Angeles	51,5
7 Paris	45,3
8 Atlanta	37,9
9 San Francisco	31,8
10 Denver	28,3

■ *Combien y a-t-il d'aéroports américains dans les 10 premiers mondiaux ?*

■ *Localisez-les sur une carte.*

3 Dans le Parc national de Yosemite.

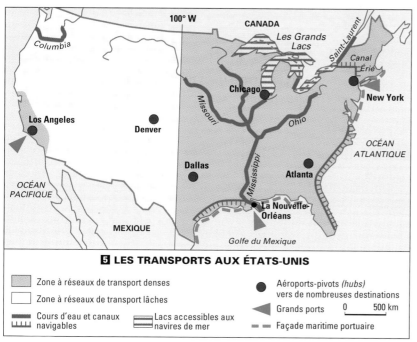

5 LES TRANSPORTS AUX ÉTATS-UNIS

Zone à réseaux de transport denses

Zone à réseaux de transport lâches

Cours d'eau et canaux navigables

Lacs accessibles aux navires de mer

Aéroports-pivots *(hubs)* vers de nombreuses destinations

Grands ports

Façade maritime portuaire

0   500 km

4 L'impact de Disneyworld sur la ville d'Orlando (Floride)

«A côté du parc Disney, d'autres installations de loisirs se sont implantées. Il est vrai que les 22 millions de clients attirés par le complexe Disneyworld représentent un formidable marché. 56 000 chambres d'hôtel ont été construites dans la région. Leur taux d'occupation est le plus élevé des États-Unis : 80%. Partout ont fleuri de multiples installations destinées à ces foules : centres commerciaux géants, centaines de restaurants, cabarets et dancings, ainsi que 25 golfs dans un rayon de 10 km ! Orlando, qui était restée longtemps une modeste ville de l'intérieur, à l'écart du littoral touristique, a vu passer sa population de 450 000 en 1970 à 815 000 en 1984[1], tandis que le nombre d'emplois passait dans le même temps de 150 000 à 300 000.»

G. Dorel, «Les parcs Disney aux États-Unis», *T.I.G.R.*, n° 73-74, 1988.

1. Plus d'un million en 1990.

■ *Dans quels domaines l'impact de Disneyworld s'est-il fait sentir ?*

■ *Décrivez l'évolution de la population d'Orlando entre 1970 et 1990.*

▼ **6** La traversée de l'Ouest.
■ *De quelle ligne s'agit-il ?*

Les contrastes régionaux

Les mutations récentes des États-Unis révèlent de plus en plus fortement, face au **Nord-Est,** cœur économique et principal foyer de peuplement, une **ceinture périphérique** très dynamique s'étendant des rivages du Pacifique au Sud-Est atlantique. La **Californie,** dans cet ensemble, est devenu un «second centre» par son poids démographique. Entre les deux, des courants migratoires, orientés vers le Sud et l'Ouest, traversent un ensemble intérieur très agricole **(Grandes Plaines)** ou presque vide **(Rocheuses).**

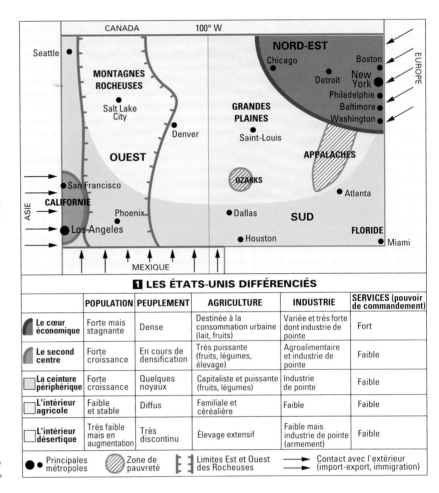

1 LES ÉTATS-UNIS DIFFÉRENCIÉS

	POPULATION	PEUPLEMENT	AGRICULTURE	INDUSTRIE	SERVICES (pouvoir de commandement)
Le cœur économique	Forte mais stagnante	Dense	Destinée à la consommation urbaine (lait, fruits)	Variée et très forte dont industrie de pointe	Fort
Le second centre	Forte croissance	En cours de densification	Très puissante (fruits, légumes, élevage)	Agroalimentaire et industrie de pointe	Faible
La ceinture périphérique	Forte croissance	Quelques noyaux	Capitaliste et puissante (fruits, légumes)	Industrie de pointe	Faible
L'intérieur agricole	Faible et stable	Diffus	Familiale et céréalière	Faible	Faible
L'intérieur désertique	Très faible mais en augmentation	Très discontinu	Élevage extensif	Faible mais industrie de pointe (armement)	Faible

●● Principales métropoles   ▨ Zone de pauvreté   ⌶ Limites Est et Ouest des Rocheuses   ⟶ Contact avec l'extérieur (import-export, immigration)

A. Attrait et croissance de la ceinture périphérique

◀ **3** Floride : Miami.

2 La croissance de la Californie

«Un Américain sur 9 vit aujourd'hui en Californie. Avec plus de 30 millions d'habitants, cet État est plus peuplé que le Canada ou l'Australie et son produit brut le place devant le Royaume-Uni, au sixième rang mondial. Entre 1980 et 1990, le quart de la croissance de la population américaine s'y est concentré, ce qui pose des problèmes de transport, d'éducation ou de ressources en eau. Aujourd'hui, les minorités hispaniques, asiatiques et noires forment 40% de la population.»

R. Goodenough,
Geography, n° 335, 1992.

4 La Floride, terre d'accueil des retraités

«En raison de son climat subtropical à hiver doux, de ses grands espaces disponibles pour la construction et d'un coût de la vie moins élevé que dans le reste du pays (faiblesse des impôts, alimentation pas chère, terrains peu onéreux, absence de frais de chauffage), la Floride attire de nombreux retraités. De plus, son activité touristique lui donne une ambiance de terre de loisirs. Entre 1975 et 1980, 430 000 personnes âgées s'y sont installées. Ce flux provient des États industrialisés du Nord-Est avec à leur tête celui de New York, le New Jersey, l'Ohio et la Pennsylvanie. L'âge moyen de ces immigrants retraités est de 68 ans et 98% sont blancs. Fait nouveau, ce ne sont plus les classes aisées qui viennent s'y installer, on trouve aussi des retraités de la classe moyenne aux revenus plus faibles.»

D. Clary, «La migration de retraite en Floride», *Norois,* n° 150, 1991.

B. Force et permanence du Nord-Est

▲ 5 Le Sud de Manhattan dominé par les tours du World Trade Center, à New York.

6 New York, métropole mondiale

«Avec ses 18 millions d'habitants, la région de New York est aujourd'hui un des ensembles urbains parmi les plus peuplés du monde. Sa puissance s'exerce à l'échelle planétaire : premier centre de décision du monde, elle n'est pas la capitale politique des États-Unis, mais les représentations consulaires qui s'y trouvent sont plus étoffées que les ambassades de Washington. L'Organisation des Nations Unies y a son siège et la concentration, sur cet étroit espace, de tout ce qui compte en matière économique, financière, culturelle, explique son attraction et son formidable pouvoir.»

A. Bailly et G. Dorel, «États-Unis, Canada», *Géographie Universelle,* Hachette-Reclus, 1992.

QUESTIONS

1. Doc. 1 : en vous aidant du manuel, décrivez les conséquences des contacts avec l'Asie et le Mexique sur la Californie et le Sud-Ouest des États-Unis. Pourquoi, en ce qui concerne l'«Intérieur», a-t-on distingué deux ensembles ?

2. Doc. 2 : calculez le pourcentage de la population américaine vivant aujourd'hui en Californie.

3. Doc. 3 : de quels éléments se compose le paysage ?

4. Doc. 4 : quelles sont les raisons qui attirent les retraités en Floride ?

Les États-Unis dominent largement le commerce international (13,1% des échanges internationaux en 1991) et le système monétaire mondial, puisque le dollar est la principale monnaie de transaction. Mais leur domination est sensible aussi sur les plans culturel et militaire.

A. Un commerce extérieur déficitaire

1. Bien qu'en baisse, le **déficit de la balance commerciale*** reste très important (87 milliards de dollars en 1991). Le taux de couverture n'est que de 83% (doc. 2). Le déficit de la balance des paiements courants a, quant à lui, fortement augmenté au cours des années 80.

2. Si les États-Unis sont, très largement, les **premiers importateurs mondiaux,** ils sont **concurrencés par l'Allemagne dans le domaine des exportations.** Les États-Unis ont même perdu leur rang de premier exportateur mondial de 1986 à 1988 et en 1990.

3. Les **exportations** sont dominées par :
– des produits miniers (charbon) et agricoles (blé, soja), représentant près du quart des exportations ;
– des gros ordinateurs et des avions.

4. Les **importations gigantesques** (doc. 1) sont dues à l'effacement de secteurs industriels entiers (automobile, textile, matériel audiovisuel grand public, matériel électrique et informatique courant).

5. Afin de relancer leur économie et leurs exportations, **les États-Unis favorisent les accords de libre-échange*** avec d'autres pays américains. Depuis août 1992, le Mexique, le Canada et les États-Unis forment un grand marché commun : **l'A.L.E.N.A.*** (doc. 3).

B. Un rôle mondial qui coûte cher

Avec la disparition de l'U.R.S.S., **les États-Unis restent la seule puissance mondiale.** Ses forces armées sont présentes aux quatre coins du monde (doc. 6). Leur suprématie militaire les pousse à rêver à un nouvel ordre mondial répondant à leurs ambitions stratégiques. Après leur intervention militaire à la Grenade et au Panama, leur victoire rapide lors de la Guerre du Golfe, en 1991, a prouvé leur force. Mais celle-ci coûte cher : la moitié du budget fédéral, chaque année, est consacrée aux dépenses militaires.

C. Le modèle américain

Grâce à la télévision et au cinéma, l'*American way of life* **se répand à travers le monde** (doc. 4 et 5). Les modes, les innovations et les idées venues des États-Unis tendent à modifier les comportements et les cultures sur l'ensemble de la planète.

V O C A B U L A I R E

American way of life : mode de vie Nord-américain.

Balance des paiements courants : balance de toutes les transactions s'accompagnant de mouvements monétaires (marchandises, services, capitaux).

Taux de couverture : rapport de la valeur des exportations à celle des importations (donné en pourcentage).

◼ La montée des échanges avec les pays du bassin Pacifique

«Depuis le milieu des années 80, le volume des échanges avec les États riverains du Pacifique l'emporte sur celui des échanges avec ceux de l'Atlantique. Au cœur de cette inversion, un courant dominant d'importations en provenance du Japon et des "quatre dragons", Singapour, Hong Kong, Corée du Sud et Taiwan. C'est le point marquant, en matière de commerce, de ces dernières années. Les importations, en provenance de ces pays, ont été multipliées par 6 depuis 1967. Le Japon est devenu le deuxième partenaire des États-Unis à qui il fournit 21% de toutes les importations, contre 15% pour les quatre dragons. Mais comme le taux de couverture avec ce pays n'est que de 35%, les États riverains du Pacifique sont responsables à eux seuls de 60% du déficit commercial américain.»

J. Béthemont et J.-M. Breuil,
Les États-Unis : une géographie thématique, Masson, 1991.

◼ *Qu'est-ce qui a changé depuis le milieu des années 80 ?*

◼ *Quel est le deuxième partenaire commercial des États-Unis ?*

◼ *En vous aidant du taux de couverture, dites quel est, du Japon ou des États-Unis, le pays qui exporte le plus vers l'autre.*

2 L'évolution de la balance commerciale des États-Unis (en milliards de dollars)						
	1970	1975	1980	1987	1990	1991
Importations	42,5	102	273	427	517	509
Exportations	43,5	104	233	253	394	422

■ *Quelles sont les années où la balance commerciale est excédentaire ?*

■ *Calculez les taux de couverture pour ces six années ? De quelle manière évolue-t-il ?*

3 L'A.L.E.N.A. face à la Communauté européenne			
	Population (en millions)	P.N.B. (en milliards de $)	Exportations (en milliards de $)
A.L.E.N.A.			
États-Unis	255	5 673	422
Canada	27	501	127
Mexique	88	283	46
total	370	6 457	595
% du total mondial			
A.L.E.N.A.	7%	29%	16%
C.E.	6%	28%	38%

■ *Qui joue un rôle moteur parmi les pays de l'A.L.E.N.A. ?*

■ *Dans quels domaines l'A.L.E.N.A. l'emporte-t-elle sur la Communauté européenne ?*

5 *Japan Disney, à Tokyo.* ►

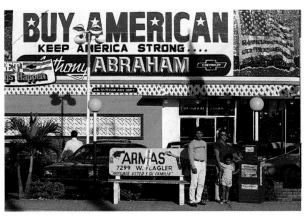

4 *Buy american :* un argument de vente.

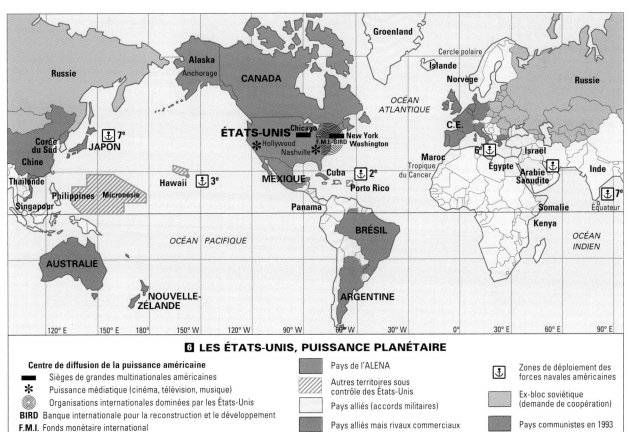

6 LES ÉTATS-UNIS, PUISSANCE PLANÉTAIRE

Centre de diffusion de la puissance américaine
- Sièges de grandes multinationales américaines
- ✳ Puissance médiatique (cinéma, télévision, musique)
- ◎ Organisations internationales dominées par les États-Unis
- **BIRD** Banque internationale pour la reconstruction et le développement
- **F.M.I.** Fonds monétaire international

Pays de l'ALENA

Autres territoires sous contrôle des États-Unis

Pays alliés (accords militaires)

Pays alliés mais rivaux commerciaux

Zones de déploiement des forces navales américaines

Ex-bloc soviétique (demande de coopération)

Pays communistes en 1993

Les États-Unis : économie et régions

JE RETIENS

1. Les mots et notions clés

● **capitalisme, libéralisme** ● **productivité** ●
● **complexe agro-industriel** ● *Manufacturing belt* ●
● **industrie lourde** ● **industrie de haute technologie** ●
● **libre-échange** ● **A.L.E.N.A.** ●

2. Les idées essentielles

▪ Le **capitalisme** est la base de l'économie américaine. Cependant, malgré son libéralisme, l'État intervient de plus en plus fortement. De très grandes firmes dominent tous les secteurs économiques.

▪ Les États-Unis ont **l'agriculture la plus puissante du monde** et dominent la production mondiale dans le domaine des céréales et des agrumes, par exemple. Le nombre d'agriculteurs ne cesse de diminuer alors que la production augmente. Le complexe agro-industriel joue un rôle très important dans l'économie du pays.

▪ L'industrie américaine est fortement concurrencée par certains pays européens et asiatiques. Il n'y a que dans le secteur des **industries de haute technologie** que les États-Unis dominent encore. Bien que le Nord-Est reste la région la plus puissante, le Sud et l'Ouest connaissent un essor industriel important.

▪ Les **services** emploient près de trois Américains sur quatre. Ce secteur est en pleine expansion, comme le montrent le développement du tourisme et des loisirs, ou le rôle primordial des transports.

▪ **Le commerce extérieur est déficitaire** car les États-Unis importent massivement, alors que leurs exportations sont vivement concurrencées. Dernière «super-puissance», son rôle mondial coûte cher à l'État.

EXERCICES

1. Je vérifie mes connaissances

▪ **Le nombre d'agriculteurs américains est de :**
– 1 million
– 2,7 millions
– 6,3 millions

▪ **Le Nord-Est n'est plus la principale région industrielle du pays :**
– vrai
– faux

▪ **Le tourisme emploie plus de personnes que l'agriculture :**
– vrai
– faux

▪ **Quel moyen de transport domine le trafic de marchandises ?**
– les tubes
– la route
– le chemin de fer

▪ **Le cœur économique des États-Unis est :**
– la Californie
– les Grandes Plaines
– le Nord-Est

▪ **Citez trois climats des États-Unis.**

▪ **La balance commerciale des États-Unis est :**
– déficitaire
– excédentaire

▪ **Quels sont les pays faisant partie, avec les États-Unis, de l'A.L.E.N.A. ?**
– le Japon
– le Mexique
– le Canada
– le Royaume-Uni

en milliards de dollars

Source : *Problèmes politiques et sociaux.*

◄ **Le commerce extérieur des États-Unis : importations et exportations (1981-1987).**

2. Je commente un graphique

▪ Donnez la définition des mots suivants : importation, exportation, balance commerciale.

▪ Comment ont évolué les importations et les exportations de 1981 à 1987 ?
– Comparez les deux courbes.
– Que peut-on dire sur la balance commerciale ?

BREVET BLANC

1. Je commente un tableau

■ Calculez la balance commerciale des États-Unis avec ses cinq principaux partenaires. Avec quel pays les États-Unis ont-ils le plus grand déficit ?

■ Quels sont, parmi ces cinq partenaires, ceux qui font partie de l'A.L.E.N.A. ?

Les principaux partenaires commerciaux des États-Unis en 1987			
Partenaires	**Importations** (en milliards de dollars)	**Exportations** (en milliards de dollars)	**Balance commerciale** (en milliards de dollars)
Canada	71	60	?
Mexique	20	15	?
Communauté européenne	81	60	?
Japon	84	28	?
Taiwan	35	7	?

2. Questions d'examen

■ **L'industrie des États-Unis :**
Vous présenterez :
– les bases de la puissance industrielle américaine (ressources naturelles, organisation économique…) ;
– les industries en difficulté et les industries en essor ;
– les grandes régions industrielles, en complétant la légende de la carte et en indiquant dans les cadres le nom de deux États où les industries de pointe sont importantes.

■ **L'agriculture des États-Unis :**
– en introduction, montrez son importance ;
– expliquez sa puissance, en première partie, en en montrant les fondements humains, techniques et naturels ;
– décrivez les grandes régions agricoles, leur localisation et leur évolution ;
– en conclusion, montrez les problèmes actuels de cette agriculture.

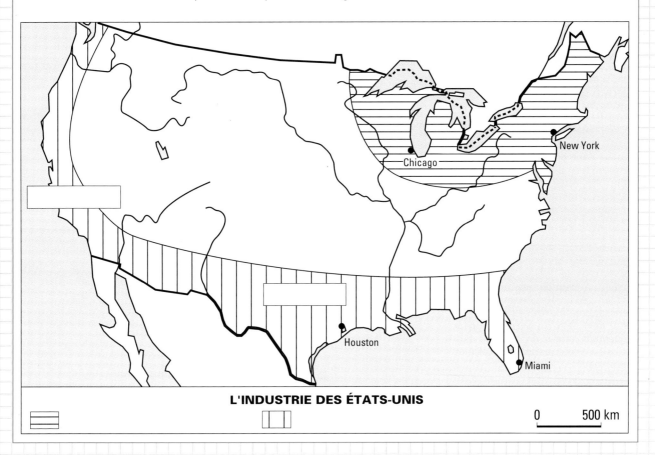

L'INDUSTRIE DES ÉTATS-UNIS

0   500 km

RUSSIE ET C.E.I.

1 De l'U.R.S.S. aux États indépendants. Dessin de Plantu, *Le Monde,* 10 décembre 1991.

3 L'ouverture d'un Mac Donald à Moscou, en 1990. ▶
■ *Que symbolise-t-elle ?*

2 Les problèmes de la C.E.I.

Les nouvelles républiques se trouvent confrontées à des problèmes d'une ampleur sans précédent, qui vont bien au-delà de la transformation économique... Les infrastructures sont dégradées et des atteintes très graves ont été portées à l'environnement.

Ces républiques n'existent comme nations que depuis quelques mois mais, dans de nombreux secteurs essentiels à une économie de marché, elles ne disposent pas encore d'une administration compétente... Le problème latent des nationalités refait surface. Ces républiques n'ont guère l'expérience des mécanismes de l'économie de marché, et aucune culture d'entreprise... Elles sont également en train de redécouvrir leur diversité. La Russie possède des ressources naturelles immenses qui devraient lui permettre d'ici quelques années de venir en aide à ses voisins moins bien lotis et plus pauvres, dont la situation se rapproche de celle des pays en développement à faible revenu d'Asie.

D'après Michel Camdessus,
Bulletin du F.M.I, 4 mai 1992.

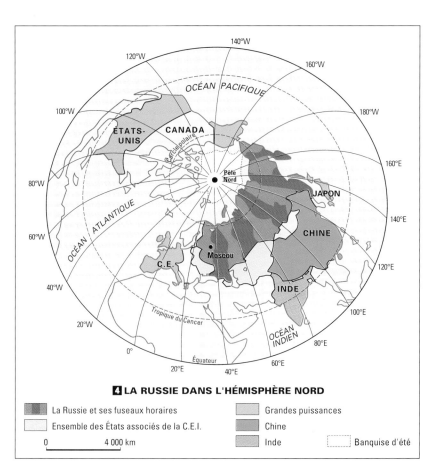

4 LA RUSSIE DANS L'HÉMISPHÈRE NORD

■ La Russie et ses fuseaux horaires
□ Ensemble des États associés de la C.E.I.
Grandes puissances
Chine
Inde
Banquise d'été

0   4 000 km

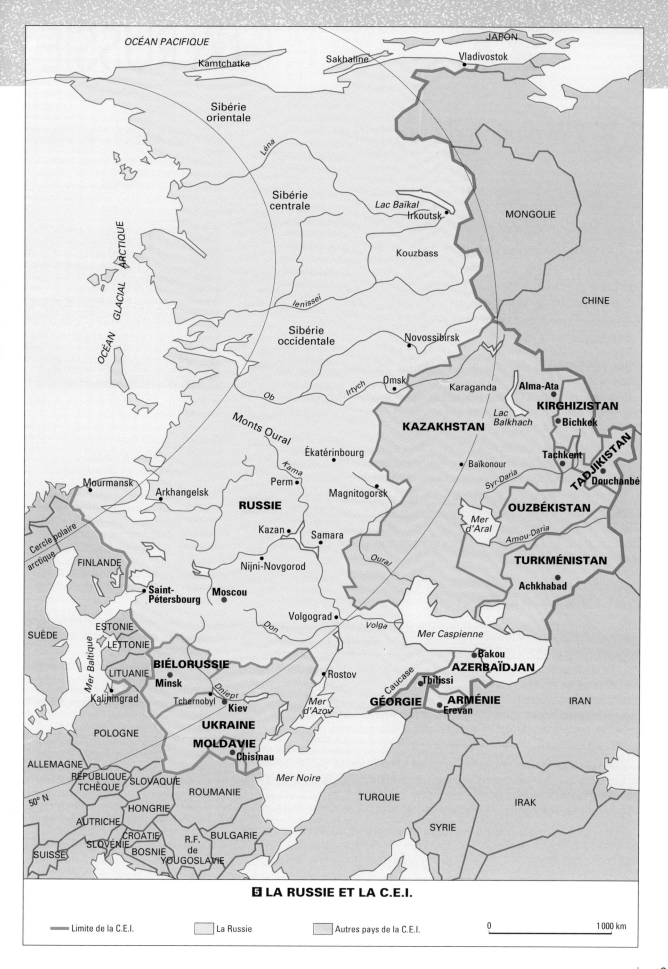

OCÉAN PACIFIQUE

JAPON

Kamtchatka

Sakhaline

Vladivostok

Sibérie
orientale

Léna

Sibérie
centrale

Lac Baïkal

Irkoutsk

MONGOLIE

OCÉAN GLACIAL ARCTIQUE

Ienisseï

Kouzbass

CHINE

Sibérie
occidentale

Novossibirsk

Ob

Irtych

Omsk

Karaganda

Alma-Ata

KIRGHIZISTAN

Monts Oural

Ékatérinbourg

Kama

Perm

Magnitogorsk

Lac
Balkhach

Bichkek

KAZAKHSTAN

Tachkent

TADJIKISTAN

Baïkonour

Douchanbé

Mourmansk

Arkhangelsk

RUSSIE

Syr-Daria

OUZBÉKISTAN

Kazan

Samara

Mer
d'Aral

Amou-Daria

Cercle polaire
arctique

FINLANDE

Nijni-Novgorod

Oural

TURKMÉNISTAN

Achkhabad

SUÈDE

Saint-
Pétersbourg

Moscou

Volgograd

Volga

Mer Caspienne

ESTONIE

Don

Mer Baltique

LETTONIE

BIÉLORUSSIE

Rostov

Bakou

AZERBAÏDJAN

LITUANIE

Minsk

Caucase

Tbilissi

Kaliningrad

Dniepr

Tchernobyl

Kiev

Mer
d'Azov

Mer Noire

GÉORGIE

ARMÉNIE

Erevan

IRAN

POLOGNE

UKRAINE

MOLDAVIE

Chisinau

ALLEMAGNE

50° N

RÉPUBLIQUE
TCHÈQUE

SLOVAQUIE

ROUMANIE

TURQUIE

IRAK

HONGRIE

AUTRICHE

SYRIE

CROATIE

SLOVÉNIE

BULGARIE

SUISSE

BOSNIE

R.F.
de
YOUGOSLAVIE

5 LA RUSSIE ET LA C.E.I.

Limite de la C.E.I.   La Russie   Autres pays de la C.E.I.

0   1 000 km

LA RUSSIE :

1 L'évolution du territoire

A la suite de l'éclatement de l'U.R.S.S. sont apparus quinze États qui se partagent les dépouilles du dernier grand empire colonial.

A. La formation d'un empire : de la Russie à l'U.R.S.S.

1. Née au 13e siècle, la principauté de Moscou s'est rapidement étendue dans la plaine russe. Les princes moscovites veulent rassembler les terres russes et orthodoxes, en s'étendant vers le Nord et vers l'Est.

2. État continental, la Russie cherche ensuite à s'assurer :
– **des ouvertures maritimes :** mer Blanche, mer Baltique, mer Noire (1774-1792), Pacifique et mer du Japon (1860) ;
– **des territoires à peupler et à exploiter :** Sibérie (terres, minerais, fourrures) ;
– **des glacis vers l'Ouest** (Finlande, Bessarabie, Pologne), pour se protéger mais aussi s'ouvrir et appartenir à l'Europe ; vers le Sud du Caucase, puis les steppes d'Asie centrale.

3. L'Empire russe constitue ainsi un vaste empire colonial continental, sans frontières intérieures définies entre métropole et colonies, peuplé de Russes et de non-Russes, chrétiens ou musulmans.

4. L'U.R.S.S. hérite du territoire des tsars, récupère les terres qui s'étaient proclamées indépendantes, prolonge son expansion vers l'Ouest en 1945. Par le contrôle idéologique, politique et économique de l'Europe orientale, elle renforce encore son glacis protecteur occidental (doc. 3).

B. De l'U.R.S.S. à la Russie

1. Pour tenter de résoudre le problème des nationalités, le gouvernement soviétique transforme l'Empire russe en une **Fédération de Républiques** (1922, doc. 2). L'État est construit de territoires emboîtés : aux peuples les plus importants, quinze républiques fédérées ; les nationalités moins importantes forment des républiques autonomes ; des groupes nationaux reçoivent des régions, et les «petits peuples» des arrondissements autonomes. Mais les limites administratives retenues ne correspondent pas strictement à des critères géographiques ou ethniques.

2. L'affaiblissement du pouvoir central et les tentatives de réformes de M. Gorbatchev favorisent le **renouveau des nationalismes.** En 1990-91, les républiques, les unes après les autres, proclament leur souveraineté, puis leur indépendance. Fin décembre 1991, l'U.R.S.S. est dissoute.

3. Une «Communauté des États Indépendants» **(C.E.I.)** réunit onze des quinze Républiques de l'ex-U.R.S.S., mais ne semble être qu'un vague organisme provisoire de concertation, en vue de partager l'héritage.

4. Les **nouveaux États,** dont la Russie (doc. 4), dans un contexte de crise profonde, héritent de territoires aux frontières contestables, de populations multinationales, dont certaines revendiquent ou proclament la souveraineté, l'indépendance, le rattachement de leur territoire à d'autres États, source de tensions ou de conflits (doc. 5).

1 Moscou, 1990 : «72 ans sur la voie de nulle part».

2 La Russie, territoire et frontières

«La R.S.F.S.R.[1] est une invention bolchevique. Les frontières et les découpages intérieurs en républiques et territoires autonomes ne correspondent à aucune réalité géographique et politique préexistante. [...] C'est un État multinational russe, dont les limites, fluctuantes du fait des tendances sécessionnistes, s'arrêtent aux portes de l'Ukraine, de la Biélorussie, aux monts du Caucase et aux steppes d'Asie centrale. Elle est confrontée à un processus de décolonisation "classique" : les nations non russes revendiquent leur indépendance ou leur autonomie et refusent de reconnaître l'autorité fédérale [...].
L'autre phénomène de décomposition est plus grave encore pour l'avenir d'un État russe, c'est-à-dire d'un espace politique et économique soumis à des règles communes. Ce sont des revendications d'autonomie en Sibérie et dans des régions peuplées et dirigées par des Russes [...]. La Russie est en quête des fondements même de l'État : frontières, légitimité, identité nationale, institutions politiques, système économique.»

M. Mendras, *Politique étrangère,* Revue trimestrielle de l'I.F.R.I., n° 1, 1992 (diffusion A. Colin).

1. Voir doc. 5, p. 25.

ESPACE ET SOCIÉTÉ

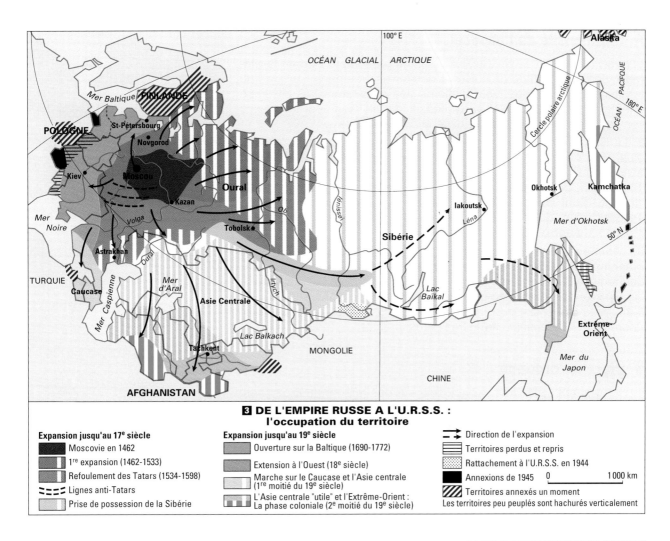

3 DE L'EMPIRE RUSSE A L'U.R.S.S. :
l'occupation du territoire

Expansion jusqu'au 17e siècle
- ■ Moscovie en 1462
- 1re expansion (1462-1533)
- Refoulement des Tatars (1534-1598)
- ☰☰☰ Lignes anti-Tatars
- Prise de possession de la Sibérie

Expansion jusqu'au 19e siècle
- Ouverture sur la Baltique (1690-1772)
- Extension à l'Ouest (18e siècle)
- Marche sur le Caucase et l'Asie centrale (1re moitié du 19e siècle)
- L'Asie centrale "utile" et l'Extrême-Orient : La phase coloniale (2e moitié du 19e siècle)

- ➡ Direction de l'expansion
- ☰ Territoires perdus et repris
- Rattachement à l'U.R.S.S. en 1944
- ■ Annexions de 1945   0 ────── 1 000 km
- ▨ Territoires annexés un moment
- Les territoires peu peuplés sont hachurés verticalement

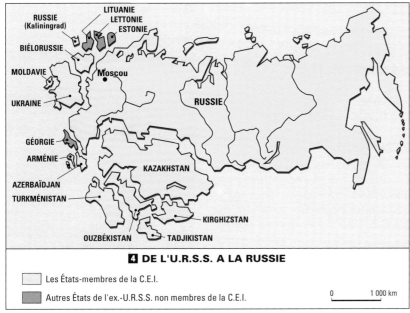

4 DE L'U.R.S.S. A LA RUSSIE

- ☐ Les États-membres de la C.E.I.
- Autres États de l'ex.-U.R.S.S. non membres de la C.E.I.

0 ────── 1 000 km

5 Le problème des frontières

«Dans de nombreux cas, il n'existe pas d'actes législatifs qui détermineraient le statut et les appellations nouvelles des républiques et des unités administratives autonomes de la Fédération de Russie, ni d'accords bilatéraux qui établiraient les frontières des États souverains qui étaient autrefois des Républiques fédérées».

Nouvelles de Moscou,
28 avril 1992.

■ *Expliquez, à partir du doc. 3, le passage de l'U.R.S.S. à la Russie (doc. 4).*

Immensité et continentalité

A. L'immensité de l'espace

1. Avec 17 millions de km², la Russie est **le plus vaste État de la planète** (doc. 6). Il couvre un huitième des terres émergées. Le quart du territoire est en Europe, des frontières des nouveaux États d'Europe orientale jusqu'à l'Oural et au Caucase, qui en marquent les limites conventionnelles avec l'Asie (Sibérie et Extrême-Orient).

2. La Russie se situe entre le 42° et le 80° de latitude Nord, mais la plus grande partie du territoire est au Nord du 50°, et **plus du quart au-delà du cercle polaire.** D'Ouest en Est, elle s'allonge sur plus de 10 000 km, de la Baltique au Pacifique, et de 3 000 à 3 800 km du Nord au Sud. **Onze fuseaux horaires** couvrent son territoire. Le Transsibérien, qui la traverse, met plus d'une semaine pour relier Moscou à Vladivostok.

3. L'immensité offre des atouts : le sous-sol recèle d'immenses réserves aussi bien minérales qu'énergétiques, surtout à l'Est, dans des régions où leur mise en valeur est difficile et coûteuse. La superficie agricole est vaste, bien que réduite par les contraintes climatiques. Mais cette immensité pose aussi des problèmes : les distances sont énormes et les frontières terrestres démesurées.

B. Un relief ordonné

1. Les **plaines** s'étendent, monotones, sur des milliers de kilomètres. A l'Ouest, la plaine russe s'ouvre largement sur les plaines de l'Europe du Nord et de l'Est (Ukraine), et celles de l'Asie centrale. A l'Est des massifs montagneux de l'Oural, se déroule l'immense plaine marécageuse de Sibérie occidentale (doc. 3). La Sibérie centrale est occupée par des plateaux.

2. Des **chaînes de hautes montagnes** s'étendent au Sud et surtout à l'Est (doc. 2) : Caucase, montagnes de Sibérie et d'Extrême-Orient. Elles culminent à plus de 7 000 m et forment également les limites des États d'Asie centrale qu'elles isolent du reste de l'Asie.

C. Des milieux contraignants

1. Les **climats continentaux,** aux hivers longs, froids ou très froids et secs, et aux étés chauds et orageux, dominent sur la majeure partie de la Russie (doc. 1 et 5). Le printemps est l'époque de la raspoutitsa* : la boue, les marécages remplacent le gel et la neige, accompagnés par les crues énormes des fleuves. Les routes sont impraticables, les déplacements et les transports difficiles.

2. La continentalité augmente d'Ouest en Est. Ces régions sont couvertes par la **taïga*,** surtout en Sibérie, où les sols sont pauvres et le sous-sol gelé en profondeur (merzlota*), imperméable, provoquant, lors du dégel de surface, la formation d'immenses marécages. A la taïga succède, en Russie d'Europe, une **forêt mixte,** en partie défrichée. Au Sud-Ouest s'étend une prairie herbacée sur de riches **terres noires** (tchernoziom*), dont l'Ukraine et le Kazakhstan ont la plus grande part.

3. Au Nord, le territoire est soumis aux climats arctiques : c'est le domaine de la **toundra*.** La bordure de la mer Noire a un climat de type méditerranéen, et les régions de la basse Volga sont sèches ou arides : les steppes annoncent les déserts de l'Asie centrale.

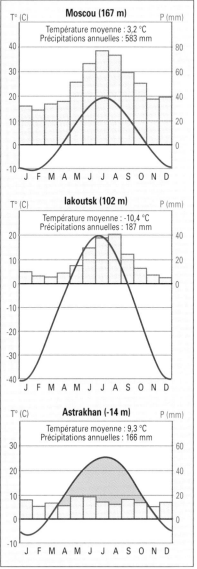

1 Des climats contrastés.

2 Les monts de Verkhoïansk, en Sibérie orientale.

3 Plaine de Sibérie occidentale.

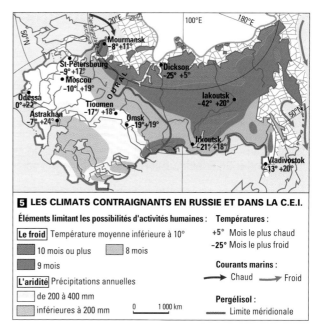

5 LES CLIMATS CONTRAIGNANTS EN RUSSIE ET DANS LA C.E.I.

Éléments limitant les possibilités d'activités humaines :

Le froid Température moyenne inférieure à 10°

- 10 mois ou plus
- 8 mois
- 9 mois

L'aridité Précipitations annuelles

- de 200 à 400 mm
- inférieures à 200 mm

Températures :
+5° Mois le plus chaud
−25° Mois le plus froid

Courants marins :
→ Chaud ⇢ Froid

Pergélisol :
—— Limite méridionale

0   1 000 km

---

4 Saisons en Sibérie

«En plein mois d'août, les gels nocturnes sont fréquents, alors qu'on peut atteindre +30° à midi. L'air chaud est alors sillonné de myriades de moustiques qui obligent à travailler en gants et masqués. Les hivers très rigoureux sont très longs, les précipitations hivernales sont faibles, mais la neige tient longtemps du fait des basses températures... Il faut avoir vu les chauffeurs des gros Kamaz, alignés sur la neige, réchauffer au petit matin leurs moteurs à l'aide de braseros, ou constaté la disparition d'une canalisation "aspirée" par le pergélisol*. L'acier ordinaire devient cassant, le caoutchouc aussi friable qu'une biscotte et l'huile solidifiée perd tout pouvoir lubrifiant [...]. C'est en fonction du vent, de la neige, qu'on arrête en dessous de −50 ou −55° les travaux exté-rieurs, mais dans de nombreux cas, en particulier dans toutes les régions marécageuses, c'est la seule saison où l'on peut effectuer les gros travaux de transport et de terrassement, quand la couche superficielle est gelée.»

Jean Radvanyi, *L'U.R.S.S. : régions et nations,* Masson, 1990.

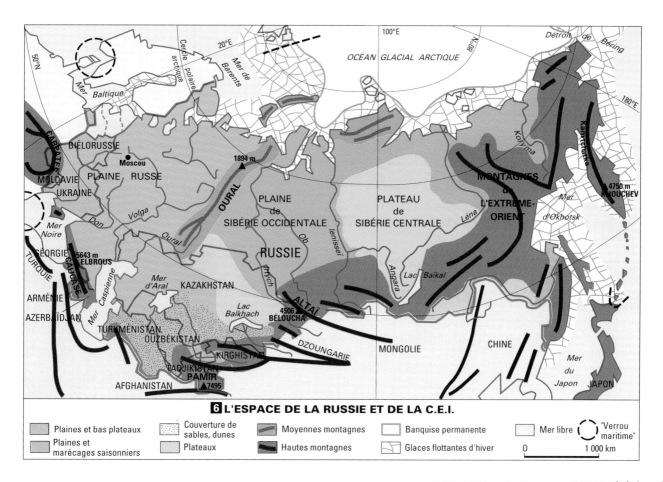

6 L'ESPACE DE LA RUSSIE ET DE LA C.E.I.

- Plaines et bas plateaux
- Plaines et marécages saisonniers
- Couverture de sables, dunes
- Plateaux
- Moyennes montagnes
- Hautes montagnes
- Banquise permanente
- Glaces flottantes d'hiver
- Mer libre
- "Verrou maritime"

0   1 000 km

Des richesses difficiles à mettre en valeur

A. D'énormes ressources

1. L'immensité du territoire et la diversité des structures géologiques ont donné à la Russie des gisements énergétiques et miniers importants et variés. Leur exploitation massive et extensive a permis de développer l'industrie lourde et place les États de la C.E.I., et plus particulièrement la Russie, aux premiers rangs mondiaux.

2. De nouveaux gisements ont été découverts dans le Nord et l'Est du pays, mais les difficultés économiques, l'éloignement des centres de peuplement et de consommation, les problèmes de transport et de mise en valeur dans des régions difficiles (doc. 3) retardent ou empêchent leur mise en exploitation. La Russie dispose ainsi de **réserves énormes, aussi bien en énergie qu'en minerais** (doc. 4 et 6).

3. Il faut enfin ajouter, aux productions du sous-sol, celles de la forêt (40% du territoire et un tiers des réserves mondiales) et les ressources en eau, plus inégalement réparties encore.

B. Les ressources et les problèmes de mise en valeur

1. Le **charbon** a permis l'industrialisation accélérée des premiers plans quinquennaux. Sa production, la troisième du monde (386 Mt), est en régression ces dernières années. Celle des gisements d'Europe et de l'Oural décline, alors que celle de Sibérie, où se situent quatre cinquièmes des réserves, progresse.

2. Des gisements exceptionnels d'**hydrocarbures** ont été découverts et la production s'est déplacée vers les immenses gisements sibériens. Le «Troisième Bakou» (Sibérie occidentale) fournit à lui seul 73% du pétrole et près de 80% du gaz. La mise en service de milliers de kilomètres de gazoducs et d'oléoducs en a permis le transport vers les régions consommatrices et les exportations vers l'Europe. Mais l'exploitation maladroite des gisements, les insuffisances techniques et financières, le manque d'entretien, les fuites sur les pipelines... provoquent des gaspillages et des pertes importantes (20%, doc. 1). Le déclin de la production (doc. 5), la hausse de la consommation – s'ils se poursuivaient – pourraient faire décroître les exportations et les rentrées de devises sur lesquelles la Russie compte pour financer la restructuration économique (doc. 2).

3. Depuis 1950, l'**électrification** s'est accélérée. 85% de l'électricité est d'origine thermique. Des centrales sont construites sur les gisements (tourbe, lignite, charbon) des régions européennes ou de Sibérie. D'autres brûlent fuel et gaz dans les régions productrices ou près des centres urbains occidentaux, à proximité desquels ont été construites des centrales nucléaires. Le programme nucléaire est remis en question depuis l'accident de Tchernobyl (Ukraine). Enfin, le potentiel hydroélectrique reste sous-utilisé : les régions européennes et l'amont des fleuves de Sibérie occidentale (Ienisseï-Angara) sont bien équipés.

4. Les **minerais non ferreux** sont abondants et variés : Oural, presqu'île de Kola, régions montagneuses de Sibérie. Le fer est surtout exploité dans la région de Koursk (un quart des réserves mondiales), alors que les gisements ouraliens sont en voie d'épuisement.

1 La production pétrolière en U.R.S.S. (Mt, 1970-1990)			
	1970	1980	1990
Petchora-Komis	7,5	15	16
Sibérie occ.	31,5	313	375
Sakhaline	1,5	3	2,5
Caucase Nord	35	18	6
Volga-Oural	209	192	117
Autres régions	312,5	272	175,5

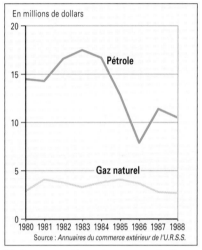

2 Les recettes des exportations d'hydrocarbures de l'U.R.S.S. vers les pays occidentaux.

3 Les difficultés du travail en Sibérie.

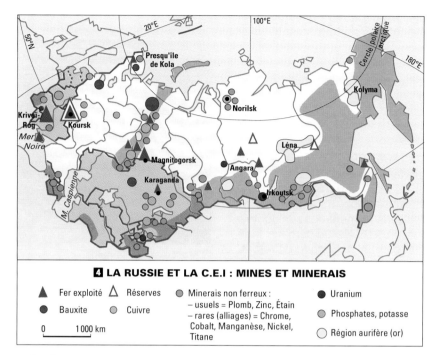

4 LA RUSSIE ET LA C.E.I : MINES ET MINERAIS

▲ Fer exploité △ Réserves ● Minerais non ferreux : ● Uranium
  – usuels = Plomb, Zinc, Étain
● Bauxite ● Cuivre – rares (alliages) = Chrome, ● Phosphates, potasse
  Cobalt, Manganèse, Nickel,
0 ___ 1000 km Titane ○ Région aurifère (or)

5 Le déclin de la production de Sibérie occidentale

«Le débit des puits a diminué, l'exploration a révélé la présence de gaz plutôt que de pétrole. Les nouveaux gisements sont plus petits, plus dispersés et à plus faible productivité [...]. Pour satisfaire aux objectifs du plan, les gisements ont été exploités de manière extensive (injection massive d'eau, mise en production des gisements sans préparation suffisante). Les difficultés du développement du complexe pétro-gazier de Sibérie occidentale s'expliquent aussi aujourd'hui, dans une grande mesure, par le retard dans la construction des routes, des logements, des entreprises industrielles.»

Catherine Mercier-Suissa, *Courrier des Pays de l'Est* n° 369, mai 1992.

■ *Quelles sont les ressources qui vont manquer à la Russie du fait de l'éclatement de l'U.R.S.S. ?*

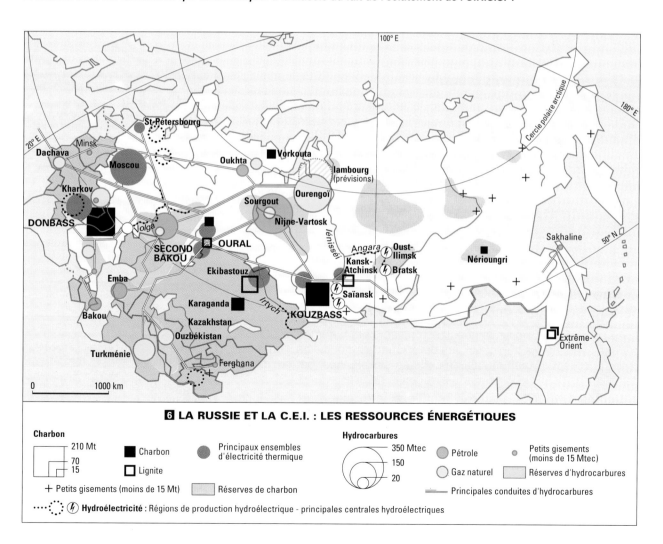

6 LA RUSSIE ET LA C.E.I. : LES RESSOURCES ÉNERGÉTIQUES

Charbon
210 Mt
70
15
■ Charbon
□ Lignite
+ Petits gisements (moins de 15 Mt)
● Principaux ensembles d'électricité thermique
▨ Réserves de charbon

Hydrocarbures
350 Mtec
150
20
● Pétrole
○ Gaz naturel
● Petits gisements (moins de 15 Mtec)
▨ Réserves d'hydrocarbures
═══ Principales conduites d'hydrocarbures

⁙ ⚡ **Hydroélectricité** : Régions de production hydroélectrique - principales centrales hydroélectriques

Les populations de la Russie

La Russie compte 150 millions d'habitants, population très inégalement répartie et d'une grande diversité.

1 Moscou sous la neige.

A. Une population multinationale

1. Les Russes représentent **81% de la population** de la Russie ; ils constituent le peuple dominant, ou d'importantes minorités, dans presque toutes les républiques nationales de la Fédération de Russie (doc. 4), suscitant parfois un nationalisme anti-russe (doc. 6). Mais tous les Russes ne vivent pas en Russie : 25 millions forment des «minorités» importantes dans les républiques de l'ex-U.R.S.S., aujourd'hui indépendantes, et alimentent depuis 1991 un courant migratoire de retour.

2. Au total, la population de la Russie se répartit en **une centaine de peuples,** différents par leur origine, leurs langues, leurs cultures, leurs coutumes, leurs religions. Les minorités non russes ont des effectifs très divers, des Tatars (5,5 millions) et Ukrainiens (4,3 millions) aux multiples peuples qui ne dépassent guère quelques centaines de personnes.

3. Le découpage administratif de l'U.R.S.S. avait donné à certains peuples des territoires ou Républiques autonomes. Ils ont proclamé leur **souveraineté** et forment aujourd'hui des républiques dans la Fédération de Russie. Mais les découpages ne correspondent pas à la répartition réelle des peuples (doc. 2).

B. Une répartition très inégale

La densité moyenne est très faible (9 habitants par km²), mais les contrastes régionaux sont très forts (doc. 3). **Les trois quarts de la population vivent sur le quart occidental du territoire :** régions urbaines et industrialisées, terroirs agricoles étendus, vallées fortement peuplées du Caucase. Au-delà de l'Oural, dans l'immense Sibérie (13 millions de km²), le peuplement atteint des densités très faibles (0,3 hab./km² en Iakoutie) et devient discontinu : il est regroupé le long du Transsibérien, qui a constitué un axe de peuplement et de développement, et dans les villes minières ou industrielles. Malgré primes et salaires plus élevés, les travailleurs migrants ne se fixent pas et regagnent, à la fin de leur contrat, les régions occidentales.

C. Une croissance démographique marquée par l'Histoire

1. Au cours du 20e siècle, la population russe a été fortement marquée par des événements tragiques : les deux Guerres mondiales, la guerre civile, la collectivisation brutale, les purges staliniennes, ont provoqué des dizaines de millions de morts et réduit la natalité.

2. Depuis 1945, elle s'accroît régulièrement, mais sa croissance s'est ralentie depuis les années 70. La mortalité augmente du fait du vieillissement de la population, de la médiocrité des soins médicaux, d'un alcoolisme important et, plus récemment, de la dégradation générale du niveau de vie.

3. Les différences de comportements démographiques liées aux différences ethniques s'atténuent progressivement. Les populations russes ont désormais une croissance très lente, alors que les populations caucasiennes gardent encore un certain dynamisme.

2 **Nationalités et territoires**

«On compte actuellement 24 territoires pour 33 nationalités ; les Bouriates en ont trois, et six nationalités y cohabitent ; pour les dizaines de nationalités du Daghestan, il n'y en a qu'un. En vérité, on compte en Russie encore 62 nationalités, mais quatorze d'entre elles ont leur propre république fédérée ; pour 11 l'essentiel du groupe vit en dehors des frontières de la Russie, dans d'autres parties de l'ex-U.R.S.S. ; 30 nationalités peuvent être considérées comme étrangères, dans la mesure où les États correspondant existent en dehors de l'ex-U.R.S.S. ; trois peuples sont trop peu nombreux pour pouvoir prétendre à une autonomie territoriale. [...] L'essentiel, cependant, est ailleurs. Même parmi les peuples qui ont leur territoire autonome, seuls 57% en moyenne vivent sur ces terres, et 43% vivent ailleurs, car ces territoires autonomes, dessinés il y a plus d'un demi-siècle, correspondent très mal à la répartition des peuples. [...]

Il est évident que la question nationale ne peut être résolue par le découpage de territoires autonomes, pour beaucoup ou même pour la plupart des peuples de la Russie.»

O. V. Gleser,
La Gazette de Russie, 28 mars 1991.

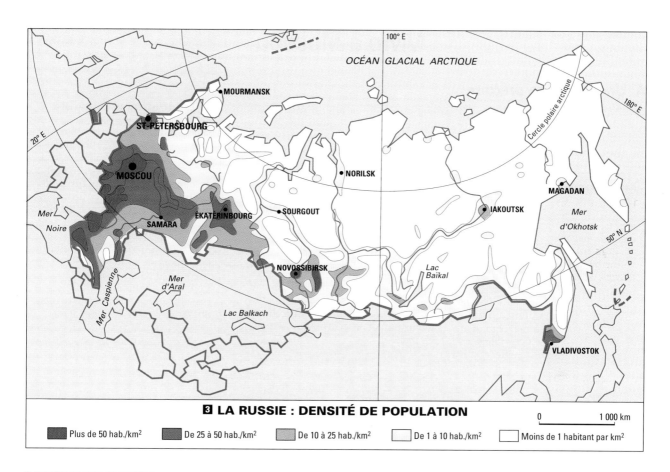

3 LA RUSSIE : DENSITÉ DE POPULATION

0 _____ 1 000 km

■ Plus de 50 hab./km² ■ De 25 à 50 hab./km² ■ De 10 à 25 hab./km² □ De 1 à 10 hab./km² □ Moins de 1 habitant par km²

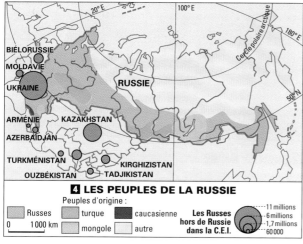

4 LES PEUPLES DE LA RUSSIE

Peuples d'origine :

0 _____ 1 000 km

■ Russes ■ turque ■ caucasienne
■ mongole □ autre

Les Russes hors de Russie dans la C.E.I.
— 11 millions
— 6 millions
— 1,7 millions
— 60 000

5 La banlieue d'Irkoutsk, en Sibérie orientale.

6 L'Ouzbékistan perd ses cadres

«Plus de 90% du personnel des centrales électriques sont des "Européens" qui aujourd'hui quittent le pays. La moitié des générateurs de la centrale électrique régionale d'État de Syr-Daria est arrêtée, et la nouvelle centrale de Novoangrensk ne trouve pas de personnel. Le réseau téléphonique est ancien, et les meilleurs spécialistes qui le maintenaient tant bien que mal en état de marche sont partis, suivant l'exemple de leur directeur. On dit que c'est ce qui menace également les entreprises industrielles. [...] Sous les nouveaux régimes des États baltes ou de Molda-vie, la vie n'est pas rose quoique supportable pour les "non-autochtones" ; ici les mœurs sont beaucoup plus dures. Des maisons ont brûlé, des tracteurs ont été cassés, les gens mis à l'écart... Selon les données officieuses, le nombre des "non-autochtones" est passé depuis 1985 de 2,4 à 1,6 million. [...] On étudierait en haut lieu la possibilité d'inter-dire totalement aux cadres qualifiés de quitter la Répu-blique tant que la relève ne serait pas prête.»

D. Sabov et I. Tcherniak, *Komsomolskaïa Pravda,*
Moscou, in *Courrier International,* n° 68, 20 février 1992.

Vivre à Moscou

A. Une existence précaire

◨ Délabrement et pénurie

«Pour qui découvre la ville, Moscou paraît jusqu'en son centre comme décomposée sous le choc d'un cataclysme : avenues aux chaussées truffées de nids de poule, façades d'immeubles délabrées, vitrines obstruées ou dégarnies de rares magasins, véhicules à bout de souffle, foules lourdes et sombres agglutinées aux bouches des stations de métro. Là, le long de trottoirs parsemés d'herbes folles, se marchandent quelques rares et médiocres marchandises. A même le sol, sur des étalages de cagettes ou de minuscules tables pliantes, des vendeurs amateurs de tous âges proposent pêle-mêle une suite hétéroclite d'aliments et de brocante : bouteilles de limonade, livres d'occasion, pommes rabougries, objets décoratifs usagés de style soviéto-barbès, poulets rachitiques d'une fraîcheur douteuse...

Vision de la pénurie quotidienne qui évoque moins les agglomérations du Tiers Monde où se côtoient luxe et misère, que les cités d'Europe au lendemain de la guerre, destructions en moins.»

Ch. de Brie,
Le Monde diplomatique, juin 1992.

◩ Inflation et pauvreté

«Le tiers de la population pourrait être considéré, à la fin du premier trimestre de 1992, comme véritablement pauvre, avec un revenu mensuel par tête inférieur à 900 roubles... Un budget "physiologique", qui ne compte que dix produits essentiels "et permet tout juste de ne pas mourir de faim", chiffré en janvier à 550 roubles, était alors le lot de 30 millions de Russes (20% de la population) [...]. Le budget, "minimum vital", censé "assurer une vie normale" tournait autour de 1 500 - 2 000 roubles.»

Marie-Agnès Crosnier, «Russie 1992, le saut dans l'inconnu», *Courrier des Pays de l'Est,* n° 368, avril 1992.

◲ **Supermarché de la banlieue de Moscou,** novembre 1991.

◳ **Vente de viande.**

◵ **Dans une rue de Moscou.**

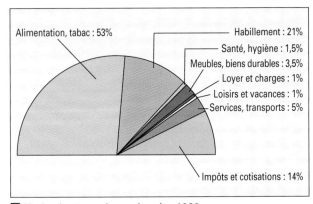

Alimentation, tabac : 53%
Habillement : 21%
Santé, hygiène : 1,5%
Meubles, biens durables : 3,5%
Loyer et charges : 1%
Loisirs et vacances : 1%
Services, transports : 5%
Impôts et cotisations : 14%

◶ **Un budget ouvrier en janvier 1992.**
Total des dépenses mensuelles : 1 590 roubles. Salaire moyen dans l'industrie : 1 801 roubles (dans la Santé, les services sociaux, la culture : 911 roubles ; à l'Éducation nationale : 1 096 roubles).

7 La libération des prix

Prix moyens de quelques produits alimentaires à Moscou[1]
(en roubles et kopeks par kilogramme)

	janv. 91	avr. 91	déc. 91	janv. 92	mars 1992
Viande de bœuf	2,05	7,00	17,00	72,29	68,00
Viande de porc	1,86	5,30	15,00	65,00	70,85
Pain de seigle	0,24	0,58	0,61	1,98	1,98
Beurre	3,00	10,50	31,00	70,00	78,90
Saucisses	2,60	8,00	19,80	78,00	86,00
Saucisson fumé	3,60	10,50	50,50	100,00	121,20
Vodka (le litre)	19,00	21,00	33,33	85,15	91,54
Salaire moyen	290	nd	nd	1 470	1 994

1. Il s'agit des prix pratiqués dans les magasins d'État.

8 L'entreprise russe, un organisme social

«Les ouvriers se tournent vers leur usine qui leur propose des crèches, des logements, des prestations médicales, des loisirs et des biens de consommation, de la voiture à la plaquette de beurre, et ce, à des prix défiant toute concurrence. En Russie, l'entreprise n'a rien à voir avec ce qu'est une société en Amérique, où les gens vont travailler et dont ils repartent avec leur salaire, mais vivent le reste du temps en toute indépendance. Ici, c'est un organisme social qui prend en charge une grande partie des besoins des ouvriers.»

Élisabeth Shogren, *Los Angeles Times,*
in *Courrier International,* n° 101, 8 octobre 1992.

B. Des logements insuffisants

9 Les conditions de confort des logements de Russie (1990)
(en % du total)

	Ville	Campagne
Chauffage central	93	12
Eau courante	93	16
Eau chaude	80	–
Tout-à-l'égout	91	7
Gaz	73	79
Salle de bain	85	–
Téléphone	35	7
Surface habitable (m²/pers.)	15,7	18,2

▲ 11 **La banlieue Sud de Moscou : tours d'habitation et, au premier plan, des équipements sociaux.**

10 Le problème du logement

«Les 89,5 millions de ménages que comptait l'U.R.S.S. ne disposaient, au recensement de 1989, que de 51 millions de logements. 52,4 millions de personnes occupaient moins de 7 m² de surface habitable, 8,1 millions logeaient dans des foyers ouvriers, 12,6 millions dans des "appartements communautaires", où la cuisine et les sanitaires sont communs à plusieurs familles, 1,1 million dans des roulottes de chantiers ou autres logements précaires, et 2,2 millions en sous-location (en général, une pièce dans un appartement habité par une autre famille). [...] La situation s'est encore aggravée en raison de l'afflux de réfugiés, consécutif aux conflits ethniques. Un autre problème réside dans le retour des militaires qui étaient stationnés dans les pays d'Europe centrale et orientale et dans l'ex-R.D.A. et de ceux qui vont quitter les Pays baltes.

Il faut également considérer que l'on ne comptabilise pas, parmi les mal logés, les jeunes ménages qui cohabitent avec les parents, les couples divorcés qui occupent un même appartement faute d'autres possibilités...

Si toutes ces situations étaient prises en compte, 35% des ménages (45% en ville) auraient besoin d'être relogés.»

Michèle Kahn, *Courrier des Pays de l'Est,* n° 371, juillet-août 1992.

QUESTIONS

1. Doc. 1 : expliquez pourquoi Moscou ressemble davantage à l'Europe au lendemain de la Guerre qu'à une ville du Tiers Monde.

2. Doc. 4 : de quel type de commerce s'agit-il ?

3. Doc. 3 et 5 : pourquoi ces documents suggèrent-ils la pénurie ?

4. Doc. 10 : quelles sont les différentes raisons de la pénurie de logement à Moscou ?

LA RUSSIE :

1 De l'économie socialiste à l'économie de marché

La crise économique actuelle trouve son origine profonde dans les blocages du **système économique socialiste*** et dans les difficultés à passer d'une économie de commandement à une **économie de marché***. D'énormes réformes sont à entreprendre, qui se heurtent à des résistances.

A. Les blocages du système économique socialiste

1. Depuis la Révolution d'Octobre, une économie socialiste avait été mise en place, en application des principes marxistes-léninistes : les moyens de production et d'échanges – la terre, le sous-sol, les usines, les commerces, les banques, les moyens de transport – étaient la **propriété de l'État** (doc. 1 et 2).

2. L'État détenait ainsi le **monopole de la production, des échanges et de l'emploi,** dans les administrations, les entreprises d'État (usines, sovkhozes) et les coopératives (commerces, services, kolkhozes). Il déterminait, par l'intermédiaire d'une planification impérative (plans quinquennaux et annuels), les choix économiques, les investissements, les normes, les prix, l'affectation des matières premières, des biens intermédiaires, des productions, de la main-d'œuvre... Les entreprises devaient s'y conformer et s'y adapter (plans d'entreprises impératifs).

3. Cette **gestion centralisée,** rigide, empêchait toute adaptation aux besoins ou à la demande – rarement satisfaite – et assurait aux entreprises des débouchés pour leurs produits de qualité médiocre. La priorité, en effet, avait toujours été donnée à l'industrie lourde, aux investissements et aux dépenses militaires.

B. La difficile transition vers l'économie de marché

1. Les réformes tentées pour adapter l'économie planifiée *(perestroïka)* ont échoué et accéléré les blocages, puis la dislocation de l'économie et de l'U.R.S.S.

2. La Russie, après les autres pays de l'Europe centrale et orientale, entreprend une **transition économique,** le passage à une économie de marché, par la désétatisation, la démonopolisation, la privatisation (doc. 3). La **liberté des prix et du commerce** ont été rétablis. La planification a disparu, mais l'administration centrale contrôle encore l'affectation des matières premières, de l'énergie et de certains produits. La **privatisation** est amorcée dans le commerce, les services et, dans une moindre mesure, dans l'agriculture. Elle devrait s'étendre aux petites entreprises industrielles (doc. 4 et 5).

3. La crise économique, les réformes et la restructuration économique profitent à une minorité de la population. Elle s'enrichit au marché libre après le marché noir, ou s'est approprié, dans des conditions douteuses, des entreprises d'État (doc. 7). Une partie des dirigeants politiques ou économiques freine l'application des réformes. Quant à la majorité de la population, elle subit l'**inflation,** craint l'extension du **chômage** (doc. 6), se paupérise et cherche à survivre (voir pages 320-321).

1 La transition économique : désétatisation et privatisation

«Passer à une économie de marché demande une transformation radicale des rapports de propriété [...]. Pour le moment, la propriété d'État est prédominante. Sur l'ensemble des capitaux fixes de l'ensemble de l'U.R.S.S. (y compris le bétail) 89% appartiennent à l'État. La propriété kolkhozienne représente 6,5%, mais est en fait accaparée par l'État [...]. Pour qu'il y ait concurrence et fonctionnement normal du marché, il faut donc démonopoliser et privatiser. La désétatisation est le processus de transition d'une économie totalement étatisée à une économie diversifiée, mixte, impliquant à la fois une gestion décentralisée, l'abandon par l'État des fonctions de gestion directe et le changement des formes et relations de propriété. La privatisation est alors la transformation de la propriété d'État en d'autres formes de propriété, avec changement de propriétaire.»

Evgueni Iasine,
«Désétatisation et privatisation»,
Kommunist n° 5, Moscou, mars 1991.

2 Le Goum, grand magasin d'État à Moscou, en cours de privatisation.

ÉCONOMIE ET RÉGIONS

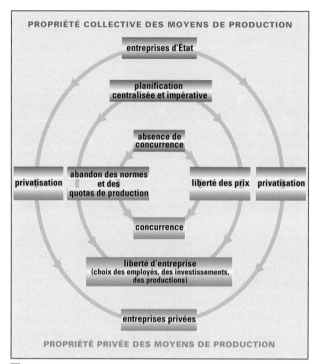

PROPRIÉTÉ COLLECTIVE DES MOYENS DE PRODUCTION

entreprises d'État

planification centralisée et impérative

absence de concurrence

privatisation — abandon des normes et des quotas de production — liberté des prix — privatisation

concurrence

liberté d'entreprise
(choix des employés, des investissements, des productions)

entreprises privées

PROPRIÉTÉ PRIVÉE DES MOYENS DE PRODUCTION

3 De l'économie socialiste à l'économie de marché.

5 Le premier café-restaurant privé à Moscou. ▶
«J'ai un atelier d'horlogerie, je travaille seul et je n'ai pas besoin d'aide. Avoir une affaire à moi a toujours été le rêve de ma vie... Maintenant, je serai mon propre maître, un capitaliste. Quant au matériel qu'il me faut pour travailler, je sais où le trouver, naturellement je ne vous dirai pas où.» (M. Rozenberg, cité dans *Argumenty i Fakty,* n° 51, décembre 1991.)

4 La privatisation en Russie en 1992

«Les secteurs dont la privatisation est interdite concernent les ressources naturelles, l'énergie électrique, les télécommunications, le génie urbain, le patrimoine des forces armées et les banques, etc. Un autre groupe est constitué par les entreprises dont la privatisation est obligatoire (commerces de gros et de détail, restauration et services de proximité, bâtiment et travaux publics, industrie textile et alimentaire, entreprises déficitaires, chantiers en cours, etc.). Tout le reste peut être privatisé à condition d'obtenir l'aval du gouvernement de Russie ou des soviets locaux.»

Sergueï Ivanenko, «La privatisation en 1992 : projets et réalité», *Nezavisimaïa Gazeta,* Moscou, 10 janvier 1992.

6 Le développement du chômage

«On s'attend à ce que d'ici la fin de l'année, 13 millions d'emplois disparaissent, dont un million dans le complexe militaro-industriel. La majeure partie des travailleurs licenciés devraient pouvoir se reclasser assez facilement, seules 3,8 millions de personnes se trouveraient en situation précaire, dont 2,2 millions réduites à vivre des allocations de chômage. Si les faillites d'entreprises venaient à se multiplier, le chômage pourrait alors toucher 7 à 7,5 millions de personnes, soit 11% de la population en âge de travailler.»

Marie-Agnès Crosnier, «Russie 1992, le saut dans l'inconnu», *Courrier des Pays de l'Est,* n° 368, avril 1992.

7 Les «affaires» de la privatisation. Dessin publié dans *Les Izviestia,* octobre 1992.

Une puissance industrielle en reconversion

La Russie était la plus industrialisée des républiques de l'ex-U.R.S.S., assurant plus de 60% de l'emploi industriel et 55% de la production.

A. L'héritage industriel

1. La production industrielle décline depuis 1989, du fait de la crise actuelle du pays : elle ne représenterait plus en valeur que 25 à 30% de celle des États-Unis, et **7% de la production mondiale.**

2. L'essor industriel date de la mise en place, dans les années 30, d'une économie planifiée. A partir de 1945, le développement s'était accéléré avec la reconstruction, puis la volonté d'égaler les États-Unis. Cette croissance industrielle a privilégié les **industries lourdes** et d'équipement, ainsi que le complexe militaro-industriel, au détriment des industries de consommation.

3. La Russie hérite donc d'**entreprises d'État** peu nombreuses (23 000), **fortement concentrées** (3/4 d'entre elles ont plus de 1 000 ouvriers en moyenne), assurant sans concurrence ou presque un grand nombre de productions (doc. 5). La plupart ont un outil industriel vieilli, peu compétitif, et des effectifs pléthoriques. Leurs productions sont de fiabilité et de qualité médiocres, non compétitives sur le marché mondial (doc. 1).

B. Caractères du secteur industriel russe

1. L'**industrie lourde** a toujours eu la priorité. Les trois quarts de la production manufacturière reposent sur quelques grands secteurs : métallurgie, chimie, industries mécaniques.

2. Un **complexe militaro-industriel,** occupant (selon les estimations) de 7 à 13 millions de personnes, a longtemps bénéficié des priorités en investissements, en personnel, en matières premières ou en matériel, au détriment du reste de l'économie. Son importance excessive et ses prélèvements expliquent en partie les blocages et la crise de l'économie planifiée. Il assurait la production massive d'armements, mais aussi une grande partie des productions civiles. Avec la crise, la «fin de l'U.R.S.S. et de la guerre froide», ce secteur a perdu ses avantages et une partie de sa clientèle : il doit être reconverti.

3. Les **industries de consommation** n'ont jamais pu satisfaire les besoins de la population. Avec des effectifs sous-employés, mal payés, peu motivés et absentéistes, la production est insuffisante en quantité, en qualité, en fiabilité, en régularité.

C. Les régions industrielles

1. Les régions européennes, les plus anciennement développées, sont largement prépondérantes (doc. 4) :
– les «**centres industriels» de Moscou et de Saint-Pétersbourg,** aux industries différenciées, dont la plus grande partie travaillait pour le complexe militaro-industriel ;
– les **régions de la Volga** (industries mécaniques et chimiques) ;
– l'**Oural** aux industries lourdes (métallurgiques, mécaniques).

2. La Sibérie associe d'immenses espaces, vides et non industrialisés, et quelques régions industrielles, fondées essentiellement sur la première transformation et la valorisation des ressources régionales (minerais, hydroélectricité, bois).

VOCABULAIRE

Complexe militaro-industriel : groupe rassemblant
1. les dirigeants de l'armée,
2. les industries produisant, directement ou indirectement, pour l'armée,
3. tous ceux qui travaillent dans les deux secteurs précités.

---

1 Le retard technologique

«Gorbatchev le reconnaît en 1987 dans son livre *Perestroïka :* "Nos fusées sont capables d'atteindre, avec une stupéfiante précision, la comète de Halley ou Vénus, mais à côté de ces triomphes de la science et de la technologie, nous manquons de façon évidente d'efficacité lorsqu'il s'agit d'appliquer les percées scientifiques aux besoins économiques, si bien que, par exemple, nombre d'appareils ménagers soviétiques sont de médiocre qualité". Effectivement, un magnétoscope sur quatre tombe rapidement en panne, tandis qu'un téléviseur, une machine à laver et un réfrigérateur sur cinq en font autant... La longévité d'un moteur de camion "Kamaz" n'est que de 180 000 km quand un Mercedes dure 750 000 km. Les "Kamaz" pèsent de 40 à 100% de plus que les modèles occidentaux équivalents, car ils contiennent davantage de métal et moins de plastiques de qualité... La qualité médiocre a pour conséquence de laisser au garage près de 40% du parc. La construction des tracteurs agricoles représenterait 40% de la production mondiale, mais, à cause de leur mauvaise qualité, ils tombent en panne trois fois plus souvent que les tracteurs étrangers, doivent être fréquemment réparés et fréquemment renouvelés (moins de 10 ans). Le machinisme agricole n'a plus depuis longtemps la confiance des clients. Depuis que leur responsabilité financière a été étendue, kolkhozes et sovkhozes n'achètent plus n'importe quoi.»

J.-P. Rousseau, *Dossiers Bréal,*
n° 8, juin 1992.

② L'industrie dans la transition économique

«Le désordre économique s'accroît chaque mois et des centaines d'usines s'arrêtent de produire faute de matières premières ou de pièces de rechange. Les plans d'autrefois étaient à la fois contraignants et absurdes. Il n'y a plus de plan, plus de coordination, plus de flux commerciaux ou industriels réguliers. A Aéroflot, par exemple, on ne sait plus à qui s'adresser pour obtenir des équipements de rechange ou certains moteurs, parce qu'une partie de ces matériels venaient d'Ukraine.

Laquelle se refuse à en livrer à la Russie alors qu'elle a besoin de pétrole. Ékatérinbourg, au pied de l'Oural, n'a plus assez de papier parce que les usines de la région d'Irkoutsk préfèrent livrer à l'étranger... La liberté est devenue l'excuse absolue. Il y a des lois, mais plus de pouvoir, plus de moyens pour les appliquer. Les industriels pollueurs, par exemple, se sentent bien plus libres qu'avant et sont certains de l'impunité.»

Claude-Marie Vadrot, *Talents* n° 1, décembre 1992-janvier 1993.

▲ ③ **Les hauts fourneaux de l'usine sidérurgique de Magnitogorsk (Oural).**

◀ ■ *Doc. 2 : identifiez les deux grandes causes de mauvais fonctionnement de l'industrie.*

⑤ Concentration et monopoles industriels

«La libéralisation de l'industrie devra réussir la démonopolisation à l'échelle de l'ex-Union. D'une manière générale, civiles comme militaires, les 43 000 entreprises[1] industrielles soviétiques emploient en moyenne un plus grand nombre de salariés que leurs semblables de la C.E.E. 73% des entreprises emploient plus de 1 000 salariés. Le corollaire de ce gigantisme est que chaque produit manufacturé provient d'un petit nombre de sites. Deux mille entreprises sont les uniques producteurs d'un article spécifique. Près de 600 produits de l'industrie chimique n'ont qu'un seul fournisseur et il en est de même pour la plupart des fabrications du secteur de la mécanique. Cette concentration très élevée augmente les pénuries depuis que le système de commandement administratif a implosé.»

J.-P. Rousseau, *Dossiers Bréal,* n° 8, juin 1992.

1. 25 993 en Russie.

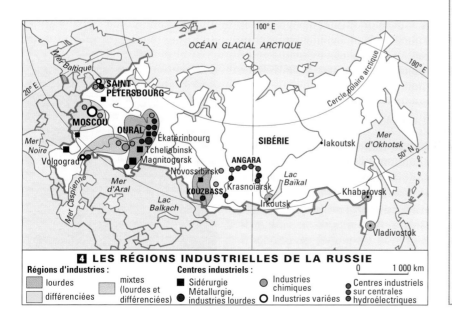

④ LES RÉGIONS INDUSTRIELLES DE LA RUSSIE

Régions d'industries :
- lourdes
- différenciées
- mixtes (lourdes et différenciées)

Centres industriels :
- ■ Sidérurgie
- ● Métallurgie, industries lourdes
- Industries chimiques
- ○ Industries variées
- Centres industriels sur centrales hydroélectriques

0   1 000 km

3 Une agriculture en transition

Occupant encore un cinquième (21%) des actifs, l'agriculture demeure un secteur d'activité important, mais qui connaît difficultés et blocages.

A. Une agriculture entre socialisme et économie de marché

1. La terre, collectivisée à l'époque stalinienne, demeure partagée entre deux types d'immenses exploitations collectives, **kolkhozes** (coopératives) et **sovkhozes** (fermes d'État, doc. 2). Mais, avec la dislocation de l'économie planifiée, elles n'obéissent plus aux autorités centrales. Elles n'effectuent plus totalement les «livraisons obligatoires» et cherchent à négocier leurs productions, aggravant les **pénuries** et les **gaspillages** (doc. 1).

2. La **privatisation,** déjà amorcée à la fin des années 80 (doc. 5), n'a que faiblement modifié la structure de la propriété et de l'exploitation : 1% seulement des terres sont des exploitations privées (41 ha en moyenne), individuelles ou coopératives. Les tracasseries administratives, les difficultés d'approvisionnement (engrais, essence, équipements), le souvenir de la collectivisation, le poids des mentalités et d'une idéologie collectiviste, le manque de dynamisme d'une population rurale vieillissante freinent la privatisation. Cependant, les millions de **lopins individuels,** exploités intensivement, demeurent très importants pour le ravitaillement et l'approvisionnement des marchés.

B. Importance et insuffisance des productions

1. La Russie produisait à elle seule **près de la moitié du revenu agricole** de l'ex-U.R.S.S. Ses productions sont importantes mais régressent depuis quelques années. La production avait augmenté grâce à l'extension des superficies cultivées, à des efforts de bonification agricole (drainage, irrigation) et à l'utilisation croissante, et parfois maladroite, d'engrais et de produits phytosanitaires.

2. Les régions agricoles (doc. 3) **se situent surtout à l'Ouest :** polyculture (céréales, pommes de terre) et élevage sur les «terres non noires», aux sols médiocres souvent humides. Les rendements y sont relativement faibles. Les **«terres noires», au Sud-Ouest,** prolongent la riche région agricole ukrainienne jusqu'au Sud de la Sibérie occidentale (céréales, betteraves sucrières, tournesol). L'agriculture s'étend au Sud de la Sibérie avec des cultures extensives qui décroissent vers l'Est. La proximité des villes a stimulé la production maraîchère.

C. Les difficultés agroalimentaires de la Russie

1. Le froid, la brièveté de la saison végétative, la sécheresse et parfois l'aridité (Sud-Ouest) limitent considérablement l'espace agricole. De plus, une grande partie des terres labourées sont dans des «régions à risque», où les récoltes sont très irrégulières selon les années.

2. Négligé par les planificateurs, **le secteur agroalimentaire est aujourd'hui sinistré.** Les gaspillages sont très importants, faute de matériel en état, de carburant, de moyens de stockage, de transport, de main-d'œuvre (doc. 4) ou de traitement (industries agro-alimentaires). La situation est aggravée par le manque de motivation des travailleurs des exploitations collectives et, aujourd'hui, par les conditions économiques incertaines.

1 Gaspillages et pénuries

«Dès le stade de la récolte, les pertes apparaissent : 15 à 20% pour les céréales, 50% pour les pommes de terre et jusqu'à 50-60% pour les fruits et légumes. Le manque de main-d'œuvre, de moyens de transports, d'équipements, de pièces détachées et de carburant l'explique. L'état des transports accentue ce phénomène. Les chemins de fer, qui assurent 95% de l'acheminement des denrées périssables et 51% des céréales, prouvent leur impéritie[1] : manque de wagons dont une grande partie reste immobilisée, non déchargée dans les gares, insuffisance de matériel adapté (frigorifiques, conteneurs). Le stockage est particulièrement insuffisant sur les lieux de production où les pertes atteignent deux millions de tonnes par an pour les pommes de terre... Les faiblesses de l'industrie alimentaire sont notoires ; elle ne s'est pas développée au même rythme que la production agricole et, sur la totalité des entreprises existantes, seul un cinquième possède des équipements modernes. Les pertes dues au manque d'emballages sont importantes. Les pénuries générées par le délabrement de la chaîne agroalimentaire engendrent les vols, la spéculation, qui les amplifient et détournent une grande partie de l'approvisionnement de ses destinataires.»

Alain Giroux, *Courrier des Pays de l'Est,* n° 355, décembre 1990.

1. Impéritie : inefficacité.

2 Un sovkhoze en Iakoutie.

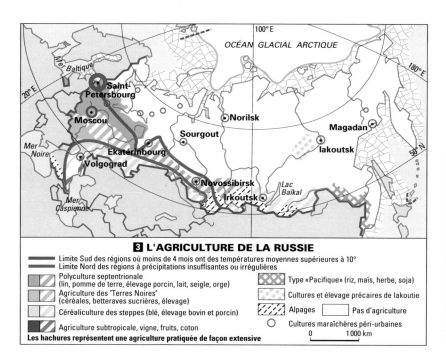

3 L'AGRICULTURE DE LA RUSSIE

——— Limite Sud des régions où moins de 4 mois ont des températures moyennes supérieures à 10°
══ Limite Nord des régions à précipitations insuffisantes ou irrégulières

Polyculture septentrionale
(lin, pomme de terre, élevage porcin, lait, seigle, orge)

Agriculture des "Terres Noires"
(céréales, betteraves sucrières, élevage)

Céréaliculture des steppes (blé, élevage bovin et porcin)

Agriculture subtropicale, vigne, fruits, coton

Les hachures représentent une agriculture pratiquée de façon extensive

Type «Pacifique» (riz, maïs, herbe, soja)

Cultures et élevage précaires de Iakoutie

Alpages   Pas d'agriculture

○ Cultures maraîchères péri-urbaines
0   1 000 km

4 L'armée, mobilisée pour la récolte.

5 Les difficultés d'une agriculture en transition

«Les directeurs de fermes collectives n'obéissent aux injonctions de l'administration centrale que s'ils le veulent bien... Cette situation a considérablement aggravé les difficultés d'approvisionnement. En 1991, la récolte de céréales a été médiocre : environ 140 millions de tonnes, au lieu de 190 l'année précédente... Mais, estimant les prix offerts par l'État insuffisants, les fermes collectives ne lui ont livré que quelque 30 à 35 millions de tonnes, au lieu des 70 prévues. Elles comptent vendre le reste par l'intermédiaire des bourses d'échanges privées, qui offrent des prix trois ou quatre fois supérieurs. [...] Kolkhozes et sovkhozes ont donc stocké le reste en attendant que les prix montent. Au risque d'en perdre une bonne partie, faute d'installations appropriées [...]. Pendant ce temps, la pénurie alimentaire est en train de prendre des proportions catastrophiques. L'État n'ayant pas réussi à se procurer suffisamment de céréales, les boulangeries industrielles n'ont reçu qu'une quantité de farine nettement inférieure aux besoins et, çà et là, le pain vient à manquer. D'autre part, les céréales destinées à l'alimentation du bétail et de la volaille manquent également et les fermes d'élevage ont commencé à abattre leurs animaux. D'où une pénurie de viande, de produits laitiers et d'œufs, qui risque d'être durable car, pour la résorber, il faudra maintenant attendre que le cheptel se reconstitue. Ajoutons à cela qu'environ la moitié de la récolte de pommes de terre a été perdue faute de main-d'œuvre, d'installations de stockage et de moyens de transports appropriés.»

Pierre Clermont,
Alternatives économiques n° 97, mai 1992.

◄ **6** «Vive l'entreprise familiale !»
Affiche (1988).

■ *Décrivez les deux groupes. Qu'est-ce que le dessinateur a voulu suggérer ?*

Les problèmes écologiques

La Russie et les autres républiques de l'ex-U.R.S.S. ajoutent aux problèmes économiques de très graves problèmes écologiques. Ils sont le résultat d'un développement extensif qui privilégiait les tonnages produits, les chantiers ouverts, l'utilisation de technologies anciennes, sans tenir compte des conséquences pour l'environnement et la santé des populations. Longtemps cachés ou niés, ils affectent une grande partie du territoire.

2 Une centrale thermique à Moscou.

1 Industries et pollutions

«Les entreprises agissent de manière irresponsable vu la vétusté de leurs installations ; peu sont intéressées par le recyclage et les ingénieurs spécialisés manquent. La teneur en mercure excède les normes de dix fois (concentration maximale autorisée) à Sterlitamak (Oural), où l'on produit de la soude ; le problème est le même à Temir-Taou (près de Karaganda). A Smolensk et Klin, près de Moscou, les usines d'ampoules électriques ont déversé sans contrôle des déchets contenant du mercure. De fortes concentrations de thallium ont été enregistrées dans la ville ukrainienne de Chernovtsy : 494 cas de chute des cheveux furent enregistrés dans cette région en 1989. On estime à 800 millions de tonnes les déchets à recycler provenant de la métallurgie, à 750 millions de tonnes ceux de l'industrie chimique. Mais les investissements spécifiques sont dérisoires.»

J.-P. Rousseau,
Dossiers Bréal n° 8, juin 1992.

3 Mers, fleuves, et pollutions

«La mer Noire et la mer d'Azov sont menacées d'une catastrophe écologique d'une ampleur comparable à celle que subit la mer d'Aral, estime l'Institut océanographique de Moscou. Ces deux mers, qui sont reliées à la Méditerranée, sont gravement polluées par "les millions de tonnes de déchets industriels et de pesticides qui y sont déversés chaque année par le Dniepr, le Dniestr et le Danube. Sans compter les 10 millions de tonnes de pétrole que les tankers y déversent chaque année au cours de leurs opérations de dégazage". La mer d'Aral, pour sa part, a perdu 40% de son volume à la suite de la dérivation, à des fins d'irrigation, des eaux qui l'alimentent. Aujourd'hui, ce grand lac salé, bordé par le Kazakhstan et l'Ouzbékistan, n'est plus qu'une étendue presque morte.»

Courrier International n° 80,
14 mai 1992.

◄ **4** L'assèchement de la mer d'Aral.

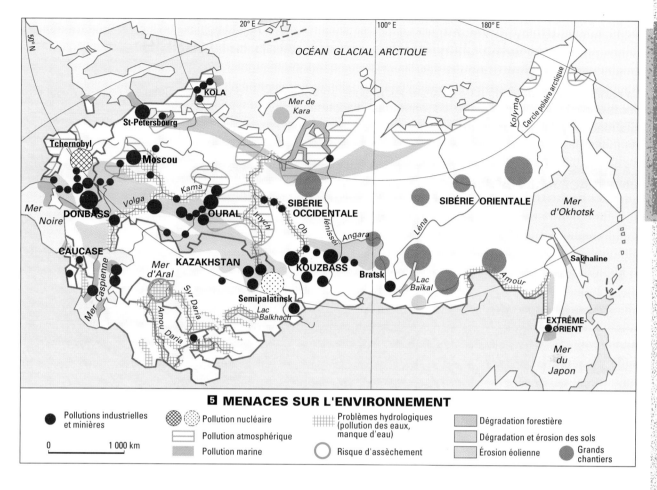

5 MENACES SUR L'ENVIRONNEMENT

● Pollutions industrielles et minières

⊕⊙ Pollution nucléaire

▭ Pollution atmosphérique

▬ Pollution marine

0   1 000 km

░░░ Problèmes hydrologiques (pollution des eaux, manque d'eau)

◯ Risque d'assèchement

▭ Dégradation forestière

▭ Dégradation et érosion des sols

▭ Érosion éolienne

● Grands chantiers

6 Tchernobyl, en Ukraine, 1986 : le premier accident majeur de l'histoire de l'énergie nucléaire. ▶

7 Exploitation énergétique et peuples arctiques

«La réalité est affligeante : le monstre pétrolier et gazier détruit systématiquement l'équilibre écologique de la région ; il porte préjudice aux activités traditionnelles – chasse, pêche et élevage du renne – des peuples arctiques. Tout cela exacerbe les problèmes inter-ethniques et s'est soldé par la proclamation de la République Iamalo-Nenetz... Actuellement, ces peuples représentent quelque 1,5% de la population des arrondissements autonomes de la région de Tioumen. Convenez qu'il serait absurde de déplacer 98% de la population pour assurer la prospérité de 2%. Que faire ? En janvier 1991, la présidium de notre région a mis au point une carte des zones prioritaires d'exploitation des ressources naturelles où les peuples arctiques jouiront des conditions de vie conformes à leur culture. Nous devons aller plus loin et donner à ces territoires le statut de parc naturel.»

Interview de Stanislav Seleznev,
Rossiiskaïa Gazeta, Moscou, 5 décembre 1991, *in*
Problèmes politiques et sociaux, n° 683, 26 juin 1992.

QUESTIONS

1. Classez les différents types de menaces sur l'environnement.

2. Comment expliquer l'origine des différents types de pollution ?

3. Quelles sont les responsabilités en cause ?

Les disparités régionales en Russie

La carte de synthèse permet de localiser les régions abordées dans l'étude de la Russie Elle peut aussi être l'occasion d'exercices de lecture, de repérages, d'analyse.

Les réponses doivent être construites à partir de l'observation.

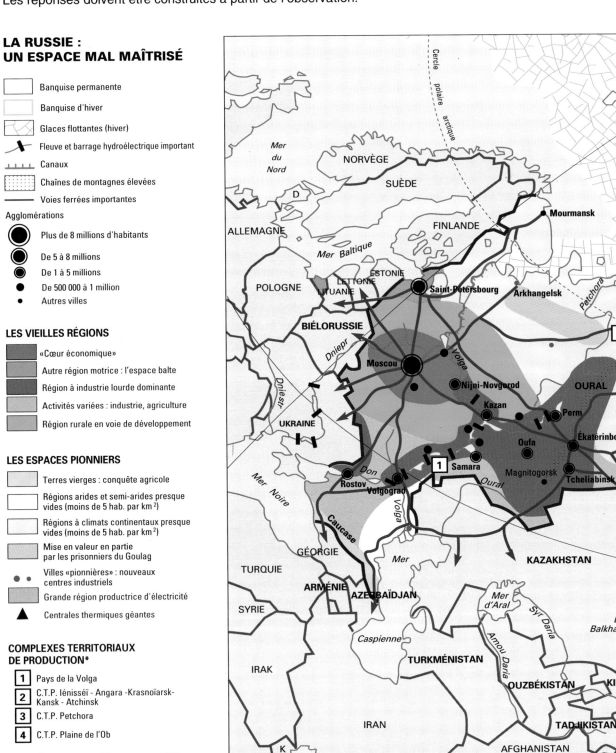

LA RUSSIE : UN ESPACE MAL MAÎTRISÉ

- Banquise permanente
- Banquise d'hiver
- Glaces flottantes (hiver)
- Fleuve et barrage hydroélectrique important
- Canaux
- Chaînes de montagnes élevées
- Voies ferrées importantes

Agglomérations

- Plus de 8 millions d'habitants
- De 5 à 8 millions
- De 1 à 5 millions
- De 500 000 à 1 million
- Autres villes

LES VIEILLES RÉGIONS

- «Cœur économique»
- Autre région motrice : l'espace balte
- Région à industrie lourde dominante
- Activités variées : industrie, agriculture
- Région rurale en voie de développement

LES ESPACES PIONNIERS

- Terres vierges : conquête agricole
- Régions arides et semi-arides presque vides (moins de 5 hab. par km²)
- Régions à climats continentaux presque vides (moins de 5 hab. par km²)
- Mise en valeur en partie par les prisonniers du Goulag
- Villes «pionnières» : nouveaux centres industriels
- Grande région productrice d'électricité
- ▲ Centrales thermiques géantes

COMPLEXES TERRITORIAUX DE PRODUCTION*

1. Pays de la Volga
2. C.T.P. Iénisséï - Angara -Krasnoïarsk- Kansk - Atchinsk
3. C.T.P. Petchora
4. C.T.P. Plaine de l'Ob

0   500   1 000 km

1. Où les axes ferroviaires sont-ils denses ? Pourquoi ? Où les axes ferroviaires sont-ils linéaires ? Pourquoi ?

2. Où se situent les principales agglomérations russes ? Comment expliquer les régions désertes orientales ? Pour quelles raisons y trouve-t-on cependant des villes ?

3. Comment sont mis en valeur les espaces pionniers ?

4. Quelles sont les principales régions agricoles ? les principales régions industrielles ?

5. Dans quelle direction s'opère l'expansion économique du territoire ?

6. Classez les régions de la Russie en grands ensembles : régions industrielles, régions agricoles, espaces pionniers.

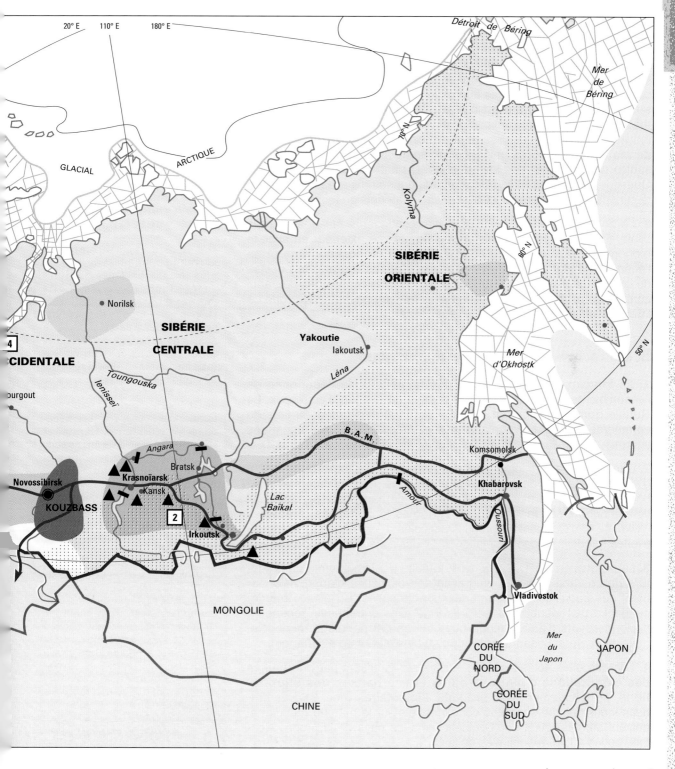

4 Les échanges de la Russie

L'U.R.S.S., malgré sa taille, n'avait qu'un rôle relativement modeste dans les échanges internationaux. Son isolement, l'importance de son marché intérieur protégé, le repli sur une zone commerciale privilégiée en Europe de l'Est (le C.A.E.M.), expliquaient sa modestie dans le commerce mondial : 10ᵉ rang mondial avec 4% en 1990.

A. Les mutations du commerce extérieur

1. Pendant des décennies, le commerce extérieur n'a eu qu'une place secondaire dans l'économie soviétique. Le pays, replié sur lui-même, participait peu aux échanges internationaux. Depuis les années 60 et surtout 70, le pays s'était ouvert sur l'extérieur pour acquérir machines, équipements, technologies, et compenser ses insuffisances industrielles et agricoles. Ses **exportations croissantes et massives de matières premières,** minérales et énergétiques, étaient indispensables pour financer ses importations. Du fait de l'affrontement Est-Ouest, les échanges avec l'Occident étaient soumis à des restrictions destinées à lui interdire l'accès à certains matériels ou technologies.

2. Le commerce extérieur était planifié, contingenté par des accords bilatéraux équilibrés. Le ministère du Commerce extérieur en avait le monopole. L'éclatement de l'U.R.S.S., la fin du communisme et de l'économie d'État se traduisent par de **profondes mutations :** baisse du commerce extérieur, liberté des échanges, dislocation des courants commerciaux internes, ou avec les anciens partenaires de l'Europe de l'Est (dissolution du C.A.E.M. en 1991).

B. Les caractères du commerce extérieur

1. Ils témoignent des forces et des faiblesses de l'économie de l'ensemble des États de la C.E.I., comme de chacun d'entre eux. La **Russie domine largement** (doc. 2), assurant plus des deux tiers du commerce extérieur avec l'étranger, et près de 40% des échanges internes. C'est elle qui est la plus ouverte sur l'extérieur (doc. 3 et 4).

2. Dans les échanges internes comme externes, ses **exportations** sont d'abord constituées **de produits énergétiques** (hydrocarbures et charbon) ou dérivés, de machines et matériels de transports. Ses importations montrent ses **insuffisances agricoles** (importations céréalières d'Ukraine et d'Occident, et produits agricoles d'Asie centrale) **et industrielles** (produits de consommation de l'industrie légère, doc. 5 et 6).

3. La dislocation de l'U.R.S.S. s'est traduite par l'irrégularité ou la rupture de courants internes, aggravant les difficultés d'approvisionnement des populations et de certaines entreprises. En effet, l'interdépendance des républiques est très forte. Des entreprises dépendent de fournisseurs d'autres républiques qui en ont parfois le monopole, mais qui préfèrent désormais vendre au plus offrant ou à l'étranger.

4. Les difficultés actuelles de la Russie se traduisent par une **baisse des exportations d'hydrocarbures** et une **hausse des importations, principalement des produits alimentaires** (doc. 8). Ses produits industriels ne sont plus concurrentiels sur le marché mondial et doivent affronter ceux de l'Occident dans les pays de l'Europe orientale, ou les autres républiques de la C.E.I.

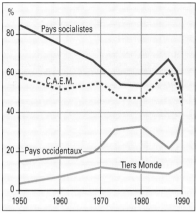

1 Évolution de la part des partenaires commerciaux de l'ex-U.R.S.S. dans son commerce extérieur.

2 Les échanges de la Russie avec les autres républiques de la C.E.I.

«La Russie exporte, dans les autres Républiques, de loin, la plus grande part des produits énergétiques et dérivés ; elle importe d'Ukraine et d'Asie centrale la quasi-totalité des produits agricoles. La Russie exporte la moitié de la valeur des produits échangés dans les industries intermédiaires et d'équipements mécaniques et électriques ; elle importe plus de 85% des produits de l'industrie légère qui sont appelés à se développer [...]. Les Républiques excédentaires, Ukraine et Biélorussie, sont dépendantes de la Russie pour écouler leurs produits [...]. La dépendance des Républiques d'Asie centrale, qui sont presque exclusivement agricoles et qui sont largement des pays sous-développés, est encore plus grande [...]. Cette zone a besoin d'une Russie dont l'économie soit en croissance et suffisamment ouverte à leurs exportations de produits agricoles. La Russie est le seul pays qui peut espérer améliorer ses positions dans le commerce international grâce à ses ventes d'hydrocarbures. Cela suppose une réorganisation de son économie, une reprise des investissements et une remise en ordre des prix relatifs pour réduire les gaspillages d'énergie.»

Michel Aglietta, *Économie prospective internationale,* 1ᵉʳ trimestre 1992.

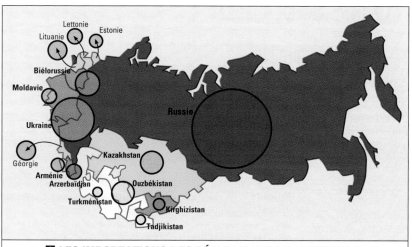

⑤ Le commerce extérieur de la Russie en 1990 (en %)		
Produits	**Import.**	**Export.**
Combustibles et lubrifiants	7,1	51,4
Matières premières	4,4	4,6
Produits chimiques	–	3,8
Mat. transport et machines	41,2	17,5
Textiles	10,4	14,8
Produits industriels	18	3,8
Produits alimentaires	14,7	–
Valeur totale (milliards de roubles)	47,8	41,6

③ LES IMPORTATIONS DES RÉPUBLIQUES DE L'EX-U.R.S.S.

Part venant de l'étranger	Part venant des Républiques	Valeur des importations (en millions de roubles)
Moins de 15%	Plus de 85%	136 000
De 15 à 20%	De 80 à 85%	50 000
De 20 à 30%	De 70 à 80%	Pays hors C.E.I. en 1992 — 16 000
49,5%	50,5%	0 1 000 km 2 900

⑥ Les produits échangés par l'ex-U.R.S.S. en 1990 (en %)		
Produits	**Import.**	**Export.**
Alimentaire	15,8	2
Matières premières	5,1	11,2
Énergie	2,6	40,6
Chimie	4,1	4,6
Mat. transport et machines	44,8	18,3
Autres articles manufacturés	18,9	4,8
Autres produits	8,7	18,5
Valeur totale (milliards de roubles)	70,7	60,9

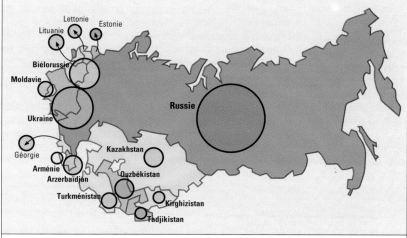

④ LES EXPORTATIONS DES RÉPUBLIQUES DE L'EX-U.R.S.S.

Part exportée vers l'étranger	Part exportée vers les Républiques	Valeur des exportations
Moins de 5%	Plus de 95%	100 000
De 5 à 10%	De 90 à 95%	47 000
De 10 à 15%	De 85 à 90%	Pays hors C.E.I. en 1992 — 20 000
33%	67%	0 1 000 km 2 600

⑦ Un gazoduc pour l'exportation.

---

⑧ L'évolution récente des échanges de la Russie

«En principe, les licences et les quotas d'exportation devraient être supprimés dès le 1er juillet 1992, à l'exception de ceux concernant l'énergie, qui seront maintenus jusqu'à la fin de 1993. La liberté de commercer sera alors totale. Les exportations, selon les premières données connues, affichent des résultats assez désastreux : en janvier-février 1992, elles avaient, en effet, diminué d'un tiers, les plus fortes baisses affectant le pétrole brut (–33%), les produits pétroliers (–45%) et le charbon (–44%). Quant aux importations, elles ont augmenté dans le même temps de 6%, les achats s'étant concentrés sur le blé, les pommes de terre, les médicaments et, dans une moindre mesure, certains articles d'habillement. La Russie est donc vouée à voir l'excédent commercial de 9,1 milliards de dollars qu'elle avait réalisé en 1991 se transformer en déficit.»

Marie-Agnès Crosnier, «Russie 1992, le saut dans l'inconnu», *Courrier des Pays de l'Est* n° 368, avril 1992.

U.R.S.S. et C.E.I.

JE RETIENS

Les mots et notions clés

● **C.E.I.** ● **taïga, toundra, terres noires (tchernoziom)** ●
● **hydrocarbures** ● **transition économique, économie
de marché** ● **inflation** ● **industrie lourde** ● **nationalités** ●

Les idées essentielles

Territoire et populations

■ **1. La Russie est le plus vaste des États** issus de
l'éclatement de l'U.R.S.S. Sur cette immensité, elle a bâti
son développement : richesses forestières, hydriques,
minérales et énergétiques.
L'immensité est aussi synonyme de **handicaps :** allongement des distances et des transports, dû à l'inégale répartition des ressources et des réserves, localisées surtout à
l'Est, et des régions consommatrices, urbaines, agricoles
et industrielles de l'Ouest. La latitude et la continentalité
sont également des handicaps majeurs : les conditions climatiques sont telles qu'une part importante du territoire est
exclue de l'espace cultivable et pose des problèmes
d'exploitation, d'aménagement et de peuplement.

■ **2. La population** – 150 millions d'habitants – **est très
inégalement répartie** sur ce territoire. Elle est formée de
multiples nationalités, dont certaines ont proclamé leur
souveraineté, tout en restant dans la Fédération de
Russie. **Les Russes forment la très grande majorité**
(80%) et dominent aussi dans certaines des Républiques
de la Fédération. Ils forment également des minorités très
importantes dans les autres États de la C.E.I. Les régions
européennes sont les plus densément peuplées. La Sibérie reste peu peuplée, en dehors de l'axe du Transsibérien, de quelques régions industrielles et d'îlots pionniers.

L'héritage soviétique et les mutations économiques

■ **1. La Russie doit passer** aujourd'hui du système d'économie socialiste planifiée, dont l'échec a conduit aux blocages et à l'éclatement de l'U.R.S.S., **à une économie de
marché.** Ses entreprises agricoles et industrielles sont
encore des entreprises d'État, mais la planification a disparu, et les livraisons obligatoires ne sont plus respectées.
Progressivement, les **privatisations** devraient permettre
le développement du secteur privé.

■ **2.** L'industrie est largement orientée vers les **industries
lourdes extractives, métallurgiques et de biens d'équipement,** installées à proximité des ressources minières ou
énergétiques. Les industries légères et de biens de
consommation sont insuffisantes. L'ensemble industriel
connaît une crise : vétusté des équipements, inadaptation
des productions aux besoins, surconsommation en énergie et en matières premières, effectifs pléthoriques peu
motivés et sous-employés, crise des débouchés.

■ **3. L'agriculture** a progressé grâce à l'extension de
l'espace cultivable et à la mécanisation. Mais elle reste
soumise aux aléas climatiques et aux insuffisances des
transports, des moyens techniques, du stockage ou de
l'industrie (approvisionnement ou transformation). Malgré
l'importance des productions, elle **ne couvre pas les
besoins de la population.** La privatisation est lente.

■ **4. La Russie a besoin du marché mondial** pour nourrir
sa population, moderniser son économie, financer ses
réformes. Elle importe des produits alimentaires d'Ukraine,
d'Asie centrale ou d'Occident (céréales) et des biens
d'équipement modernes. Elle exporte des produits énergétiques vers l'Europe. Elle a perdu une grande part de son
marché avec la disparition du C.A.E.M. et doit faire face à
la concurrence des pays développés occidentaux.

BREVET BLANC

J'analyse un texte et je construis une carte

■ **1.** Décalquez le fond de la carte 1 et placez-y l'Ukraine,
les États baltes, la Sibérie occidentale, la Biélorussie, la
Volga, Moscou.
Localisez, par des carrés verts pour le pétrole et noirs pour
le charbon, les zones de production citées dans le texte.
Indiquez, par des flèches, les flux des différents produits
énergétiques cités dans le texte.
N'oubliez pas de construire une légende !

■ **2.** Quelles sont (en quantités) les productions de la
Russie en pétrole, gaz naturel, charbon, électricité ?

■ **3.** Expliquez les mots suivants : quotas, exportations,
importations, oléoduc, flux d'échanges.

■ **4.** Quelles sont les causes respectives (par type de production) de la baisse de production énergétique ?

■ **5.** Quelles sont les conséquences de la crise énergétique ? Sont-elles toutes dues à la baisse de production ?
Justifiez votre réponse.

■ **6.** Où se situent les principales régions productrices
d'énergie de Russie, les principales zones consommatrices ?

■ **7.** Quelles sont les différentes conséquences de la dislocation de l'U.R.S.S. évoquées dans ce texte ?

■ **8.** Pourquoi peut-on dire que «les transports sont le
goulet d'étranglement» de l'économie russe ?

■ **9.** Quelles sont les autres difficultés économiques de
l'ex-U.R.S.S. qui sont évoquées dans ce texte ?

■ **10.** Trouver un titre à ce texte.

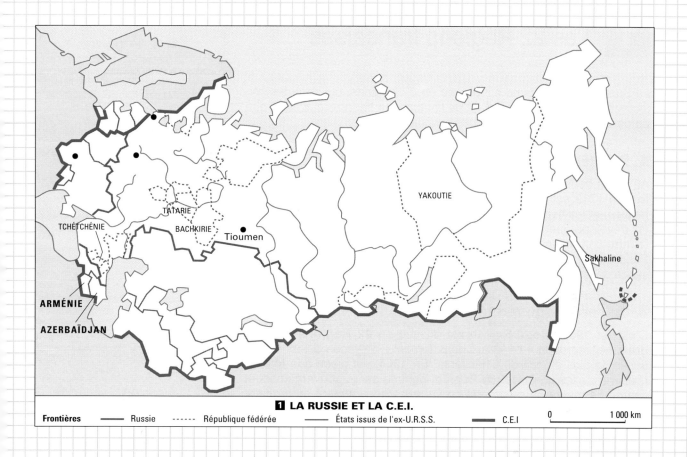

1 LA RUSSIE ET LA C.E.I.

Frontières ——— Russie ------ République fédérée ——— États issus de l'ex-U.R.S.S. ——— C.E.I. 0   1 000 km

2

«Alors que la zone ex-soviétique conserve le premier rang mondial pour le pétrole (515 millions de tonnes en 1991) et le gaz (810 milliards de mètres cubes), le deuxième pour l'électricité (1 680 milliards de kilowatt-heures) et le troisième pour le charbon (610 millions de tonnes), un rationnement de l'énergie y a été instauré un peu partout. [...]

La situation présente [...] ne découle apparemment que dans une faible mesure des baisses de production observées dans le secteur pétrolier (–110 millions de tonnes en trois ans) et les charbonnages (–160 millions de tonnes) depuis 1988 et, plus récemment, dans ceux du gaz naturel et de l'électricité. Depuis des années, l'industrie pétrolière voit ses besoins en équipements satisfaits à 60-70% seulement ; or, les livraisons ont encore baissé ces derniers mois, les principaux fournisseurs étant l'Azerbaïdjan et la République de Tchétchénie (Russie), qui sont aujourd'hui le théâtre de tensions graves.

Les autres sources d'énergie ont aussi leurs problèmes : manque de capacités de stockage et de conduites pour le gaz, délabrement de 70% des mines et grèves particulièrement dures pour le charbon, gel du programme nucléaire après la catastrophe de Tchernobyl et forte contestation écologique face au développement de l'hydroélectricité.

En fait, l'ampleur des pénuries actuelles s'explique plutôt par la désorganisation du système des transports et des échanges. Le manque de wagons, l'engorgement du trafic ferroviaire empêchent d'acheminer le pétrole raffiné dans le bassin de la Volga vers les centres industriels du Nord-Ouest, le charbon de Sibérie occidentale vers les industries métallurgiques d'Ukraine. Oléoducs, gazoducs et réseau électrique, mal entretenus, subissent de fréquentes avaries. Pour couronner le tout, des trains entiers sont détournés, des oléoducs pompés clandestinement !

Enfin, avec la désintégration de l'U.R.S.S., les flux traditionnels d'échanges sont remis en cause... La Russie (90% du pétrole, 78% du gaz, 63% de l'électricité et 56% du charbon) a fixé de façon unilatérale des quotas de livraison, parfois mal acceptés par ses clients, et révisé ses prix début mai sans la moindre concertation... Elle ne fait cependant pas tout à fait la pluie et le beau temps. Ses capacités de raffinage étant insuffisantes, elle a recours notamment à l'Ukraine, à la Biélorussie et à la Lituanie pour transformer 25% de son pétrole. En outre, les principaux terminaux maritimes se trouvent situés dans les ports des États baltes et de l'Ukraine, les frais de transit étant acquittés en pétrole. Mais surtout la Russie n'a plus la mainmise sur la totalité des ressources énergétiques produites sur son territoire. Les Républiques de Tchétchénie, Tatarie, Bachkirie, Yakoutie, les régions de Tioumen et Sakhaline, qui possèdent toutes du pétrole et certaines, en outre, du gaz, cherchent à prendre le contrôle de la rente procurée par ces ressources.»

Marie-Agnès Crosnier, *Le Monde*, 26 mai 1992.

1 Les 22 Régions françaises

La France métropolitaine est divisée en 22 Régions, qui sont des collectivités territoriales bénéficiant de l'autonomie financière, c'est-à-dire percevant une partie des impôts.

A. Des Régions, pourquoi ?

Au cours de la première moitié du 20e siècle, le cadre départemental fixé en 1789 est apparu comme trop petit aux responsables économiques, et les budgets départementaux trop restreints, pour permettre un développement économique répondant aux besoins régionaux. D'autre part, toutes les décisions d'ordre économique étaient prises à Paris, ce qui entraînait une perte de temps et, parfois, une méconnaissance des problèmes locaux.

B. Un découpage récent

C'est **en 1956** que la France est divisée en **22 Régions de programme,** regroupant plusieurs départements, de façon à former des unités de plus d'1 million d'habitants. **En 1964,** est placé à la tête de chacune d'elles un **Préfet de Région,** nommé par le gouvernement et chargé de mettre en œuvre «la politique d'aménagement du territoire de sa circonscription». Il s'agit alors d'accroître l'efficacité de la centralisation, toutes les décisions importantes étant prises à Paris.

C. La Région : une collectivité territoriale

1. En 1982, le vote de la **loi de décentralisation** fait de la Région une **collectivité territoriale,** c'est-à-dire une circonscription gérée par des élus désignés par le suffrage universel, lesquels composent le Conseil régional (doc. 3). Celui-ci dispose d'un **budget** qui lui est propre (doc. 4) et c'est désormais le Président du Conseil régional qui exécute les décisions ; le Préfet de Région conserve un pouvoir de contrôle.

2. Un **Comité économique et social,** dont les membres sont désignés par les organisations professionnelles (patronat et syndicats), est consulté et donne son avis sur les décisions à prendre.

D. Les compétences du Conseil régional

Elles s'appliquent à l'économie, à la formation et à l'éducation.

1. Dans le **domaine économique,** la Région est le partenaire privilégié de l'État pour l'élaboration et l'exécution du plan national. Elle élabore son propre plan, définissant ainsi ses objectifs et les conditions de leur mise en œuvre (doc. 1 et 2). La Région intervient directement dans la vie économique en exonérant certaines entreprises de la taxe professionnelle, en procédant à des études concernant le développement régional, en attribuant des aides financières.

2. En matière de **formation,** la Région partage avec l'État la mise en œuvre des actions de formation continue et d'apprentissage.

3. En matière d'**éducation,** la Région assure la construction et les dépenses de fonctionnement des lycées.

1 Le plan régional

• Depuis la loi de décentralisation, les Régions peuvent conclure, avec l'État, des contrats pour financer des objectifs qui doivent être compatibles avec ceux du plan national.

• Les Régions concluent également des contrats avec les départements, les communes ou d'autres régions, ainsi qu'avec des entreprises.

• L'ensemble de ces contrats s'insère dans un plan régional d'une durée générale de 5 ans.

• Les contrats de plan État-Régions sont actuellement en négociation dans le cadre du 11e plan (1993-1996).

4 Le budget de la Région Rhône-Alpes (1992, en millions de F)	
Recettes	
Les recettes fiscales	**2 400**
Contributions directes (moyenne : 211 F/hab.)	1 165
Taxe sur les cartes grises (165 F/CV)	795
Droits d'enregistrement	402
Taxe sur les permis de conduire (330 F)	38
Les autres recettes	**2 184**
Crédits d'État et divers	989
Emprunt	1 040
Fonds de concours	155
Total	**4 584**
Dépenses	
Enseignement secondaire et supérieur	1 993
Apprentissage, formation	599
Communications	544,5
Urbanisme, habitat	220
Économie	186
Agriculture	181
Tourisme, sport, environnement	166,5
Culture	105,5
Santé	103,5
Recherche	100
Total	**4 199**
Budget des Assemblées régionales et communication	228
Charges de la dette	157
TOTAL	**4 584**

ÉCONOMIQUE

2 Le financement du contrat de plan État-Région de Poitou-Charentes (1989-1993, en millions de F)

	État	Conseil régional	Europe	Autre
Développement local, économique, solidarité	477,05	386,60	–	–
Formation, enseignement, recherche	396,46	383,26	33,00	4,40
Infrastructures et aménagement du territoire	826,40	1 146,42	65,60	46,30
Ensemble contrat de plan	1 697,91	1 916,28	98,60	50,70

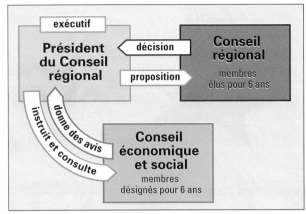

3 Les institutions régionales.

5 Les priorités de la Région Rhône-Alpes

«**Formation.** Formation, recherche, technologie, qui sont les bases du développement économique, constituent le premier "chantier" régional.

Le plan "Permis de Réussir" pour les lycées et le programme "Université 2000" amplifient les efforts importants déjà réalisés : 70 lycées créés ou réhabilités, 30 000 stagiaires par an en formation par alternance, des contrats d'objectifs avec nos universités et grandes écoles.

Économie. L'effort est permanent pour permettre la diffusion de l'information scientifique et technique vers les petites et moyennes entreprises, la mise en place de centres régionaux d'innovation, les transferts de technologie [...].

Ouverture internationale. La Région met en place des bourses de formation : chaque année, 2 000 jeunes poursuivent leurs études à l'étranger. [...]

Aménagement du territoire. [...] 1924 – 1968 – 1992 : Rhône-Alpes, trois fois olympique, met l'accent sur la promotion des ressources touristiques de la Région.

Solidarité. [...] La Région intervient dans le domaine du logement social, des équipements sanitaires et sociaux, et tout spécialement pour les personnes âgées et handicapées.»

Extraits de la plaquette *Mieux connaître la Région Rhône-Alpes*, 1993.

Exemples de thèmes à traiter

• **Les paysages naturels de la Région :** commentaire de cartes, recherche de photographies.

• **Le climat de la Région :** commentaire de diagrammes climatiques, enquête auprès des familles, d'agriculteurs, d'une station météorologique, sur les variations climatiques.

• **La population de la Région :** construction d'une pyramide des âges ; évolution de la population urbaine et de la population rurale ; la croissance des villes. Les immigrés dans la Région : nombre ? origine ? activités ? où sont-ils installés ?

• **Les grands chantiers de la Région :** localisation, nature des travaux, objectifs. Ces grands travaux vont-ils entraîner des créations d'emplois ?

• **L'amélioration des communications :** travaux en cours, «points noirs» ; enquête auprès des parents et des grands-parents sur l'amélioration du réseau routier. Combien de temps faut-il aujourd'hui pour aller de votre commune à la préfecture de Région, en voiture ? en car ? en train ? Combien de temps fallait-il, il y a 10, 20, 30 ans et plus ? Les communications avec Paris et avec les autres Régions.

• **L'agriculture :** principales productions, évolution de la population active agricole, âge moyen des exploitants, répartition des paysages ruraux. Des opérations de remembrement ont-elles été réalisées ou sont-elles en cours dans votre Région ?

• **La pêche :** quels sont les principaux ports de votre Région ? Quels sont les différents types de pêche pratiqués ? Où ? Quelles sont les destinations des produits de la pêche (conserveries ou commercialisation, marché local, régional, national...) ?

• **L'industrie :** quelles sont les principales industries de votre Région ? Expliquez les différentes localisations industrielles. Y a-t-il des industries dynamiques ? des industries en crise ? Quelles sont les raisons de ces dynamismes inégaux ?

• **Les services :** quel est, dans votre Région, le pourcentage des salariés du secteur tertiaire ? Est-ce un secteur récent ou ancien ? Quelles sont les entreprises les plus créatrices d'emploi dans ce secteur ?

• **Le budget :** faites une enquête auprès du Conseil régional pour relever les priorités de votre Région et leur mode de financement.

Où se renseigner sur la Région ?

• Service de documentation du Conseil régional.
• C.D.I. du collège.
• Bibliothèque municipale.
• Observatoire régional de l'I.N.S.E.E.
• I.G.N.(cartes : l'échelle au 1/25 000ᵉ est généralement la plus aisée à consulter).
• Il existe des atlas régionaux dans les instituts de géographie des Universités, dans les bibliothèques importantes, ainsi qu'au Conseil régional.

Les régions françaises en chiffres

Alsace	Aquitaine	Auvergne

Préfecture de région : **Strasbourg**

Préfecture de région : **Bordeaux**

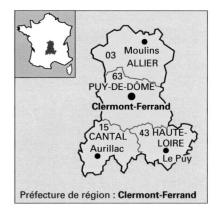

Préfecture de région : **Clermont-Ferrand**

Alsace

superficie	**8 280 km²**
population (milliers)	**1 631**
densité	**196 hab./km²**
Strasbourg	**388 483 hab.**

■ **Emploi**

agriculture	3,5%
industrie	29,7%
B.G.C.A.*	6,9%
tertiaire	59,9%
taux de chômage	5,1% des actifs

■ **Démographie**

taux d'accroissement naturel	+5‰
solde migratoire 1982-90	+58

■ **Niveau d'instruction de la population âgée de 15 ans et plus**

aucun diplôme	26,9%
Bac et plus	9,7%

■ **Conditions de vie**

médecins pour 100 000 habitants	270
taux de départ en vacances d'été	48%

■ **Budget régional**
(millions de F, 1992) **1 397**

Aquitaine

superficie	**41 308 km²**
population (milliers)	**2 813**
densité	**67 hab./km²**
Bordeaux	**696 364 hab.**

■ **Emploi**

agriculture	10,5%
industrie	18,2%
B.G.C.A.	7,6%
tertiaire	63,7%
taux de chômage	10,4% des actifs

■ **Démographie**

taux d'accroissement naturel	+0,7‰
solde migratoire 1982-90	+128 920

■ **Niveau d'instruction de la population âgée de 15 ans et plus**

aucun diplôme	27%
Bac et plus	14%

■ **Conditions de vie**

médecins pour 100 000 habitants	262
taux de départ en vacances d'été	48%

■ **Budget régional**
(millions de F, 1992) **2 308**

Auvergne

superficie	**26 013 km²**
population (milliers)	**1 321**
densité	**50 hab./km²**
Clermont-Ferrand	**254 416 hab.**

■ **Emploi**

agriculture	11,4%
industrie	23,9%
B.G.C.A.	7%
tertiaire	57,7%
taux de chômage	9,7% des actifs

■ **Démographie**

taux d'accroissement naturel	−0,8‰
solde migratoire 1982-90	−4 604

■ **Niveau d'instruction de la population âgée de 15 ans et plus**

aucun diplôme	24,7%
Bac et plus	7,8%

■ **Conditions de vie**

médecins pour 100 000 habitants	226
taux de départ en vacances d'été	46,2%

■ **Budget régional**
(millions de F, 1992) **1 137**

Bourgogne	**Bretagne**	**Centre**

Préfecture de Région : **Dijon**

Préfecture de Région : **Rennes**

Préfecture de Région : **Orléans**

	Bourgogne
superficie	31 582 km²
population (milliers)	1 612
densité	50 hab./km²
Dijon	230 451 hab.

■ **Emploi**

agriculture	9%
industrie	24,6%
B.G.C.A.	7%
tertiaire	59,4%
taux de chômage	8,5% des actifs

■ **Démographie**

taux d'accroissement
naturel   +1,2‰
solde migratoire
1982-90   −3 327

■ **Niveau d'instruction de la population âgée de 15 ans et plus**

aucun diplôme	26,6%
Bac et plus	7,5%

■ **Conditions de vie**

médecins pour
100 000 habitants   210
taux de départ
en vacances d'été   48,1%

■ **Budget régional**
(millions de F, 1992) **1 513**

	Bretagne
superficie	27 208 km²
population (milliers)	2 805
densité	102 hab./km²
Rennes	245 065 hab.

■ **Emploi**

agriculture	12,6%
industrie	19,2%
B.G.C.A.	7,5%
tertiaire	60,7%
taux de chômage	9,7% des actifs

■ **Démographie**

taux d'accroissement
naturel   +1,9‰
solde migratoire
1982-90   +38 975

■ **Niveau d'instruction de la population âgée de 15 ans et plus**

aucun diplôme	23,2%
Bac et plus	8%

■ **Conditions de vie**

médecins pour
100 000 habitants   227
taux de départ
en vacances d'été   46%

■ **Budget régional**
(millions de F, 1992) **2 220**

	Centre
superficie	39 151 km²
population (milliers)	2 384
densité	60 hab./km²
Orléans	243 153 hab.

■ **Emploi**

agriculture	8,3%
industrie	26%
B.G.C.A.	7,7%
tertiaire	58%
taux de chômage	8,4% des actifs

■ **Démographie**

taux d'accroissement
naturel   +2,8‰
solde migratoire
1982-90   +57 754

■ **Niveau d'instruction de la population âgée de 15 ans et plus**

aucun diplôme	26,7%
Bac et plus	7,5%

■ **Conditions de vie**

médecins pour
100 000 habitants   211
taux de départ
en vacances d'été   58%

■ **Budget régional**
(millions de F, 1992) **2 132**

Champagne Ardenne

Préfecture de région : **Châlons-sur-Marne**

superficie	**25 606 km²**
population (milliers)	**1 348**
densité	**52 hab./km²**
Châlons-sur-Marne	**61 452 hab.**

■ **Emploi**

agriculture	9,9%
industrie	27,1%
B.G.C.A.	6,6%
tertiaire	56,4%
taux de chômage	9,6% des actifs

■ **Démographie**

taux d'accroissement naturel	+4,3‰
solde migratoire 1982-90	−49 722

■ **Niveau d'instruction de la population âgée de 15 ans et plus**

aucun diplôme	27,1%
Bac et plus	6,8%

■ **Conditions de vie**

médecins pour 100 000 habitants	200
taux de départ en vacances d'été	47,5%

■ **Budget régional**

(millions de F, 1992) **1 400**

Corse

Préfecture de région : **Ajaccio**

superficie	**8 680 km²**
population (milliers)	**251**
densité	**28 hab./km²**
Ajaccio	**58 949 hab.**

■ **Emploi**

agriculture	9,4%
industrie	8%
B.G.C.A.	12,4%
tertiaire	70,2%
taux de chômage	10,4% des actifs

■ **Démographie**

taux d'accroissement naturel	+1,3‰
solde migratoire 1982-90	+8 621

■ **Niveau d'instruction de la population âgée de 15 ans et plus**

aucun diplôme	38,1%
Bac et plus	6,6%

■ **Conditions de vie**

médecins pour 100 000 habitants	266

Franche-Comté

Préfecture de région : **Besançon**

superficie	**16 202 km²**
population (milliers)	**1 099**
densité	**67 hab./km²**
Besançon	**122 623 hab.**

■ **Emploi**

agriculture	6,4%
industrie	32,8%
B.G.C.A.	5,9%
tertiaire	54,9%
taux de chômage	7,6% des actifs

■ **Démographie**

taux d'accroissement naturel	+4,2‰
solde migratoire 1982-90	−29 127

■ **Niveau d'instruction de la population âgée de 15 ans et plus**

aucun diplôme	24,8%
Bac et plus	7,3%

■ **Conditions de vie**

médecins pour 100 000 habitants	220
taux de départ en vacances d'été	48%

■ **Budget régional**

(millions de F, 1992) **980**

Ile-de-France

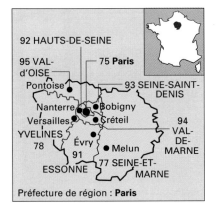

Préfecture de région : **Paris**

superficie	12 012 km²
population (milliers)	10 736
densité	887 hab./km²
Paris	9 318 821 hab.

■ Emploi

agriculture	0,5%
industrie	19,2%
B.G.C.A.	6,3%
tertiaire	74%
taux de chômage	7,8% des actifs

■ Démographie

taux d'accroissement naturel	+8,4‰
solde migratoire 1982-90	−48 878

■ Niveau d'instruction de la population âgée de 15 ans et plus

aucun diplôme	21,5%
Bac et plus	16,4%

■ Conditions de vie

médecins pour 100 000 habitants	336
taux de départ en vacances d'été	76%

■ Budget régional

(millions de F, 1992) **11 500**

Languedoc Roussillon

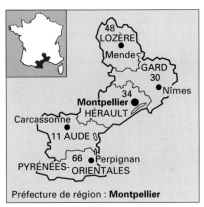

Préfecture de région : **Montpellier**

superficie	27 376 km²
population (milliers)	2 138
densité	77 hab./km²
Montpellier	248 303 hab.

■ Emploi

agriculture	9,2%
industrie	13,4%
B.G.C.A.	8,8%
tertiaire	68,6%
taux de chômage	13,7% des actifs

■ Démographie

taux d'accroissement naturel	+1,2‰
solde migratoire 1982-90	+176 627

■ Niveau d'instruction de la population âgée de 15 ans et plus

aucun diplôme	28,6%
Bac et plus	9,2%

■ Conditions de vie

médecins pour 100 000 habitants	292
taux de départ en vacances d'été	45,2%

■ Budget régional

(millions de F, 1992) **1 900**

Limousin

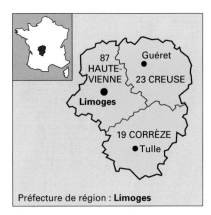

Préfecture de région : **Limoges**

superficie	16 942 km²
population (milliers)	723
densité	42 hab./km²
Limoges	170 072 hab.

■ Emploi

agriculture	14,4%
industrie	20,3%
B.G.C.A.	6,8%
tertiaire	58,5%
taux de chômage	8,3% des actifs

■ Démographie

taux d'accroissement naturel	−4,3‰
solde migratoire 1982-90	+8 320

■ Niveau d'instruction de la population âgée de 15 ans et plus

aucun diplôme	25,8%
Bac et plus	7,1%

■ Conditions de vie

médecins pour 100 000 habitants	247
taux de départ en vacances d'été	52%

■ Budget régional

(millions de F, 1992) **638**

Les régions françaises en chiffres

Lorraine

MEURTHE-ET-MOSELLE
55 MEUSE — **Metz**
Bar-le-Duc
54 — 57 MOSELLE
Nancy
88 Épinal
VOSGES

Préfecture de région : **Metz**

superficie	**23 547 km²**
population (milliers)	**2 304**
densité	**97 hab./km²**
Metz	**193 117 hab.**

■ Emploi
agriculture	4%
industrie	28%
B.G.C.A.	6,8%
tertiaire	61,2%
taux de chômage	8,5% des actifs

■ Démographie
taux d'accroissement naturel	+4,5‰
solde migratoire 1982-90	−107 049

■ Niveau d'instruction de la population âgée de 15 ans et plus
aucun diplôme	28,9%
Bac et plus	7,1%

■ Conditions de vie
médecins pour 100 000 habitants	228
taux de départ en vacances d'été	41,3%

■ Budget régional
(millions de F, 1992) **1 628**

Midi-Pyrénées

TARN-ET-GARONNE
46 LOT
Cahors — 12 AVEYRON
Montauban — Rodez
82 — Albi
32 GERS — 81 TARN
Auch — **Toulouse**
Tarbes
65 — 31
HAUTES-PYRÉNÉS
09 Foix — HAUTE-GARONNE
ARIÈGE

Préfecture de région : **Toulouse**

superficie	**45 348 km²**
population (milliers)	**2 445**
densité	**53 hab./km²**
Toulouse	**650 336 hab.**

■ Emploi
agriculture	11,7%
industrie	18,4%
B.G.C.A.	7,6%
tertiaire	62,3%
taux de chômage	9,2% des actifs

■ Démographie
taux d'accroissement naturel	+0,6‰
solde migratoire 1982-90	+103 091

■ Niveau d'instruction de la population âgée de 15 ans et plus
aucun diplôme	26,5%
Bac et plus	9,7%

■ Conditions de vie
médecins pour 100 000 habitants	288
taux de départ en vacances d'été	52%

■ Budget régional
(millions de F, 1992) **2 326**

Nord-Pas-de-Calais

62 PAS-DE-CALAIS — **Lille**
Arras
59 NORD

Préfecture de région : **Lille**

superficie	**12 414 km²**
population (milliers)	**3 968**
densité	**319 hab./km²**
Lille	**959 234 hab.**

■ Emploi
agriculture	4,1%
industrie	26,4%
B.G.C.A.	6,7%
tertiaire	62,8%
taux de chômage	12,4% des actifs

■ Démographie
taux d'accroissement naturel	+5,8‰
solde migratoire 1982-90	−171 043

■ Niveau d'instruction de la population âgée de 15 ans et plus
aucun diplôme	28,2%
Bac et plus	7%

■ Conditions de vie
médecins pour 100 000 habitants	215
taux de départ en vacances d'été	50%

■ Budget régional
(millions de F, 1992) **3 700**

Basse-Normandie

Préfecture de région : **Caen**

superficie	**17 589 km²**
population (milliers)	**1 395**
densité	**79 hab./km²**
Caen	**191 490 hab.**

■ Emploi

agriculture	13,1%
industrie	22,5%
B.G.C.A.	7,3%
tertiaire	57,1%
taux de chômage	9,2% des actifs

■ Démographie

taux d'accroissement naturel	+3,6‰
solde migratoire 1982-90	−9 506

■ Niveau d'instruction de la population âgée de 15 ans et plus

aucun diplôme	30,2%
Bac et plus	7%

■ Conditions de vie

médecins pour 100 000 habitants	207
taux de départ en vacances d'été	44,4%

■ Budget régional

(millions de F, 1992) **1 126**

Haute-Normandie

Préfecture de région : **Rouen**

superficie	**12 317 km²**
population (milliers)	**1 746**
densité	**141 hab./km²**
Rouen	**380 161 hab.**

■ Emploi

agriculture	4,9%
industrie	27,9%
B.G.C.A.	7,5%
tertiaire	59,7%
taux de chômage	11,2% des actifs

■ Démographie

taux d'accroissement naturel	+5,9‰
solde migratoire 1982-90	−4 131

■ Niveau d'instruction de la population âgée de 15 ans et plus

aucun diplôme	29,7%
Bac et plus	7,3%

■ Conditions de vie

médecins pour 100 000 habitants	207
taux de départ en vacances d'été	44%

■ Budget régional

(millions de F, 1992) **2 191**

Pays de la Loire

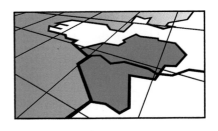

Préfecture de région : **Nantes**

superficie	**32 082 km²**
population (milliers)	**3 072**
densité	**95 hab./km²**
Nantes	**496 078 hab.**

■ Emploi

agriculture	10,9%
industrie	24,6%
B.G.C.A.	7,6%
tertiaire	56,9%
taux de chômage	10% des actifs

■ Démographie

taux d'accroissement naturel	+4,2‰
solde migratoire 1982-90	+10 984

■ Niveau d'instruction de la population âgée de 15 ans et plus

aucun diplôme	25,9%
Bac et plus	7,2%

■ Conditions de vie

médecins pour 100 000 habitants	212
taux de départ en vacances d'été	63%

■ Budget régional

(millions de F, 1992) **2 637**

Picardie

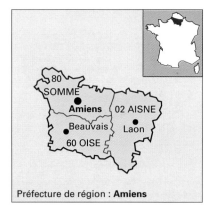

Préfecture de région : **Amiens**

superficie	**19 399 km²**
population (milliers)	**1 819**
densité	**93 hab./km²**
Amiens	**156 120 hab.**

■ **Emploi**

agriculture	7,7%
industrie	29,1%
B.G.C.A.	6,2%
tertiaire	57%
taux de chômage	9,8% des actifs

■ **Démographie**

taux d'accroissement naturel	+5,4‰
solde migratoire 1982-90	−3 473

■ **Niveau d'instruction de la population âgée de 15 ans et plus**

aucun diplôme	29,4%
Bac et plus	7,1%

■ **Conditions de vie**

médecins pour 100 000 habitants	195
taux de départ en vacances d'été	51,3%

■ **Budget régional**

(millions de F, 1992) **1 794**

Poitou-Charentes

Préfecture de région : **Poitiers**

superficie	**25 810 km²**
population (milliers)	**1 598**
densité	**62 hab./km²**
Poitiers	**107 625 hab.**

■ **Emploi**

agriculture	12,9%
industrie	20,2%
B.G.C.A.	7,6%
tertiaire	59,3%
taux de chômage	10,4% des actifs

■ **Démographie**

taux d'accroissement naturel	+0,9‰
solde migratoire 1982-90	+11 726

■ **Niveau d'instruction de la population âgée de 15 ans et plus**

aucun diplôme	29%
Bac et plus	6,8%

■ **Conditions de vie**

médecins pour 100 000 habitants	221
taux de départ en vacances d'été	41,1%

■ **Budget régional**

(millions de F, 1992) **1 316**

Provence-Alpes-Côte d'Azur

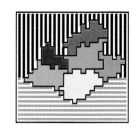

Préfecture de région : **Marseille**

superficie	**31 400 km²**
population (milliers)	**4 294**
densité	**135 hab./km²**
Marseille + Aix	**1 230 936 hab.**

■ **Emploi**

agriculture	4%
industrie	13,7%
B.G.C.A.	8,3%
tertiaire	74%
taux de chômage	11,6% des actifs

■ **Démographie**

taux d'accroissement naturel	+2,5‰
solde migratoire 1982-90	+220 864

■ **Niveau d'instruction de la population âgée de 15 ans et plus**

aucun diplôme	27,1%
Bac et plus	10,4%

■ **Conditions de vie**

médecins pour 100 000 habitants	343
taux de départ en vacances d'été	44,2%

■ **Budget régional**

(millions de F, 1992) **3 300**

Rhône-Alpes

RÉGION RHONE-ALPES

RHÔNE
AIN
74 HAUTE-SAVOIE
Bourg-en-Bresse
●Annecy
42
LOIRE 69 01
Lyon
Saint-
Étienne 38 ●Chambéry
ISÈRE 73 SAVOIE
07 ●Grenoble
ARDÈCHE ●
Privas ● Valence
26 DRÔME

Préfecture de région : **Lyon**

superficie	**43 698 km²**
population (milliers)	**5 391**
densité	**122 hab./km²**
Lyon	**1 262 223 hab.**

■ Emploi

agriculture	4,3%
industrie	27%
B.G.C.A.	7,8%
tertiaire	60,9%
taux de chômage	8% des actifs

■ Démographie

taux d'accroissement naturel	+5,4‰
solde migratoire 1982-90	+117 302

■ Niveau d'instruction de la population âgée de 15 ans et plus

aucun diplôme	23,3%
Bac et plus	10,7%

■ Conditions de vie

médecins pour 100 000 habitants	251
taux de départ en vacances d'été	69%

■ Budget régional
(millions de F, 1992) **4 500**

Guadeloupe

superficie	**1 780 km²**
population (milliers)	**397**
densité	**227 hab./km²**
Basse-Terre	**52 582 hab.**

■ Emploi

agriculture	10,6%
industrie	7,7%
B.G.C.A.	9,9%
tertiaire	71,8%
taux de chômage	31% des actifs

■ Démographie

taux d'accroissement naturel	+13,4‰

Guyane

superficie	**91 000 km²**
population (milliers)	**115**
densité	**1 hab./km²**
Cayenne	**52 873 hab.**

■ Emploi

agriculture	6,1%
industrie	8,6%
B.G.C.A.	10,4%
tertiaire	74,9%
taux de chômage	24% des actifs

■ Démographie

taux d'accroissement naturel	+25,7‰

Martinique

superficie	**1 100 km²**
population (milliers)	**360**
densité	**327 hab./km²**
Fort-de France	**133 941 hab.**

■ Emploi

agriculture	10,9%
industrie	7,5%
B.G.C.A.	7,3%
tertiaire	74,3%
taux de chômage	32% des actifs

■ Démographie

taux d'accroissement naturel	+11,7‰

Réunion

superficie	**2 510 km²**
population (milliers)	**599**
densité	**238 hab./km²**
Saint-Denis	**121 999 hab.**

■ Emploi

agriculture	9,8%
industrie	10,9%
B.G.C.A.	13,5%
tertiaire	65,8%
taux de chômage	37% des actifs

■ Démographie

taux d'accroissement naturel	+17,9‰

LEXIQUE

A

Accroissement naturel (192, 292) : excédent du nombre de naissances sur le nombre de décès, au cours d'une même année.

Actifs (192, 204, 222, 246, 250, 266) : personnes exerçant un emploi ou à la recherche d'un emploi.

Agglomération (188, 190, 208, 220, 228, 240, 242, 248, 288) : ensemble formé par une ville et les communes de sa banlieue.

Agroalimentaire (industrie) (200, 210, 250, 298, 326) : transformation des produits agricoles en produits destinés à l'alimentation.

A.L.E.N.A. (174, 306) : accord de libre-échange entre les États-Unis, le Canada et le Mexique (en anglais : NAFTA).

Alliance : voir «Système d'alliance».

Alliance atlantique ou **O.T.A.N.** (108) : pacte signé à Washington, en 1949, par les Occidentaux, pour assurer leur sécurité face au Bloc de l'Est.

Aménagement du territoire (110, 220, 222, 230) : ensemble de mesures prises par un État pour développer ses différentes régions en en réduisant les déséquilibres.

Anschluss (58) : mot allemand signifiant «réunion». Ce terme désigne l'annexion de l'Autriche par l'Allemagne, en 1938.

Antisémitisme (54) : doctrine et attitude systématique de discrimination vis-à-vis des Juifs.

Aquaculture (250) : élevage de poissons en bassins.

Armistice (12, 16, 24, 62, 74, 142) : convention par laquelle les belligérants suspendent les hostilités.

Aryen (56) : ancien peuple indo-européen. Pour les nazis, les peuples germaniques et scandinaves sont les descendants des Aryens qu'ils considèrent comme la «race supérieure».

Autarcie (43, 50, 56) : système économique par lequel un pays cherche à se suffire à lui-même, en réduisant au minimum ses importations.

Autoconsommation (254) : consommation de sa propre production par un producteur.

Autocratie (22) : régime politique où le souverain tient ses pouvoirs de lui-même, sans aucune limitation.

Autodétermination (16, 18, 125, 140) : action par laquelle un peuple décide seul et librement de son système politique et économique.

Automatisation ou **automation** (138) : voir «Robotisation».

B

B.A.M. (331) : voie ferrée en Russie, reliant les régions du Baïkal à celles de l'Amour, en Extrême-Orient.

Baby-boom (110, 148, 192) : forte reprise de la natalité dans les pays industrialisés, après la Seconde Guerre mondiale.

Balance commerciale (148, 154, 278, 306) : différence entre la valeur des exportations et la valeur des importations d'un pays. Si les exportations sont supérieures, la balance est excédentaire. Dans le cas contraire, elle est déficitaire.

Balance des paiements (152) : l'ensemble des échanges entre un pays et plusieurs autres pays.

Ballottage (144) : situation dans laquelle aucun des candidats n'a réuni au premier tour la majorité requise, dans un scrutin majoritaire à deux tours.

Banlieue (190, 230, 288, 290) : espace urbain situé en périphérie de la ville.

B.G.C.A. (338) : secteur du Bâtiment et du Génie Civil Agricole.

Bilan énergétique (203) : indique le rapport entre la production et la consommation d'énergie, ainsi que la part respective de chaque source d'énergie.

Biotechnologie (152, 204) : exploitation industrielle des réactions produites par les micro-organismes : bactéries, enzymes.

Blitz (74, 82) : (mot allemand = éclair) période de bombardement de la Grande-Bretagne par l'aviation allemande, en 1940.

Blitzkrieg (74) : (mot allemand = guerre éclair) stratégie résolument offensive, dans laquelle les Allemands associent l'utilisation massive des blindés à l'aviation.

Blocus (12, 98) : action d'isoler un pays en coupant ses relations commerciales avec les autres États.

Bolchevik (22, 24, 26, 28, 32, 52, 62, 76) : membre de la fraction du Parti social-démocrate russe ayant adopté les thèses de Lénine en 1903 ; en 1918, synonyme de communiste.

C

C.A.E.M. (98, 134, 332) : Conseil d'Assistance Économique Mutuelle, ensemble économique organisant les échanges et les relations économiques entre les pays de l'Europe de l'Est, l'U.R.S.S., Cuba, le Viêt-nam et la Mongolie (en anglais : COMECON).

Capitalisme (296) : système économique caractérisé par la propriété privée des moyens de production, la recherche du profit, la liberté de créer, d'entreprendre et de s'enrichir, et par la séparation nette entre capital et travail.

Capituler (74, 90) : cesser toute résistance et se reconnaître vaincu.

C.B.D. (288, 290) : (Central Business District) désigne les quartiers d'affaires situés dans les grandes agglomérations aux États-Unis.

C.E.C.A. (108, 110, 113, 276) : Communauté Européenne du Charbon et de l'Acier. Association conclue, en 1951, entre les signataires du traité de Rome, en vue de l'établissement d'un marché commun du charbon et de l'acier.

Censure (15, 109) : examen critique de la part d'un gouvernement à l'égard de la presse, ou de l'Assemblée nationale à l'égard d'un gouvernement.

Centralisation (214) : concentration des activités et des décisions entre les mains de l'État.

Choc pétrolier (148, 152) : forte augmentation du prix du pétrole qui provoque un bouleversement dans les économies.

Coexistence pacifique (100) : doctrine formulée par Khrouchtchev en 1956, préconisant la détente entre les États-Unis et l'Union soviétique.

Cohabitation (146) : situation politique où coexistent une majorité parlementaire et un chef de l'État de tendances différentes.

Collaboration (76, 106) : attitude de certains habitants des pays occupés par l'Allemagne durant la Seconde Guerre mondiale, qui acceptent de se ranger aux côtés de l'occupant et de l'aider.

Collectivisation (30) : suppression de la propriété individuelle, qui est remise entre les mains de la collectivité.

Communisme de guerre (24, 28) : politique de défense de la Révolution poursuivie par le gouvernement de la Russie soviétique, de l'été 1918 au printemps 1921.

Complexe agro-industriel (298) : ensemble des activités liées à l'agriculture.

Concentration horizontale (296) : regroupement d'entreprises produisant le même type de biens.

Concentration verticale (296) : regroupement d'entreprises aux activités complémentaires et dépendantes les unes des autres ; ce type de concentration est aussi appelée **intégration.**

Confiance (question de) (109) : démarche par laquelle un chef de gouvernement s'assure de l'accord du Parlement avant d'agir.

Conglomérat (296) : forme de concentration qui réunit des entreprises aux activités très diverses et sans d'autres liens que financiers.

Constitution (24, 30, 108, 114, 140, 142) : texte qui fixe les règles de gouvernement d'un État.

Coopérative (254) : association de partenaires (acheteurs, commerçants, producteurs) en vue d'une action commune.

Courant migratoire (188, 318) : mouvement de personnes.

Créole (266, 268) : personne de race blanche née dans une colonie de la zone intertropicale (Antilles, Réunion, etc.).

Croissance (22, 132, 148, 152, 230) : développement de l'économie, provoquant une augmentation des productions et des revenus par habitant.

C.S.G. (147) : Contribution Sociale Généralisée, instituée en 1991.

C.T.P. (330) : Complexes Territoriaux de Production, en Russie : ensemble régional coordonné regroupant des grandes entreprises complémentaires, des axes de transports, des équipements urbains et sociaux.

Cultures vivrières (266) : cultures destinées à l'approvisionnement alimentaire direct des populations rurales.

D

D.A.T.A.R. (220) : Délégation à l'Aménagement du Territoire et à l'Action Régionale. Créée en 1963, elle est chargée de la mise en œuvre de la politique d'aménagement de la France.

Décentralisation (147, 214) : transfert de certains pouvoirs de l'État à des collectivités locales (région, département, commune).

Décentralisation industrielle (220, 230, 232, 254) : politique d'incitation au déplacement des activités industrielles, pour réduire les déséquilibres régionaux.

Décolonisation (108, 114, 118) : processus qui conduit une métropole à accorder l'indépendance à une colonie.

Délocalisation (220) : transfert d'activités dans un autre lieu.

Démocratie populaire (98, 164) : État où les citoyens participent au pouvoir par l'élection, mais où un parti unique (communiste) dirige l'ensemble de la vie politique, économique et sociale du pays.

Densité de population (188, 218, 240, 260, 288, 318) : nombre d'habitants, en moyenne, vivant sur un km².

Dépendance énergétique (202) : situation d'un pays qui est dans l'obligation d'importer une grande part de sa consommation d'énergie. Le taux de dépendance énergétique = importations d'énergie : consommation d'énergie x 100.

Déréglementation (296) : politique visant à démanteler les règles limitant la concurrence dans certains secteurs.

Désindustrialisation (204) : réduction du nombre des emplois dans le secteur industriel d'un pays. Réduction du secteur de l'industrie en regard des autres secteurs.

Déstalinisation (100) : opposition au culte stalinien de la personnalité et à ses conséquences, manifestée à partir du 20ᵉ Congrès du Parti communiste de l'Union soviétique (février 1956).

Deuxième D. B. (Division blindée) (90) : grande unité militaire rassemblant des formations de toutes armes ou services. La 2ᵉ D.B., organisée en 1943, est commandée par Leclerc et participe à la libération de l'Afrique et de la France.

Dévaluation (44, 62, 68, 146) : décision d'un gouvernement de diminuer la valeur d'une monnaie par rapport aux autres.

Dictature (24, 26, 48, 50, 56, 58, 82, 126) : régime politique où le pouvoir est concentré entre les mains d'un homme, qui l'exerce sans aucun contrôle.

Dirigisme (43) : système dans lequel un gouvernement exerce un pouvoir de décision sur l'économie.

Dissident (164) : personne ou groupe qui ne reconnaît plus l'autorité politique à laquelle il était jusqu'alors soumis.

Dissuasion (158) : force de frappe nucléaire d'un pays, dont l'existence doit dissuader l'ennemi potentiel d'engager les hostilités.

Droit de veto (102) : mot latin = je m'oppose. Possibilité, pour un État de s'opposer formellement à une décision.

Duce (50) : mot italien = chef. Titre pris par Mussolini.

E

Économie de marché (322, 326) : système économique des pays capitalistes, fondé sur le principe de la libre confrontation entre la demande des consommateurs et l'offre des producteurs.

Économie libérale (198) : voir «Capitalisme».

Économie néo-industrielle (198) : économie dans laquelle l'industrie n'est plus le principal employeur, mais continue à jouer un rôle essentiel dans le développement du pays.

Économie planifiée (324, 326) : voir «Système socialiste».

E.C.U. (166) : initiales de *European Currency Unit* (unité de compte européenne) qui est déterminée par rapport à un «panier» des différentes monnaies de la C.E., chacune entrant pour une part déterminée dans le calcul de l'ensemble. C'est une monnaie de compte, qui ne circule pas.

Émancipation (118, 120, 122) : libération par un acte légal.

Emplois induits (210) : emplois indirectement créés par le développement d'un secteur d'activité.

Espace répulsif (188, 288) : espace qui repousse les populations et les activités, en raison de son incommodité (relief) ou de sa pauvreté (chômage).

État fédéral (28, 44) : État qui résulte de l'union de plusieurs États ; chaque État conserve une certaine autonomie et a son propre gouvernement ; au-dessus de ces gouvernements, un gouvernement fédéral s'occupe des affaires communes à tous les États de l'Union.

État-providence (44, 292) : (traduit de l'anglais *Welfare State*) dans les pays libéraux, se dit d'un État qui intervient pour établir une plus grande justice sociale.

Ethnie (126) : groupement d'individus ayant même langue, même culture, même mœurs.

Excédent naturel (192) : quand le nombre des naissances est supérieur au nombre des décès en un an, la différence est l'excédent naturel : la population augmente.

Exode (74) : fuite des populations civiles françaises devant la progression de l'armée allemande, en mai et juin 1940.

Exode rural (148, 200, 260) : déplacement des populations des campagnes vers les villes.

F

Fascisme (48, 50, 64, 90) : au sens restreint, dictature nationaliste établie en Italie en 1922. Au sens large, idéologie fondée sur la violence et la négation des Droits de l'Homme.

Fellagha (125) : partisan algérien soulevé contre l'autorité française.

F.L.N. (120, 124, 125) : Front de Libération Nationale. Parti nationaliste algérien devenu le parti unique de l'Algérie indépendante.

F.M.I. (274) : Fonds Monétaire International, organisme international créé à

Bretton Woods en 1944 et chargé de faciliter les échanges entre monnaies.

Führer (54, 56) : mot allemand = guide. Titre porté par Hitler à partir de 1934.

G

Génocide (80, 96) : destruction systématique d'un groupe humain.

Ghetto (290) : quartier juif. Aujourd'hui, ce mot désigne plus généralement un quartier d'une ville habité par une communauté qui vit à l'écart du reste de la population (ségrégation ethnique, culturelle, linguistique, raciale, etc.).

Glasnost (164) : mot russe = transparence. A l'origine, idée de mise sur la place publique, de «déballage». De cette publicité donnée aux critiques, aux informations, aux discussions et à l'explication des décisions prises découle l'idée de transparence.

Goulag (30) : sigle désignant l'administration générale des camps d'internement en Union soviétique. Synonyme de bagne.

G.P.R.F. (106, 113, 142) : Gouvernement Provisoire de la République Française. Gouvernement qui se substitua, en juin 1944, au Comité français de libération nationale et qui succéda au gouvernement de Vichy.

Groupe (198) : grande entreprise, le plus souvent multinationale, issue de la fusion de plusieurs entreprises distinctes.

Guérilla (118, 124) : mot d'origine espagnole : guerre de harcèlement et d'embuscade pratiquée par des troupes irrégulières (maquis) contre une armée organisée.

Guerre de position (12) : les armées sont retranchées derrière des positions fortifiées, en vue d'opposer une résistance à l'avancée de l'ennemi. Dans la **guerre de mouvement,** en revanche, les armées adverses donnent priorité à l'offensive et essayent de se déborder l'une l'autre.

Guerre froide (98, 100, 103, 108, 114, 158) : période de forte tension au cours de laquelle les deux Grands s'affrontent, sans pour autant aller jusqu'à la guerre déclarée.

Guerre totale (14, 82) : forme de guerre qui utilise toutes les ressources d'une Nation (armement, économie, propagande...) pour anéantir l'adversaire.

H

Hispaniques (292) : aux États-Unis, immigrant dont la langue d'usage est l'espagnol.

Homestead Act (284) : loi votée en 1862 par le Congrès des États-Unis,

pour favoriser l'immigration dans l'Ouest : 60 ha étaient alloués gratuitement à quiconque les cultiverait pendant au moins cinq ans.

I

Immigration (172, 194, 292) : mouvement des hommes (immigrants) qui viennent s'installer dans un pays ou une région.

Impérialisme (120) : domination qu'un État exerce sur un ou plusieurs autres pays sous diverses formes : militaire, politique, économique, culturelle.

Industrie de biens d'équipement (324) : industries fabriquant des produits destinés à permettre la fabrication d'autres biens (les machines-outils, par exemple) ou des produits destinés à une utilisation collective (camions, trains, etc.)

Industrie de biens de consommation (324) : industrie livrant des produits destinés à la consommation individuelle (vêtements, livres, voitures, etc.).

Industrie de haute technologie (300) : industrie reposant sur d'importants investissements en capitaux et en matière grise et mettant en œuvre des techniques sophistiquées : informatique, électronique, biotechnologie...

Industrie de transformation (234) : industrie qui fabrique des produits directement utilisables par les consommateurs. Par exemple : textile, automobile...

Industrie lourde (300, 316, 322, 324) : industrie qui assure la première transformation des matières premières. Par exemple : la sidérurgie produit fonte et acier à partir du minerai de fer et du coke (charbon).

Inflation (18, 48, 52, 62, 110, 144, 152, 322) : déséquilibre économique provoqué par une demande supérieure à l'offre. Dans ce cas, les prix montent et la monnaie perd de sa valeur.

Internationale (24, 62) : fondée à Moscou en 1919, elle réunit les représentants de tous les Partis communistes qui, pour en faire partie, doivent accepter un ensemble de conditions (21).

Investiture (108) : en régime parlementaire, procédure qui accorde à un nouveau chef de gouvernement et à ses ministres la confiance du Parlement.

K

Kamikazes (90) : aviateurs japonais volontaires pour s'écraser, avec leur avion chargé de bombes, sur les navires américains.

Kapo (81) : dans l'argot des camps de concentration, détenu chargé de com-

mander les équipes de codétenus travaillant à l'extérieur ou dans les services du camp.

Kolkhoze (30, 322, 326) : en U.R.S.S., exploitation agricole collective, de type coopérative, groupant les terres, le bétail, les outils, le travail d'un ou plusieurs villages.

Kominform (98) : de 1947 à 1956, bureau d'information des Partis communistes des différents pays.

Komintern (24, 62) : (abréviation = Internationale Communiste) nom russe de la 3e Internationale.

Krach (boursier) (40) : (mot allemand = écroulement) effondrement brutal de la valeur des actions.

L

Libéralisme économique (296) : doctrine selon laquelle l'État ne doit pas intervenir dans la vie économique. Toute liberté (d'entreprendre, de commercer, de fixer les prix et les salaires) est laissée aux chefs d'entreprise.

Libre-échange (306) : système qui consiste à laisser totalement libre le commerce entre les différents pays.

Ligne Maginot (74) : fortifications françaises construites de 1927 à 1936 sur la frontière du Nord-Est, afin d'empêcher une invasion allemande.

Ligue (64) : groupe d'opposition et de protestation violentes.

M

Manufacturing belt (300) : région industrielle du Nord-Est des États-Unis.

Marché noir (79) : trafic illicite et clandestin de denrées vendues à prix élevé en période de pénurie.

Mélanésien (270) : originaire de Mélanésie, partie de l'Océanie comprenant la Nouvelle-Calédonie, la Nouvelle-Guinée, Vanuatu, Fidji...

Merzlota (314) : (mot russe) sol gelé en profondeur, en permanence.

Métis (266, 268) : personne issue d'un mélange de races.

Métropole (26, 70, 114, 118, 266) : pays considéré relativement à des territoires extérieurs qui dépendent de lui.

Métropole (228, 288) : capitale politique ou économique d'une région.

Métropole d'équilibre (225) : en France, métropole choisie en 1964 pour contrebalancer en province la puissance de Paris.

Migration interne (246) : déplacement d'individus d'une région à une autre, à l'intérieur d'un même pays.

Minorité ethnique (292, 318) : groupe de personnes unies par la langue ou la religion, vivant dans une population plus importante, de langue ou de religion différente.

Monopole (322, 332) : situation permettant à une entreprise ou à un groupe d'entreprises d'échapper à la libre concurrence et de devenir maître exclusif de l'offre sur un marché.

Mortalité infantile (292) : nombre annuel de décès d'enfants de moins de 1 an pour 1 000 enfants nés vivants (taux pour mille).

M.R.P. (108, 113) : Mouvement Républicain Populaire. Parti du centre créé en 1944, qui défend les valeurs de la démocratie chrétienne.

Multinationale (134) : entreprise qui exerce ses activités (production, distribution...) dans de nombreux pays, directement ou par l'intermédiaire de filiales.

N

Nationalisation (106, 112, 120, 146, 198) : confiscation par l'État d'une entreprise, avec ou sans indemnité.

Nationalisme (10, 48, 54, 70, 118, 120, 122, 312, 318) : attitude qui consiste à exalter, par rapport aux autres, les traditions, les intérêts, les aspirations de la Nation à laquelle on appartient. Ce mot désigne aussi le patriotisme des peuples dominés qui aspirent à l'indépendance.

Nazi (52, 54, 56, 76, 80, 81, 82, 96) : contraction de *national-sozialist*. Désigne les partisans d'Hitler.

Néocolonialisme (126, 154) : forme nouvelle du colonialisme par laquelle un État industriel domine un pays sous-développé, non par des moyens politiques, mais par sa supériorité économique ou culturelle.

N.E.P. (28, 30) : Nouvelle Politique Économique mettant fin au communisme de guerre, lancée par Lénine en 1921 et poursuivie jusqu'en 1929.

New Deal (44) : (mot américain = nouvelle donne) politique économique «anticrise» menée par F. D. Roosevelt, aux États-Unis, de 1933 à 1939.

N.O.E.I. (134, 158) : Nouvel Ordre Économique International. Expression lancée au sein de l'O.N.U. en 1974 pour mettre en valeur la nécessité d'un redressement économique entre le Nord et le Sud, en tenant mieux compte des revendications du Tiers Monde.

Non-alignement (118, 120, 154) : position politique de certains États du Tiers Monde qui refusent de s'intégrer à l'un des deux Blocs.

N.P.I. (152, 158) : Nouveaux Pays Industriels. Il s'agit de pays naguère sous-développés et aujourd'hui engagés sur la voie d'un développement rapide grâce, principalement, à l'essor de leur industrie.

O

O.C.D.E. (134) : Organisation de Coopération et de Développement Économique. Créée en 1961, elle regroupe les États européens membres de l'O.E.C.E., ainsi que quelques pays non européens (États-Unis, Canada, Japon, Australie, Nouvelle-Zélande).

O.N.U. (96, 98, 118, 120, 125, 126) : voir p. 102.

O.P.E.P. (152) : Organisation des Pays Exportateurs de Pétrole, créée en 1960 et regroupant aujourd'hui 13 États d'Amérique latine, du Proche-Orient et du Maghreb.

Ostréiculture (250) : élevage des huîtres.

O.T.A.N. (108, 140, 274) : Organisation du Traité de l'Atlantique Nord. Alliance militaire créée en 1949 sous l'égide des États-Unis (voir Alliance atlantique). La France a quitté l'O.T.A.N. en 1966.

P

Pacte (58, 98) : engagement solennel entre des États ou des particuliers.

Pacte d'acier (58) : pacte d'assistance militaire signé par l'Allemagne et l'Italie, le 21 mai 1939, à Berlin.

Pacte de Varsovie (98, 100) : alliance défensive à commandement soviétique regroupant, depuis 1955, les démocraties populaires européennes (sauf l'Albanie à partir de 1968) autour de l'U.R.S.S.

Perestroïka (164, 322) : (mot russe = reconstruction) ensemble des réformes visant à moderniser et à rendre plus efficace le système soviétique.

Pergélisol (315) : sol des régions arctiques gelé en permanence, sur une grande profondeur.

P.I.B. (132, 266) : Produit Intérieur Brut : c'est la somme des richesses (valeurs ajoutées) réellement créées par les entreprises d'un pays.

Pieds-noirs (125) : Français originaires de la métropole, installés en Algérie.

Plan (30, 106, 110, 112, 113, 322, 332) : programme estimant les besoins et prévoyant les productions à développer, les investissements à effectuer, la production à atteindre, en général pour une durée de cinq ans (plan quinquennal), de manière à éviter les crises.

Planification : organisation rationnelle de la production et de la distribution. C'est le contraire de l'économie libre.

Plan Marshall (96, 110, 113) : plan proposé en 1947 par le ministre américain des Affaires étrangères, pour aider les pays européens à reconstruire leur économie après la Seconde Guerre mondiale.

P.M.A. (158) : Pays les Moins Avancés les pays les moins développés du monde, à très faible niveau de vie.

P.M.E. (198) : Petites et Moyennes Entreprises : elles emploient jusqu'à 500 salariés.

P.N.B. (176) : (Produit National Brut), somme des richesses créées produites par les entreprises d'un pays sur le territoire national (P.I.B.), mais aussi à l'étranger.

Pôle de conversion (220) : en France, vieux bassins industriels en difficulté bénéficiant de mesures d'aide à la conversion de leur économie.

Polyculture (254, 326) : système de culture comportant plusieurs productions agricoles distinctes.

Pondéreux (302) : marchandises dont le poids est élevé.

Privatisation (146, 198, 322, 326) : retour au secteur privé d'entreprises nationalisées.

Productivité (36, 132, 200, 204, 298) : production obtenue par personne employée. Elle dépend de l'organisation du travail, de la qualification du personnel et des moyens techniques mis à sa disposition.

Prohibition (36) : interdiction d'importer, de fabriquer ou de vendre un produit (par exemple, l'alcool).

Prolétariat (26) : classe sociale regroupant des personnes exerçant un travail manuel, qui ne disposent pour vivre que d'une rémunération en échange de leur force de travail.

Protectorat (120) : situation d'un État étranger qui est placé sous l'autorité d'un autre État, notamment pour tout ce qui concerne ses relations extérieures et sa sécurité.

Purge (98) : élimination des individus jugés politiquement indésirables.

Putsch (125) : coup d'État militaire.

R

Racisme (36, 56, 118) : idéologie selon laquelle certains groupes humains – caractérisés par leurs origines, leur nationalité, leur religion ou leur apparence – seraient inférieurs aux autres.

Raspoutitza (314) : (mot russe) dégel printanier provoquant la transformation des sols en boue liquide.

Réaction puritaine (36) : retour à une pureté morale scrupuleuse et affichée.

Reconversion (238, 240) : changement d'activité d'une usine ou d'une région, destinée à permettre à la population de rester sur place.

Référendum (106, 140, 142, 144, 146) : consultation directe des électeurs : à une question posée par le chef de l'État ou le gouvernement, ils ne peuvent répondre que par oui ou par non.

Réforme agraire (126) : réforme qui vise à modifier la répartition des terres en faveur des paysans sans terres et des petits propriétaires.

Régime parlementaire (106) : système politique dans lequel le gouvernement est responsable devant le Parlement.

Reich (54, 56, 58) : mot allemand = empire. Les nazis désignaient par l'expression «IIIe Reich» l'ensemble des territoires qu'ils dominaient.

Rénovation urbaine (230) : transformation d'un quartier urbain, par modernisation du bâti.

Rentabilité (238) : qui donne un bénéfice satisfaisant.

Réparations (16) : dans les traités de paix de 1919, désigne les sommes que l'Allemagne et ses alliés vaincus doivent verser aux pays vainqueurs.

Représentation proportionnelle (108) : système électoral qui répartit les sièges en proportion du nombre de voix obtenues par les différents candidats. Dans la **représentation majoritaire**, en revanche, ce sont les candidats ayant obtenu la majorité des voix qui sont élus. La minorité n'est pas représentée.

Réseau (218, 220, 240, 284, 302) : ensemble coordonné de voies de communications.

Résistance (76, 86, 88, 90, 106, 113, 142) : action menée contre l'occupation allemande pendant la Seconde Guerre mondiale.

Restructuration (230, 238, 240) : réorganisation, avec de nouvelles structures, d'un ensemble devenu inadadapté.

Révolution démographique (192) : modification du comportement d'une population, qui se met à diminuer de manière importante le nombre de ses enfants.

Révolution nationale (78) : idéologie du régime de Vichy, fondée sur les notions de «travail, famille, patrie».

R.M.I. (146, 147, 269) : Revenu Minimum d'Insertion.

Robotisation (132) : mise en service de machines automatiques (robots) pour effectuer des travaux auparavant faits manuellement.

R.P.F. (108, 113, 142) : Rassemblement du Peuple Français. Parti politique fondé par le général de Gaulle en 1947.

S

S.A.U. (258) : Surface Agricole Utile. Exprimée en pourcentage, elle désigne la part de la superficie d'un pays consacrée aux activités agricoles.

S.D.N. (16, 58, 113) : Société des Nations, créée, en 1920, entre les États signataires du traité de Versailles, pour garantir la paix et la sécurité.

Secte (160) : groupement religieux replié sur lui-même, créé en opposition à des idées religieuses dominantes.

Secteur primaire (198) : regroupe les activités liées directement à la production de matières brutes : agriculture, pêche, exploitation de la forêt, mines.

Secteur privé (198) : secteur économique regroupant les entreprises disposant de la liberté d'entreprendre, obéissant aux lois du marché.

Secteur public (198) : secteur économique regroupant les entreprises placées sous la tutelle de l'État.

Secteur secondaire (198, 204) : secteur d'activité qui comprend les activités industrielles de transformation des matières premières.

Secteur tertiaire (198, 208, 248, 256, 266) : secteur d'activité formé essentiellement des activités dites de «services» : administrations, banques, assurances, commerces, transports…

Services (198, 208, 218, 278, 302, 322) : voir «Secteur tertiaire».

Seuil (182) : passage entre deux bassins.

S.F.I.O. (62, 67, 108) : Section Française de l'Internationale Ouvrière. Parti politique français fondé en 1905. Le Parti communiste s'en détache en 1920. La S.F.I.O. se transforme sous l'impulsion de F. Mitterrand, au début des années 1970, et devient le Parti socialiste (P.S.).

S.M.I.G. (110) : Salaire Minimum Interprofessionnel Garanti. Salaire horaire minimal défini par la loi pour toutes les catégories de salariés.

Solde migratoire (192, 246) : différence au cours d'une période entre le nombre de personnes venant résider dans un pays (immigration) et le nombre de celles allant résider à l'étranger (émigration).

Solution finale (56, 76, 81) : entreprise d'extermination des Juifs et des Tziganes, réalisée par les nazis pendant la Seconde Guerre mondiale.

Sous-développement (118, 126) : état d'un espace peu ou pas industrialisé, dont la population augmente plus vite que les ressources.

Soviet (22, 24, 28) : mot russe = conseils d'ouvriers, de paysans ou de soldats.

Sovkhoze (30, 322, 326) : en U.R.S.S., exploitation agricole d'État, où les paysans sont des salariés.

Spéculer (40) : acheter ou vendre, dans l'espoir d'augmenter rapidement ses gains.

S.S. (56, 80, 81) : abréviation de l'allemand *Schutz Staffel* = section de protection. Les S.S., sélectionnés avec grand soin sur des critères politiques (des nazis fanatiques) mais aussi raciaux (des aryens purs), forment une police militarisée du Parti nazi, sous les ordres de Himmler. Par la suite, ils se divisent en S.S. Tête de mort, chargés de la garde des camps de concentration, et Waffen S.S., unités de combattants d'élite.

S.T.O. (76, 86) : Service de Travail Obligatoire, institué en France pendant la Seconde Guerre mondiale pour la réquisition et l'envoi de main-d'œuvre en Allemagne.

Stratégie (12, 90) : art de conduire une armée et de manœuvrer l'ennemi de bataille en bataille, pendant une campagne militaire. La **tactique**, en revanche, est l'art de diriger une bataille en combinant, par la manœuvre, l'action des différents moyens de combat.

Système d'alliance (10) : accords entre deux ou plusieurs pays, qui s'engagent à se porter secours en cas de guerre.

Système pluraliste (164) : système qui admet la diversité des opinions et des tendances dans la vie politique et syndicale.

Système socialiste (322) : système économique où règne la propriété collective des moyens de production, confiés à l'État qui organise la production en fonction d'objectifs planifiés.

Système totalitaire (30, 56) : se dit d'un régime politique où l'État contrôle la totalité de la vie nationale (politique, économique, religieuse, culturelle, etc.) et obtient la soumission totale de tous les individus. Cette soumission est obtenue par l'embrigadement des masses dans les organisations officielles et par l'emploi systématique de la terreur.

T

Taïga (314) : (mot russe) formation végétale constituée par une forêt de conifères qui couvre les régions continentales de la Russie.

Taux d'accroissement naturel : différence entre le taux de natalité et le taux de mortalité.

Taux de croissance (132) : progression annuelle, en pourcentage, du P.N.B.

Taux de mortalité (192) : nombre de décès pour 1 000 habitants au cours d'une année.

Taux de natalité (192, 292) : nombre de naissances pour 1 000 habitants au cours d'une année.

Tchernoziom (314, 326) : mot russe = terres noires lœssiques.

Technopôle (240) : lieu où s'agglomèrent des activités scientifiques de recherche et de formation, des industries de pointe et un tertiaire de haut niveau.

Tiers Monde (118, 126, 154, 158, 274) : ensemble des pays en voie de développement ou sous-développés, généralement issus de la décolonisation.

Toundra (314) : la toundra couvre la façade maritime septentrionale de la Russie. C'est une formation végétale discontinue, constituée essentiellement de mousses et de lichens.

U.N.E.S.C.O. (228, 274) : Organisation des Nations Unies pour l'Éducation, la Science et la Culture, créée en 1946.

U.N.R. (140) : Union pour la Nouvelle République. Formation politique française destinée à soutenir la politique du général de Gaulle.

U.P.F. (146) : Union pour la France, coalition formée par l'U.D.F. et le R.P.R. pour les élections législatives de mars 1993.

V

Viêt-minh (118, 122) : Front de l'indépendance du Viêt-nam, formation politique issue, en 1941, de la réunion du Parti communiste indochinois et d'éléments nationalistes. Il dirige le premier gouvernement vietnamien en 1945, compose d'abord avec la France (1946),

avant de prendre la tête de la lutte armée contre les forces françaises.

Ville nouvelle (230) : forme d'urbanisation volontaire et programmée, dans la périphérie d'une grande agglomération, qui se distingue de la croissance spontanée de banlieues. Elle vise à limiter les mouvements pendulaires en créant sur place les emplois et services nécessaires aux habitants. Les premières furent construites en Angleterre dans la périphérie londonienne.

Vivrier (266) : agriculture vivrière (ou de subsistance) : le producteur consomme l'essentiel de sa production.

Z

Zone économique exclusive (181) : étendue maritime appropriée par un État, située dans un rayon de 200 milles marins (370 km) autour des terres émergées.

RÉFÉRENTIEL DES NOTIONS CLÉS

Ch. 1 impérialisme, nationalisme, système d'alliance, stratégie, tactique, guerre de mouvement, guerre de position, armistice

Ch. 2 autocratie, soviet, bolchevik, communisme de guerre, Internationale, N.E.P., U.R.S.S., plan, collectivisation, sovkhoze, kolkhoze, système totalitaire, goulag

Ch. 3 krach, spéculation, New Deal, État-providence

Ch. 4 fascisme, Duce, nazisme, Führer, Reich, autarcie, système totalitaire, racisme, Anschluss

Ch. 5 Congrès de Tours, franc Poincaré, crise, ligue, Front populaire, accords de Matignon

Ch. 6 Blitzkrieg, espaces de guerre, exode, armistice, Révolution nationale, collaboration, résistance, solution finale (génocide), guerre totale, capitulation

Ch. 7 guerre froide, rideau de fer, O.N.U., plan Marshall, démocratie populaire, pacte, déstalinisation, coexistence pacifique

Ch. 8 instabilité, partis politiques, investiture, censure, confiance, nationalisation, planification, inflation, décolonisation, C.E.C.A., C.E.E., S.M.I.G.

Ch. 9 émancipation, décolonisation, indépendance, guérilla, F.L.N., Tiers Monde, sous-développement, néo-colonialisme, non-alignement

Ch. 10 croissance, productivité, robotisation, multinationale

Ch. 11 constitution, référendum, indépendance nationale, autodétermination, nationalisation, décentralisation, cohabitation

Ch. 12 O.P.E.P., choc pétrolier, N.P.I., néocolonialisme, dissuasion, N.O.E.I.

Ch. 14 isthme, finistère, zone économique exclusive

Ch. 15 densité, agglomération, banlieue, révolution démographique, taux de natalité, taux de mortalité, accroissement naturel, solde migratoire, immigration, actifs

Ch. 16 secteur privé, secteur public, privatisation, nationalisation, industrie agroalimentaire, productivité, dépendance énergétique, bilan énergétique, désindustrialisation, technopôle, secteur primaire, secteur secondaire, secteur tertiaire

Ch. 17 centralisation, décentralisation, D.A.T.A.R., aménagement du territoire, pôle de conversion

Ch. 25 richesse naturelle, C.B.D., *Sun belt,* Mégalopolis, ghetto, minorité ethnique, État-providence

Ch. 26 capitalisme, libéralisme, productivité, complexe agro-industriel, *Manufacturing belt,* industrie lourde, industrie de haute technologie, libre-échange, A.L.E.N.A.

Ch. 28 C.E.I., taïga, toundra, terres noires (tchernoziom), hydrocarbures, transition économique, économie de marché, inflation, industrie lourde, nationalités

Couverture : Sonia Delaunay, «Rythme couleur» (gouache, 1969, 37,5 x 28,5, coll. part., Edimédia, © by Adagp 1993).

RÉFÉRENCES PHOTOGRAPHIQUES

Imprimé en France par I.M.E. – 25110 Baume-les-Dames
Dépôt légal : août 1997 – N° édition : 1540-06
N° impression : 17790